BIEDA XUESHENG ZUI GUANZHU

DE 100 GE RENWU

北大学生
最关注的100个人物

张成 韩冰 王荀
与蘋 许晓颖 韩楠 编写

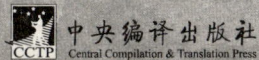
中央编译出版社
CCTP Central Compilation & Translation Press

图书在版编目（CIP）数据

北大学生最关注的100个人物/张成、韩冰等编著.—北京：中央编译出版社，2010.11

ISBN 978-7-5117-0591-4

Ⅰ.①北… Ⅱ.①陈… Ⅲ.①名人－生平事迹－世界－青年读物 Ⅳ.①K811-49

中国版本图书馆 CIP 数据核字（2010）第 207122 号

北大学生最关注的 100 个人物

出版发行：	中央编译出版社
地　　址：	北京市西单西斜街 36 号（100032）
电　　话：	（010）66509360　　66509246（编辑部）
	66509364（发行部）　66509618（读者服务部）
h t t p：	//www.cctpbook.com
E－mail：	edit@cctpbook.com
经　　销：	新华书店
印　　刷：	北京明月印务有限责任公司
开　　本：	787×1092 毫米　1/16
字　　数：	440 千字
印　　张：	25.75
版　　次：	2011 年 1 月第 1 版第 1 次印刷
定　　价：	39.90 元

目 录

✤ 周 公
　　——辅佐武王的儒学先驱　/ 1
✤ 管 仲
　　——帮助齐桓公"九合诸侯，一匡天下"　/ 5
✤ 老 子
　　——"天下之至柔，驰骋天下之至刚"　/ 8
✤ 孔 子
　　——中华至圣，万世师表　/ 11
✤ 孟 子
　　——仁政与民本思想的首倡者　/ 15
✤ 庄 子
　　——"天地与我并生，万物与我为一"　/ 18
✤ 屈 原
　　——"举世皆浊我独清，众人皆醉我独醒"　/ 21
✤ 韩非子
　　——法家思想的集大成者　/ 25
✤ 吕不韦
　　——从富商到宰相的传奇　/ 28
✤ 秦始皇
　　——统一六国的千古一帝　/ 32
✤ 项 羽
　　——百胜而失天下的西楚霸王　/ 35
✤ 汉武帝
　　——与秦始皇并称的中华第一帝　/ 39
✤ 司马迁
　　——忍辱负重编纂《史记》　/ 42

- 王昭君
    ——"一去紫台连朔漠，独留青冢向黄昏" / 45
- 蔡 伦
    ——造纸术的发明者 / 48
- 孔 融
    ——建安七子之首的一代名儒 / 51
- 曹 操
    ——征战天下的乱世奸雄 / 55
- 关 羽
    ——忠义齐天的中华武圣 / 58
- 诸葛亮
    ——"鞠躬尽瘁，死而后已" / 62
- 嵇 康
    ——"手挥五弦，目送归鸿" / 65
- 李世民
    ——"慨然抚长剑，济世岂邀名" / 68
- 武则天
    ——中国历史上唯一的女皇帝 / 71
- 李 白
    ——豪放飘逸的"诗仙" / 75
- 杨贵妃
    ——被称为"祸国红颜"的悲情女子 / 79
- 李清照
    ——乱世飘零的女词人 / 83
- 朱 熹
    ——"为往圣继绝学"的一代儒宗 / 86
- 成吉思汗
    ——缔造蒙古帝国的一代天骄 / 90
- 郑 和
    ——文韬武略七下西洋 / 94
- 袁崇焕
    ——含冤负屈的明末爱国名将 / 98

目 录

✣ 黄宗羲
　　——中国民主思想的首倡者　/ 102
✣ 郑成功
　　——收复台湾的民族英雄　/ 106
✣ 纪晓岚
　　——《四库全书》的总纂官　/ 110
✣ 曾国藩
　　——"内圣外王"的晚清第一名臣　/ 114
✣ 辜鸿铭
　　——清末民初的文化怪杰　/ 118
✣ 康有为
　　——变法维新第一人　/ 122
✣ 孙中山
　　——终帝制起共和的一代伟人　/ 126
✣ 蔡元培
　　——首倡"兼容并包，思想自由"的北大校长　/ 130
✣ 梁启超
　　——继往开来之革命家与国学大师　/ 134
✣ 王国维
　　——新史学与甲骨文研究的开山人物　/ 137
✣ 鲁　迅
　　——以笔为枪的民主斗士与民族魂　/ 141
✣ 马寅初
　　——最早提出控制人口生育的人口学家　/ 145
✣ 梅贻琦
　　——奠定清华校格的教育思想家　/ 149
✣ 陈寅恪
　　——融汇中西古今之学的一代宗师　/ 153
✣ 胡　适
　　——"白话文运动"的首倡者　/ 157
✣ 梅兰芳
　　——被世界人民喜爱的京剧表演艺术家　/ 161

❖ 朱自清
　　——不食救济粮而死的散文大师　　／165
❖ 钱钟书
　　——学贯中西的文化昆仑　　／169
❖ 季羡林
　　——中国东方学研究的泰斗　　／173
❖ 钱学森
　　——中国航天、导弹之父　　／177
❖ 张爱玲
　　——民国世界的临水照花人　　／181
❖ 杨振宁
　　——最早获得诺贝尔奖的华人之一　　／185
❖ 金　庸
　　——武侠小说的"泰山北斗"和"绝代宗师"　　／189
❖ 李政道
　　——最早获诺贝尔奖的华人之一　　／193
❖ 袁隆平
　　——"实验田里的杂交水稻之父"　　／197
❖ 王　选
　　——汉字激光照排系统的创始人　　／201
❖ 李小龙
　　——中国功夫的代名词　　／205
❖ 邓丽君
　　——永远的流行歌后　　／209

❖ 释迦牟尼
　　——普度众生的佛祖　　／213
❖ 荷　马
　　——帝国不在，诗人永存　　／217
❖ 柏拉图
　　——西方的圣人与哲学之王　　／221

目 录

- **亚里士多德**
  ——百科全书式的哲学家 / 225
- **亚历山大大帝**
  ——欧洲史上最著名的军事天才和征服者 / 229
- **欧几里得**
  ——几何学的创始人 / 233
- **阿基米德**
  ——撬动地球的科学巨匠 / 237
- **凯 撒**
  ——罗马帝国的无冕之王 / 241
- **屋大维**
  ——最伟大的罗马皇帝 / 245
- **耶 稣**
  ——基督教的创始人与基督教义的中心人物 / 249
- **穆罕默德**
  ——伊斯兰教的创始人与先知 / 253
- **马可·波罗**
  ——将中国介绍给西方的第一人 / 257
- **贞 德**
  ——拯救法国的巾帼英雄 / 261
- **哥伦布**
  ——美洲大陆的发现者 / 265
- **达·芬奇**
  ——欧洲文艺复兴时期的伟大画家 / 269
- **哥白尼**
  ——打破神学枷锁、宣告自然科学独立的天文学家 / 273
- **伊丽莎白一世**
  ——托起"日不落帝国"的童贞女王 / 276
- **伽利略**
  ——现代物理学与观测天文学之父 / 280
- **汤若望**
  ——精通天文历法学的西方传教士 / 284

✣ 笛卡尔
　　——近代科学的始祖与现代哲学之父　/ 288
✣ 牛　顿
　　——经典力学的奠基人与微积分的发明者之一　/ 292
✣ 伏尔泰
　　——欧洲启蒙运动的旗手　/ 296
✣ 亚当·斯密
　　——现代西方经济学之父　/ 300
✣ 康　德
　　——德国古典哲学创始人　/ 304
✣ 莫扎特
　　——维也纳的音乐天才与古典乐派大师　/ 308
✣ 拿破仑
　　——西方人永恒的战争之神　/ 312
✣ 黑格尔
　　——欧洲古典哲学与美学的集大成者　/ 316
✣ 贝多芬
　　——扼住命运咽喉的乐圣　/ 320
✣ 达尔文
　　——神创论的终结者和进化论的奠基人　/ 324
✣ 诺贝尔
　　——炸药大王和诺奖创始人　/ 328
✣ 尼　采
　　——对抗传统的狂热诗人与思想家　/ 332
✣ 爱迪生
　　——人类史上最伟大的发明家　/ 336
✣ 弗洛伊德
　　——精神分析学派的创始人　/ 340
✣ 居里夫人
　　——女性诺贝尔奖得主第一人　/ 344
✣ 爱因斯坦
　　——经典物理学的颠覆者与现代物理学的创建者　/ 348

目 录

- 毕加索
    ——现代艺术抽象派的创始人 / 352
- 戴尔·卡耐基
    ——成人教育与成功学之父 / 356
- 卓别林
    ——世界影史上的喜剧之王 / 360
- 希特勒
    ——纳粹党魁和二战祸首 / 364
- 艾森豪威尔
    ——二战时盟军最高统帅 / 369
- 戴高乐
    ——自由法国的缔造者与法兰西民族英雄 / 373
- 宫崎骏
    ——"动画界的黑泽明" / 377
- 霍 金
    ——轮椅上的宇宙之王 / 381

周 公

——辅佐武王的儒学先驱

性别：男　　**朝代**：西周　　**生卒年月**：？～前1105年
入选理由：圣人孔子一生的偶像，鞠躬尽瘁的领导模范，辅佐三代周君
经典语录：惟王受命，无疆惟休，亦无疆惟恤，呜呼，曷其奈何弗敬！

人物简介

周公，姓姬，是周文王第四子，周武王之弟，亦称叔旦，西周初期的著名政治家、军事家和思想家，亦是儒学奠基人，被尊为"元圣"，是孔子一生最崇敬的圣人。他辅佐周武王灭商，后因周成王年幼而摄政，平定管、蔡与武庚叛乱，营建洛邑作为东都。相传他制礼乐，建立典章制度，主张"明德慎罚"，天下大治。周公的思想言论，基本集中在《尚书》的《大诰》、《康诰》、《酒诰》、《多士》、《无逸》、《多方》诸篇中，这些思想是后来儒家主张"德治"的主要理论依据之一。因其采邑在周，爵位为上公，故称周公。

生　平

周部落起源于今天中国的西北一带，以农耕为生。首领为太王、王季时开始兴盛。周文王时，周人不断向外扩大势力范围，四处征伐，打到了邘（今河南沁阳西北），那里是商王狩猎之地。他们在丰水西岸建立了自己的都城丰邑（今陕西长安西北），以便东进。周武王和周公帮助父亲——周文王成了西方的共主。周公在征伐商纣之战中，"常左翼武王，用事居多"。

灭掉商部落后，关于如何处置殷商遗民和上层贵族的问题，周武王一时拿不定主意。他首先问太公望——姜尚。太公说："我听说过，爱屋及乌。如果相反，人不值一爱，那么村落里的篱笆、围墙也不必保留。"意思是不光杀掉商纣贵族，连敌对的殷人也不能保留，要统统杀掉。周武王不置可否。又找来召公商量。召公说："有罪的杀，没罪的留下。"周武王说："不妥。"于是又找来周公。周公说："让殷人在他们原来的住处安居，耕种原来的土地。争取殷

周　公

人当中有影响有仁德的人。"周公这种给以生路、就地安置、分化瓦解的政策，深得周武王的赞许。武王命令召公释放被囚禁的箕子（纣王的弟弟）和被关押的贵族；修整商容故居，并且设立标志；让闳夭重修王子比干的坟墓；命令南宫括散发鹿台的钱财，打开钜桥的粮仓，赈济饥饿的殷民。这一切措施都表明他要反商纣之道而行之。

建周次年，周武王即逝。周成王年幼，由周公摄政，本来是顺其自然之事，却引起周王室集团内部一些贵族的觊觎。周武王的另外两个弟弟管叔和蔡叔心中不服。他们散布流言蜚语，说周公有野心，"将不利于孺子"，想篡夺王位。周公闻言，便对太公望和召公奭说："我所以不顾个人得失而承担摄政重任，是怕天下不稳。如果江山变乱，涂炭生民，我怎么能对得起列祖列宗，和武王对我的重托呢?"管叔、蔡叔和霍叔勾结纣王的儿子武庚，联合东方夷族作乱。周公奉成王命出师东征，经过三年的艰苦作战，终于征服了东方诸国，收降了大批商朝贵族，同时斩杀了管叔、武庚，放逐了蔡叔。周朝的统治再一次平稳下来。

周公平叛以后，为了加强对东方的控制，正式建议周成王把国都迁到洛邑（今洛阳），同时把俘获的大批商朝贵族即"殷顽民"迁居洛邑，派召公奭在洛邑驻兵八师，对他们加强监督。另外，周公封小弟康叔为卫君，令其驻守故商墟，管理那里的商朝遗民。他告诫年幼的康叔：商朝之所以灭亡，是由于纣王酗酒，宠爱妇人，以至于朝纲混乱，诸侯举义。他嘱咐说："你到殷墟后，首先要求访那里的贤人长者，向他们讨教商朝前兴后亡的原因；其次务必要爱民。"周公又把上述嘱言，写成《康诰》、《酒诰》、《梓材》三篇，作为行为法则送给康叔。康叔到殷墟后，牢记周公的叮嘱，生活俭朴，爱护百姓，使当地吏民安居乐业。

在摄政期间，周公制定了一系列制度，比较重要的如：广封诸侯，先后封了宋、卫、鲁、齐、燕等七十一个诸侯国,"封建诸侯",有效地巩固了西周的统治;制礼作乐,依据周朝的特点对殷礼进行修改,完善各种典章制度,这些典章制度后来被称作"周礼"或"周公之典",成为后世儒家礼法思想的基石。

周公特别重视人才,惟恐失去一个贤人。在洗头时,有人求见,他就多次把头发握在手里跑去接见那些人;吃饭时,他多次把嘴里的东西吐出来,迫不及待地去接见人。这就是成语"握发吐哺"的来历。曹操在其诗《短歌行》中作"山不厌高,水不厌深。周公吐哺,天下归心",就是出自这一典故。周公旦对将要袭其爵位,而到鲁国封地居住的儿子伯禽说:"我是文王之子、武王之弟、成王之叔父,论身份地位,在国中是很高的了。但是我时刻注意勤奋俭朴,谦诚待士,唯恐失去天下的贤人。你到鲁国去,千万不要骄狂无忌。"

周公无微不至地关怀年幼的周成王。有一次,周成王病得厉害,周公很焦急,就剪了自己的指甲沉到大河里,对河神祈祷说:"现在成王还不懂事,有什么错都是我的。如果要死,就让我死吧。"周成王果然病好了。在今天看来,这种迷信的祈祷未免好笑,可是对于三千多年前相信天命鬼神的周人来说,那是十分真诚无私的。

周公制礼作乐第二年,也就是周公辅佐周成王的第七年,周公把王权完全交给了周成王。在国家危难的时候,他不避艰辛挺身而出,担当起辅佐周成王的重任;当国家转危为安,走上顺利发展的时候,他毅然让出了王权。这种无畏无私的精神,始终被后代称颂。但是,周公并没有因而放手不管,他不断向周成王提出告诫,其中最有名的是《尚书·无逸》。

无逸,即不要贪图安逸,这是周公要告诫周成王的。《无逸》开头就讲,知道种地务农的辛劳,才懂得"小人"——农民的辛苦。父母辛勤务农,而他们的子弟不知道种地的艰辛,就会贪图安逸乃至妄诞。而作一个最高统治者就要知道人民的隐情疾苦,否则就会做出荒诞的事情来。

周公接着举了殷代名君,如中宗太戊、高宗武丁、商汤之孙祖甲等,他们不是庄严威惧,勤自约束,就是早年生活在贫民之中,做了国君后懂得为民谋利,从不欺负弱小,所以他们都能享国长久。周公特别提到周文王不穿华丽的衣服,自奉节俭,参加农业劳动,能"怀保小民,惠鲜鳏寡",从早到过午有时连饭都来不及吃,为的是团结万民;他不敢逸乐游猎,不索取分外的东西,因而享国也比较长久。周公告诫后代,要认识自身缺点,深自省察,不能含怒,不能乱杀无辜、乱罚无罪。不然,万民的怨忿集中到你一个人身上,那后果是不堪设想的。

周公致政三年后,在丰邑养老,不久得了重病,死前他还不忘自己的职责,嘱咐说:"我死之后一定葬在成周,葬在成王身边,让老天知道我永远是成王的臣子，不离不弃。"周成王明白周公的心意，却把他安葬在周文王墓地旁，周成王说："这是表示我不敢以周公为臣啊。"两人的君臣情谊，不知感动了古今多少人。

影响和评价

周公，在其位，谋其政；不在其位，心系天下。他的思想和作为，仁达天下之民，礼及率土之滨，是儒家治世理论和实践的体现，是儒家所推崇的人格和思想的极致。也难怪孔子说："甚矣吾衰也！久矣吾不复梦见周公。"他把周公作为梦中才能见到的人物，把他的人格典范作为最高典范，把周初的仁政作为最高政治理想。总之，周公旦是周王朝重要的缔造者与制度的开创者，他的政治实践及其所创立的制度、提出的治国思想，不仅影响了西周一代，而且延泽于整个中国古代社会。他可说是中国历史上推动了华夏文化发展进步的伟大人物之一。

管 仲
——帮助齐桓公"九合诸侯,一匡天下"

性别: 男　　**朝代:** 春秋时代　　**生卒年月:** 约公元前716～前645年
入选理由: 被誉为"春秋第一相",中国第一位社会改革家。
经典语录: 仓廪实而知礼节,衣食足而知荣辱。

人物简介

管仲,名夷吾,字仲,谥曰敬,所以又称"敬仲",颍上(今安徽省颍上)人。春秋时期齐国著名的政治家、军事家,他最早提出"尊王攘夷"的治国方略,并在齐国施行了有效的兵制改革和和经济政策。在他的辅佐下,齐桓公成为春秋时期的第一位霸主,管仲也因此被后人称为"中国第一名相"。

生 平

管仲,一个掷地有声的名字,但这与他的血脉毫无关系,尽管他的先祖曾是辉煌一时的先周贵族。春秋时代,中原强国的兴起不断挑战周王朝的权威,使得那个曾经显赫一时的王国偏居一隅,只剩下苟延残喘的气力。管仲少年丧父,家中的光景十分惨淡,他身体里的那些贵族血脉并没有给他带来丝毫的好处。

困窘的生活使管仲不得不想着法子营生,他开始学着做些小买卖。有一天,他遇到了一个瘦瘦的青年,两个人相谈甚欢,便一起从商。这个瘦瘦的青年名叫鲍叔牙,为人宽厚,并且特别赏识自己的朋友。

与鲍叔牙合伙做买卖的时候,管仲总是偷着在分钱时多分些给自己,别人发觉这件事,都说管仲贪图小便宜,但鲍叔牙却不计较,说这是因为管仲家里太穷的关系;管仲为鲍叔牙出谋划策,结果尽帮倒忙,但鲍叔牙却不认为他愚笨;管仲谋求仕途,却三次被罢免,鲍叔牙说那是因为他没有遇上好的机会;两个人去参军时,管仲三次在交战时弃甲而逃,鲍叔牙说那是因为管仲顾及孤苦无依的母亲,并不是贪生怕死;管仲辅佐的皇子在争夺王位中失败,谋臣召忽自杀殉主,管仲却没有这样做,这在旁人看来非常没有气节,鲍叔牙却说,那是管仲为了建立更大的功业而敢于忍受耻辱。对于好友的知遇之恩,管仲铭感于心,他常常对别人念叨:"我的父母生养我;但真正懂得我的人,只有鲍叔牙啊!"

齐国,是春秋时代中原地区的大国,管仲和鲍叔牙两个人一起到那里做官。当时,正值年迈的齐僖公在位。齐僖公有三个儿子:诸儿、纠和小白。管仲受命辅佐公子纠,鲍叔牙则辅佐公子小白。不久,齐僖公去世,长子诸儿继位,便是齐襄王。齐襄王品质低劣,贪财好色,齐国的大臣整日忧心忡忡。果然,这位君王继位不久便与他的妹妹文姜(当时已经是鲁桓公的夫人)私通,并灌醉了鲁桓公并将他杀害。管仲和鲍叔牙预感齐国将发生动乱,便保护各自的主人到其他国家避难。管仲和谋臣召忽保护公子纠逃到鲁国,鲍叔牙则与公子小白到齐国南边的莒国避难。不久,齐国果然发生内乱,贵族公孙无知勾结大臣杀害了齐襄公,在位仅一年有余,又被齐国的其他贵族杀死。这时,流亡在外的公子纠和公子小白看准时机,日夜兼程赶回齐国。旁人都看得清楚,两个皇子这次必定会争个你死我活。

鲁国当时的国君鲁庄公急忙派兵护送公子纠回国,然而密探却送来消息,公子小白已经抢先一步出发。假如公子小白先回到齐国,将对公子纠大为不利。于是管仲连夜确定了一项计划——暗杀小白。他率领30辆兵车在莒国通往齐国的路上埋伏。小白一行的大队车马逐渐走近,管仲的心里闪过一丝不安,但此时已是箭在弦上,不容虚发。这一箭,将决定一朝的君主。箭镞寒冷的光芒倏然闪过,公子小白应声倒下。小白的声音管仲是极为熟悉的,"射中了,没错",但管仲没有微笑,因为他知道自己的好友鲍叔牙一定也在对方的人马之中。于是,他快速地撤离了。

管　仲

管仲没有料到,小白并没有死,那一箭恰好射到了小白衣服的铜衣带钩,小白倒地其实是佯装死去。之后,小白加紧行程,终于赶在公子纠之前回到齐国,顺利成为君王,就是齐桓公。公子纠以为小白已死,于是慢悠悠地往回走,回到齐国才发现小白早已安然地坐上了宝座。鲁庄公知道这件事以后,立即出兵干涉,结果却大败而归。刚刚继位不久的鲁庄公因吃了败仗,迅速改变了态度。他命人杀死公子纠，擒拿了他的谋臣管仲和召忽，并将二人交给齐桓公处置。鲁国当时有一个名叫施伯的谋士，他看出了管仲的才能，劝鲁庄公杀死管仲以绝后患。然而，这位心神慌乱的君主却没有采纳这个建议。

管仲被沉重的铁链锁住，关押在粗糙的木制囚车上。此时，召忽已经自杀殉主，管仲没有这样做，因此他现在正返回齐国，却是以罪人的身份。鲁国那里已经毫无指望，齐国那里会如何处置自己呢？他不知道。但好歹自己的朋友鲍叔牙还在齐国，他知道，唯一的希望便是鲍叔牙了。于是，他为押运囚车的士卒编了一首歌谣，节奏铿锵，囚车走得更快了。管仲没有想到，鲍叔牙竟然出城迎接他，卸下了他的锁链，请他沐浴更衣。然后，鲍叔牙请求他：请你帮助齐桓公成就霸业吧！管仲想到自己射出的那一箭，想到小白的惨叫，好友的诚恳和信任让他满面羞赧之色。管仲答应了鲍叔牙，然而齐桓公呢？他难道可以宽待那一箭之仇么？

齐桓公原本打算让鲍叔牙担任宰相，但鲍叔牙却极力推荐管仲，他说，管仲才是那个可以帮助齐国称霸诸侯的人。齐桓公想到那一箭，又转念想到齐国的霸业，孰轻孰重？成大事者往往能够超越一己之恩怨，于是齐桓公采纳了鲍叔牙的建议，决定重用自己的"仇人"。几天后，齐桓公挑了一个吉利的日子郑重地接见了管仲。管仲侃侃而谈，为了答谢好友和齐桓公的信任，他已经决定不遗余力了。

管仲强调要关注民生，他在齐国进行了大刀阔斧地改革，使齐国迅速强大起来。公元前651年，齐桓公召集各诸侯国在葵丘会盟。这次会盟规模浩大，标志着齐桓公霸主地位的确立。历尽千辛万难，管仲终于实现了"定国家，霸诸侯"的梦想。

影响和评价

少年微贱、中年坎坷的管仲，却在历史上留下了浓墨重彩的一笔。孔子曾感叹说："假如没有管仲，我们可能都要被野蛮的民族统治了吧！"三国时期的诸葛亮也常自比于管仲、乐毅，可见，这位三国时期的名相也追慕着那个春秋时代的神话。

管仲所成就的传奇人生，固然与他自身的才华密不可分，甚至鲍叔牙的知遇之恩、齐桓公的大度宽容都必不可少，但比这些更为重要的，是他在生命的低谷时所怀抱的坚定信念。低贱的社会地位、世人的辱骂羞辱以及功亏一篑的致命打击，都不曾使他放弃内心的执着。

在后人的印象中，往往记住了他的光辉，而忽略了他的苦难。然而，我们不该忘记的是，每一个成功的人生背后，皆有一个必定成功的理由。

老 子
——"天下之至柔，驰骋天下之至刚"

性别： 男　　**朝代：** 春秋时代　　**生卒年月：** 约公元前 571 年～?
入选理由： 道家学派创始人，世界文化名人。
经典语录： 祸兮福之所倚，福兮祸之所伏。

人物简介

老子，姓李，名耳，字聃，故又称"老聃"，楚国苦县厉乡曲仁里（今河南鹿邑县东）人，先秦时期伟大的哲学家、思想家，道教的始祖。他主张"无为而治"和"道法自然"，其学说在中国的政治史、哲学史及宗教史上都具有深远的意义，有《道德经》五千言流传于世。

生 平

谈老子，常常会从一段公案开始说起。老子其人，在历史上是很受争议的：有的说他是楚国的老聃，比孔子大 20 岁，也是春秋时代的人；有的说他是与孔子大致同时的老莱子；还有人说老子其实是晚于孔子一百多年的周太史儋。其中，以"楚国老聃"之说最得人心。

相传，老子的母亲怀了八十一年的身孕，才从腋下生下他，而且他出生时便是白眉毛、白胡子。当然还有其他的版本——老子本是宋国战将老佐的儿子，因出生时肩宽耳阔才起名为"聃"（"聃"指"大耳朵"）。还有一点需要澄清，"老子"的"老"其实就是他的姓"李"，因为"李"和"老"的古音是完全一样的。

关于老聃的幼年和青年，史书上没有记载，传说却非常丰富。有人说他曾拜一个名叫商容的人为师，他勤学好问，博闻强识，常常思考一些深奥的哲学问题。三年后，这位老师就慌忙请辞了，说自己的智慧已经难以教授老聃，并建议他到当时周朝的都城去学习。老聃于是辞别年迈的母亲，到典籍如海的周都继续求学。后来，他终于成了国家的"公务员"，做了周守藏室的主管（相当于现在的国家档案馆馆长)。他的学问越来越好,名气也越来越大。

老聃年近中年的时候,别人开始尊称他为"老子"。鲁国的孔子专程来向老子请教哲学问题,史称"孔子问礼"。两个文化巨人的会见是中国思想史上的大事,标志着儒、道两家的第一次对话。孔子当时还只是一个年少气盛的青年,老子对他说:"君子假如遇到好的时机便该大展宏图,假如没有遇到好的时机,就该像飞蓬一样转徙于人间。"老子的辩证法非常了得,他说到进路,便一定会谈到退路,以防人走到绝路上去,这也反映出老子哲学慈悲的品格。老子还说:"会做买卖的商人会藏着自己的资本,就好像他一无所有。君子有美好的德行,从外表上看却显得很笨拙。"这是老子"抱朴守真"的思想,意在叮嘱年轻的孔子不要因为年少气

老 子

盛便肆意逞才。孔子心领神会,连连称道。后来孔子回忆起老子时,还用"犹龙"来称赞老子不可捉摸、高瞻远举的智慧。

周敬王四年(前516),周王室发生了一场内乱,王子朝率兵占领刘公的城邑,直接威胁周敬王。晋国出兵保护周敬王,王子朝被迫逃到楚国,并将周王室的典籍带走了。主管典籍的老子此时面临着"失业"的危机。这一年,老子决定辞官归隐,从此"像飞蓬转徙于人间"。

从函谷关出去,西接一片高原,这是古代兵家必争之地,却也是老子踏出红尘的最后一道门槛。相传,老子出关之前,守关的小吏关尹早已看到"紫气东来"的祥兆,于是日夜等候。老子倒骑青牛,白发如雪,白眉吹鬓,怎么看都是仙风道骨的一类人物。关尹拦下即将出关的老子,劝他"以天下人智为己任"。他费尽口舌,老子才答应写一部书留给他,这便是日后流传甚广、影响极大的《道德经》。关尹读罢,欣喜若狂,最终追随老子一起出了函谷关。

《道德经》分上下两篇,上篇《道经》讲宇宙哲学,下篇《德经》言处世哲学。"道可道,非常道;名可名,非常名",小孩子也耳熟能详的句子,却是

老子最深刻的哲学要义，所谓"众妙之门"。老子所说的"道"，是超越宇宙万物的最高法则，是老子哲学的精华，简单地说，老子所说的"道"其实就是天地自然运行的法则，所谓"道法自然"。关于治理国政，老子向往着"小国寡民"的"理想国"。他曾说："治大国如烹小鲜。"意思是说，治理国家要像炖小鱼一样，要小心翼翼，不能太过折腾，"无为"方能"无不为"。威武的西汉帝国，从老子学说那里受益良多。汉高祖贵"黄老之学"，与民休息，轻徭薄赋，才有了后来"文景之治"的盛世。

老子的哲学是智者的哲学，能够为迷途的心灵指点迷津。他说："天下之至柔，驰骋天下之至刚。"又说："上善若水，水善利万物而不争。"老子的哲学是柔性的，在他的眼中，"水"是最高之道的实体，因为"至柔"故能"克刚"，因为"不争"故"莫能与之争"。亟亟于功名的众生倘若在老子的哲学里休憩片刻，便能感受到莫大的安慰。老子强调"致极虚，守静笃"，以虚无为本，通过修行达到"复归于婴儿"的质朴纯真；又以"功遂身退"为处世之道，古语有云："成功之下，不可久处。"越王勾践之霸业已成，范蠡全身而退，文种拥功而罹难，这是最好的说明。老子为世人提供了一种崭新的角度去看待成败，人生并不是只有成败两种底色，成败之间还有许多迂回的可能和转身的智慧。

老子出了函谷关之后，便杳无踪迹。有人说他最终成了仙人，飞升而去；有人说他穿过西域，走到了印度境内；还有人说他活了一百六十几岁的高龄才去世……老子自始至终都是一个神话，他退出了人间，却从来不曾被人间忘记。

影响和评价

五千余字的《道德经》，仿佛是老子望向人间的最后目光，那么短促，却又那么意味深长。正因为这五千余个方方正正的汉字，老子被后人誉为"中国哲学之父"。战国时代的庄子薪火相续，完美展示了老子哲学的博大精深。从此，道家作为一门思想学派，一种精神意志，流传千古，享誉中外，被无数人奉为人生的圭臬。有人说，中国人的心里常有两种声音，儒家退去了，道家便会走出来。

《道德经》的国外版本有一千多种，位居中国典籍之首。黑格尔、尼采和托尔斯泰都曾醉心于老子式的东方"理性"。在众多外文著作中，《道德经》在西方的发行量仅次于《圣经》。

孔 子
——中华至圣，万世师表

性别：男　　**朝代**：春秋时代　　**生卒年月**：公元前 551 年～前 479 年
入选理由：儒家思想的奠基者，被喻为中华民族的"至圣先师"。
经典语录：三人行，必有我师焉，择其善者而从之，其不善者而改之。

人物简介

孔子，字仲尼，春秋时鲁国（今山东曲阜）人，先秦时期伟大的思想家、哲学家、教育家。他最早创建了以"仁"为核心的哲学体系与伦理规范，奠定了儒家哲学的理论基础。同时，他还打破"学在王官"的旧体制，在民间开办私学，培养了众多优秀人才。

生 平

公元前 551 年 9 月 28 日，鲁国女子颜徵到尼丘山为即将出世的孩子祈祷，祈祷结束之后她在一座山洞中休息，却在这时分娩。这便是孔子出生的传说，正是因为受了尼丘山之神的庇护，孔子才单名一个"丘"字。

孔子的父亲是当时已经六十六岁左右的鲁国武士叔梁纥，正室妻子施氏一连生了九个女儿。后来他娶了一房小妾，终于给他生了一个儿子，却先天跛足。无奈，叔梁纥又娶了当时只有二十几岁的颜徵在，才有了孔子的出生，然而在孔子不满三岁时，叔梁纥便撒手人寰。从那以后，颜徵在便带着孔子到曲阜定居。

尽管生活十分清苦，但孔子的母亲很注意对孩子的教育。孔子六七岁时，便一边玩耍一边练习祭祀的礼仪。可惜，当孔子十六七岁的时候，颜徵在便去世了。成为孤儿的孔子开始独立维持家计，他当过管理牛羊的小官，也当过管理仓库的小吏。他说："叫我管牛羊，我就把牛羊喂得肥胖起来；叫我管仓库，我就把仓库的账目算得清清楚楚。"当时的孔子，已经精通礼仪、乐律、射箭、驾车、写字和算术,这六项是当时的士人必须学习的基本技能。

孔子勤学好问,对于自己不懂的事情常常"刨根问底"。有一次,他随同别人到周公的太庙,遇事便问这问那,有人批评他不懂礼仪,孔子不以为然地说:"知道就说知道,不知道就说不知道,这才合乎礼仪。"他曾向师襄学习弹琴,学了十来天,他老弹一个曲子,师襄说:"你可以学习新的曲子了。"孔子回答:"曲调已经学过,但奏曲的技巧还没有掌握呢。"过了几天,师襄又让他学习新的曲子,孔子又说:"我还没有领会曲子的神韵。"过了一段时间,师襄说:"你已经领会曲子的神韵了,可以学习新的曲子了。"孔子回答:"我还没有领会作曲者的为人风貌呢!"又过了一段时间,孔子若有所思地仰头叹道:"我领会到作曲者的为人风貌了,这支曲子除了周文王还有谁能作得出来呢!"师襄听后连连赞叹:"对呀,我的老师传授这首曲子的时候就说这首曲子叫《文王操》呀!"

孔子三十岁左右的时候,鲁国发生宫廷政变。孔子曾到齐国避难,齐景公想重用他,但由于大臣晏婴的反对而未能如愿。孔子回到鲁国后,名声已经很大,就连当时位高权重的贵族阳虎也多次求见孔子,却被孔子委婉地拒绝了。当时的礼俗是:大夫向士人赠送礼物,如果士人不在家或者未能接受,这个士人一定要到大夫家登门拜谢。于是阳虎趁孔子不在家时,派人将一只蒸熟的小猪送到孔子家。孔子知道以后,便也特意选了阳虎不在家的时候去道谢,但不巧在路上遇到阳虎。阳虎说了很多大道理劝孔子做官,孔子无奈地答应了。

孔子在鲁国当了四年的官,从中都宰(相当于现在的县长),做到小司空(相当于现在工程管理局的助理局长),最后做到了大司寇(相当于现在的公安司法局长)。其中,他做大司寇的时间最长,所做的事情也非常重要。在鲁定公与齐景公会盟的夹谷之会上,

孔 子

孔子以"相礼"的身份出席。当时齐景公想以演奏四方之乐为名，令表演少数民族舞蹈的演员趁机劫持鲁定公。孔子一见，便立刻登上盟坛的台阶，瞪着齐景公，大声喝道："我们两国国君在此友好会盟，弄些少数民族的舞蹈到这里来做什么？"齐景公心知失礼，便挥手把他们斥退。最后订立盟约的时候，齐国要加进一条："齐国出征时，鲁国必须派三百乘兵车相从，否则便是破坏盟约。"孔子当机立断地说："如果齐国不把侵占鲁国的汶阳之田归还鲁国，却要鲁国派出兵车，也是破坏盟约。"齐景公十分尴尬，只得答应归还汶阳的土地。

夹谷之会的大获全胜使孔子在鲁国获得了巨大的声誉，当时实际掌权的"三桓"也十分敬畏他，他们之间曾有大约三个月合作愉快的"蜜月期"，这种亲密的合作一直持续到"堕三都"的失败。孔子主张"忠君"，因此希望打压"三桓"的势力，结果这次大行动的失败却导致鲁国的动乱。孔子与"三桓"的矛盾逐渐加深，正巧此时齐国向鲁国国君送来了八十名能歌善舞的美女以及一百二十四匹饰以锦绣绸缎的骏马。鲁国国君和季桓子日夜观舞，一连三天不上朝，就连郊祀时送给士大夫的烤肉（称为"燔"）都没有送给孔子。于是，孔子带着弟子失望地离开了鲁国。

周游大小列国的孔子到处碰壁，无所适从地在外奔走了十四年，期间只在卫国和陈国停留了比较长的时间，但也一直未受重用。路上，孔子师徒遇到过兵乱、驱赶，有时甚至好几天都没有粮食，有人以"丧家狗"来形容他，他听后不但没有生气，反而豁达地大笑。一路上，孔子仍然继续讲学、诵诗，弹唱不止。

鲁国国君季桓公死后，其子季康子派人以厚礼聘请孔子，孔子流亡多年，终于回到了故土。晚年的孔子，致力于"六经"（《诗》、《书》、《礼》、《乐》、《易》、《春秋》）的重新编订，甚至达到了"发愤忘食，乐以忘忧，不知老之将至"的境界。相传孔子七十一岁的时候，鲁国捕获了一只名叫"麟"的野兽，"麟"是一种祥瑞之物，本应在太平盛世出现，而当时鲁国动乱，并不是"麟"应该出现的时候，这件事令孔子十分感伤，从此不再写作。

孔子六十七岁时，他的妻子亓官氏去世；七十岁时，他的儿子孔鲤去世；七十一岁时，他最钟爱的徒弟颜回去世；七十二岁时，他的学生子路在卫国的内乱中为了保护少帝被剁成肉酱。这位"乐以忘忧"的老人不断地承受着失去亲人和弟子的痛苦，终于在鲁哀公十六年（公元前479年），孤独地离开了人世，享年七十三岁。

影响和评价

孔子是孤独的,他一生求索,一生漂泊,却始终秉持着"知其不可而为之"的高贵精神。他的思想虽然不曾被那个时代所接纳,但他却开创了一个泽被万代的儒家学派。自汉代的董仲舒提出"罢黜百家,独尊儒术"之后,儒学便成为中国本土思想中根深蒂固的命脉根基。"己所不欲,勿施于人"的"忠恕"之道,"朝闻道,夕死可矣"的执着精神,"学而不厌,诲人不倦"的师者气度,在两千五百多年的文明史籍中薪火不绝、传唱不息。

距离孔子离开人世,两千五百多年的历史车轮轰然碾过,但那部被无数先哲奉为经典的《论语》,依然在向我们讲述着这位东方圣哲不朽的人生传奇。

孟 子
——仁政与民本思想的首倡者

性别： 男　　**朝代：** 战国时代　　**生卒年月：** 约公元前372年～前289年
入选理由： 被尊称为"亚圣"，继孔子之后的儒家宗师。
经典语录： 天子不仁，不保四海；诸侯不仁，不保社稷；卿大夫不仁，不保宗庙；士庶人不仁，不保四体。

人物简介

孟子，名轲，战国时鲁国邹地（今山东邹县）人。战国时期著名的思想家、政治家、教育家，与孔子合称"孔孟"，是战国时期儒家学派的重要代表人物。他继承并发扬了孔子的思想，提出了影响深远的"仁政"学说。并著有《孟子》一书流传后世，其文以"善长辩论"著称，汪洋恣肆，气势非凡。

生　平

出生于战国中期的孟子，原本是鲁桓公的十二代后裔，但在他出生之前，家业早已败落不堪，因此他只能算是没落贵族的后代。关于他的父亲和母亲，史书中都没有明确的记载。有一种说法认为，他的父亲名激，字公宜，母亲则为仉（zhǎng）氏。但这些只是元代人的一家之说，并没有实际的证据。

孟子年幼时，家境非常贫寒，三岁时父亲便去世了，他的母亲独自抚养他长大。孟母非常重视教育，所以有"孟母三迁"和"断织教子"的美谈流传至今。此外，孟子的老师也在孟子的人生中发挥了重要作用。相传，孟子的老师便是孔子之孙子思的学生，因此，孟子对孔子佩服得五体投地，他曾说："自有人类以来，没有人能超过孔子。"

孟子十四岁时立志为学，三十多岁便开办学校，后来，他离开邹国来到齐国一个名叫"稷下学宫"的机构。孟子在那里声名鹊起，并且因为常常与不同的学派辩论而练就了一副"名嘴"。当时，因为孟子的名气很大，齐威王曾经赠送孟子"黄金一百镒"（战国时期的黄金便是黄铜，1镒=24两），但孟子拒

孟 子

绝接受,他说:"不任用士人却送钱给他,这是收买他,君子怎么可以被收买呢?"所以孟子不仅学富五车,做人也非常耿介正直。

在跟学生公孙丑聊天时,孟子曾谈到著名的"养气说"。他说,他善于培养一种"浩然之气",这种"气"是在道义的基础之上产生的,并且"至大至刚",存在于"天地之间"。孟子敢于拒绝君王,以及他在游历各国时能够百折不挠,即得益于这种不可摧折的"气"。只要确定自己的内心符合道义规范,便从不胆怯、让步,孟子一生皆如此。

有人说,人很难跳出他的时代。的确,在战国的硝烟已经将一切掩埋于战火的时候,孟子的"仁政"理想就像远古的传说,美丽而脆弱。寒来暑往,孟子从齐国到宋国,从宋国到鲁国,从鲁国到滕国,从滕国再次回到齐国,颠沛的脚步处处碰壁,却奔走不止。古人的可敬之处,在于他们把信仰当作整个生命的价值,可以为之"鞠躬尽瘁、死而后已"。孟子也是一个执着的士人,却又比其他人添了几分傲然,多了几分清通。当论证"仁政"的合理性时,他斩钉截铁地宣布:"仁政无敌,王请勿疑。"话语之间是一种不可侵凌的霸气。鲁平公原本打算去拜见孟子,但在登车前往的路上被大臣阻拦了下来。听说这件事之后,孟子叹息了一声,说道:"一个人决定做一件事,不是某个人的力量就能够阻止的。我不能与鲁侯相见,这是天命啊,一些小人哪能阻挡的了呢?"即使是失意的感慨,孟子依旧超越了人间的纷扰,他把自己的悲剧归之为"命运",话语之间透露出一种宏大的苍凉。孟子见梁惠王时,梁惠王居高临下地问道:"您老人家不远千里来到魏国,将会给我们魏国带来好处吧?"孟子不卑不亢地回答说:"何必说利益呢,我只有仁义罢了。"孟子与梁惠王曾有几次非常重要的谈话,均记录在《孟子·梁惠王》里。在谈话中,孟子步步紧逼,譬喻连珠,讲述"义"与"利"、"独乐"和"与民同乐"、"霸政"与"仁政"的区别,终于使梁惠王不得不老实地承认:"我愿意听从你的指教。"对于君王权贵,孟子从来不卑躬屈膝,而是常常不留一点儿情面直言指斥。梁惠王死后，他的儿子梁襄王继位，孟子见了梁襄王一面，出来便对人说："看上去不像一位国君，接近他也感觉不到君王的威仪。"在与齐宣王讨论"仁政"问题时，他处处"将"齐宣王的"军"，有时竟使齐宣王无言以对，例如他逼迫齐宣王承认自己具有争霸天下的欲望，然后又一步一步论证这样做根本是"缘木求鱼"，徒劳无益，在此基础上，他才讲述施行"仁政"的必要性，缜密的逻辑以及雄辩的论调，使齐宣王心服口服，终于诚恳地回答："我虽然不聪明，但希望您好好教我，我愿意尝试。"

后来，齐宣王一意孤行占领了燕国，孟子决定离开齐国，齐宣王用重金聘请他留在齐国办学，孟子不愿给"失德"的君王当"花瓶"。在离开齐国之前，孟子在齐国的边邑等了整整三天，他希望齐宣王能够悔过，但齐宣王始终没有派人来。这三天，是孟子与现实的最后一次博弈，然而，他还是失败了。在凄凉的暮年，孟子寄希望于未来，著述，讲学，笔耕不辍，留下《孟子》一书流传后世。

在中国人的历史逻辑中，有一种评价系统与西方是不同的：中国人是不以成败论英雄的。项羽在争霸中功亏一篑，但他却有一股"气拔山兮气盖世"的霸气和"无颜见江东父老"的骨气，于是他能够走进文人墨客的歌咏。孟子周游各国，到处游说，向各国的君王讲述"得道者多助，失道者寡助"的道理，劝说他们施行"王道"和"仁政"。虽然没有一个国君真正实行过他的学说，但他却流芳百世。这不仅仅是因为他宏博的思想，也是因为他蔑视权贵、傲然不屈的伟岸人格。

影响和评价

战国时代的孟子，为推行自己的学说而到处奔走。但他的命运与孔子一样，虽然不断对现实感到失望却又从未放弃自己的理想。孔子曾说自己是"知其不可而为之"，字面背后是一种殒身不恤的悲剧精神；而孟子则擎举着"当今之世，舍我其谁"的骄傲，在战国的硝烟中继续儒家"仁"的血脉。无论是"仁义礼智信"的伦理学说，还是"以德行仁"的政治思想，孟子与孔子都是一脉相承，共同完成了儒家思想的理论奠基。

如果说"至圣"孔子的言传身教具有一种谦谦君子的雍容大度，那么"亚圣"孟子的人生履历则充斥着一种"富贵不能淫，贫贱不能移，威武不能屈"的"大丈夫"精神。一部《孟子》，不仅是一纸精辟的哲学分析和政治论说，更是一桢人生的风景，让我们从中领略到孟子的勇气、智慧，领略到他不可摧折的"浩然之气"以及"达则兼济天下，穷则独善其身"的儒者胸怀。

庄 子
——"天地与我并生，万物与我为一"

性别：男　　**朝代**：战国时代　　**生卒年月**：约公元前369年～前286年
入选理由：与老子合称"老庄"，道家学派代表人物。
经典语录：夫大块载我以形，劳我以生，佚我以老，息我以死，故善者生，所以善死也。

人物简介

庄子，名周，字子休（一说子沐），战国时宋国蒙（今河南商丘市东北民权县，一说安徽蒙城县）人，先秦时期伟大的思想家、哲学家、文学家，道家学派代表人物，与老子并称为"老庄"，唐代以后又称"南华真人"。有《庄子》一书流传于世，提倡自由独立的人格精神，"齐万物"、"等生死"，文风"汪洋辟阖，仪态万方"，以"意出尘外，怪生笔端"著称于世。

生　平

唐代诗人李商隐作过一首名为《锦瑟》的诗，里面有一句"庄生晓梦迷蝴蝶"，说的便是战国时代的庄周。人们很难弄清庄子的家世，了解他幼年时期的轶事。他就像是一只轻盈的蝴蝶，从遥远的先秦带来了一些美丽的玄想。

庄子与孟子大致同时，做过楚国漆园的小官，负责漆树的种植和漆器的生产。这也是庄子的全部仕宦生涯，后来他便做了隐士，从污浊的政治舞台上永久退场了。因为内心的骄傲，庄子放弃了那一份利禄，也挑起了生活的重担。虽然他的一生，都在困窘与贫穷中煎熬，但他却一直致力于寻找人间的快乐。

沿着偏僻的小巷，走到一处低矮的屋檐下，便是庄子的家。他常常在狭窄的堂院里打草鞋，枯瘦的手指在金黄的麦秸之间上下穿梭，直到日影西斜。他家的草鞋质量很好，但有时却卖不出去。家里无米下锅的时候，庄子便披上外套去别人家借米。有时候，他也会去河边钓鱼。

这天，庄子正在濮水边垂钓。两个毕恭毕敬的小吏赶到河边来求见庄子，他们是楚王的使者,奉王命请庄子出仕。庄子拿着鱼竿,头也不回。他问两个使者:"我听说楚国有一种'神龟',死时到现在已经三千多年了,楚王用绫罗锦缎包着它的骨头,还把它藏在祖庙里。这只'神龟'是死了留下一副骸骨而获得富贵好呢,还是活下来拖着尾巴在泥中行走好呢?"两个使者回答说:"在泥中行走比较好。"庄子于是对他们说:"你们走吧!我宁愿拖着尾巴在泥中行走。"与其说这是庄子保全性命的方式,不如说这是庄子式的骄傲——在他心中,自由高于一切。还有一个故事可以为证:庄子的朋友惠子在梁国当丞相,他害怕庄子到梁国之后便会替代他,于是便派兵到处搜捕庄子。庄子冷笑:难道凤凰会稀罕猫头鹰的一块腐肉么?

庄子是看不上那"一块腐肉"的,对于世事,他看得通透,所以才有"庖丁解牛"的高论,所以才有"齐万物"、"等生死"的智慧。他一方面以"道"为尊,继承着老子哲学的血脉,主张"无为"、"无我";另一方面他也在不断追求着"乘天地之正,而御六气之辩,以游无穷"的"逍遥"精神,他是那么固执地守护着精神的净土,如此认真地实践着道家的思想。

庄子从老子那里继承了"道"的衣钵,但他却始终不能像老子那样宁静。他骨子里的那种冷漠与嘲讽,其实是因为他对人间具有一种特别的"慈爱",才生出"哀其不幸,怒其不争"的愤慨。清人胡文英说:"庄子眼极冷,心肠极热。眼冷,故是非不管;心肠热,故悲慨万端。虽知无用,而未能忘情,到底是热肠挂住;虽不能忘情,而终不下手,到底是冷眼看穿。"的确,庄子望向人间的目光是冷漠的,而且常常带着嘲讽和轻蔑。人生来便是孤独的,同时还不断受着精神的奴役,使人们看不清是非,辨不清善恶,不断失去"自我",进而变得狡诈、残忍。庄子曾感叹说:"人生难道本来便如此迷茫么?还是只有我一个人很茫然,还有不

庄 子

茫然的人存在吗?"庄子是孤独的,因为他看到人们被外物奴役而不自知的悲哀;他又是清醒的,因为他看到了人们灵魂深处的脆弱,但同时他又无计可施。庄子的哲学里有一种洒脱的气质,然而其本质上却是痛苦的哀怜。

庄子枕着骷髅入睡,并在睡梦中听骷髅道出"从容游佚,以天地为春秋"的死亡之乐,人间的束缚以及苦难,让庄子对于生命的终结怀有一种虔诚的膜拜。在庄子看来,人生不过是一个"寄"的过程,虚无才是人间的真相,死亡如同一个节日,让灵魂得以返归。庄子的妻子死后,他不但不感到哀伤,甚至还"鼓盆而歌",好友惠子不解,甚至责怪他不近人情。庄子解释说:"她虽然死了,但仍旧安睡在天地之中,假如我非要为之悲哀和哭泣,那不是不顺应自然么?所以我不仅不能悲哀,而且还要高兴地歌唱。"在庄子看来,死是灵魂的解脱,因为摆脱了外物的束缚,故能与天地为一,达到物我一体的境界。正因为如此,庄子反对厚葬,他对弟子解释说:"我以天地作棺椁,以日月为连璧,以星辰为珠宝,以万物作陪葬。我的葬具岂不是很完备吗?还有比这更好更多的陪葬吗?"

尽管庄子看不上惠子对富贵的贪恋,但他却欣赏好友缜密的逻辑,他们曾经争论过"鱼之乐"的问题。庄子觉得水中的游鱼自由自在,非常快乐,而惠子不同意他的说法,质问他:"你不是鱼,怎么知道鱼的快乐?"庄子反驳说:"你又不是我,怎么能断定我不知道鱼的快乐?"的确,惠子不是庄子,所以他很难体会到庄子所说的游鱼的自然之趣;我们也不是庄子,但我们一直试图模仿他望向游鱼的那种目光,试图体会那种"天地与我并生,万物与我为一"的精神境界。

影响和评价

著名诗人海子曾写过一篇《思念前生》的诗,开篇便写道:"庄子在水中洗手/洗完了手,手掌上一片寂静。"读庄子的文字,喧嚣的心灵便如同饮泣了甘醇的溪流一般变得宁静。荣华富贵也好,功名利禄也罢,庄子会让你看清楚这些虚妄的浮名是如何淹没了你的人生,如何吞噬了你与"天地为一"的高贵灵魂。

傅佩荣教授曾经评价说:"真正读懂庄子就会明白,这个世界上总有路可走。"庄子给予我们的,不仅仅是哲学的慰藉,还有洒脱的人生态度。

屈 原

——"举世皆浊我独清，众人皆醉我独醒"

性别： 男　　**朝代：** 战国时代　　**生卒年月：** 公元前340年～前278年
入选理由： 中国文人的精神代表，中国最早的浪漫主义诗人。
经典语录： 路漫漫其修远兮，吾将上下而求索。

人物简介

屈原，名平，字原；又名正则，字灵均。战国时期楚国丹阳（今湖北宜昌市秭归县）人，楚武王熊通之子屈瑕的后代。早年受楚怀王信任，任左徒、三闾大夫，常与楚怀王商议国事，参与法律的制定，主张章明法度，举贤任能，改革政治，联齐抗秦。后因受小人排挤，被楚怀王疏远。公元前305年，因反对楚怀王与秦国订立黄棘之盟，被逐出郢都，流落到汉北。公元前278年，因郢都被秦国将军白起攻破，在绝望和悲愤之下投汨罗江殉国而死。屈原是中国最伟大的爱国主义诗人之一，也是我国已知最早的著名浪漫主义诗人。他创立了"楚辞"这种文体，也开创了"香草美人"的传统。代表作有《离骚》《九章》《九歌》《天问》，其中《离骚》是我国最长的抒情诗。

生 平

屈原出身于楚国贵族，父亲叫伯庸，祖先是楚武王熊通之子屈瑕。屈氏和昭氏、景氏同为楚国公族的三大姓，历代身居高位，地位尊贵。屈氏子孙如屈重、屈完、屈到、屈建等，在楚国都曾担任过要职。

据说屈原出生于寅年寅月寅日，依照中国历法"人生于寅"，是个很好的生辰。所以屈原在《离骚》中说："摄提贞于孟陬兮，惟庚寅吾以降。皇览揆余初度兮，肇锡余以嘉名。名余曰正则兮，字余曰灵均。"意为：太岁星逢寅的那年正月，又是庚寅的日子，我降生了。父亲看到我生辰不凡，就给我起了个好名字，名叫做"正则"，字叫做"灵均"。

屈原是楚国贵族中的杰出人才。他精通历史、文学与神话，洞悉各国形势

屈 原

和治世之道；人聪明，口才好。司马迁《史记》中说他"博闻强识"，"娴于辞令"，因此20多岁就做了楚怀王的左徒——左徒比楚国执政令尹只低一级，位高权重。屈原在左徒任上，对内和楚怀王讨论国家大事，发布号令；对外接待宾客，应付诸侯。楚怀王很信任他，让他草拟法令，又让他出使齐国，联齐抗秦。足见屈原曾是楚国兼管内政、外交的重要官员。但他的改革精神和措施，却招来了楚国贵族大臣们的反对。反对者的代表是楚怀王的宠妃郑袖、儿子子兰和上官大夫靳尚。这些人目光短浅，妒贤害能，只想维护自己的贵族特权，而把国家的长远利益置之脑后。他们是楚怀王的宠妃、爱子、近臣，整天围绕在楚怀王身边，对他影响很大。昏愦的楚怀王，听信了他们的谗言，就渐渐疏远了屈原。

楚怀王十六年（前313），为了破坏楚齐联盟，秦国派张仪到楚国活动。张仪贿赂了楚国一批权贵宠臣，并欺骗楚怀王说："楚国如果能和齐国绝交，秦国愿意献出商於一带六百里土地。"屈原坚决劝阻，可是楚怀王贪图六百里商於之地，利令智昏，听信了张仪的鬼话，他封张仪为相，和齐国断绝了合纵之盟，还派人跟张仪去秦国受地。张仪回秦国后就开始装病，一连三个月不见楚使。楚怀王仍不醒悟，还以为张仪是在怪他与齐国绝交不够坚决，于是又派人去辱骂齐王一通。齐王大怒，断绝了和楚国的合纵，而和秦国联合起来。这时张仪才出面对楚使说："您为什么不接受土地呢？从某地到某地，长宽六里。"六百里变成了六里，楚使很生气，归报楚怀王，楚怀王大怒，先后两次兴师伐秦，结果都被秦国打败，丧失了大批军队和将领，汉中之地也被夺走。

这时楚怀王稍有醒悟，"悔不用屈原之策"，"于是复用屈原"，让他出使齐国，重修楚齐之盟。秦国两次大败楚军之后，也怕齐、楚复交，于是主动提出退还一半汉中之地以求和。楚怀王恨透了张仪，提出不要汉中地，只要张仪人头。秦惠王原本不同意，张仪却自请前往。张仪到楚国以后，贿赂了郑袖、靳尚之流，在楚怀王面前一番花言巧语，楚怀王居然又把张仪给放了，还和秦王结下了婚姻关系。

屈原使齐回来，说明利害，楚怀王想追回张仪，张仪早已走得无影无踪了。这样楚国对齐国又一次信用大失。楚怀王二十四年（前305），楚国又一次背齐合秦，去秦国迎亲；第二年，楚怀王打算与秦王会于黄棘（今河南新野县东北），接受秦国退还的上庸之地（今湖北竹山县）。当时屈原竭力反对，楚怀王不但不听，还把他流放到了汉北地区（今安康一带及汉水上游）。

屈原被流放后，楚国局势越发危急。秦国数次攻打楚国，楚国损兵折将，丢失大片土地，楚怀王这才意识到齐楚联盟的重要性，让太子质于齐国以求齐楚联盟反秦。公元前299年，秦又攻楚，取楚八城。趁此次机会，秦昭王"邀请"楚怀王在武关（今陕西商县东）相会。

屈原此时已从汉北的流放地返回。他认为秦国是虎狼之国，言而无信，便和昭雎等一起力劝楚怀王不要赴会。可楚怀王的幼子子兰怕失去秦王欢心，竭力怂恿楚怀王前去。结果楚怀王一入武关，就被秦军扣留，劫往咸阳。楚人从齐国迎立太子横，为楚顷襄王，公子子兰为令尹。楚顷襄王三年（前296），楚怀王客死秦国，秦国将他的尸体送回楚国安葬，秦楚就此绝交。

楚顷襄王六年（前293），秦国派白起前往伊阙攻打韩国，取得重大胜利，斩首24万。秦王准备趁势进攻楚国。楚顷襄王心中害怕，就谋划再与秦国讲和。屈原不能容忍楚国向仇敌屈膝，他写诗抒情，表达了他眷顾楚国，系心楚怀王，"不忘欲反"的感情；并指出，楚怀王最后落到客死他国的下场，是因为"其所谓忠者不忠，而所谓贤者不贤也"。这对子兰形成了威胁，于是子兰指使靳尚到楚顷襄王面前进谗。屈原再度被流放，辗转流离于沅、湘二水之间。

屈原目睹政权被小人掌握，国君听信谗言，疏远友邦，屈膝于强秦，眼看着国势日弱，民生多艰，自己痛心疾首却又无能为力，只好以诗歌来抒发自己忧国忧民的悲愤之情。

楚顷襄王二十一年（前278），秦将白起攻破郢都。屈原闻讯，悲痛不已。他"游于江潭，行吟泽畔，颜色憔悴，形容枯槁"。在汨罗江畔，一位渔父见到他，问："子非三闾大夫欤！何故至于斯？"

屈原答："举世皆浊我独清，众人皆醉我独醒，是以见放。"

渔父说："圣人不凝滞于物，而能与世推移。世人皆浊，何不淈（gǔ，搅浑）其泥而扬其波？众人皆醉，何不哺其糟而啜其醨（薄酒）？何故深思高举，自令放为？"

屈原曰："吾闻之，新沐者必弹冠，新浴者必振衣；安能以身之察察，受物之汶汶者乎？宁赴湘流，葬于江鱼之腹中。安能以皓皓之白，而蒙世俗之尘埃乎！"

渔父莞尔而笑，鼓枻（yì，桨）而去，乃歌曰："沧浪之水清兮，可以濯吾缨；沧浪之水浊兮，可以濯吾足。"遂去，不复。

屈原于是自沉汨罗江，怀抱着不能实现的政治理想，以身殉国。

影响和评价

作为一位杰出的政治家和爱国志士，屈原热爱祖国、坚持真理、宁死不屈的精神和他"可与日月争光"的巍巍人格，千百年来感召着无数中华儿女，尤其是在国家民族处于危难之际，这种精神的感召作用就更加明显。作为一位伟大的诗人，屈原的出现，不仅标志着中国诗歌进入了一个由集体歌唱到个人独创的新时代，而且他所开创的新诗体——楚辞，突破了《诗经》的表现形式，极大地丰富了诗歌的表现力，为中国古代的诗歌创作开辟了一片新天地。后人也因此将《诗经》与《楚辞》并称为"风、骚"。"风、骚"是中国诗歌史上现实主义和浪漫主义两种不同创作方法的源头。

在中国历史上，屈原是一位最受人民景仰和热爱的诗人。据《续齐谐记》和《隋书·地理志》记载，屈原于农历五月初五投江自尽。中国民间五月五端午节包粽子、赛龙舟的习俗就源于人们对屈原的纪念。1953年，在莫斯科举行的世界和平大会决定将屈原列为世界文化名人，号召全世界人民隆重纪念他。屈原的名字，将永远保留在世界人民的心中。

韩非子
——法家思想的集大成者

性别：男　　**朝代**：战国时代　　**生卒年月**：约公元前281年～前233年
入选理由：先秦时期法家思想的集大成者，伟大的思想家。
经典语录：言无二贵，法不两适。

人物简介

韩非子，本名韩非，又称"韩子"，战国末年韩国（今河南省新郑）人，韩国王室的后代。他早年师从荀卿，但并没有成为儒家学派，反而大力提倡法家思想，提倡"以法为主"和"法术势"相结合，为中国第一个统一专制的中央集权制国家的诞生提供了理论依据。是中国古代著名的哲学家、思想家、政论家和散文家，今存《韩非子》55篇。

生　平

韩非子是韩国国君的王子，他天生口吃，不善言辞。他与李斯曾共同拜荀子为师，对于他敏捷的思维、出色的悟性，李斯自愧不如。"业精于勤荒于嬉，行成于思毁于随"，这是韩非子的座右铭，他求学时十分刻苦，荀子也非常赏识他。有一天，荀子给他们讲授"性恶论"，说：人的本质是恶的，因此需要不断地矫正才能达到"善"。韩非子听后拍案叫绝，认同老师的说法，他认为人天生就"好逸恶劳"、贪财好利，这种定位后来成了他的学说中最基本的出发点——因为人的本性是恶的，所以必须采取"严刑峻法"。荀子同时也给他们讲授孔孟之道，但韩非子却并不认同，他不相信温文尔雅的礼乐文明能够治国安邦，他更崇拜商鞅时代的严刑峻法，以及黄老之术的清简朴素。就这样，他走上了与老师荀子完全不同的道路。

韩非子虽然少言寡语，但他很早便看出了韩国日益衰颓的形势。西方的秦国日益强大，韩国的危机迫在眉睫。他曾用不流利的言语上谏韩王进行改革，可惜，韩王对此置之不理。韩非子义愤填膺，他已经能够预见，这个偏安一隅的小国将会怎样凄惨地收场。他习惯了掩藏自己的情绪，于是便把自己的忧闷写成洋洋洒洒的《说难》、《孤愤》、《五蠹》、《内储说》、《说林》等等，他夜以继日，完成了十万余字的著作。在王室子弟之中，他是最有才华的一个，但却一直不受关注。生性刚强的他，笃信"自胜者强"，在他的周围，的确也只有他自己值得他不断超越。

终于，他的文章得到了一位帝王的赞赏，那便是秦王嬴政。韩非子没有料到，秦王看了他的《孤愤》和《五蠹》之后，竟然赞不绝口，而且为了见到他立刻派兵攻打韩国。韩王窘迫不已，他并没有抵抗秦国的力量与勇气。于是，他派韩非子出使秦国，暂时解决了边境的危机。

来到秦国的时候，韩非子生平第一次，得到上卿般的礼遇。李斯也在迎接之列，他深知韩非子的才华，见秦王如此礼遇韩非子，李斯猛然感到了自己的危机。在秦国的大殿之上，韩非子向嬴政说明了"不期修古，不法常可"的进步历史观，又讲述了"事在四方，要在中央；圣人执要，四方来效"的君主集权制。他主张施行严刑峻法，并强调"法不阿贵"、"刑过不避大夫，赏善不遗匹夫"的不二准则。秦王大悦，这正是他想要建立的制度，大秦帝国需要的声音。

然而，韩非子是韩王的公子，嬴政尽管赏识他的才学，却不能够信任他的忠心。韩非子又一次失望了。有一次，他向秦王建议："先讨伐赵国，然后再慢慢讨伐韩国。"大臣李斯、姚贾趁机向秦王进谗言："现在大王要统一天下，但韩非子是韩国的公子，他还是处处为韩国着想，这虽然合乎人情，却是对大王不利的。假如放他回去，便会增加敌国的力量，不如趁机杀了他。"秦王准了李斯的建议，下令逮捕韩非子。

韩非子被抓入狱时，心里并没有太意外。当初离开韩国的时候，他早已预料到此行的凶险。他只是遗憾：为何自己的学说不能得到君王的信任？为什么满腹才华的自己不能得到大有

韩非子

作为的机会？在阴暗的牢房之中，他听不到一点外面的消息，更加寂寞了。终于，有一个人走进牢房，然而那个人恭恭敬敬端来的，却是一杯毒酒。

秦王还没有下令处死他，因此这杯毒酒应该不是王命。也许是李斯，也许是姚贾，也许是其他嫉妒他、猜忌他的秦国大臣，暗自"除之而后快"。韩非子端起酒杯，一饮而尽，他没有其他的选择。秦王终于后悔了，却追悔莫及，因为当使者来大牢赦免韩非子的时候，韩非子早已气绝身亡。

韩非子是一个奇才，他聪明睿智，并且冷峻果决。在他的著作中，我们处处能感觉到他冷静的思考以及人生的智慧，"自相矛盾"、"守株待兔"、"滥竽充数"、"讳疾忌医"、"老马识途"等成语寓言，"塞翁失马，焉知非福"、"千里之堤，毁于蚁穴"等格言警句，都出自《韩非子》一书。还有著名的"智子疑邻"的故事：宋国有一个富人，家里的墙被雨水浇坏了，他的儿子说："不修的话，肯定会有盗贼。"邻居也这样说。第二天，果然丢了很多东西，这个富人却相信自己的儿子，而怀疑自己的邻居。远近亲疏之别，有时候会在很大程度上左右我们对于事物的判断。就像韩非子到了秦国之后，秦王尽管赏识他的才华，却总是担心他对自己不忠，秦王也许正是那个怀疑邻居的"宋国富人"。

尽管韩非子一生未受重用，但他的学说却在秦国发挥了强大的生命力。秦始皇统一六国之后的所创立的制度，很多都能在韩非子那里找到理论渊源。我们甚至可以这样说：在韩非子背后，站立着威震一时的大秦帝国。

影响和评价

韩非子的一生，都在为建立一种学说而不懈努力，他的坚持令人钦佩和感动。他确立了"法术势"相结合的治国之策，提出了"以法为主"的理论纲领，是先秦时期法家思想的集大成者。韩非子没有看到，那个威武一时的大秦帝国是如何实践了他的理论，如何使他获得了流传不朽的声名。

他曾写过一篇名为《说难》的文章，指出了为人臣者上谏论争的种种障碍，他看得很清楚，却还是未能得到秦王的信任。也许，这是一种解决不了的困境，即使在今天，我们不是也很难完全跳出"智子疑邻"的思维惯性么？尽管，韩非子早在两千多年前便清楚地写出来了。

吕不韦

——从富商到宰相的传奇

性别：男　　**朝代**：战国时代　　**生卒年月**：？～前235年
入选理由：秦帝国完成统一六国的关键人物，从富商到宰相的传奇经历。
经典语录：天无私覆也，地无私载也。

人物简介

吕不韦，卫国濮阳（今河南濮阳西南）人。他经过商，摄过政，打过仗，编过书，是秦国完成最后统一的大功巨。吕不韦是一个谜一样的传奇人物，他经商成巨富大贾，从政成显赫的丞相，为我国历史上少有的商人从政而业绩卓著者之一。吕不韦的一生，充分体现了其作为商人的特点，他做每一件事都是为利益所驱使，也正因如此，一旦他的利益受到损害，他便奋起反击，结果，他与嫪毐的争斗最终给他招来了杀身之祸。

生　平

公元前265年，即秦昭王四十二年，吕不韦到赵国都城邯郸做生意，遇见了作为人质的秦公子异人。异人是秦国太子安国君的儿子，秦昭王的孙子。异人的生母夏姬不受宠爱，而安国君有二十多个儿子，异人又排行居中，倍受冷遇，因此被送往赵国当人质。身处异国，处境自然很危险，而秦国又多次进攻赵国，所以，赵国对异人不闻不问，异人的生活极其拮据。虽然身为商人，吕不韦对政局却一向关心。吕不韦非常清楚：哪里的资源和利润最丰厚？政坛。什么样的投资最容易升值？人弃我取。吕不韦见异人而"怜之"，并以生意人的眼光看待异人，认为"此奇货可居"，便决定用金钱帮助异人谋取王位继承人的资格。

打定主意，吕不韦回家后便一本正经的问父亲："耕田能获几倍利？"父亲回答说："能获十倍利。"他又问："经营珠玉又能赢几倍的利？"父亲回答说："能赢百倍的利。"于是他又问："帮助立一个一国之主，能赢几倍利？"父亲说:"能赢无数的利。"吕不韦就说:"现在努力耕田,不见得能吃饱穿暖,而帮助立一个国君,得到的益处,则可以传之后世,这种有大利可图的好事,值得去做。"从此,吕不韦弃商从政,开始了他的政治生涯。事实上,自秦国之后历朝历代的人,都把《史记》、《战国策》上那段"立一个国君之利"的话当作了经典,几乎没有人会怀疑它的现实性和实践中的有效性。

怎么才让异人成为秦国合法的继承者呢?吕不韦把筹码押在了一个女人身上——华阳夫人。年轻貌美的华阳夫人,深受异人父亲——太子安国君的宠爱,被立为正夫人。一旦太子登基,她便是秦国王后。然而,华阳夫人无子,对未来的担忧成了她最大的心病。

聪明的商人和好的大夫一样,都擅长对症下药。吕不韦自掏腰包,拿

吕不韦

出五百金,搜罗了珍奇玩物,来到咸阳,找到了华阳夫人的姐姐,并以异人的名义进献珠宝。华阳夫人的姐姐便劝说妹妹:"我听说用美色来侍奉别人,一旦年老色衰,宠爱也就随之减少。现在你正受宠,不如趁机在太子的儿子中找一个有才能又孝顺的人,立为继承人。丈夫死后,也不会失势了。否则,一旦容貌衰老,你想和太子说上一句话,都很难了。"

见华阳夫人有些动心,姐姐又继续劝道:"公子异人排行居中,按次序是不能被立为继承人的,他的生母又不受宠爱,所以他才会主动依附于你,况且他有贤能,你若提拔他为继承人,以后一定安享尊荣。"这一席话正中华阳夫人的下怀。不久,远在邯郸的异人改名子楚,被立为秦国的继承人。

大手笔的生意正在顺利进行,吕不韦却遇到了麻烦:子楚在一次宴会上,看上了他的爱妾赵姬。给,还是不给?最初,吕不韦十分生气。但是,他很快意识到,他为辅佐子楚已经献出了大量家财,现在正是等待盈利的关键时刻,不给,岂不浪费了前期投资?于是,赵姬改嫁子楚。据说赵姬改嫁时已经有孕在身,而这个孩子,整整怀胎12个月后才出生。

谁也说不清，这是谁的儿子。谁也不知道，给子楚一个"现成的儿子"是不是也吕不韦设计好的投资之一。但可以肯定的是，正是这一笔投资，决定了吕不韦的终局——因为这个儿子，不是普通人，正是未来的始皇帝嬴政。

公元前250年，安国君即位为秦孝文王，子楚为太子。吕不韦的好运开始降临——安国君才当了3天的秦王，就一命呜呼，子楚继位，为秦庄襄王。秦庄襄王当然懂得"吕不韦"这三个字对他一生的意义，他兑现诺言，任命吕不韦为丞相，封为"文信侯"，自此，秦国的军政大权开始掌握在了吕不韦的手中。然而，秦庄襄王的命运仅仅比父亲好一点而已，他在即位三年后也去世了。年仅十三岁的太子政（即嬴政，秦始皇）继位，吕不韦再次出任相邦（相邦即相国，汉人避刘邦之讳，故《史记》中将相邦悉改成相国。），号称"仲父"，辅孤理政，稳定了秦国政局。

从公元前249年秦庄襄王继位，到秦王嬴政十年即公元前238年，吕不韦作为相国把持秦国朝政十二年之久，在政治、经济、军事、文化等各方面都颇有建树。吕不韦入秦国之初，在四年之间，秦国连丧三王，国内政局混乱，叛乱迭起，蝗灾瘟疫不断，外部还有强敌趁机猛烈进攻。面对内忧外患，吕不韦发挥了商人的看家本领，充分调动全国的物力，让秦国渡过了严重的自然灾害；平定了各地的叛乱，稳定了国内的政局；又有效地组织人力，击退外敌的入侵。在吕不韦身居相位期间，秦国占据的土地有15个郡以上，为秦国统一六国打下了很好的基础。

吕不韦虽然是商人出生，但也希望有文人墨客之名誉，于是他招来文人学士，写了一部《吕氏春秋》，共有八览、六论、十二纪，二十多万字，"以备天地万物古今之事"，故而《吕氏春秋》被人称为"杂家"。书刻好后，他发出布告：谁能增删一字，就可获得千金。其实，并非书中不可改动一字，而是人们不敢改动，害怕招来杀身之祸，告示只不过是吕不韦吹嘘的手段罢了。

嬴政即位后，吕不韦和太后赵姬又恢复了早期的关系。私通太后，显然是危险的。为了自己脱身，吕不韦又走了一招棋。他找了一个名叫嫪毐的门客，冒充宦官，献给太后。而太后竟也照单全收，和嫪毐如鱼得水，还躲到别处生下两个儿子。吕不韦很得意：取悦了太后，他的相国之位就可以保住了。

但事与愿违。公元前237年，太后和嫪毐的苟且之事传得沸沸扬扬，这让已经成年的嬴政颜面扫地。嬴政免去了吕不韦的相国职务，又把他赶出京城，让其前往河南的封地。迁居洛阳后，吕不韦并未赋闲，凡有事，大臣纷纷登门请教，因此秦王嬴政对他很不放心。此外，秦王嬴政更担心的是自己身世的秘密。很难说到底是担心吕不韦功高震主，还是为了表明自己与吕不韦没有血缘关系，又或者两方面的原因都存在，秦王嬴政向洛阳发布了一纸命令，要他立刻举家迁移到蜀地。

到这时候，吕不韦终于明白，自己已经逐渐被逼迫。害怕日后被杀，在秦王嬴政的书信前，吕不韦喝下毒酒自杀。这最后的结局，无论如何不在吕不韦的算计之内。他决不会想到，从他开始决定在秦国继承人身上做风险投资时，他自己也成为这个风险投资计划中的一颗棋子。随着目标的一步步实现，他的命运也已经完全不掌握在自己手中了。

影响和评价

吕不韦是我国历史上少有的出身商人而成为政治家、思想家的一位奇人，他两任相邦，积极推进统一六国的事业。"秦灭六国，盖始于魏冉，而成于吕不韦、李斯"，这个评价是中肯的，是符合历史事实的。秦始皇统一中国与吕不韦的功业是有密切联系的，为了给秦国的统一事业做舆论准备，吕不韦进行了理论上的探索，创立了新的统一学说，为我国古代政治思想增添了新的内容。他主持编写的《吕氏春秋》，千载流传，里面的一些小故事至今妇孺皆知，影响深远。同时，他也是古代一位杰出的"风险投资家"。他"奇货可居"的理论一直被后人奉为经典。

秦始皇
——统一六国的千古一帝

性别： 男　　**朝代：** 战国末年至秦代　　**生卒年月：** 公元前 259 年～前 210 年
入选理由： 第一个统一帝国的缔造者，被誉为"千古一帝"。
经典语录： 天琥人苦战斗不休，以有侯王。赖宗庙，天下初定，又复立国，是树兵也，而求其宁息，岂不难哉！

人物简介

秦始皇，嬴姓，赵氏，名政，秦庄襄王之子，出生于赵国首都邯郸（今河北邯郸），13 岁继承王位，22 岁亲政。公元前 230 年至前 221 年，先后灭亡了韩、赵、魏、楚、燕、齐六国，39 岁时完成统一大业，建立了中国历史上第一个中央集权的封建专制王朝——秦王朝。他创立了"皇帝"的称号，并进行了一系列制度改革，对中国两千余年的封建帝制具有深远的影响。公元前 210 年，在东巡途中染疾去世。

生　平

公元前 259 年，一个男婴在赵国的邯郸城降生了。没有人会想到，这个男婴将成为历史上第一个封建帝国的建立者。然而，对于这样一个重要的人物，历代史学家却难以断定他究竟是谁家的血脉。相传，秦庄襄王在赵国做人质时，看上了吕不韦的小妾——赵姬，吕不韦将赵姬献给了秦庄襄王。后来，赵姬生了一个儿子，取名为"政"。但还有另外的说法：吕不韦献出赵姬之时，赵姬已经怀有身孕。各种猜测莫衷一是，这成了历史上一个悬而未解的谜题。

秦庄襄王后来继承了王位，他死后，13 岁的嬴政被迎立为新主，称为秦王。当时实际执掌朝政的是大臣吕不韦，他常常私入后宫与太后赵姬鬼混，后来又把一个假太监嫪毐送进皇宫侍奉太后。嬴政一天天长大，对于宫廷的丑闻他并非完全不知情，他只是在等待时机——行了冠礼之后，他便能够亲政了。嫪毐自知死罪难逃，便抢先发动政变，却不料秦王早有准备。这场动乱的结局是：嫪毐被处死，太后赵姬被软禁，吕不韦被流放巴蜀。

22岁的秦王嬴政刚从屈辱的身世里脱身而出，便开始了统一天下的帝王大业。秦国经过商鞅变法之后，国力大大增强。公元前255年东周灭亡，作为最高权力之象征的九鼎被运到了秦国，史称"九鼎迁秦"。到秦王嬴政时，秦国不仅具有强大的综合实力，同时也可以名正言顺地讨伐诸侯。秦王重用尉缭、李斯等股肱之臣，运用远交近攻、合纵连横的外交策略，先灭韩，后灭赵，公元前227年，秦国大军到了燕国的边境。

这时，秦国的宫廷发生了一场重大的事件——燕国派来的使者试图刺杀秦王，即历史上有名的"荆轲刺秦王"。惊慌之余，秦王勃然大怒，迅速出兵攻打燕国。不久，燕国灭亡。

从公元前230年到公元前221年的9年内，秦国大军席卷天下，韩、赵、魏、楚、燕、齐诸国一一从版图上消失。秦王嬴政39岁这一年，威武的大秦帝国建立了。这是历史上第一次大范围的统一，秦帝国北据匈奴，南方则一直延展到南越北部一带，真可谓"包举宇内，囊括四海"（西汉·贾谊《过秦论》）了。

秦始皇，不愧是历史上第一位封建帝王。他首次使用"皇帝"的称号，首次规定只有帝王才可以自称"朕"，首次使用了传国玉玺。同时，他首次统一了文字、度量衡，首次在全国范围内修筑驰道；在中央，他设立丞相、太尉、御史大夫，在地方则首次实行郡县制。这些开创，被中国两千年的封建帝制沿用不息。也许，后世的许多君主都不赞同秦始皇刚愎自用的统治方式，但没有一个帝王不自称"皇帝"。

秦始皇内心的傲慢一点点膨胀起来，他甚至取消了"谥法"（后人根据君王的功德确立一个封号），自称"秦始皇"，他的后继者便称作"二世皇帝"、"三世皇帝"，以至万世，他梦想着帝位可以"传之无穷"。泰山，是五岳之首，在中国的所有山峰之中最具威名。当时，秦始皇就是在这里举行封禅大典的。封禅是一种神圣的仪式，往

秦始皇

往在盛世时才会举行，目的便是将帝国的强盛昭告天下，奉达天神。秦始皇封禅结束之后，他相信，他的帝国已经可以永享太平。

统一六国之后，他下命令，收缴天下兵器，全部熔铸成"金人"（古代的"金"是指铜），以示"偃兵休武"。然而，北方的匈奴这时却蠢蠢欲动，秦始皇开始有些不安了，因为那金戈铁马的骑兵一旦进入中原，便又是一番动荡不安，流血漂橹。因此除了派蒙恬带领大军抗击匈奴之外，他还下了一道命令——修筑长城。那一道威武的城墙，掩埋了无数壮丁的累累白骨。"孟姜女哭长城"所述说的，便是秦始皇时代的苦难。

平民百姓衣不蔽体，食不果腹，那些善于思考和论争的知识分子也战战兢兢。秦始皇很难容许战国时代"百家争鸣"的喧哗，他并不看好"多元化"。"焚书坑儒"赫然写进了秦王朝的历史，这是知识分子的第一场集体劫难。从此，文化专制的残暴与血腥成为封建王朝的一种历史惯性。

在古代，凡是帝王都会做着"长生不死"的美梦，更何况是功勋卓著、威震一时的秦始皇。虽然他即位之后便开始大力修建豪华而壮观的陵寝，但他也不断派人为他寻找可以长生不老的仙药。据说，他当时派徐福带着三千童男童女出海，发现了蓬莱、方丈、瀛洲三座神山，但至于有没有找到仙药，却不得而知。因为徐福东渡以后，便从此失去了音信。

秦始皇没有等到徐福带来仙药，他一天天老去。尽管如此，他还是五次带着满朝文武到全国巡游，他的魄力和精力确实惊人。然而，在他第五次巡游的时候，途中突然染疾去世。他没来得及召回被派往边境镇守的长子扶苏，他的小儿子胡亥在大臣赵高的撺掇之下，篡改诏书，成了秦帝国的第二个皇帝。

阿旁宫，是秦始皇的寝宫，唐代的杜牧曾写了一篇《阿旁宫赋》，极言其富丽堂皇。然而这座宫殿随着秦帝国的倾颓而付之一炬，成为一片焦土。秦始皇恐怕很难想到，他的大秦帝国竟如此短命，仅仅传了两代便颓然倒地，成为一声沉痛的叹息。

影响和评价

20世纪，威武的秦始皇兵马俑惊现人世，被誉为"世界八大奇迹"之一。秦始皇在去世两千多年后，又一次给世间带来了巨大的震撼。尽管他横征暴敛，严刑峻法，是历史上少有的暴君，但毋庸讳言，他确实也是一个伟大的帝王，无论是他统一全国的功勋，还是他开创制度的魄力，都堪称为万代之表率。唐代的李白在诗歌中赞叹道："秦王扫六合，虎视何雄哉。"明代的思想家李贽则称他为："千古一帝。"后人说："功莫过于秦皇汉武。"这种赞叹并非只是溢美之词。

项 羽

——百胜而失天下的西楚霸王

性别：男　　**朝代**：秦代　　**生卒年月**：公元前232年～前202年
入选理由：无冕之王、不肯过江东的意气霸王。
经典语录：然今卒困于此，此天之亡我，非战之罪也。

人物简介

项羽，姓项，名籍，字羽，古代中国著名将领及政治人物，秦下相（今江苏省宿迁市宿城区）人，是楚国名将项燕之孙，中国古代起义领袖，著名军事家、战略家。中国军事思想"勇战"派代表人物，是力能举鼎、气压万夫的一代豪杰，中国史上最强武将。大泽乡起义不久，项羽在江东斩杀郡守，举兵反秦。他率军入关中，以五诸侯灭暴秦，威震四海，分裂天下，册封十八诸侯，大政皆由羽出，号为"霸王"，权同皇帝。后在楚汉战争中为汉高祖刘邦所败，在乌江（今安徽和县）自刎而死。

生 平

年少时，叔叔项梁曾请人教他书法诗歌，项羽学了没多久便厌倦了；后来又请人教他武艺，没多久项羽又厌倦了。项梁火冒三丈，项羽却说："学文不过能记住姓名，学武不过能以一抵百，我要学便学万人敌的本领！"于是项梁便教授他兵法，学了一段时间后他又不愿意学了，项梁只好任由他折腾不再管他。项羽身高八尺，力能扛鼎，气压万夫，年青时志向便极为远大。一次秦始皇出巡渡浙江（今钱塘江）时，项羽见其车马仪仗威风凛凛，便脱口而出："那个人我可以取代他！"项梁向来认为他没出息的，听到后十分震惊，自此对项羽刮目相看。

秦二世元年（前209年），陈胜、吴广在大泽乡振臂一呼，揭竿而起，项羽随叔父项梁杀掉了吴中太守殷通，也举兵响应。此时，项羽二十四岁，他一个人杀了殷通的卫兵近百人，第一次展现了他的武艺。取得初步的胜利之后，

项羽

项梁采纳谋士范增的建议,在民间找到了楚怀王的孙子芈心,立他为楚王,仍号怀王,以争取楚人的支持。

后来在定陶之战中,项梁被秦将章邯杀死,其后章邯率军攻赵,大败赵军,使赵王赵歇被迫退到了巨鹿。定陶战败,让楚怀王他们退到了彭城,至此楚怀王任命宋义为上将军、项羽为次将率兵救赵,并封项羽为鲁公。楚怀王与诸将约定,"先入定关中者"封王。

宋义军到达安阳后停止前进,在当地停留了四十六日。项羽建议进兵,但宋义不同意,项羽便杀了宋义,楚军诸将也不敢反对,于是拥立项羽为代理上将军。项羽派人禀报楚怀王,楚怀王便做了顺水人情,点头答应。公元前207年,项羽进兵巨鹿,先遣英布等率二万人渡河攻击秦军,项羽随后率其余楚军渡河,并命令部下在渡河后砸碎锅子,凿沉船只,只留三天的粮食,后世称之为"破釜沉舟",意为决一死战。最后项羽九战九胜,凯旋而归。据《史记》记述,楚军受到项羽的激励,个个以一敌十,大破秦军三十万。其他反秦诸侯军都纷纷吓破了胆,只得投降保命,项羽在辕门召见时,投降的将领们都吓得哆嗦,没人敢抬头看项羽。因此项羽成为诸侯上将军,即各路诸侯军队的总统帅。

秦国大将章邯随后也投降了,项羽担心降兵可能生变,于是命楚军于一夜间在新安城南杀掉秦国降兵二十余万人,但并没有杀死仇人章邯、秦长史司马欣和都尉董翳。

项羽继续向关中进军,但沛公刘邦已经抢先了一步占领秦都咸阳,刘邦的部下左司马曹无伤派人向项羽说:"沛公想做关中的大王。"项羽知道刘邦野心不小,极其生气。谋士范增给项羽出了一个计策,让项羽在鸿门宴请刘邦,并趁机杀掉刘邦。但是刘邦是何等人,手下有张良等精明之人,早就料到了这个宴是暗藏杀机,于是席间刘邦耍了心机。项羽虽然忌惮刘邦,但是最后时刻心慈手软,让刘邦逃走了。"鸿门宴"这一典故就是这么来的。

公元前206年,项羽进入咸阳后,杀了当时的秦王子婴,并在咸阳放了一把大火。经过兵火这番蹂躏,原来富饶的关中变得残破不堪,有的地方甚至千里无人烟。

这时有人劝说项羽留驻关中,成就霸业,但项羽没有留在关中的打算,他说:"富贵不归故乡,如衣绣夜行,谁知之者。"于是建议者失望地说:"人们都说楚人沐猴而冠耳,果然如此。"项羽听见大为光火,下令把这人绑出去煮了。

之后,项羽尊楚怀王为楚义帝,仗着灭秦功高,开始按照自己的意愿分封天下。项羽自立为"西楚霸王",统治梁楚九郡,定都彭城;他把原来六国的土地封给有功的部下和其他反秦军将领,而原来的魏王豹、赵王歇、燕王韩广、齐王田市则被封到偏远地方;他干脆违背楚怀王之约,把原本应为刘邦所有的关中,封给章邯、司马欣、董翳三位秦朝降将,而把刘邦赶到荒蛮的汉中当汉王。这些不当的分封措施,使得一些人对项羽不服,从而埋下了日后项羽众叛亲离的种子。

在汉中呆了不到一年,刘邦终于忍无可忍了。公元前206年,刘邦出兵占领了关中。恰好项羽的军队都派到了齐地,于是汉军趁此机会联合五国诸侯军队共五十六万人攻打楚国,占领了彭城。项羽闻讯自齐地率三万精兵救援,在彭城大败汉军,汉军损失数十万人,睢水中的尸体甚至堵住了江流,但刘邦侥幸逃脱。此后楚汉两军在今河南省地区形成拉锯局面,然而韩信所率汉军在黄河以北地区屡胜,彭越也率领部众侵扰楚军后方,形势开始对项羽不利。

公元前202年初,四十万汉军在垓下包围了项羽。看到项羽军队粮食不足,撑不了多久。刘邦索性玩起了心理战术:汉军围成一圈唱小曲,半夜歌声传过来,分明是楚人的曲子。"四面楚歌"之中,绝望的项羽唱出了著名的《垓下曲》:"力拔山兮气盖世,时不利兮骓不逝,骓不逝兮可奈何,虞兮虞兮奈若何。"

后来项羽率八百余人突围,汉军紧追不舍,渡过淮水以后,项羽的骑兵只剩下百多人。项羽在阴陵迷路,结果指路之人谎报路径,使项羽军迷失在大泽当中,到达东城时只剩二十八骑,汉军骑兵眼看就要追上来。项羽知道大势已去,于是对部下说,不是大家作战不力,一切都是上天的安排。最后的时刻,他上马率骑兵突击,斩杀汉军的一个将领,汉军的骑将"人马俱惊,辟易数里"。由于项羽把骑兵分成三队,汉军搞不清项羽人在哪一队,只能分散军队包围。项羽又突然冲下去,杀死了汉军的一个都尉,杀伤近百人。

项羽退至乌江,乌江亭长要帮他渡江,但项羽说,他以前带领江东八千子弟兵渡江，如今竟无一人可以回来，没有面目见江东父老乡亲。项羽命令士兵全部下马迎战，最后楚军全部战死，项羽独自力战汉军，杀数百人，但自己也受了几十处伤。这时他看到冲上来的汉军中，有自己的老朋友吕马童，就笑着说："据说汉用千金的价格、万户侯的地位悬赏征求我的人头，我就做个人情给你吧！"说罢拔剑自刎。

项羽死后，西楚政权占领的其余土地陆续被刘邦招降。鲁地是项羽早年的封邑，所以负隅顽抗迟迟不肯归降，直到汉军出示了项羽首级，他们才最后宣布归顺。

影响和评价

项羽的出现，为中国的历史掀起了一场风云，写下了一段不朽的神话。楚汉之争，刘邦虽然称王，但人们还是替项羽惋惜，大有"哀其不幸，怒其不争"之意。不过，也许正是项羽死得有尊严，人们才对他敬重有加，就连身为汉朝人的司马迁都不敢小觑，而把他放在本纪里。

项羽性格刚烈，富英雄气概，却刚愎自用，最终落得失败身死的下场。但他的宁死不愿愧对江东父老，以及他与虞姬悲壮美丽的爱情，向来为人称道，不少文人墨客赋诗以表，或为之惋惜或为之赞扬，表现了项羽对中国历史以及后世具有深远的影响。在后人看来，项羽的精神已经升华到了至高境界，为中华民族的精髓注入了活力。

汉武帝

——与秦始皇并称的中华第一帝

性别：男　　**朝代**：西汉　　**生卒年月**：前156年~公元前87年
入选理由：以"旷世奇才"开创大汉盛世，中国历史上最伟大的帝王之一。
经典语录：犯我强汉者，虽远必诛！

人物简介

汉武帝刘彻，字通，小名刘彘，为汉景帝第十子，其母为王皇后王娡。汉武帝16岁登基，在位54年（公元前114~前87年），开创了汉帝国威震四方的功业，是中国古代杰出的政治家、战略家。同时，他也是中国历史上第一位使用年号的帝王。死后葬于茂陵，谥号"孝武"。

生　平

公元前156年7月14日，王美人为汉景帝添了一位皇子，这已是本朝的第十位皇子。这个孩子聪明伶俐，4岁时被封为胶东王，胶东王的封地在今山东即墨，远离帝国统治的中心——长安。这是一种象征，意味着他很难具有继承大统的资格。然而，这位庶出且年幼的王子却在7岁时被立为储君，再过11年，他将成为威振四方的"大汉天子"——汉武帝。

王储的废立，通常是女人之间的战争，汉景帝的栗妃失败了，而王夫人却"咸鱼翻身"，于是，栗太子被废，胶东王刘彻被立为太子。宫廷里的游戏规则其实并不复杂，关键在于要选对"砝码"来增加自己的胜算。而这颗决定性的"砝码"，便是汉景帝的同胞姐姐馆陶公主。当时，栗妃的儿子刘荣为当朝太子，馆陶公主刘嫖想把自己的女儿陈阿娇嫁给他，不料栗妃嫉恨刘嫖常给汉景帝引荐美姬，断然回绝，馆陶公主大怒。此时，宫中的王美人却愿意与刘嫖结为亲家。栗妃并非不知道馆陶公主是窦太后唯一的亲生女儿，也并非不知道她对当时政治时局的影响力，她只是太相信汉景帝的爱情。然而，汉景帝最终还是相信了自己的姐姐。

汉景帝去世后,年仅16岁的刘彻即位,但太皇太后窦氏权倾朝野,少年天子的改制举步维艰。当时,他试图重用儒臣,但提拔起来的人却很快被信奉"黄老"的窦氏处死。年少气盛的汉武帝心灰意冷,从此纵心游猎,不问政事。从当上皇帝到窦氏去世的六年之间,汉武帝唯一的政绩便是派遣张骞出使西域。22岁时,汉武帝终于心满意足地喊了一声:"众卿平身。"这时,满朝文武,跪拜在一个真正的帝王面前。

"罢黜百家,独尊儒术"——汉武帝一道诏令,汉代的国策便为之一新,这是中国思想史上开天辟地的大事,汉武帝也终于报了窦氏的"一箭之仇"。他提拔卫青和霍去病两个大将军,漠北一战,匈奴溃败,从此"漠南无王庭";依主父偃之计,汉武帝大行"推恩令",彻底解除了同姓王叛乱的后顾之忧。历史上第一次统筹户口的帝王是汉武帝,首次确立察举征辟法的帝王是汉武帝,首次施行盐铁官营、发行五铢钱的帝王是汉武帝……在很多方面,汉武帝都"冠于百王",他的胆识与魄力并不亚于历史上第一个封建王朝的建立者——秦始皇。

汉武帝

汉武帝的生命里有两个非常重要的女人,一个是陈阿娇,另一个是卫子夫,虽然二人都封了皇后,但最后都不得善终。相传,汉武帝年幼时,馆陶公主曾经试探他:"你要不要媳妇啊?"他很开心地点点头。公主指着旁边的侍女问:"这些行不行啊?"他摇摇头说:"不要不要!"公主接着问他:"阿娇好不好呀?"他嘻嘻地笑起来:"假如阿娇做我的媳妇,那我便造一座金屋子给她住。"馆陶公主非常高兴,于是决定要把他扶上宝座。汉武帝即位后,封阿娇为陈皇后,还给她造了一座金碧辉煌的宫殿。但陈皇后却恃宠而骄,凡是汉武帝看上的女人她都暗中迫害,后来竟然用上了"巫蛊"之术。汉武帝大怒,废了陈皇后,并将她软禁在长门宫。为此馆陶公主不惜花费千金，请司马相如为陈阿娇写了一篇《长门赋》。宋代王安石《明妃曲》里，有"咫尺长门闭阿娇，人生失意无南北"的句子，后来传为千古佳句。卫子夫本是平阳公主府上的侍女，汉武帝对她一见钟情。她为汉武帝生了皇长子刘据；弟弟卫青扫荡匈奴，立下汗马功劳。于是，陈皇后被废不久，卫子夫便被立为皇后。汉武帝迷信仙术，因此极为痛恨"巫蛊"，一些奸佞之臣却偏偏利用他近乎偏执的痛恨害死了太子刘据和两个公主。太子自杀的消息传来，卫皇后万念俱灰，她早已准备了三尺白绫。她还在等待着汉武帝的诏令，因为她不能擅自决定自己的生死。终于，诏书来了。

夜深人静，汉武帝还在批阅奏章，他想起自己早年所作的《秋风辞》："兰有秀兮菊有芳，怀佳人兮不能忘。"娇艳蛮横的陈阿娇，温柔娴静的卫子夫，转眼都成了过往的红尘。这时，青黄的竹简上一行墨字赫然闯入汉武帝的眼帘："太子冤枉。"汉武帝不忍卒读，他知道自己错了，那场"巫蛊之祸"其实是一场排除异己的屠杀，他不过是被奸佞之徒欺瞒哄骗的傀儡而已。他要不要放下自己的骄傲，为蒙害的卫皇后和太子昭雪？

他终于放下了自己的骄傲。不久，他处死了诬告太子的佞臣，为太子建了"思子宫"，造了"归来望思之台"。晚年的他，甚至向天下发布诏书："朕即位以来，所为狂悖，使天下愁苦，不可追悔。"这是历史上第一份帝王《罪己诏》，汉武帝以一代天子的身份，向苍生百姓谢罪。

汉武帝的最后一道命令，是处死太子的母亲钩弋夫人，他不想幼年的太子遭遇自己初登帝位时那种无所施展的尴尬。公元前83年，汉武帝时代缓缓落幕，留给后人无尽的感慨和兴叹。

影响和评价

当代学者王立群评价汉武帝说："他既是一代明君也是一个暴君。"毁誉参半，是历代史学家对汉武帝的盖棺论定。他是一个伟大的帝王，多所开创，开千古文治之盛世，宋代大将李纲盛赞他"天与雄才宏略"；但另一方面他又大兴武功，连年征战，尽管为汉帝国开拓了疆域，却也造成了民不聊生的灾难。汉武帝的一生杀了很多人，他的赫赫功勋背后沾满了人间的血泪。

《谥法》说："威强睿德曰武。"就是说威严，坚强，明智，仁德称作武。

汉武帝的功与过，皆扭结在一个"武"字上。史家以"有亡秦之过，无亡秦之失"来评价他，虽然他早年穷兵黩武，却能反思悔过，政归平和。正因为如此，巍巍的大汉帝国才没有重蹈秦王朝的后辙。

司马迁

——忍辱负重编纂《史记》

性别：男　　**朝代**：西汉　　**生卒年月**：约公元前145年～前190年
入选理由：所著《史记》是我国第一部纪传体通史和第一部传记文学名著。
经典语录：人固有一死，或重于泰山，或轻于鸿毛。

人物简介

司马迁，字子长，西汉夏阳龙门人，著名史学家、文学家和思想家。他10岁开始读古书并向当世名家学习今文与古文。20岁时外出考察各地风俗、采集传说。不久仕为郎中，成为汉武帝的侍卫和扈从，多次随驾西巡，曾出使巴蜀。司马迁接替父亲做了太史令后不久就与其他人共同定立了《太初历》，适应了当时社会的需要。在《史记》草创未就之时，他因替投降匈奴的李陵辩解，触怒了汉武帝，被捕下狱，受腐刑，身心遭受了极大的摧残。公元前96年（太始元年）获赦出狱，做了中书令，开始发愤著书，以极大地毅力完成了中国史学的巅峰之作——《史记》。

生 平

据说司马迁的家族自唐虞至周，均是世代相传的历史家和天文家。不过也有例外，其祖司马错就是秦惠王时伐蜀的名将，而司马昌则是秦始皇的铁官，一直到司马迁的父亲司马谈，才又做汉武帝的太史令，恢复了祖传的史官恒业。司马迁深以此为荣，在他的心目中，修史是一项崇高的事业，为此他甘愿奉献出自己一生的精力。

司马迁的父亲司马谈在担任太史令时，一直准备写一部贯通古今的史书。在父亲的谆谆教导下，司马迁10岁时便开始学习当时的古文。后来，他跟着董仲舒学习《春秋》，跟着孔安国学习《尚书》。司马迁学习刻苦，且极有钻研精神。大约20岁的时候，司马迁开始外出游历，回到长安以后，做了皇帝的近侍郎中，随着汉武帝到过平凉、崆峒，又奉使过巴蜀，最南到过昆明。元封元年（前110年），汉武帝举行大规模的巡行封禅，步骑十八万，旌旗千余里，浩浩荡荡，排场极为宏大。司马谈作为史官，本应从行，但不幸身染重病，不得不留在洛阳。临终之前，他拉着儿子的手，流着眼泪说："我死了以后，你千万不要忘记我一生的宏愿。你一定要继承我的事业，切莫忘记！"这一番肺腑之言，极大地震动了年轻的司马迁，使他看到了一名史学家的使命感和责任感，这成为他之后撰写史书的重要精神支撑力量。

司马迁

元封三年（前108），司马迁接替父亲做了太史令，正式开始了他青史留名的事业。汉武帝太初元年（前104年），他与唐都、落下闳等共同定立了《太初历》，该历法改变了秦代使用的《颛顼历》以十月为岁首的习惯，改以正月为岁首，奠定了之后两千多年的历法基础。他利用职务之便，阅读了大量的皇家藏书，眼界大为开阔。一部宏大的历史篇章，在脑海中逐渐有了大致的轮廓。不久，他便开始动笔了。

天汉二年（前99），正当司马迁全身心地撰写《史记》之时，一场飞来横祸，使他的人生遭遇到重大的挫折。这一年，李广之孙李陵主动请缨出击匈奴，不料兵败被俘，出于权宜之计，暂时投向了匈奴。汉武帝闻讯大为震怒，满朝文武也大都认为李陵叛降，全家当诛。而司马迁却挺身而出，为李陵辩护。他认为，李陵是因为粮尽兵疲、走投无路又苦等救兵不至才被迫投降的，但并不是真心投降匈奴，而是想伺机再报效汉朝。不仅如此，李陵还曾以少胜多，以弱胜强，就凭这些，也足可称得上是奇功一件。司马迁这番肺腑之言，不想却触怒了汉武帝，认为他是借李陵之功，诋毁这场战争的主帅李广利（汉武帝宠姬李夫人的哥哥），进而批评自己用人不当，造成军事失利。汉武帝大怒，将司马迁投入牢狱，并判处其死刑。

当时死刑有两种方式可以充抵：一种是出赎钱五十万，便可免除一死；另一种则是按照汉景帝时期所颁布的法律，处以腐刑（阉割），也可免一死。司马迁家贫，没有足够的金钱可以赎身，而父亲的遗愿还没有完成，司马迁只得屈辱地接受腐刑。他此时只有一个信念，那就是一定要活下去，完成父亲也是自己毕生的志愿。

出狱后，司马迁改任中书令，更加发愤地撰写史书。从元封三年（前108）为太史令后开始阅读、整理史料，准备写作，到太始四年（前91）基本完成全部写作计划，共经过了十三年。这部史书是他用经年累月的操劳，并忍受着肉体上和精神上的巨大痛苦，拿整个生命写成的一部伟大著作。一经面世，便引起了巨大的轰动，并获得了千古不易的赞誉。

司马迁撰写《史记》，态度极为严谨认真，实录精神是其最大的特色。他写的每一个历史人物或历史事件，都经过了大量的调查研究，并对史实作反复核对。在选取人物时，他不是根据其官职或社会地位，而是以其实际行为为选择标准。比如，他写了许多诸如游侠、商人、医生、倡优等下层人物的传记，在他心目中，这些人均是有可取之处的。他在给人物作传记时，也不为传统历史记载的成规所拘束，而是按照自己对历史事实的理解来记录。从最高的皇帝到将相大臣，再到地方长官等等，司马迁不会抹杀他们光彩的一面，而对于显赫人物的过失，他也丝毫没有加以隐瞒，这是非常可贵的。

一个人在遭到无辜的迫害以后，通常有两种选择：要么悲观消沉，要么发愤图强，而司马迁选择了后一条道路。他秉着"究天人之际，通古今之变，成一家之言"的目的，将自己心中的感情全部倾注到史记的创作中去，为后人展示了一部规模宏大的社会变迁史。他独创了中国历史著作的纪传体裁，开创了书写历史的全新体例。无论是在历史上还是文学上，司马迁都取得了光辉的成就，成为古今史家所顶礼膜拜的完美楷模。

影响和评价

《史记》列二十四史之首，记载了上自黄帝时代，下至汉武帝元狩元年（前122）共三千多年的历史，是中国历史上第一部纪传体通史。《史记》对后世史学和文学的发展均产生了深远影响。其首创的纪传体编史方法，为后来历代"正史"所传承；同时，《史记》在中国文学史上也占据着重要地位，被鲁迅誉为"史家之绝唱，无韵之离骚"，具有很高的文学价值。司马迁写作历史时所表现出的极大的毅力、极严谨的修史态度等，对后世文人起到了极强的模范作用。

王昭君
——"一去紫台连朔漠,独留青冢向黄昏"

性别:女　　**朝代**:西汉　　**生卒年月**:约公元前 52 年~?
入选理由:中国古代四大美女之一,孤身远嫁匈奴,促进了胡汉两族的和平相处。
经典语录:独惜国家黜涉,移于贱工,南望汉关徒增怆结尔。

人物简介

王昭君,名嫱,字昭君,乳名皓月,西汉南郡秭归(今湖北兴县)人,晋朝时为了避司马昭的讳,改称"明妃"。汉元帝时入宫为侍女,后远嫁匈奴呼韩邪单于,称"宁胡阏氏"。这次和亲在民族交流史上意义重大,为胡汉两族人民带来了长达 60 年的和睦相处。相传,《五更哀怨曲》、《怨词》等作品皆是王昭君所作。

生　平

湖北的秭归县,历史上曾经出过两个非常有名的人物,一个是大诗人屈原,另一个便是王昭君。大文豪屈原凭借的,是他的忠诚与才华;而王昭君,却是因着她的美貌与胆识。

王昭君出生的时候,父亲王穰已经很老了。从小,她便是父亲的"掌上明珠",兄嫂心爱的宠儿。所有见过她的人都说:她很美,就像是雨中的蔷薇,妩媚动人。她从来没有想过,她的"天生丽质"已经悄然决定了她不同寻常的命运。王昭君的家乡有一条名叫香溪的河,她的美丽顺着河水流传开来,传遍了整个南郡。她 16 岁那年,汉元帝挑选秀女的诏书中,昭君列为南郡第一。

年迈的王穰老泪纵横:"我只有这么一个女儿呀,年纪又这么小。"然而,皇命难违。这一年春天,王昭君登上雕花的龙凤官船,沿江北上,她第一次尝到了离别的滋味。

三个月之后,王昭君到了京城。这是她完全想象不到世界——繁华热闹,绫罗锦绣，雕梁画栋。她在掖庭待诏，与后宫的三千佳丽一样，期盼着帝王的一朝垂幸。当时，汉元帝的侍妾实在太多，于是便命令宫廷的画师给秀女们画像，再凭借画像决定侍寝的秀女。秀女们纷纷给画师行贿，让他们将自己画得更好看一点。王昭君不肯，画师毛延寿便在她的画像上点了一颗"丧夫落泪痣"，于是，帝王久不垂幸。

王昭君等了三年。寂寞宫廷，孤影自怜，漫漫长夜，孤枕难眠的时候，她想起远方的父母兄弟："父母空想女，女亦倍思亲。"(《五更哀怨曲》)她厌恶那些威武坚硬的楼宇，厌恶那些趋炎附势的侍从，然而，她却不可以离开

王昭君

这禁锢严密的樊笼。终于，匈奴和亲的诏书来了，王昭君主动应诏。这一次，她主动选择了自己的人生。

呼韩邪单于亲自来迎婚，那天的临辞大会，是汉元帝第一次见到昭君，也是最后一次。她缓缓走上大殿，锦绣璀璨的衣衫衬托出窈窕苗条的身段，精致巧妙的发饰映衬着天仙一般标致的五官，盈盈步态，仪态万方；娓娓应答，从容不惊。汉元帝想不到，宫中竟有如此娇艳的美人，他后悔不迭，却无计可施。

王昭君走了，在她身后，那威武的大汉帝国，渐渐被漫天的黄沙所隔断。她知道自己不可能再回来，就如同当时她告别父兄时一样。唐代的李白说，王昭君此行是"一上玉关道，天涯去不归"。幽怨的琵琶，伴随着她从大汉走到了大漠。异域的风光，大漠连天，草泽千里，这些与长安的繁华一样使她惊叹不已，然而那胡笳悲鸣、饮腥食膻的异邦风俗却时时勾起她思念故国的愁思。她给汉元帝写了一封信，信里说："我向南看着大汉的关口，只能徒然增加内心的悲怆和感伤。"

胡人将自己的王后称作"阏氏"，王昭君被称为"宁胡阏氏"。在汉代的宫廷里，王昭君寂寞自守；在漠北的草原与荒漠中，她却收获了爱情，宋代王安

石的《明妃曲》里有"汉恩自浅胡自深,人生乐在相知心"的句子。她为呼韩邪生了一个儿子,封为"右日逐王"。三年之后,呼韩邪去世。按照胡人的规矩,嫡子可以娶庶母为妻,王昭君于是再嫁给呼韩邪的嫡子雕提模皋,并为他生了两个女儿。王昭君一直致力于促进胡汉两族的交流,她把汉家的文化带到了大漠之上,并给汉家的边塞带来了长久的和平。王昭君出塞之后,胡汉两族整整60年没有发生战争。

这种和平一直持续到东汉末年的王莽新政。王莽是汉朝的外戚,他模仿上古尧、舜、禹的"禅让制",篡夺了汉家的天下,实行"新政"。此时,雕提模皋单于已经去世,胡人的首领认为汉人的朝廷已经更名改姓,不是刘家的天下,不需要再遵从臣子之礼。于是,边患迭起,祸乱无穷,沉寂一时的烽火又一次在大漠的天空上扬起。

对此王昭君已经无力回天,她毕竟只是一个女人。从秭归到长安,再从长安到朔漠,她始终茕茕一身。最终,烽烟又起,她悲怆欲绝。没有人知道她是何时离开人世,但没有人不认得大黑河南岸那一具"青冢"。关于"青冢"的来历,有两种说法:其一是说,塞外入秋之后便草木枯黄,唯有昭君墓青葱一片,故称"青冢";另一种说法是,塞外漫天白沙,远远看去,尽是一片青色,昭君墓上其实并无任何草木。

"闭月、羞花、沉鱼、落雁",中国古代的四大美女尽有惊世之容貌,却并非尽有千古的美名。西施(即"沉鱼")帮勾践灭吴,貂蝉(即"闭月")离间董卓和吕布,杨玉环(即"羞花")则间接导致了唐代的"安史之乱",而王昭君(即"落雁")却以远嫁匈奴之举换来了胡汉两族的长久和平。红颜并非祸水,大概只有在王昭君这里,才能完全说得通。

影响和评价

王昭君为胡汉两族带来的和平是毋庸置疑的,因此那一具"青冢"至今受人瞻仰。然而,对于王昭君的人生,人们却多是怀着悲悯而非敬佩的感情。许多文人都慷慨泼墨来写王昭君独居塞外的辛酸,以及悲切幽怨的思念之情,人们理所当然地以为她一定饱尝了人间的艰苦。

其实,还可以从其他的角度来理解她的人生。如当代学者柏杨所说:"王昭君嫁给呼韩邪单于,她的幸福才真正开始,她成为匈奴汗国单于最宠爱的妃妾。"的确,王昭君在汉代的宫廷中从来没有得到过人间的温情,而那个广阔的塞外,却给她带来了极大的尊宠。从这个角度上来说,王昭君不仅仅是一个美女,同时还有惊人的智慧和决断力,她主动选择了自己的人生。

蔡 伦

——造纸术的发明者

性别： 男　　**朝代：** 东汉　　**生卒年月：** 约公元 61 年～121 年
入选理由： 被尊称为"纸圣"，最早改进造纸术的伟大发明家。
经典语录： 树肤，麻头及鱼网为纸。帝善其能，自是莫不从用焉。

人物简介

蔡伦，字敬仲，东汉桂阳郡耒阳（今湖南耒阳市）人。后入宫为宦官，历任小黄门、中常侍兼尚方令。东汉安帝时封龙亭侯，后为长乐太仆。他最早改进了造纸术，使用树皮、麻头以及破布、鱼网作为造纸原料，终于造出了植物纤维纸，促进了书写材料的革命性改变，推动了人类文明的进步和繁荣。

生　平

蔡伦，出身于普通的农民家庭。他天资聪颖，惹人喜欢。15 岁时，他入宫做了宦官，当时正值汉明帝刘庄在位。刘庄是汉光武帝刘秀的第四个儿子，其在位期间吏治稳定，海内升平，但蔡伦入宫时，明帝已经垂垂老矣，不久便病逝了。

汉章帝刘炟即位后，能写会读、智慧过人的蔡伦很快便当上了宦官中的小黄门。他目睹了后宫掖庭的勾心斗角。当时，皇后窦氏没有儿子，宋贵人的儿子刘庆被立为太子。不久，梁贵人也生了一个皇子。窦皇后妒忌两位妃子。于是，她诬陷宋贵人"挟邪媚道"，暗中逼迫宋贵人自杀；又诬陷梁贵人的父亲梁竦，梁贵人不久也忧伤而死。最终，宋贵人的儿子被贬为清河王，梁贵人的幼子刘肇被窦皇后夺走，后来立为太子，就是后来的汉和帝刘肇。

史书记载，宋贵人自杀之时，蔡伦曾奉命监察。至于蔡伦是否参与了陷害宋贵人的阴谋，这一点已经很难查证了。但是，这次事件确实使蔡伦得到了窦皇后的信任。汉章帝去世后，年仅 10 岁的汉和帝即位，由于窦太后的赏识以及少年皇帝的信任，蔡伦的官运亨通，迅速从小黄门提升至中常侍。

蔡伦才华横溢，做事认真负责，并不是一个只顾阿谀奉承的小人。相反，他敢于向帝王直言上谏，颇有清廉士大夫的风范。汉和帝任命蔡伦为尚方令（尚方，是为古代帝王制造器物的机构）的时候，蔡伦已然集恩宠于一身。然而，他依然尽职尽责，精心打造每一件器物。除了忠诚的品格，他似乎也不愿意闲置自己的智慧，据说，他当时发明的很多工艺都被后代的工匠所继承。当差的时候，蔡伦看到皇帝和皇后经常要阅览那些用绢帛和竹简制成的文书和典籍，翻阅起来十分不方便，他便暗下决心，一定要制造出一种更便于使用的记载的工具。

蔡伦利用供职之便常常到野外出游考察。

有一次出游时，蔡伦偶然看到溪水上浮着一层白色薄膜，他用树枝挑起来看，是一些粘连在一起的破絮。他向当地的农夫打听才知道，那是岸边的树皮和破麻落入溪水后形成的。蔡伦敏感的天性使他立刻萌生了造纸的灵感。第二天，他带领随从到溪水边试验，起先，他只将树皮和麻捣碎，制成稀浆，再用竹篾捞出薄薄的一层，晾干之后便成了纤薄的纸。后来他发现这样的纸容易碎，于是又在原材料中加入了破布和鱼网。谁能想到，就是这纤薄而坚韧的"蔡侯纸"，使他名垂史册，成为人类文明史上不能遗忘的名字。

蔡伦造纸成功的时候，汉家已经又更换了一位帝王，少帝汉安帝即位，邓太后临朝听政。蔡伦把制造出来的纸张进献给皇帝（当时执政的是邓太后），邓太后非常高兴（汉和帝的皇后邓皇后虽然崇尚节俭，却非常喜欢舞文弄墨），自此公文书契便全部采用这种新制的纸张，并封蔡伦为龙亭侯，赐他三百户的封邑。从此，蔡伦深得邓太后器重，连监督大臣修撰汉家家法这样的事情，她都交给蔡伦去办。

蔡 伦

然而，随着少帝汉安帝的

成长，蔡伦的命运开始滑向悲剧的渊薮。蔡伦初进皇宫时的那场宫廷斗争被压制了多年，此时被汉安帝重新摆在了案头。邓太后之子刘隆即位时还是个婴儿，不久就死掉了，继位的安帝，正是清河王刘庆的儿子。邓太后去世后，汉安帝便开始为自己冤死的祖母宋贵人翻案。

久居宫廷的蔡伦早就已经预见到自己的不幸，只是没有想到：汉安帝的诏书来得如此快。皇家的仓库里还摆放着他主持锻造的器物，帝王的桌案上还堆叠着他主持制造的纸张，他希望汉安帝能因此网开一面，然而，天子亲政之后的"第一把火"便烧到了他的宅邸。蔡伦彻夜未眠，廷尉（掌刑狱，相当于现在的人民法院），在他看来是屈辱与阴森的代名词，他不愿在生命的最后还要承受更多地屈辱。沐浴，更衣，对着东方微白的晨曦，他饮尽了最后一滴苦涩的毒药。

汉代尤其是东汉的宦官，很少会留下好的名声，蔡伦算得上是一个特例。他也曾卷入宫廷的倾轧斗争，也曾在不同的权力集团之间周旋，但他却尽可能保持着正直的良心。宋贵人冤死之时，他还只是一个人微言轻的小黄门，对窦太后的指示他只能惟命是从；汉安帝要治他死罪时，他没有苟且偷生，反而选择有尊严地死去。也许，正是因为这样，这位伟大的发明家尽管身为宦官，却依然赢得了后世的敬仰。直到今天，蔡伦的故乡耒阳还流传着"蔡子池"、"白石"、"纸桥"等等美丽的传说，而蔡侯祠（在今湖北洋县城东8公里的龙亭镇龙亭村）也依然蓊蓊郁郁，巍然屹立于时代的风雨之中。

影响和评价

2007年美国《时代》周刊评选人类有史以来最佳发明家，蔡伦榜上有名；美国人麦克·哈特在《影响人类历史进程的100名人排行榜》中，则将蔡伦排在第七位。可见，中国古代四大发明之一——纸的发明者已经日渐成为一个世界性的名词。

后世常说蔡伦是造纸术的发明者，其实并不是很准确，现代考古学的发现以及古文献的诸多记载，都说明纸的发明其实在蔡伦之前。尽管如此，蔡伦依然功不可没，因为他对造纸方法的改进使纸得以普及，进而取代了昂贵的绢帛以及厚重的简牍。后来，在"蔡侯纸"造纸工艺的基础之上，造纸术不断得到改进，并迅速普及。到3到4世纪的晋朝，有左思作《三都赋》而"洛阳纸贵"，文人傅咸还特别做了一篇《纸赋》。而从公元5世纪开始，造纸术进一步传播到日本、韩国和欧洲，直接影响了人类文化史的进程，诚如哈特所说："如果没有蔡伦，没有纸，我们很难想象今天的世界将会是什么状况。"

孔 融

——建安七子之首的一代名儒

性别：男　　**朝代**：东汉　　**生卒年月**：公元 152 年～208 年
入选理由：奸雄曹操"爱煞的人才、建安七子"之首、"让梨"故事的男主角
经典语录：珠玉无胫而自至者，以人好之也，况贤者之有足乎？

人物简介

孔融，东汉末文学家，字文举，曲阜人。孔子 20 世孙。少有异才，闻名乡里，四岁让梨的事迹流传千古。至司徒府任职，检举贪浊不讳。举为侍御史。后为中军侯、虎贲中郎将。黄巾军起义，被举为北海相，时称孔北海，与义军相敌。196 年为袁谭所败。又任少府、太中大夫等职。他与曹操在政治上颇有分歧，每多乖忤，终于在建安十三年（208 年）被曹操所杀。年终 53 岁。善诗文，被列为"建安七子"之一。后人辑有《孔北海集》。

生 平

孔融是个什么样的人？一提到他，就想起典故"孔融让梨"。孔融兄弟七人，他排行第六。在他四岁时，每次兄弟们一起吃梨，哥哥们都拿大的，他却总是拣小的。家中大人问他缘故，他回答说："我年纪小，理应吃小的。"四岁就知道把大个儿的梨子让给兄弟，客人笑称他为神童。

孔融的聪明机智还可见于另外一个事例。在十岁那年，孔融跟着父亲到洛阳去拜见一个很有名的士人大官李元礼。李元礼很有学问，很多读书人都想拜会他。但是，来者太多，应接不暇，李元礼因此决定只接见亲朋戚友。孔融还是个孩子，却偏要见见李元礼，他告诉守门人说：他和父亲是李府主人的亲戚。守门人就带他们去见主人。李元礼当然想要知道和他们有什么亲戚关系。孔融大方地解释说：我的祖先孔子曾经向你的祖先老子（老子原名李耳）请教过学问。你的祖先是我的祖先的老师，因此，我们应该是世交了。李元礼和他

的宾客听了孔融的推理,对他的聪明机智都赞不绝口。不过,一个宾客陈韪却讥讽地说:"小时了了,大未必佳。"孔融立刻反驳说:"那我想你小时候一定是很了不起的了。"陈韪被他一驳,羞得满脸通红,半天也说不出话来。这一个方面反映了孔融的聪明机智,但另一个方面也反映了孔融比较会讽刺挖苦别人,这是他的性格。

三年后,父亲亡故,孔融居家守丧。他好学勤读,博涉阔览,渐为州里所重。东汉桓灵之际,党锢之祸迭起,宦官把持朝政,蔽塞言路,打击异己,在朝野大肆搜捕、诛杀正直之士。当时山阳张俭为中常侍(宦官首领)侯览所怨恨,被迫四处亡命。张俭因与孔融之兄孔褒有旧交,逃避到孔家,恰巧孔褒外出,只有16岁的孔融在家。张俭见他年少,不信任他,孔融说:"兄长虽然在外,难道我就不能为你做些什么吗?"于是把张俭藏在了家中。不料事情泄露,孔融与其兄孔褒一同被捕入狱,兄弟二人争死,郡县疑不能决,只好呈请上司处理,结果上面下诏问了孔褒之罪,孔融反倒因此声名显扬了。

孔融辗转到曹操手下。曹操这人比较复杂,既爱才又妒才,既君子又小人,是个典型的矛盾综合体。他知道孔融有才,就让孔融到许昌做了将作大臣。将作大臣这个官职,相当于现在的部长级,就是主管工程、建设。孔融自上任以来,干得不错,常常在朝廷的御前会议中,积极陈述自己的真知灼见。曹操一直都很重视他。

不过,孔融并不知趣,他恃才傲物,常常以讽刺、挖苦的方式和曹操唱反调。曹操颁布了一条禁酒令,说酒会亡国,必须严禁。其实,曹操的本意是为了节约粮食,要说这也是利国利民之策。可孔融不同意,跳出来高谈阔论,说自古以来,会亡国的还有女人,怎么不把女人一起禁了?还开玩笑地论断屈原之所以在楚国蒙难,就是因为不喝酒的缘故。曹操无言以对。可是,在曹操手

孔 融

下当差，显摆才华的下场基本都不好，孔融算一个，杨修算一个。

孔融依仗自己的聪明，在说话上是持才傲物，口无遮拦，想到什么就说什么，从不顾及对方的感受，即使对方是权倾天下的曹操。曹操打败袁绍后，把袁绍的儿媳甄氏（即洛神赋的主角）赏给了曹丕。孔融就给曹操写了封亲笔信，说："从前，武王伐纣，将纣王爱妾妲己赐给弟弟周公。此次，曹公效仿武王，将甄氏赐给世子，颇有胸襟，可喜可贺！"曹操以为说的是好话，就很高兴，回到许昌就追问孔融典出何处？孔融慢悠悠地回答："以今度之，想当然耳。我分析武王英明仁厚必不忍心杀死美人，把妲己赐给兄弟，正可满足怜香惜玉之心和顾念同胞亲情之意，岂不是两全其美吗？"曹操这才明白孔融在嘲笑他们父子，心中暗暗怀恨。

孔融虽然身为圣裔，自幼习儒，但由于三国两晋时期士风放荡，再加上他耿介豪纵的性格，其言论行为常有出格之处。孔融时常不穿官服，不戴头巾，便装出行。在孔融心中，所谓孝道也是不足守的，他甚至说，父母对子女有什么情义？父亲生儿子，本意是满足自己的情欲，儿子则是意外得之；子孕母腹，不过是像一件东西暂时寄放在瓦罐里，倒出来后双方就毫无关系了。这种离经叛道的言论，谁能想到竟然出自他这位孔圣人的子孙之口呢？

孔融一方面高才倨傲，自以为"当时豪俊皆不能及"（《九州春秋》），另一方面也颇具知人之贤。在北海时，他先后荐举了彭璆、王修、邴原等人，又表请朝廷为当时著名大儒郑玄在故里高密特立"郑公乡"。孔融做太中大夫时，每日宾客盈门，他感慨地说："坐上客常满，樽中酒不空，吾无忧矣。"孔融晚年任职少府时，还向曹操竭力推荐吴国名士盛孝章以及祢衡。但祢衡因为性格狂傲，不容于当世，而过早地招致了杀身之祸。祢衡的死，无疑是预示了孔融命运的结局。

孔融一贯唱反调，曹操杀掉孔融之心早就有了。他在给孔融的一封信中说：安邦治国，我虽没有什么本事，但杀几个浮华之徒，还是绰绰有余的。

看到这最后的通牒，孔融害怕了。他赶紧写信给曹操，作了深刻的自我检查，然而，已经晚了，曹操已经派光禄勋山阳人郗虑出任御史大夫。为什么要让郗虑做御史大夫呢？因为曹操很清楚，此人素与孔融不合。郗虑一上任，曹操就马上指使他搜罗孔融的过错。

很快，郗虑就搜罗到给孔融定罪的证据。孔融在北海的时候，看到王室不安宁，召集徒众，想夺刘家天下，自己做皇帝（这完全是莫须有的）；后来和孙权的使臣谈话时，又毁谤朝廷。后来郗虑又找出了孔融两大"不孝"的证据。一个是不尊重先哲。孔融曾和祢衡互相吹嘘，祢衡赞孔融是"仲尼不死"，孔融则回赞祢衡是"颜回复生"。另一个是不尊孝道，前面已经提到他的不羁之谈。就这些理由竟然置孔融于死地了,真是"欲加之罪,何患无辞"啊。于是,此时已是太中大夫的孔融被处以死刑,连同妻儿一起被诛杀。

影响和评价

一个恃才傲物、不谙世事的文化人生活在乱世是可悲的。他死后,曹丕向全国悬赏征集孔融的文章,有上交者"辄赏以金帛"。在《典论》一文中,曹丕还把孔融列为"建安七子"之首。孔融若活在今天,会是个很好的时评家,他热衷于褒贬时事,像我们生活中的一面镜子。所谓以铜为鉴,可以正衣冠;以史为鉴,可以知兴衰;以人为鉴,可以明得失。但有野心的政治家可能都讨厌太透明的镜子,因为那里面反映的缺点最清晰。

曹 操

——征战天下的乱世奸雄

性别： 男　　**朝代：** 三国时代　　**生卒年月：** 公元 155 年～220 年
入选理由： 东汉末雄踞一方的霸主，杰出的政治家、军事家、文学家。
经典语录： 宁我负人，毋人负我。

人物简介

曹操，字孟德，小名阿满，沛国谯（今安徽亳州）人。东汉末年，在乱世中兴兵起义，逐步控制了中原地区。由于赤壁之战的失败，最终偏安一隅，未能实现"一统天下"的壮志，但却为魏国的建立奠定了坚实的基础。他一生未曾称帝，死后才被追谥为"魏武帝"，葬于高陵。目前，河南省安阳县的曹操墓已得到考古确认。

生 平

"行行重行行，白日薄西山"，东汉末年的政治气候，就犹如那摇摇欲坠的惨白落日，已经很难让人从中看到一丝复苏的迹象。外戚和宦官的交替专权，少帝的早死与荒淫，昔日威武的东汉帝国，如今已然病入膏肓，毫无回天之力。然而"乱世出英雄"，这正是英雄登台的时刻。

曹操的父亲曹嵩，是汉末大宦官曹腾领养的儿子，有的史书说曹操的本姓应当是夏侯氏。宦官在汉代的名声极坏，因此曹操也常常被人骂为"赘阉遗丑"，但这丝毫没有影响到他建功立业，扬名于后世。

十四岁时，曹操被推举为"孝廉"，做了"洛阳北部尉"，三十四岁便成了灵帝"西园新军八校尉"之一。这一路"绿灯"的升迁显然与他的家世背景大有关系，但令人吃惊的是，曹操站到了反宦官的营垒里。担任"西园校尉"时，曹操结识了袁绍，尽管他们之后常常在战场上兵戎相见，但此时的合作还算愉快。然而，宦官下了台，西北的董卓却趁机入主中原，曹操和袁绍不得不暂时从洛阳退出。

曹 操

曹操只身一人逃出洛阳，路上去投奔好友吕伯奢，却因为多疑杀了好友全家八口。后来，他发现自己杀错了人，却说："宁我负人，毋人负我。"关于这件事，其实还有另外一种版本：曹操到了好友家中，吕伯奢的儿子和宾客趁机抢夺曹操的衣物和马匹，曹操为了自卫，不得已才杀了几个人。究竟哪种说法是历史的真实，史家莫衷一是。

借镇压黄巾军之机，曹操有了自己的军队，并逐渐在兖州站稳脚跟。他与袁绍等人共同声讨董卓。董卓死后，他的一员大将吕布投奔陈留人张邈，二人起兵反对曹操。最终，曹操在巨野会战中，一举消灭了吕布大军的主力。曹操的下一个对手便是袁绍，而此时，袁绍作为汉末世家大族的代表，是众望所归。

豫州，自古是兵家必争之地。公元200年，曹操与袁绍的主力在这里一决雌雄，袁氏的军力三倍于曹军。许攸献计偷袭袁绍粮仓，曹操率大军死战袁军，一夜大火冲天之后，袁绍带领残部狼狈而逃。曹操，成为中原地区的霸主，他跟刘备论天下英雄时说："天下英雄唯使君与操耳！"言语之间，蔑袁轻董，已经平添了帝王的霸气。

陡峭巍峨的赤壁，曾经目睹了一场伟大的战役。曹操率领八十万大军，挥军南下，浩浩荡荡，有平扫天下之势。然而，黄盖乞降的小船，却乘着东风带来熊熊大火。曹军的船队顿时烈焰冲天，节节败退。曹操知道，那也许是他最后一次统一天下的机会，然而他却失败了。那一个夜晚，他平定天下的梦想"灰飞烟灭"了。

返回中原的曹操没有再度南下，而是致力于稳定北方。他先与以马超为首的关中军大战，继而又攻占阳平关，击败汉中张鲁。然而，英雄也有不"威武"的时候。曹操与马超交战时，有一次吃了败仗，便一路骑马狂奔。马超军中有人认识曹操，大喊"穿锦袍的就是曹操"，曹操怕被人追杀，立刻扯破袍子，后面又有人大喊"留长胡子的就是曹操"，曹操又赶忙用剑割断了胡子。有个成语叫"割袍断须"，说的便是曹操。

尽管少年时期的曹操任性好侠，放荡不羁，太尉桥玄却赞他是"命世之才"，名士许邵也说他是"治世之能臣，乱世之奸雄"。曹操确有治世之才，他当时任"洛阳北部尉"时，锻造了几根"五色棒"悬在"尉廨"前，违法者不论贵贱皆以"五色棒"杀之，于是京城的治安迅速好转。同时，曹操举贤纳谏，以"唯才是举"的标准选拔士人，他在诗中吟唱道："青青子衿，悠悠我心，但为君故，沉吟至今。"《三国演义》里曾记载了一件趣事：关羽到曹操的军中后，曹操很赏识他，但关羽数次请辞，决意要去找义兄刘备，曹操于是只得天天在门前挂起"回避牌"。可惜，关羽还是走了。

曹操是个爱恨分明的人。东汉末年的大儒蔡邕曾与他交好，蔡邕的女儿蔡琰在董卓之乱中被胡人掳去，曹操想方设法将她赎回，并许配给名门士族。但对于不肯归顺的人，曹操也充分显示出了他的残暴和冷酷，据说神医华佗就是因为不肯为曹操服务而被杀死的，曹操还命人毁了华佗的全部著述。

曹操迎汉献帝到许都，"挟天子以令诸侯"。公元216年，汉献帝封曹操为"魏王"，定都邺城，曹丕为魏世子，曹操的女儿也都成了公主。此时的曹操，离称帝只有一步之遥。孙权曾给他写信，劝他称帝，他的文武部下也借此力劝，曹操慨叹一声，说道："若天命在孤，孤为周文王矣。"意思是说，假如天命真的属于我们曹家的话，那我就做周文王，称王的事就交给后代去完成吧。

"修奉贡献，臣节不坠"，曹操坚守着自己的界限。他崇尚节俭，死后以薄葬之礼葬于高陵。如今，魏武帝之陵墓惊现安阳。虽"冢中枯骨"无存，然"一世英名"未泯，今人依旧凭吊不绝，题咏不绝，也许，这便是不朽，这便是伟大。

影响和评价

提起曹操，人们往往会想到戏曲中那一脸奸诈的"白脸"。然而，在那一层薄薄的油墨之下，其实还有一段丰富的人生。杜甫在一首诗里曾说："将军魏武之子孙，于今为庶为清门，英雄割据虽已矣，文采风流今尚存。"言辞之间，对曹操满怀仰慕。的确，那种"东临碣石，以观沧海"的伟岸，那种"烈士暮年，壮心不已"的雄浑，怎会因"奸诈"二字便荡然无存？读诗的人能读出他的高亢，读史的人能明了他的运筹，他给予我们的，不是一个呆板的平面故事，而是一场鲜活的"立体三国"。

关 羽

——忠义齐天的中华武圣

性别：男　　**朝代**：东汉末年　　**生卒年月**：约公元 160 年～约 220 年
入选理由：中国古代备受推崇的一代名将，他生前就集名将功业与儒家美德于一身，死后更是受到历朝历代各个阶层的追捧和爱戴。
经典语录：吾极知曹公待我厚，然吾受刘将军厚恩，誓以共死，不可背之。吾终不留，吾要当立效以报曹公乃去。

人物简介

关羽，字云长（又字长生），并州河东解良（今山西运城）人。出生草莽，从一开始便追随刘备，并为刘氏蜀汉政权的诞生立下汗马功劳，是刘备最为信任的人之一。去世后更是被民间争相传诵和神化，他对蜀汉政权的忠诚更是被历朝统治者所推崇。

生 平

东汉末年，黄巾军起义，衰弱无能的中央政府已经管不了四面起火的汉家江山，一些聪明的地主开始偷偷地组建地方武装来保卫自己，后来这种情况渐渐成为默许，公元 184 年（中平元年）政府开始鼓励这种自救方式，并对打仗有功者许以高官厚禄。

24 岁的无业游民关羽就在这一年从山西老家游到了今天的河北涿州，也就是当年的涿郡。至于为什么会到了涿郡，历史学家各有说辞，但关羽的这个小举动却影响了中国近百年的历史。

关羽加入了当地的地方武装，在那里他认识了后来驰骋天下的刘备、张飞。小说家把这段邂逅演绎成了极具浪漫主义色彩的"桃园结义"，使得多少好男儿每每读到此节便忍不住热泪盈眶激动万分，一有机会无不争相效仿。

从这一年开始，关羽认定了刘备，终其一生一心一意为刘备打天下。无业游民关羽有了自己的奋斗目标。

刘关张的民兵队伍开始了建功立业的征程,但不知怎的立功不少却升官不快。相较刘关张三人,他们日后最大的对手曹操这时混的顺风顺水。从首倡义军讨伐董卓到后来迎天子还朝,曹操开始权势熏天。应该说曹操看人的眼光不错,他在万人丛中一眼看上了不知比他小多少级的刘备,并对刘备身后的关张二人青眼有加。刘备不甘做曹操的小弟,公元199年(建安四年),找机会便逃离了曹操的控制,夺取徐州,迅速扩大自己的实力。徐州周围郡县纷纷归附,刘备集团如海绵吸水般壮大起来。这时关羽受刘备指派屯兵下邳,与在小沛的刘备互成犄角,相互策应。

对于关羽来说,这是个重要的历史时刻。历经战争磨练的关羽第一次独当一面,开始学习挥刀杀人以外的专业知识,例如官员任命,粮草调配,保境安民,军民关系等等,关羽开始向全能型人才发展。

曹操对刘备的逃离非常恼火,公元200年(建安五年),曹操亲自带兵征讨刘备。刘备惨败投奔袁绍。关羽被困下邳,无奈之下以降汉不降曹的形式投降曹操。

曹操原本就对关羽十分喜爱,如今自然十分器重。立马授予他偏将军的高职,金银美女流水般送过来,却始终看到关羽闷闷不乐。曹操部将张辽告诉曹操,关羽说曹操对他很好,但是他一心只在刘皇叔那里,始终是要去找刘备的,他始终觉得欠着曹操一份人情,想临走之前给曹操一份大礼当做回报("吾极知曹公待我厚,然吾受刘将军厚恩,誓以共死,不可背之。吾终不留,吾要当立效以报曹公乃去"《三国志·蜀书·关张马黄赵传》)。

关羽这时的表现可谓完美,对刘备忠心不二坚如磐石,对曹操的知遇之恩又不是冷血无情,有仁有义有礼有节。曹操

关 羽

对关羽的完美表现十分欣赏,不仅没有怪罪关羽心恋旧主,反而更加礼遇。

公元200年,三国时期第一场决定性的战役——官渡之战爆发。在这场决定谁是北方霸主的战争中,关羽为曹操杀了袁绍大将颜良,解白马之围。使曹军原本不多的兵力免于分兵防御,可以集中兵力做一决战。这就是关羽送给曹操的大礼。

为了答谢关羽,曹操请汉帝封关羽为汉寿亭侯(汉寿是地名,亭是侯爵等级)。知道关羽还了自己人情就会离开,曹操比往常更加殷勤奖赏关羽。但是关羽依旧兑现了自己最初的诺言,封存了曹操所有赏赐,留书答谢而去。

关羽在曹操那里不到一年,却是支撑后世对关羽评价和爱戴的主要因素。屯土山约三事、礼侍二嫂、旧袍罩新袍、跪谢赤兔马、挂印封金、千里走单骑……这些事情被后人演义传诵,将关羽的光辉无限的放大开来。

有了关羽张飞的回归,刘备阵营又一次焕发生机。几经起落,刘备开始在刘表的羽翼下韬光养晦,聚才纳贤,情势再次好转。公元208年(建安十三年),曹操平定北方之后,将目光转向南方。随着刘表身死、刘琮投降,刘备孙权岌岌可危。三国时期第二次决定性战役——赤壁之战爆发。刘备方面的主力军正是关羽所率领的一万水师。全能型人才关羽身为北将却一下江南就能带领水师,不能不说是个天才。

赤壁之战后,刘备正式开始扩张势力。关羽为刘备留守大后方,守卫荆州,北拒曹操,东阻孙权。关羽已经完全成为一个独当一面的全能大员。没有刘备、诸葛亮约束的关羽本性中清高自大的脾性慢慢显露,除了当年和自己出生入死过的兄弟,他渐渐把谁都不放在眼里。在与曹操争夺襄阳樊城的战争中,关羽水淹七军斩庞德俘于禁,声震海内一时无两。

但是骄纵轻进取得巨大成果的同时,后方空虚让关羽一度看不起的孙权吕蒙有了可乘之机。后院起火后,关羽终于走到辉煌人生的尽头,公元220年,关羽兵败被俘,拒绝投降孙权,不屈而死。

影响和评价

一般情况下,我们所说的生平应该是一个人从生到死这之间的所作所为。关羽却是个特例,在他死后的近两千年中,"关羽"作为一种符号和象征存活着,并且历年代愈久远而愈加生机勃勃。这样,作为历史积淀的关羽显得尤为重要而不可忽视。关羽的生平,应该包括"生前评"与"身后评"才是真正完整的。

关羽一生忠义礼信均可作后世表率。在他死后,历朝历代的君主为表彰他忠义节烈而不断地加其尊号；在他生命中所体现出来的中华传统美德，使得他在三教九流均受尊重。某关帝庙的一副楹联概括这一现象说："汉封侯，晋封王，明封大帝；儒称圣，释称佛，道称天尊。"清代对关羽更是推崇有加。清光绪五年（公元1879年），关羽被封为"忠义神武灵佑神勇威显保民精诚绥靖翊赞宣德关圣大帝"，封号长达二十四个字，亘古未有。

在民间，关羽被亲切地称为关公，并被尊为武圣，与文圣孔子齐名而被称作关夫子。关羽在很多行业被尊为祖师爷，甚至被尊为财神。除了关公自身忠义无双之外，还有什么其它原因？细细探究起来，或许是另一篇很有意思的文章呢。

诸葛亮

——"鞠躬尽瘁,死而后已"

性别:男　　**朝代**:三国时代　　**生卒年月**:公元181年~234年
入选理由:智慧与忠诚的化身,一代名相,千古传奇。
经典语录:亲贤臣,远小人,此先汉所以兴隆也;亲小人,远贤臣,此后汉所以倾颓也。

人物简介

诸葛亮,字孔明,号卧龙(也作伏龙),琅琊阳都(今山东临沂市沂南县)人。蜀汉丞相,三国时期杰出的政治家、战略家、发明家、军事家。在世时被封为武乡侯,谥曰忠武侯;东晋时被追封为武兴王。发明了诸葛连弩、八阵图、木牛流马、孔明灯等,并有《前出师表》、《后出师表》及《诫子书》等名篇传世。

生　平

诸葛氏,是琅琊当地的望族,但到了"白日薄西山"的东汉末年,昔日的显赫早已成为过往的烟尘。诸葛亮3岁丧母,8岁丧父,亲族之中只有叔父诸葛玄愿意收养他和弟弟诸葛均。于是,他们一路奔波,跟随叔父来到湖北荆州。他16岁那一年,诸葛玄去世,他独自来到南阳躬耕隐居。

也许是因为经历了太多的人间的生死,诸葛亮爱唱《梁父吟》,这是汉代丧歌的一种,曲调沉郁悲凉。闲暇的时候,他跟周围的人谈论自己的志向——他希望成为古代名相管仲、乐毅那样的人物。周围的人常常置之一笑。然而,他的朋友徐庶、崔州平却深知:这决不是大放厥词,他是蛰伏乡野的"卧龙",总有"飞龙在天"的时候。他在门前悬了一副楹联:淡泊以明志,宁静以致远。虽有光复天下之大志,却能寂寞自守,这是诸葛亮的与众不同。

刘备来了,而且一连来了三次。当时从司马徽那里听说了"卧龙"的传闻,他便心心念念地要来拜访。徐庶叮嘱他:这个人有"经纬天下之才",因此不能召见，必须亲自去请才可以。刘备"三顾茅庐"，才终于见到了诸葛亮的"庐山真面目"。身长八尺（约合183cm）的诸葛亮，相貌魁伟，一表人才，言谈举止有名士风范，大国小事尽能侃侃而谈。就是这次"隆中对策"，诸葛亮为刘备确立了据守荆益二州，东联孙吴、西和诸戎、南抚夷越以包围中原的治国方策。刘备大悦，于是将诸葛亮奉为上卿。据说，二人的关系越来越密切，竟然让关羽和张飞吃起醋来，刘备只好对他们解释说："我有了诸葛亮，就像鱼得到水一样，二位兄弟就不要多说了吧。"

诸葛亮出仕不久，便三次用火攻打退了曹军的进攻，两次是在新野，第三次便是有名的赤壁大战。所谓"新官上任三把火"的典故，

诸葛亮

说的便是诸葛亮的轶事。"借东风"、"草船借箭"、"舌战群儒"、"空城计"……诸葛亮的智慧出神入化，感慨"既生瑜而何生亮"的东吴大将周瑜甚至被他活活气死。然而据史家考证，《三国演义》里的这些记载并不完全属实，很可能是出自小说家的想象。事实上，诸葛亮真正大展宏图，是在"白帝城托孤"之后。

关羽久攻襄阳而不克，孙权趁机攻击关羽大军的后方，关羽死于非命，荆州失守。这一年，刘备在成都称帝，任命诸葛亮为丞相。"火烧连营"一役，蜀军大败，刘备率军退回永安白帝城，从此一病不起。诸葛亮赶到永安时，刘备已经虚弱不堪，他对诸葛亮说："你的才能是曹丕的十倍，必能安定蜀国，进而统一天下。"他指了指旁边侍立的刘禅，接着说，"假如他可以辅佐，那便烦劳先生辅佐他；假如他不成才，先生可以自行取度。"诸葛亮涕泪俱下，他说："臣必定竭尽全力，忠贞不二，直到死为止。"

诸葛亮没有辜负刘备，他"鞠躬尽瘁，死而后已"，将一生的忠诚全部倾注给了蜀汉。他发展经济，兴修水利，亲善孙吴，使蜀汉物阜民丰，政局稳

定。同时，他又率军南征诸夷，团结少数民族，共图北伐大计。相传，他曾经七次抓获一个叫孟获的少数民族首领，并连续七次放走了他，孟获高呼："您具有天一样的威仪，我们这些南方的部落不会再来侵犯北方了。"虽然做了丞相，诸葛亮依然保持着节俭的本色，他对于物质生活始终是"淡泊"的，他的全部家产只有"桑树八百株，薄田十五顷"，他自己和家人甚至没有多余的衣服。就这样，他力挽狂澜，兢兢业业，使蜀国重新焕发了勃勃生机。

时光荏苒，诸葛亮已经到了接近"知天命"的年龄（《论语》："五十而知天命。"），少主平庸而柔弱，北伐的担子还是要他亲自来挑。他想起刘备临终托孤的那份信赖和知遇，决心要拼一己之力为幼主扫除后顾之忧。公元228年，诸葛亮决定兴师北伐。

北伐，是蜀汉平定天下必须要走的一步棋。也许，常年劳顿的诸葛亮感到了身体的老迈和衰弱，他必须尽快为蜀汉争夺更多胜利的机会。他率兵出征之后，曾六次用兵，以求速战速决，然而魏军却坚守以待，避免与蜀军正面交锋。当时，诸葛亮派人给魏军的大将司马懿送去一套女人的衣服，但司马懿依然不为所动，据守不出。

举步维艰的战局，使诸葛亮忧愤不已，加之连年累月的操劳，他开始大口大口地吐血。作为一个军事家，他知道，他必须退军；但作为一个忠贞之士，他怎么能放弃最后一个实现诺言的机会？他还记得他同刘备"隆中对策"时的慷慨激昂，若此次撤离，恐怕他再无北伐的机会了。

终于，在一个黄昏，蜀军焚烧军营，从五丈原退去。这位壮志未酬的千古名相死在了撤退的路上。唐代的杜甫作诗感慨说："出师未捷身先死，长使英雄泪满襟。"诸葛亮是带着遗憾离开人世的，这个失落的梦想扭结在万千文人墨客的心中，成为他们咏叹武侯的不朽主题。

影响和评价

陕西定军山脚下有武侯祠，千年以来香火不绝。唐代孙樵曾经感慨说："武侯死殆五百载，迄今梁汉之民，歌道遗烈，庙而祭者如在，其爱于民如此而久也。"直到今天，诸葛亮依然是人们津津乐道的美丽传说。即使是讲求文献实证的史学界，也认为："一个封建时代的政治家能够为民众所做的，诸葛亮几乎都做到了。"

诸葛亮的一生，实现了智慧与忠诚的极致，并超越了成败，具有不可抹杀的价值。尽管他未能一统天下，但杜甫却认为他"功盖三分国"，陆游称赞他"出师一表真名世，千载谁堪伯仲间"，有时候，历史是不会用"成王败寇"来盖棺论定。

嵇 康
——"目送归鸿，手挥五弦"

性别：男　　**朝代**：三国时代　　**生卒年月**：公元 224 年～263 年
入选理由：魏晋名士，"竹林七贤"之一。
经典语录：金玉满堂莫收，古人安此尘丑。独以道德为友，故能延期不朽。

人物简介

嵇康，字叔夜，上虞（今浙江东北）人，后迁至谯郡铚县（今安徽宿县），曾任中散大夫，故又称"嵇中散"。三国时魏末著名的思想家、诗人、音乐家，魏晋玄学的代表人物之一，同时又是"竹林七贤"的领袖人物，与阮籍齐名。嵇康与魏宗室通婚，对当权的司马氏不满，年仅四十岁便被处死，临终奏《广陵散》一曲。

生　平

嵇康，是魏晋之际闻名遐迩的名士，"竹林七贤"之一。他幼年丧父，生活清苦，个性却凌厉不羁、清通洒脱。他是当时公认的美男子，有"岩岩若孤松之独立"的风姿。相传，有人曾夸赞他的儿子风度翩翩，如同"鹤立鸡群"，另一个人却回答说："你还没见过他的爸爸呢！"七尺四寸（魏尺，约合 181.74cm—191.1cm）的魁伟身姿、龙章凤质、貌若天人的容仪举止，加之善写文章，精通音律，他成了乡里远近赞不绝口的风流人物。然而，他却从来不是一个善于见机行事的"聪明人"，尽管他生在一个动荡不安、令人提心吊胆的时代。

所谓"司马昭之心，路人皆知"，魏晋之际，司马氏觊觎帝位的野心早已昭然若揭，当时知识分子只有两条路：要么与司马氏同流合污，要么便只能选择避祸全身。"竹林七贤"以清谈、饮酒、佯狂著称的生活方式，实际上是对现实政治的消极反抗。嵇康，是其中的领军人物，他终身抗争，从未屈节。

嵇康是当时的文化领袖,他崇信老庄哲学,以"养素全真"为最高境界。对于当时司马氏提倡的"伪名教"(即司马昭等人提倡的儒家哲学),他不屑一顾,甚至摆出了"非汤武而薄周孔"、"越名教而任自然"的不羁之态。他娶了曹魏的长乐亭主(一说为曹操孙女,沛王曹林之女;一说为曹操曾孙女,曹林之孙女),他以曹魏女婿的身份站到了司马昭的对立面。尽管如此,司马氏还是试图拉拢他,但他不肯同流合污。他的好朋友——"竹林七贤"之一的山涛后来到司马氏政权里做官,曾举荐嵇康代替自己,嵇康听到这个消息之后,便写了著名的《与山巨源绝交书》,与山涛断绝了朋友关系。

对于篡权乱政的司马氏,嵇康的拒绝表现得如此坚决。他一身才华,满腹诗书,却最终选择了退隐。他退出浑浊的官场,在一丛绿荫之下经营着自己的人生,思考着自己的困惑。

每至夏日,嵇康的家门前总是会撑开郁郁葱葱的荫凉,一弯清水绕过,分外清净。很难想象,这样一个多才多艺、风流倜傥的魏晋名士竟以打铁为生。好友向秀常常来做客,两个人在叮叮当当的打铁声中谈论哲学,谈论人生,嵇康的名篇《养生论》、《声无哀乐论》、《太师箴》等都是在这时酝酿出来的。他以庄子式的骄傲拒绝了权贵,又以老子式的从容耕耘着智慧。

曹魏正始年间(240~249年),只有两位诗人的作品值得一读,那便是嵇康和阮籍。阮籍的诗,常常弥漫着"终身履薄冰,谁知我心焦"的忧心忡忡;然而嵇康的作品,却大多是"目送归鸿,手挥五弦。俯仰自得,游心太玄"的清通洒脱,他也看得到那些隐隐埋伏的灾祸,但却以老庄"乐天知命"的智慧化解了,所以他的诗,多是歌咏快乐,歌咏自由的。即使在他入狱之后,"采薇山阿,散发岩岫"的怡然之趣依然是他念念不忘的心灵净土。然而,嵇康的内心又有着淡淡的寂寞。当他抚琴自弹的时候,曲高和寡,没有人真正了解他内心深处的种种痛苦;他的放荡不羁之中,也有种种情非得已的矛盾与无奈。

灾祸不请自来,让人避之不及。一个名叫钟会的人想要结交嵇康,他是当朝的司隶校

嵇 康

尉，也是司马昭的亲信。他带着人马来拜访嵇康，但嵇康与向秀在树下锻铁，对钟会不加理睬。钟会等了很久，感到非常没有面子，正要灰溜溜地离开，嵇康却头也不回地问道："何所闻而来，何所见而去？"钟会气急败坏地说："闻所闻而来，见所见而去。"嵇康的轻蔑和嘲讽是不动声色的，他知道这个势利小人定然会去向他的主子报告。钟会扫兴而归之后，便将嵇康视作"眼中钉"，欲除之而后快。

钟会复仇的机会来了，因为他偶然听说了嵇康锒铛入狱的消息。东平吕巽、吕安兄弟原本都是嵇康的朋友。吕安的妻子后来被吕巽奸污，吕安本想状告他的哥哥。但吕巽请嵇康从中劝解，吕安才答应平息此事。结果，吕巽怕弟弟反悔，居然恶人先告状，诬陷吕安不孝。嵇康义不负心，写信与吕巽绝交，并出面为吕安作证，因此也被收押。就在这时，钟会向司马昭献计："何不趁机杀了嵇康？"司马昭同意，于是嵇康被判处死刑。

狱中的嵇康听说，三千太学生为了他集体请愿，豪杰名士为了他声讨强权。"人间尚有公道在"，他的心可以安宁了，他无怨无悔，因为他从来不曾背叛自己的内心。走向刑场的时候，他步履矫健，风度翩然，依然那样风流潇洒，那样从容不迫。他看了看日影，离行刑还有一段时间，他要了一把古琴，弹了最后一支曲子——这是嵇康谢幕的方式。

琴声铮铮，音声振振，天地肃然，万籁俱寂。旷世绝俗的《广陵散》，是嵇康留给世间最后的声音。他说："当初袁孝尼想要学这首曲子，我没有教授他，没想到《广陵散》从此绝迹人间了！"这是嵇康的遗憾，因为人间从此少了一种美妙的声音。

曲终拨弦，《广陵散》倏然而止，嵇康气定神闲地走进了屠刀冰冷的投影里。虽然，人间并没有失去《广陵散》的曲谱，然而却失去了如此演奏《广陵散》的"魏晋风流"。嵇康，才真正是一曲人间的绝响。

影响和评价

玄风散尽，琴音空存，嵇康的风流，是一种难以复制的美丽。鲁迅曾经亲自校订了《嵇中散集》，对于嵇康，他称赏有佳。而当代作家余秋雨则将嵇康的一曲《广陵散》赞为"遥远的绝响"。嵇康只活了四十年，然而他却成了谈及魏晋名士时不可不提的一个名字。在"竹林七贤"之中，他排在最先。他从来不曾屈从于那个时代，因为他的内心，拥有一种无法企及的骄傲与诚实。

回望魏晋，这个"目送归鸿，手挥五弦"的潇洒男子依然卓然屹立于魏晋的烟尘中，他是如此的傲然不群，如此的从容淡定。一身魏晋风流，满腹好诗妙曲，这便是嵇康。

李世民
——"慨然抚长剑，济世岂邀名"

性别：男　　**朝代**：唐代　　**生卒年月**：公元 599 年～649 年
入选理由：文韬武略，一代明君，开创"贞观之治"。
经典语录：食为人天，农为正本。

人物简介

李世民，唐朝的第二位帝王，谥号"文武大圣大广孝皇帝"，庙号"太宗"，世称"唐太宗"。陕西成纪（今甘肃秦安）人，祖籍赵郡隆庆，中国古代伟大的帝王之一，同时也是杰出的政治家、军事家、书法家、诗人。他在位期间，励精图治，虚怀纳谏，开创了"贞观之治"，并为唐代鼎盛时期的"开元盛世"奠定了基础。

生　平

当时还是隋朝的天下，在生了长子李建成之后，窦氏又给李渊生了一个儿子。相传，一个懂得相面的书生看出这个孩子的王者气象，曾经预言："这个孩子二十岁的时候，定能济世安民。"唐太宗名"世民"，便是取了"济世安民"的意思。

公元 615 年，隋炀帝被突厥围困于雁门。李世民应募，与屯卫将军云定兴的营队一起前往救援。他向云定兴献"疑兵计"：昼引旌旗数十里，夜以钲鼓相应。突厥大军以为大兵将至，自行解围而去。李世民的军事才华首次崭露头角，此后，他又屡建奇功。年仅 18 岁的他，在战场上已是英姿飒爽，所向披靡。

当时，隋王朝已是"日薄西山"，隋炀帝的暴虐统治使天下豪杰竞相揭竿而起，李渊父子也是其中的一支起义军。李世民与哥哥李建成一起攻克西河（今山西汾阳），首战告捷，封敦煌郡公。后来，他跟随父亲李渊自太原南下，提出入主咸阳以号令天下的军事主张。霍邑（今霍州）一役，他先率轻骑至城下，引诱守将宋老生出战，继而配合李渊、李建成一举攻破霍邑。随后，他又率军西渡黄河，迅速占领渭北一带，威震一时。地方豪族以及农民起义军，竞相归附。两个月之后，攻破隋都长安，封秦公。公元618年，隋恭帝禅位于李渊，改国号为唐，李渊为唐高祖，改封李世民为秦王。

李世民的前半生，戎马倥偬，大唐的建立，他实在功不可没。假如论功行赏，他最有资格被立为太子，然而，封建王朝的王位世袭自有其内在的逻辑，那便是嫡长子世袭制。李渊犹豫不决，他虽然立了长子李建成为太子，但并非不清楚次子世民的灼灼功勋与济世天下的雄心。这时，李建成与四弟李元吉联合，企图夺取李世民的兵权，以削弱他争夺帝位的力量。李世民与父亲李渊不同，他冷静、果断，甚至有那么一点残酷。他先发制人，将自己的亲哥哥和亲弟弟斩杀于玄武门。"玄武门政变"尽管有"不得已而为之"的因素，但总是带着一些血腥和寒冷的气息。

李世民

"玄武门政变"仅仅过了三天，李世民便被立为皇太子。不久，唐高祖宣布退位，李世民即位，成为唐代开国的第二位君王。他是一个好皇帝，尽管用了暴力的手段才得到继承帝位的资格。他用了后半生的殚精竭虑，终于成就了一个欣欣向荣的大唐。

他深知"水能载舟，亦能覆舟"（《荀子·王制》）的道理，即位之后便以"安百姓"为治国之本，轻徭薄赋，与民休息。相传，他有严重的风湿病，但为了节省民力，他在隋朝潮湿的旧宫殿里住了很长时间。"重人才"是唐太宗时期的吏治纲领，他任用贤良，虚怀纳谏，改革科举和三省六部制度。唐太宗的虚怀纳谏在历史上是非常出名的，他的大臣魏征曾200次上书直言他的过失，有时竟在朝堂上与他争论得面红耳赤。然而，就是这样一个"不给他面子"的大臣，唐太宗却委以重任。魏征去世之后，他难过地说："一个人用铜作镜子，可以照见衣帽是不是穿戴得端正；用历史作镜子，可以看到国家兴亡的原因；用人作镜子，可以发现自己做得对不对。魏征一死，我从此少了一面好镜子。"

　　唐太宗被当时的少数民族喻为"天可汗",他的军队南征北战,金戈铁马,气吞万里。就是在贞观时期,周边的民族皆俯首称臣,大唐帝国威震四方,名扬海内。正因为如此,唐诗中才有"黄沙百战穿金甲,不破楼兰誓不回"的少年意气,才有"醉卧沙场君莫笑,古来征战几人回"的豪情壮语。贞观十五年(公元641年),文成公主入藏,松赞干布特意修建了华丽的布达拉宫。这一次和亲,是松赞干布数次请求的。

　　也正是在贞观时期,唐太宗打开国门,迎接四面八方的国际友人,唐王朝因此成为世界性的政治、经济、文化中心。高丽人、波斯人、日本人,都来到长安游历,甚至定居。贞观年间,日本第一次派遣"遣唐使"来到中国,目的便是学习唐朝的制度。唐太宗"包举宇内"胸襟和气度,直接影响了唐王朝的文化品格:不是固步自封,而是"有容乃大"。

　　唐太宗的晚年,最困扰他的问题便是确立王储。他还记得玄武门前所发生的杀戮。此时的唐太宗,想起自己的哥哥和弟弟临终前凄惨的眼神,开始感受到骨肉相残的冷酷。当朝的太子李承乾幼年聪明伶俐,长大后却顽劣;四子李泰却文质彬彬;颇有唐太宗之风。二人暗中展开的权力争夺,唐太宗都看在眼里。他犹豫了,跟自己的父亲李渊一样,他知道,两个人无论谁成了帝王,另一个都必死无疑。他不能让自己的后代再重复一次"玄武门政变"。最终,他选择了九子李治作为帝位的继承人。也许李治不是最适合的人选,但他至少保住了另外两个儿子的性命。尽管这一念之仁,差一点断送了大唐的命脉。

　　公元649年7月,唐太宗李世民驾崩于长安含风殿,享年52岁。死后葬于昭陵,谥号为"文皇帝"。相传,他一生酷爱书法,因此随葬品中有东晋书法家王羲之名帖《兰亭集序》的真迹。

影响和评价

　　唐太宗李世民曾写过一首名为《还陕述怀》的诗,里面有"慨然抚长剑,济世岂邀名"、"在昔戎戈动,今来宇宙平"的句子,戎马倥偬也好,日理万机也好,都是为了"济世安民"的宏图大志。他以清廉的吏治、爱民如子的仁爱之心,留给后世一首吟唱不绝的"贞观长歌"。同时,他还开创了一个威武辉煌的大唐帝国,富庶、强大、兼容并包,他第一次让这个世界看到了东方大国的文化性格。

　　玄武门政变以及晚年的"渐恶直言"、奢侈浪费,自然也是评价李世民不可不提及的。但是,一言以蔽之,他绝非一个完美的人,但却绝对当得起"伟大"二字,无论是文治还是武功,他都不愧为一位伟大的帝王。

武则天
——中国历史上唯一的女皇帝

性别：女　　**朝代**：唐朝　　**生卒年月**：公元 624 年～705 年
入选理由：中国历史上唯一一位女皇帝。
经典语录：九域之广，岂一人之强化，必仵才能，共成羽翼。

人物简介

武则天，中国历史上唯一一个正统的女皇帝，继位时已是花甲之龄（67岁），列中国历朝皇帝之最。她当过帝王的侍妾、皇后、皇太后，最终加冕称帝，改立国号，演绎了一场"女主临朝"的传奇历史。与此同时，她还是中国古代少有的女诗人和政治家。

生　平

武士彟，唐朝开国的功臣之一，曾追随高祖李渊南征北战。公元 624 年 2 月 17 日，他的第二任妻子杨氏又给他生了一个女儿，武士彟并没有太多失望，甚至也并不十分在意，因为他的前妻已为他生了三个儿子，多一个女儿不过意味着家中添一副碗筷而已。武士彟无从预知，他这个女儿将给李家天下带来怎样的轩然大波。

后人知道叫她"武则天"，却不知道她的本名。14 岁时，她蒙圣恩入侍唐太宗皇帝，做了宫里的才人。唐太宗见她生得亭亭玉立，眉目清爽，于是赐名"媚娘"。尽管皇帝钦赐了她的芳名，却并不十分宠幸她，入宫 14 年，她始终是个品位卑微的才人。然而媚娘与其他的妃嫔不同，她不仅聪慧过人，而且坚忍、冷静，唐太宗的冷遇不仅没有使她妄自菲薄，反而使她的内心更加沉静、敏锐，甚至冷酷。她开始在唐太宗之外为自己寻找出路，个性温顺的太子李治成了她的目标。也许是靠着温柔的言语，也许是靠着娇柔的体态，总之，李治被这个大他五岁的女子彻底迷住了。

常年在唐太宗身边伺候，她对王朝的政治萌生了极大的好奇，要知道，这对于一个生于封建时代的女人来说，是一份太过沉重和危险的野心。唐太宗死后，她与其他品位较低的侍女一起，到感业寺削发为尼。临行之前，她潸然落泪，与太子李治依依惜别，哽咽地请求太子不要忘记来感业寺看她。青灯古佛，并没有使她的心更加宁静，她焦急地等着，夜以继日，那位已登大统的君王是不是已经移情别恋了呢？

李治终于来了，还是那个柔弱的青年，还是那一种缠绵的爱恋，只是如今，他已是九五之尊，大唐天子。之后，李治又来过很多次。有一天，媚娘哭得"梨花带秋雨"，她告诉李治，她已怀上了他的孩子。

唐高宗并非绝情之人，他觉得他应该给媚娘一个名分。回到宫中，他把这件事跟王皇后说了，不料王皇后竟然非常乐意帮忙。当时得宠的萧淑妃聪明而狡诈，王皇后答应接媚娘回宫，目的正在于打击自己的情敌。三个女人一台戏，自此，宫中便永无宁日了。

回宫后，媚娘暂住在王皇后宫中，不久便顺利产下一子，就是后来的太子弘。媚娘竭力侍奉唐高宗和王皇后，察言观色，谦卑恭顺。萧淑妃日益失宠，王皇后非常得意，然而她并不知道，她身边这个看上去非常柔弱的媚娘，日后将成为她的心腹大患。媚娘被封作昭仪，后来又做了宸妃，帝王宠幸她，并因为她的聪敏和善解人意而日益信赖她，渐渐，媚娘开始觊觎皇后的地位。媚娘后来又生了一个女儿，王皇后因为自己没有生过孩子，因此也十分喜欢。这天，王皇后到媚娘的寝宫，四顾无人，见孩子正在摇篮里酣睡，她便抱起来逗玩了一番。然而到晚间唐高宗想要看看女儿的时候，襁褓中的婴儿已经浑身冰冷。媚娘恸哭，唐高宗震怒，是谁害死了公主？侍女回答，只有王皇后来看过孩子。死无对证，王皇后显然惹上了最大的嫌疑。后来，宫中又发生了一起巫蛊案，从王皇后的枕头底下翻出了一个写着唐高宗生辰八字的木偶，上

武则天

面插满了钢针。王皇后百口莫辩，于是，唐高宗决意要废去这个皇后。

当时，朝中的大臣韩瑗、长孙无忌、褚遂良等极力反对，然而唐高宗对一切谏诤置之不理。苦苦上谏的大臣褚遂良被放逐，武昭仪终于被册立为皇后。王皇后和萧淑妃被残酷处死，他们的家族被流放到荒蛮之地，子孙后代则改姓"蟒"氏、"枭"氏。至此，后宫之中，已经不再有足以与武氏相抗衡的敌人，武后接下来要对付的，便是外朝的那些大臣了。

这场后宫的权力斗争波及甚广，原来的太子燕王忠（萧淑妃之子）被废，朝廷中威望甚重的几位大臣被一一翦除。武后具有充沛的精力与敏锐的政治决断力，这一点唐高宗显然自愧不如，他渐渐对武后言听计从，以至于需要她垂帘听政来帮助他处理朝政了，当时的官员将他们称作"二圣"。麟德二年十月，武则天参与了泰山封禅的大典，这是中国历史上第一次允许女性参与如此重要祭祀仪式。后来，"二圣"改称"天皇"和"天后"，武则天开始更加积极地参与朝政议事，提出了著名的"建言十二事"。武则天渐渐想要掀起朝堂上那紫色的珠帘了。历史上还有一个强硬的女人也曾具有同样的野心，那便是汉代的吕后，但她究竟还在朝堂上摆了一个"少帝"，而武则天则连这个摆设也要省略了。

太子弘病逝后，武后立太子贤，不久又改立太子显。永淳二年（683年）唐高宗去世，唐中宗李显即位，武氏为皇太后。然而，这位临朝听政仅仅五十余天的皇帝，却在满朝文武面前被侍卫拉下了宝座。武后的一道懿旨，竟改换了一朝天子。于是，一些耿介的臣子被激怒了。徐敬业起兵反叛，骆宾王泼墨撰写檄文。武则天震怒，派兵镇压，她同时也看清了一个事实：这些心怀"李姓"的臣子终究会反对她，唯一的方法便是"斩尽杀绝"。叛乱平息之后，武则天大肆任用酷吏，打击异己，朝廷上下流血漂橹，人人自危。没错，武则天的规则与其他改朝换代者并没有太大差别，同样是"顺我者昌，逆我者亡"。

终于，武则天废了唐睿宗，自称圣神皇帝，改国号为"周"。她绝不是一个"昏君"，而且至比历史上的许多帝王都更像一位"明君"，她懂得任用贤良，懂得改革科举，懂得结交外邦，懂得安定社稷。她在位的15年，社会安定，物阜民康。

转眼，武则天已经年近古稀，皇嗣的问题提在案头，她犹豫不决。她曾重用武家的亲族，但武承嗣、武三思等等皆狡诈无赖之徒，假如她的家族里有一二人具有她一半的智慧，此后的天下可能真的要改名换姓了。好在"天不亡唐"，在大臣狄仁杰的劝说下，武则天终于立李显为太子，她说："朕把太子还你吧！"这时，她是一朝帝王，也是一位母亲。

女主临朝，自然就该有一个由男人构成的后宫。这是武则天不愿提及的尴尬。神龙元年（705年），大臣们发动了一场政变，导火索即是她的两个男宠——张昌宗、张易之。

　　结果：二张被杀，武则天被逼退位，唐中宗李显复位。

影响和评价

　　武则天是一个杰出的女人，这一点毋庸置疑，然而她的那块"无字碑"却并非写满歌咏，而是褒贬不一，爱恨相形。她足智多谋，指点天下，以一介女流开创一代盛世，这一点让多少热血男儿也自愧不如，作家柏杨曾称赞说，武则天是"中国有史以来，空前成功的一个女强人"。但是，她又冷酷无情，谋杀亲子，残害贤良，这一点又让人毛骨悚然，她实在太过冷静，太过坚强。

　　"千秋万岁名，寂寞身后事"，非凡的人生常常如此。武则天生前不曾寂寞，死后更加不会。多少帝王淹没于历史的烟尘之中，而她，却依然是不朽的"至尊红颜"。

李 白
——豪放飘逸的"诗仙"

性别：男　　**朝代**：唐朝　　**生卒年月**：公元 701 年～762 年
入选理由：诗仙，盛唐最杰出的诗人，一身傲骨的天才。
经典语录：安能摧眉折腰事权贵，使我不得开心颜。

人物简介

李白，字太白，号青莲居士。中国唐朝诗人，是我国文学史上继屈原后又一个伟大的浪漫主义诗人。他的诗歌中透出非凡的艺术天份也带有磅礴的艺术力量，因此有"诗仙"之称；他的一生，绝大部分在漫游中度过，他既是一个天才的诗人，又兼有游侠气质，因此又有"诗侠"之称。

生 平

盛唐以她恢宏的气象，塑造了李白这样一位天才的诗人。在中华文明史的图册上，他既是飘逸洒脱的诗仙，又是"痛饮狂歌空度日，飞扬跋扈为谁雄"的酒仙。他的激情与浪漫，他的欢乐与痛苦，他的追求与思考，成为华夏儿女共同的记忆。

提起李白，人们大多说他是四川青莲乡人，其实李白并不是土生土长的四川人，他出生在西域的碎叶，直到五岁的时候才随家人迁到"蜀江水碧蜀山清"的青莲乡。然而，不管怎样，一代诗仙也就以此作为人生起点，在秀丽的山水间从容地翻开书卷，迈入诗坛，留下了一个永不退色的名字。

相传李白年少时十分贪玩，有一次逃学外出游玩，遇到一个在溪边磨铁杵的老太婆，李白很是诧异，老太婆告诉他"只要功夫深，铁杵磨成针"的道理，李白深受震撼，从此便开始刻苦学习。传说毕竟只是传说，现实中的李白实际上是一个天才——他 5 岁能"诵六甲"，10 岁即"观百家"，广阅古代各家学说的李白自然也就有了无比开阔的视野和胸怀。正是这样的视野和胸怀，让李白有了一种关照天下的气度。他不屑拘泥于一家一派的学说，不愿做一个

李 白

皓首穷经的学者,他向往的是"济苍生","安社稷",使"寰区大定,海县清一"。

于是,24岁的李白"仗剑去国,辞亲远游",希望有人能够赏识自己的"经济之才",实现自己的理想。然而事与愿违,一心渴望建功立业的李白始终得不到举荐,迎来了"酒隐安陆,蹉跎十年"的人生岁月,终日借酒消愁。正所谓"文章憎命达",苦闷折磨着李白的心灵,但在他的笔下却接连诞生出熠熠生辉的诗篇:游历至庐山时,他写下了《望庐山瀑布》;去襄阳拜见孟浩然时,他写下著名的五律诗《赠孟浩然》。就这样,李白用自己的诗歌震惊了整个诗坛,他那隐隐雷鸣般的低吟甚至惊动了当时伟大的诗人贺知章,据说贺知章读罢李白那瑰丽的诗歌脱口就说:"这个人是不是太白金星下凡到了人间?"

天宝元年,大鹏展翼、搏击云天的时刻终于降临到李白的身上。由于贺知章的推荐,有着深厚艺术修养的唐玄宗读到了李白的诗赋,十分欣赏他洒脱的风采,立刻决定召他进宫。见到李白后,还"以七宝床赐食于前,亲手调羹",当问及对世事的看法,李白那满腹的学问更是让唐玄宗大为赞赏,当即令李白供奉翰林。

可是侍奉翰林的李白还没有来得及施展抱负,就发现盛唐孕育着前所未有的危机——高力士这样的宦官和以杨国忠为首的外戚集团像毒药一样让唐玄宗丧失了早年的英武,他日渐昏庸腐朽,纵情声色。

这样的现状让李白感到万分失望,于是他又开始借酒浇愁,偶尔也借诗歌来针砭时弊,很快便遭到权贵的排挤。在朝仅一年零八个月之后,李白就满怀失望地离开了长安,结束了自己短暂的政治生涯。毕竟,李白只是一个天才的诗人,不是一个天才的政治家。天真的他以为自己的任何浪漫的理想乃至幻想都会实现;爱憎分明的他又不愿委曲求全,不愿屈身权贵。这样一种以理想来取代现实的人生,必然充满着现实的悲剧性。然而,理想、天真、爱憎、傲骨,却正是时代对他的厚爱,如果没有这些,李白又怎么可能成为一代诗仙呢?

离开长安的李白游历到洛阳。在这里,他遇到同样无处施展才华的杜甫——这是中国最伟大的两位诗人相见的时刻。二人性情相投,把盏话诗,共同砥砺,这次切磋,让中国的诗坛增添了一抹异彩。但李白与杜甫两人毕竟不同,李白是一只脚踏在盛唐之巅,杜甫却是一只脚跨下盛唐之脊,两人虽然同站在盛唐的顶峰上,但是一上一下的方向也就显示出了迥异的生命状态。

告别杜甫后,不再年轻的李白怀着一颗年轻的心重访江东,开始寻找着往昔的记忆。他乘船沿运河到扬州,在吴越漫游,漂泊不定,也做诗不止,留下了一系列仰怀古人,壮思欲飞,愁怀难遣的著名诗篇。

后来,安史之乱爆发,李白为躲避乱军,不得不隐居庐山。此时,退隐与济世两种矛盾的思想始终在他的胸中不停的斗争,一时间,他不知道该何去何从。恰在此时,永王出师东巡,李白的入世之情又被激发出来,他应邀成为永王的幕僚,为永王出谋划策。然而历史和诗人开了一个玩笑,李白没有料到永王会和唐肃宗发生争夺帝位的斗争,没有料到永王的惨败还会使自己受到牵累,更没有料到自己会被流放夜郎。

一切还是发生了,李白踏上了流放的道路,带着痛苦和愤懑。公元759年,朝廷宣布大赦,经过长期辗转流离的李白终于获得了自由。他归心似箭,意气酣畅,把酒痛饮。怀着轻松喜悦的心情,他高吟唱道:"朝辞白帝彩云间,千里江陵一日还;两岸猿声啼不住,轻舟已过万重山。"他以淋漓挥洒、心花怒放的诗笔,无拘无束地舒展开想象的翅膀,让苦闷、郁悒的心灵在酣畅中得到了解放。

可是造化弄人,他还没有来得及安顿早已疲惫不堪的心灵,就再一次将自己投入了时代的漩涡——当得知李光弼正在率军征讨叛军,他当即决定北上,准备请缨杀敌。但是,命运又和他开了一个玩笑,让他的理想再一次幻灭——刚到金陵不多久,李白就一病不起。一年后,奄奄一息的他卧在病榻上,早已说不出话了。知道自己大限将至的李白颤抖着把手稿交给亲人,然后就满含遗憾的合上了双眼。

一代天才李白就这样离开了尘世,终年62岁。

影响和评价

李白是盛唐的一个高峰。他既是世人的偶像,也是浪漫的代表,更是诗的化身。在李白生活的那个时代,盛唐给了他太多的自由,现实给了他太多的理想,所以,李白才能够以情感、理想来代替现实,创作出那些带有极其浓郁的纯真而又超越现实的作品。

在坎坷多舛的一生里,李白以他那狂傲的个性、豪放的诗风、天才的想象、清新的语言征服了历史,让世人都记住了他伟岸不屈的身影。当黑暗的现实压抑个体思想的时候,李白勇敢地选择自己的道路——不畏权贵,坚持内心的理想,始终以浓烈奔放的情感来追求自由。他那"安能摧眉折腰事权贵"的风骨、"天生我材必有用"的自信和"戏万乘若僚友"的刚直风格成为中国文人们重要的精神资源。

杨贵妃

——被称为"祸国红颜"的悲情女子

性别： 女　　**朝代：** 唐朝　　**生卒年月：** 公元 719 年～755 年
入选理由： 风华绝代，四大美人之一。
经典语录： 总教借得春风草，不与凡花斗色新。

人物简介

杨玉环是大唐盛世最美丽的女人，是唐玄宗最心爱的贵妃。从"万千宠爱集一身"到"宛转蛾眉马前死"，她以成为政治殉葬品为自己的一生画上了句点。但是她和唐玄宗那段千年来被文人墨客渲染歌颂的爱情故事，却依然引人神往，依然在中华民族的记忆里保持着绚丽的色彩。

生　平

今天，当我们形容绝色美女的时候，经常会用到这样两个词："闭月羞花"和"沉鱼落雁"，其中，"羞花"就出自和杨玉环有关的一个小故事。

传说杨玉环刚刚入宫的时候，因为没有机会见到唐明皇而终日愁眉不展。有一天，她和宫女们一起去赏花，顺便散散心。走着走着，一株小巧玲珑的花草吸引了杨玉环的注意。杨玉环看得有些痴了，无意中碰了一下它的叶子，叶子竟然立即卷了起来。

宫女们哪里知道这株植物是含羞草啊，于是便纷纷说这是杨玉环的美貌使花草自惭形秽，羞得抬不起头来。唐明皇听说宫中有个"羞花的美人"，便立即召见她，并封为贵妃。从此以后，"羞花"也就成了杨贵妃的雅称。

现在看来，这个传说和史实相差甚远，只是后人为杨玉环的美丽所增加的一个注脚罢了。据史书记载，杨玉环出生在蜀郡，也就是今天的四川成都，他的父亲杨玄琰是蜀州司户，大概相当于现在的市长。杨玉环天生丽质，从小就受到了很好的教育。10 岁的时候，由于父亲去世，她便被寄养在了洛阳的三叔杨玄璬家里。

开元二十二年七月,咸宜公主在洛阳举行婚礼,杨玉环也应邀参加。在婚礼上,杨玉环与咸阳公主的胞弟寿王李瑁一见钟情,很快就坠入爱河。不久,唐玄宗便下诏册立杨玉环为寿王妃。这时的唐玄宗并不知道这个寿王妃到底有什么魅力,因为此时的他还没有见过杨玉环。

唐玄宗见到杨玉环,并且深深被她的风采打动的时候,她已经嫁给李瑁差不多五年了。由于唐时的宫廷风气较为自由、开放,还没有太多的纲常规矩,于是唐玄宗决定大胆追求杨玉环。

但是不管怎么说,喜欢上自己的儿媳毕竟不是一件光彩的事,为了堵住众人的嘴巴,唐玄宗费了不少的心思。他打着"尽孝"的旗号,说是要为自己的母亲窦太后祈福,下诏令杨玉环出家做女道士,还赐给她一个道号,也就是后来人们常提起的"太真"。这样一来,杨玉环便不得不搬出寿王府。接着,唐玄宗又让李瑁重新娶妻,然后他才将杨玉环迎回宫里,正式册封为贵妃。

杨贵妃

到底是什么使唐玄宗如此迷恋杨玉环呢?杨玉环出众的容貌自然是一方面,除此之外,最令唐玄宗神魂颠倒的恐怕就是她高超的艺术修养了。她"善歌舞,通音律",而唐玄宗本人又是一位很有才情的"艺术"帝王,杨玉环自然就成了他在艺术领域的知己。据说有一次,唐玄宗用内地的乐器配合西域传来的乐器演奏音乐,贵妃怀抱琵琶积极应和,唐玄宗则手持羯鼓,轻歌曼舞,昼夜不息。这件事有诗为证:"缓歌曼舞凝丝竹,尽日君王看不足。"

杨玉环成了唐玄宗的心头肉,使得"六宫粉黛无颜色",享尽了唐玄宗的宠爱。她受宠到了什么地步呢?她喜欢吃荔枝,唐玄宗就命人骑马疾驰到南方,日夜兼程,为她采摘,有诗云:"一骑红尘妃子笑,无人知是荔枝来";她患有牙疾,唐玄宗就赐给她用美玉雕成的鱼儿让她含在口中治疗;她体丰怕热,唐玄宗就赐给她自己专用的华清池,留下了白居易"春寒赐浴华清池,温泉水滑洗凝脂"的诗句。伺候她的人更是成群结队,她每次乘马,都是大宦官高力士亲自执鞭;为她做衣服的就有700多人,这是何等的奢华与尊崇!杨玉环就这样集君王宠爱于一身,作为一个女人,古今能享有这样待遇的又有几人呢?

杨玉环一人受宠,杨府一家鸡犬升天。她的三个姊妹分别被封为"韩国"、"虢国"、"秦国"夫人,堂兄杨国忠更是不可一世,短短几年间就坐上了宰相的位置,拥有一人之下,万人之上的地位。"生男勿喜女勿悲,君今看女作门楣",说的就是杨贵妃给家族带来的荣耀和利益。

可是这样像水中月、镜中花般的荣华富贵又怎么能够长久呢?在杨国忠的专权下,整个唐朝变得乌烟瘴气,朝廷的花费也因为奢侈无度而逐渐增多。政治腐败,经济衰败,边疆那些手握重兵的节度使更是人心动荡,时刻准备着起兵造反。

天宝十四年,也就是公元755年,危机终于爆发了——范阳节度使安禄山以诛杀杨国忠的名义发动了叛乱。第二年的六月,长安城失守,唐玄宗带着杨贵妃和杨国忠等人狼狈出逃。到了陕西兴平马嵬坡的时候,太子李亨联合禁军将领陈玄礼和宦官李辅国发动兵变,以军士不满为名,杀了杨国忠,然后对唐玄宗说:"杨国忠谋反,我们已经将他处决了,请您也将杨贵妃正法吧。要不然将士们就不能陪您继续前进了。"

无奈之下,唐玄宗只好让38岁的杨贵妃自缢。杨贵妃死后,被草草地埋在了马嵬坡下。一代芳华,至此陨落。

红颜薄命的杨玉环死后,苛刻的卫道士并没有放过她,"红颜祸水"、"女色乱国",盆盆污水泼向了她。她真是"祸水"吗?其实杨玉环并没有任何政治野心,她从不过问政治,仅仅像一般女人那样追求爱情,追求人生的幸福。如果要她来承担唐王朝由盛转衰、安史之乱战火蔓延的重大责任,未免过于夸张。

历史不会容忍这样的指责,它最终用铁一般的事实为杨玉环洗刷了冤屈。唐末战乱,唐僖宗又像祖先唐玄宗一样入蜀避难,经过马嵬驿。唐末诗人罗隐赋诗道:"马嵬杨柳绿依依,又见銮舆幸蜀归。泉下阿环应有语:这回休更罪杨妃。"没有了杨玉环的唐王朝不也一样"乱国"了吗?唐朝皇室用自己的荒唐行为给这个红颜薄命的女人平了反。

影响和评价

她生活在盛唐的奢华与富丽中,就像是天边的那道彩霞,高贵美丽,仪态万方,使得一代雄主唐玄宗为她痴迷,携她一起书写美好的爱情和人生。除却这些,杨玉环出众的才貌和传奇的人生还为后世的文人墨客留下了无数艺术创作的灵感,《清平调》、《长恨歌》、《贵妃醉酒》、《长生殿》等以她为题材的诗歌、戏剧成为中华民族文化宝库里的精品。尤其是白居易形容她与李隆基的爱情的诗句"在天愿作比翼鸟,在地愿为连理枝",更是成为千古绝唱,至今仍是人们形容真挚爱情的经典诗句。

　　今天,当穿越历史的风尘,回首历史的时候,我们不得不承认,在大唐帝国的舞台上,她与千古一帝武则天堪称是唐代最著名的两个女人;在中华五千年的历史上,她堪称是美和爱情的化身。

李清照

——乱世飘零的女词人

性别：女　　**朝代**：两宋之际　　**生卒年月**：1084年～115年
入选理由：杰出女词人，婉约派正宗。
经典语录：莫道不消魂，帘卷西风，人比黄花瘦。

人物简介

李清照是我国历史上著名的女词人，她继承了秦观等人的婉约词风，但又破其藩篱，无论是在词境的营造上，还是语言的使用上，都有所创新。由于艺术上的独特成就，其词的风格被称为"易安体"。

生　平

五千年的文明史中，寥若晨星的才女们把历史文化的夜空装点得神秘而又多情。穿过历史的尘烟，我们不得不承认，李清照是这些才女中成就最大、发展最全面的——她的词在两宋词坛上独树一帜，"以寻常语度入音律"自成一家，卓尔不群；她擅长书法，工于绘画，精通音律，对文物考古也有独到之处。无愧旷代才女的美誉！

李清照，号易安居士，山东济南人。她出生于一个仕宦门第，父亲名叫李格非，为人耿直，精通经史，是当时小有名气的文学家；母亲是状元王拱辰的女儿，十分擅长诗文。由于家庭环境的熏陶，性格开朗活泼的李清照少时就以诗词知名。

很快，少女时光的无忧无虑被爱情的光芒所掩盖，带着些许焦虑和期待，18岁的李清照嫁给了太学生赵明诚。此时的赵明诚是青年才俊。婚后，两人伉俪情深，一起致力于金石书画的搜集和整理，生活充满了诗情画意。李清照也拥有了人生中最美好的时光，蜜一样的生活，滋养了她绰约的风姿，更为她的艺术创造注入了旺盛的活力，使她艺术创作的水准又上了一层楼。

然而好景不长，北方崛起的金族不断南下，很快就冲破了北宋的防线，捣

李清照

破了都城汴京的太平和繁华，还掠走了徽、钦二帝。赵宋王朝无力也无心作任何抵抗，匆匆南逃，选择了向大金屈辱低头。李清照和赵明诚构筑起的爱巢也随着时局的动荡而破碎，两人开始了漂泊无定的生活。

南渡后的第二年，赵明诚被任命为京城知府，这原本是件值得庆贺的事情，谁知就在这时却发生了一件令人蒙羞的丑事：一天深夜，城里发生了叛乱，身为地方长官的赵明诚一时怯懦，竟然偷偷用绳子缒城逃走。事后，他被朝廷撤去了职位，李清照也为自己丈夫临阵脱逃的行为感到羞愧。

赵明诚被罢官后，夫妇二人踏上了流亡之路，沿长江而上。有一天，小船行到了乌江镇，当李清照得知这里是项羽兵败自刎之处时，不觉感慨万千，写下了这首千古绝唱：生当作人杰，死亦为鬼雄。至今思项羽，不肯过江东。站在她身后的赵明诚听着这一字一句的金石之声，一时间羞愧难当。

1129年，赵明诚被召回京城复职，但随即就病倒了，不久便撒手人寰。国破家又亡，听到消息的李清照悲痛欲绝。

当然，坚强的李清照并没有因为丈夫去世就对生活失去信心，她立志要保存丈夫遗物，并完成《金石录》以作为对丈夫最好的怀念。但是不久之后，宋高宗宠信的御医王继盯上了这些遗物，他提出用三百两黄金来收买这些古籍文物，李清照没有答应。后来，社会上便流传起李清照"通敌"的传闻。

当时，金兵压境，朝廷流离不定，柔弱的李清照为了证明自己的清白，决定带着这些古籍文物追随朝廷，希望通过向朝廷献宝来为自己洗刷冤屈。于是，公元1132年，局势刚刚稳定下来，李清照就把大部分藏品寄存到随皇室逃到洪州的弟弟李远那里。孰料当年年底，金兵攻陷了洪州，那些文物字画也都化为了灰烬。

行无定所、身心憔悴的李清照嫁给了一个叫张汝舟的人，不幸的是，李清照遇人不淑，这个张汝舟，表面上是一个谦谦君子，骨子里却禽兽不如。他之所以和李清照结婚，就是想占有她身边尚存的文物。李清照自然不答应，于是他就时不时拳脚相加。李清照哪里受得了这种侮辱，于是她决定与张汝舟离婚。

但依照宋朝的法律，妻子告丈夫，无论对错输赢，都要坐牢两年。即使这样，李清照还是选择了打官司。这场官司的结果是张汝舟被发配到柳州，李清照被关入了监狱。还好朝中有人帮忙，李清照只坐了九天牢便被释放了。这次痛苦的遭遇在李清照心灵深处撕开了一道巨大的伤口，久久无法愈合。

这里要说明一下，"李清照晚年改嫁"事件是一个历史悬案，历来没有一致的看法。《上内翰綦公启》和《建炎以来系年要录》里提到赵明诚去世后，李清照孤苦伶仃，颠沛流离，为了晚年有所依靠改嫁张汝舟；认为李清照没有改嫁的人则说《上内翰綦公启》是李清照去世多年后才出现的，不是可靠的资料。

不管怎样，伴随着一系列的人生变故，李清照的词里开始充满"物是人非事事休"的感伤。无论是抒发对故国旧事的深深眷念，还是国破家亡的沉痛，她都能以女性特有的敏感心灵，将伤悲与孤寂表现得深切动人。

除了潜心作词，李清照还为净化和美化"婉约词"建立了理论依据。她的《词论》一文是我国文学史上最早的一篇词论，也是对"婉约词"审美艺术特征的一次总结，为婉约词在中国文学史上争得了一席之地。

就这样，跌入了现实生活低谷的李清照却登上了艺术创作和文化评论的巅峰！

国事已难问，家事怕再提，渐入暮年的李清照守着孤清的小院落，感到可怕的孤独向她袭来——这个世界上再也没有人能与她共同钻研金石了，也再也没有人能读懂她的心了。不久，孤独的李清照就在寂静里走完了自己的一生。

时隔八百多年，今天我们吟诵起李清照的词，聆听从她的感性的生命深处自由流溢出来的心音时，依然可以感受到她那清澈透亮的心灵。也许这就是伟大艺术作品的生命力，穿越无穷的岁月，让属于个体的感情和思想成为全人类共同的记忆！

影响和评价

李清照在诗、词、散文创作等方面都有着极高的成就。她总是用清新朴素、自然雅致的语言来抒发情感——"以浅近之语，发清新之思"，给读者美的感受，营造出典雅的艺术氛围。

在李清照之前，婉约风格的词作，大都是男性在代言女性抒发感情，并没有真正走进妇女的心灵世界。而李清照则树立了一个独立的女性形象，她的词中展示出了女性强烈的个性意识和新鲜、生动、真切而又自然的感情，让我们窥见了那颗有着欢乐和深情，忧郁和悲伤，而又始终追求美好生活的自由心灵，也正是这样的一颗心灵让文学长河里多了无数朵奇葩。

朱 熹
——"为往圣继绝学"的一代儒宗

性别：男　　**朝代**：南宋　　**生卒年月**：1130年～1200年
入选理由：集大成而续千百年绝传之学，开愚蒙而立亿万世一定之归。
经典语录：勿谓今日不学而有来日，勿谓今年不学而有来年。日月逝矣，岁不我延。

人物简介

朱熹是南宋著名的理学家、思想家、哲学家和教育家，被后人尊称为朱子。在中国思想史上，他是继孔子、孟子之后最杰出的儒学大师。八百多年过去了，他所留下的那些精神财富早已化作无形的养料，滋养着中华民族文化的繁荣与发展。

生　平

产生于北宋时期的理学发展到南宋之后，便开始呈现出学派林立的局面，在当时林林总总的派别里，真正做到"致广大，尽精微，宗罗百代"的却只有一个人，这个人不是别人，正是理学宗师朱熹。

朱熹，字符晦，号晦庵，世称朱子。祖上是徽州婺源（今属江西）人，由于父亲朱松不满南宋朝廷向金人求和苟安的做法，举家迁往福建南平，朱熹就出生在那里。

书香门第出身的朱熹在父亲的影响下，从小就博览群书，18岁那年，他考取了进士的功名。对于在乱世里渴求一个太平盛世，想要力挽狂澜的朱熹来说，这次金榜题名无疑使他迈出了实现抱负的第一步，一条修身、齐家、治国、平天下的道路展现在了他的面前。

刚刚踏上仕途的朱熹为官正直清廉，深得上级的赏识，也就成了朝廷眼中的"消防员"——哪里有问题朱熹就出现在哪里。1167年的秋天，福建崇安发生大水灾，朱熹被朝廷派去视察灾情。在视察中，朱熹却发现

"肉食者漠然无意于民,直难与图事"。悲怆不已的他不禁仰天长叹:人心不古啊,如果再不通过教育来帮人们找到丧失已久的天理,这个时代还有什么希望呢?伴随着这声长叹,朱熹打开了自己的视野,他的人生也迸发出了不一样的华彩。

从此以后,在朱熹的眼中便再也没有什么事业比教育更重要了,连世人引以为豪的做官为仕在他看来也不过是为了能够更好地教书育人。就这样,在那个人人讲求自保的时代里,在那个道德廉耻被人们深深踩在脚下的时代里,朱熹决心要通过教育的方式来唤起道德,让道德在人间复活。

在这种信念的支撑下,无论朱熹到哪里去做官,都要率先整顿当地的学校。在四处为官的生涯里,他不但亲自创办了武夷精舍书院,还恢复了白鹿洞书院和岳麓书院。

据记载,1180年,朱熹在岳麓书院讲学,由于他的名声很大,前来听讲的人络绎不绝,每次都到"生徒云集,坐不能容"的地步,甚至听讲者骑来的马都把池水饮干了!

然而,这样一位文化大师,却一生浮浮沉沉,坎坎坷坷,到了晚年甚至还被冠以"伪学逆党"的罪名打倒在地,以至于含恨去世。

当时,由于外族的威胁,战争就像一把悬在头顶的刀子,让人久久不安。可是偏偏南宋的君王都是没有什么作为的家伙,抱着得过且过、苟然残喘的态度过着醉生梦死的日子,甚至还把那些主张抵抗的人士关进大牢。朱熹这样一位诚心为国为民的读书人,遭到严厉的打压和禁锢也就显得不那么奇怪了,谁让他那么"不安分"呢?

朱熹的"不安分"首先是主张收复中原。他说以临安作为首都不是长久之计,应该迁都南京,以便伺机光复中原。也就是

朱 熹

他对皇帝常常提起的"修政事,攘夷狄"、"复中原,灭仇房"。在没有大志的皇帝眼中,这种激进的主张无异于大逆不道,简直就是哪壶不开提哪壶啊。

除此之外,"不安分"的朱熹还疾恶如仇。公元1195年,由于看不惯当时官场的腐败,他连上六本奏书,弹劾贪赃枉法的台州知府唐仲友。他这打破官场"潜规则"的举动自然得罪了不少人,当权派开始攻击朱熹,说"近世士大夫所谓道学者,欺世盗名,不宜信用",赤裸裸地把枪口对准了朱熹。

整日花天酒地的宋孝宗自然不愿多想,既然有那么多人说"道学"不好,那自然就是"道学"不好了。于是一声令下,"道学"就成为一个政治罪状,朱熹也因此大受罪责。

宋孝宗去世后,即位的宋宁宗宣称要实施新政,朱熹仿佛看到了希望。谁知宋宁宗的新政不过就是一场烟花雪月,朝廷还是一样的黑暗——朱熹刚刚向皇帝建言两句,专擅朝政的韩胄就把朱熹的道学诬蔑为是"伪学",还指使亲信捏造朱熹的罪状,诋毁朱熹的名誉。一贯清正廉洁的朱熹名声狼狈,完全不知道该如何应对。就这样,朱熹最后的希望破灭了。

面对着如此沉重的政治高压,心力交瘁的朱熹不得不违心地承认了所有强加于他的罪状:"私故人之财"、"纳其尼女"。为了显示自己的诚恳,他甚至说了一句:"深省昨非,细寻今是",用短短的八个字否定了自己过去的所有思想和作为。即使这样,宋宁宗并没有善罢甘休,他还罗织了一个有59人的子虚乌有的"伪学逆党",朱熹自然便成了这个"伪学逆党"的首领了。在今天看来,这场冤案不仅仅是朱熹一个人的悲哀,更是一个民族的文化之痛啊!

面对这些政治风潮,年迈的朱熹凄凉的倒在了病榻上。庆元六年,也就是公元1200年,朱熹走到了人生的尽头。

朱熹去世九年后,冤案才得到昭雪。宋理宗发布诏书,追封朱熹为太师、信国公,提倡世人学习朱熹所编著的《四书集注》。从此以后,朱熹学说也就日益成为显学,流传近千年,长盛不衰,直到今天依然为人们所敬重。

在历史中,朱熹获得了最终的胜利。

影响和评价

朱熹可歌可泣的一生,就像是一首辉煌的交响乐,在跌宕起伏间散发着震撼人心的光彩。当人们赞美他:"为天地立心,为生民立命,为去圣继绝学,为万世开太平"时,更多的是在缅怀他那烛照千古的思想。从学术成就上看,他是宋代理学的集大成者，也是宋明理学最突出的代表，他的思想是文化宝库里的奇葩；从他的历史地位和社会影响上看，朱熹在中国古代学者之中，可算是屈指可数的几位伟人之一，他的思想也深深嵌入了整个社会的政治、文化机制，影响了无数的政治家和思想家。

  站在历史的长河中，煌煌几本厚书，自然也掩抑不住字行里的悲鸣。一心要正君，拯救天下危亡的朱熹，最终却被当朝的皇帝和群臣打成伪党，以至于老死泉林。好在历史终究是公正的，朱熹，这个终其一生都在为理想而颠簸的文化巨人在历史中得到了永恒。

成吉思汗
——缔造蒙古帝国的一代天骄

性别：男　**国籍（朝代）**：中国　**生卒年月**：1162年～1227年
入选理由：一代天骄，千古风云人物。
经典语录：在明亮的白昼，要深沉细心；在黑暗的夜里，要有坚强的忍耐力。

人物简介

成吉思汗，名铁木真，蒙古民族杰出的军事家、政治家。1206年，他统一了蒙古各部落，建立了蒙古帝国。在位期间，他多次发动战争，征服地域西达黑海海滨，东括几乎整个东亚，建立了世界历史上著名的横跨欧亚两洲的大帝国。

生　平

他是人类学家眼中的"上帝之鞭"；他是历史学家眼中的"人类之王"；他是军事家眼中"取得最伟大成功的人物"。他戎马一生，搏击一世，创建了世界最大、横跨欧亚大陆的游牧帝国。他就是蒙古族的英雄———一代天骄成吉思汗！

乘坐时光机器回到1170年的漠北草原，我们就会遇到九岁的铁木真。那一年，他的父亲被仇敌用毒酒害死，孤儿寡母的他和母亲又被部族抛弃，甚至只能依靠掘草根、拾果子果腹，用他母亲的话说，"除了影子之外没有伙伴，除了尾巴之外无鞭子"。家族衰微也就罢了，这个少年自身的条件也不优越——他是个文盲，而且还缺少愿意为他出生入死的追随者。为了争夺一条鱼，这个野蛮少年甚至还残忍地用弓箭杀死了同父异母的兄弟。还要知道，当时蒙古草原上部落星罗棋布，战乱频繁，同那些庞大的部落联盟相比，他处于绝对劣势，看起来似乎没有任何机会可以让他成就一番事业。

然而就在三十多年后，他以"成吉思汗"的名字震撼了整个欧亚大陆！他指挥的蒙古骑兵横扫欧亚大陆，建立了一个横跨整个欧亚大陆的大帝国。这奇迹般的胜利，究竟是什么原因造成的呢？

这首先要感谢他那多灾多难的童年时代，因为风雨的洗礼，小铁木真一步步走向成熟。父亲的早逝让他学会了独立思考和承担所遇到的一切困难；在仇家面前忍气吞声让他养成了隐忍的性格，更让他拥有了超越常人的智慧，那就是等待。

铁木真在等待中寻找着机会，在沉默中积聚着力量。他知道，单凭自己的力量战胜不了强大的敌人，只有取得一些部落的支持，才能壮大自己的力量，打败敌人。为了争取汪罕的支持，铁木真忍痛把新婚妻子带来的嫁妆——黑貂裘献给汪罕，并称他为义父。汪罕

成吉思汗

高兴地接受了他的礼物，还将铁木真视为亲生儿子，答应帮助他完成振兴家族事业——此时的汪罕还不知道，自己将会为这个决定后悔终身。

就这样，在汪罕和结拜兄弟札木合的帮助下，铁木真的事业出现了转机。他开始独立建帐，广结盟友，选贤任能，宽厚待人，吸引了许多部落前来归附，他也因此被推举为可汗。

就在他被推举为可汗之后不久，他和札木合之间的战争因部下争夺马匹的纠纷而爆发。战争以铁木真的失败而告终。战胜者札木合用七十口大锅烹煮擒获的敌军首领，但是这种残暴的行为非但没有达到鼓舞士气的目的，反而让几个重要首领离开札木合，投奔了对部众多施仁义的铁木真。铁木真虽然在军事上失败，却取得了道义上的重大胜利，"得道者多助，失道者寡助"的古训再次得到验证。

随着他的英名远扬，越来越多的追随者纷纷归附，他也不断取得了对乃蛮部、塔塔尔人以及克烈部的胜利。英雄有一颗鹰一样的心，就一定会拥有一双

雄鹰的翅膀，也一定会在属于自己的蓝天里展翅翱翔！1206年，蒙古族的全部贵族和功臣们在鄂嫩河畔举行聚会，铁木真命士兵在大帐前树起九足白旗，作为新诞生的蒙古帝国的国旗。大家也一致推举铁木真为全蒙古的大汗，称他为"成吉思汗"。

"成吉思汗"者，乃"赖长生天之力而为汗者"也。是啊，命运让他的童年充满了艰辛与磨难，也正是这种特殊的环境造就了他特殊的性格，使他从一个无助孩童成长为肩负整个蒙古兴衰的王者。

成吉思汗统一全蒙古以后，大力改革，在军事、行政、法律、文化等各方面开创了许多新制度。成吉思汗和他的亲属、功臣和贵族，渐渐变成封建统治者，原来的奴隶和自由民也就成了封建牧民。他通过一系列改革，使蒙古这个游牧民族进一步封建化。这一切改变都预示着这个初生的帝国将要在世界舞台上扮演更加重要的角色。

统一蒙古后的成吉思汗原本打算和中亚各国和平相处，但是花剌子模的一个督统却劫杀了450人的蒙古商队。成吉思汗要求严惩凶手的要求遭到了拒绝。大怒之下，成吉思汗决定发动战争。1219年秋，他自亲率领十几万大军出征花剌子模。精锐的骑兵如潮水一般从蒙古草原一泻而下，花剌子模人惊呼：上帝的黑鞭出现了！的确如此，蒙古铁骑像一把尖刀插入里海、黑海间的高加索，深入俄罗斯。除此之外，成吉思汗又挥军追击花剌子模的太子札阑丁，直到在印度河流域将他消灭。

在有些历史学家看来，这次西征如洪水猛兽，吞噬了无数人的生命。诚然，战争给当时的人们带来了巨大的灾难，但是这次西征也让世界从沉睡中觉醒，东西文化交流开始变得频繁，造纸术、印刷术、火药和指南针传入欧洲，改变了世界的方向。

经过7年的西征，攻略城池无数的成吉思汗回到了蒙古草原。还没有来得及喘口气，西夏王又背弃盟约，成吉思汗不顾64岁高龄，坚持亲征西夏，西夏王大惊之下派使者求降。然而还没有来得及庆贺胜利，戎马倥偬、征战终生的成吉思汗就在凯旋途中闭上了疲惫的双眼。

一代天骄陨落了，成吉思汗戎马生涯近50年，创造了震撼世界的业绩。

还是让我们用著名史学家杰克·威泽弗德的一段话来阐述成吉思汗的一生吧："伟大的历史人物不能被整齐的卷塞在书皮之间，也不能像受压的植物标本被熨平……当事件本身从人们的视野中淡去后，它们的影响还将长期存在。就像一口钟的振荡声一样，在停止敲击之后，我们仍可以听得到它。成吉思汗离开历史舞台已经很长时间了，但他的影响将持续地萦绕在我们这个时代。"

是啊，成吉思汗战马的铁蹄早已远去，但留下的回声必将一直震撼人们的心灵。

影响和评价

成吉思汗建立的帝国打破了欧亚大陆上各民族间疆界的限制，削平了阻碍经济文化交流的堡垒，大大便利了东西方文明的交流，也为中华各民族的统一和共同发展奠定了稳固的基础。

郑 和

——文韬武略七下西洋

性别：男　　**朝代**：明朝　　**生卒年月**：1371年～1433年
入选理由：伟大的航海家，世界航海史上地理大发现的先驱。
经典语录：财富来自海上，威胁也来自海上。

人物简介

在28年的时间里，郑和统率船队，涉沧溟十万余里，历访东南亚、南亚、西亚和东非的三十多个国家和地区，让世界了解了中国，也让中国了解了世界，既促进了历史的进步，又让人类的文明散发出了更加灿烂的光芒。

生　平

你能够想象的到吗，在六百多年以前，曾经有一支由两万多人、三百余艘船只组成的庞大船队七下西洋，在短短的28年间，航程达到了万余里，历经亚、非三十多个国家和地区？在历史上，这件事情的确是发生了。在那个没有无线电和卫星定位系统的年代，究竟是谁指挥了这么多船只步调一致地穿越了大洋呢？这个人就是郑和，中国古代最伟大的航海家。

郑和是回族人，本姓马，小名三宝。1371年，他出生在云南的一个穆斯林家庭。那里远离大海，四周都是莽莽的丛林。郑和也就是在绵绵的大山的怀抱里度过了自己的童年。虽然从小没有见过大海，但是他的父亲和祖父都曾经远渡重洋去麦加朝圣，在他们的描述里，那片湛蓝的海洋也就成了一块巨大的磁石，吸引着郑和那颗幼小的心。

可是，无情的命运刚刚让郑和拥有了属于自己的梦想，又残酷地将它击碎了，让年幼的郑和经历了常人无法想象的痛苦。这还要从时势说起——当时，元朝的统治早已土崩瓦解，但地处偏远的云南仍然处在一个不屈服于明朝的元朝皇子的掌控之下。这为即将到来的战争埋下了伏笔，只是小郑和还沉浸在父辈们的故事里，并没有意识到命运正在把他推入灾难。

1381年,朱元璋向云南发起了进攻,大军所到之处,播撒的都是恐惧和死亡,在漫天烽火里,六万多人被死神夺去了生命。郑和也被俘获,由于他的年纪比较小,因此得以在刀口下保全了自己的性命,但是却惨遭阉割,被送往京城当了宦官。就这样,郑和以阶下囚的身份走出了云南。

来到京城的郑和很快就被派去给燕王朱棣当差,由于他聪明能干,不多久就成了朱棣的心腹。5年以后,当元朝旧部在北方威胁明朝安危的时候,郑和又追随朱棣在蒙古大草原四处征战。短短几年的戎马生涯,就让郑和成长为一名有胆有识的将领。

几年后,也就是1389年,朱元璋在南京驾崩,太子朱允炆继承了皇位。此时,正在驻守北方、手握兵权的朱棣自然不满父亲这样的安排,于是在1403年,他发动了"靖难之变",率领军队攻破了南京城,夺取了皇位,成为明朝的第三位皇帝。

在这次政变里,郑和因为有勇有谋,屡立奇功,被明成祖朱棣任用为"内官监太监",列入高级官员,还赐姓"郑",此次以后他也就改名为郑和了。

虽说朱棣为了皇位发动政变有些不道德,不过话又说回来,刚刚登上帝位的朱棣不愧是久经战火考验的枭雄,他知道海洋对于一个农业国家来说意味着什么。因此,即位伊始,他就把目光投向了浩渺的海洋,希望能够通过海洋与各国沟通。由于倭寇的活动严重影响了沿海的安定,于是,他派遣郑和出使日本,劝说日本皇帝亲自制止倭寇的活动,同时也开始组建自己的船队,准备以此来震慑周边的国家。

凭借着强大的国力,一支人类历史上规模空前壮大的船队组建了起来,人类历史上最震撼的一次航海活动也拉开了

郑 和

帷幕，而指挥这支船队的荣耀任务就落在了郑和的身上。1405 年 7 月 11 日，在郑和的统领下，一支载着两万七千多人，由 317 艘船组成的，如海上城市般的巨大船队浩浩荡荡地向南驶去。

　　船队在绿宝石般的大海上航行着，在充满无数未知的海上探索着。他们到过马尔代夫的环礁，在亚丁港停留过，然后船队顶着狂风沿非洲海岸航行到索马里的摩加迪沙和布拉瓦、肯尼亚的蒙巴萨……儿时的幻想终于成真，郑和的心中涌起无限汹涌的波涛。

　　当然，郑和的远航也并非什么危险都没有遇到。在 1405～1433 年的七次远航中，郑和的船队曾三次大规模动用武力。第一次是在初下西洋时，苏门答腊岛的海盗头目企图劫掠宝船，郑和果断铲除了海盗势力；第三次返航时，锡兰国王依仗自己的实力雄厚，阴谋劫夺宝船，郑和采用了围魏救赵的策略——他带兵攻打空虚的王城，保护了船队；第四次下西洋时，郑和为苏门答腊的国王平定叛乱，结束了苏门答腊长达多年的内战。这几次动武，非但没有让周围的国家感到不安，反而树立了郑和船队公平、正义的形象。

　　虽然郑和下西洋的政治目的十分明显，那就是"宣德化而柔远人"，以和平方式构建明朝视野中的世界新秩序，其实说白了就是要显示国威，以此来让周围的邦国臣服于天朝。但是实现这样的政治目的并没有借助于武力，而是通过经济和文化的交流来实现的。在这样的意义上，郑和更像是一位使者，而不是一个航海家；他更像是一个商人，而不是一个政治家。他每到一个地方，就积极地向当地传播先进的文明，并且借助贸易的方式来促进双方的理解，播撒友谊的种子。

　　七下西洋是郑和前无古人的伟大事业，让郑和青史留名。而船队的非洲之行，更是在历史上留下了中国人远征海外的最美好的回忆——1419 年郑和返回时，一批非洲国家的使节也随着他来到中国，当然随他回来的还有一只长颈鹿；1420 年，这些非洲国家的使节以及来自世界各地的众多宾客应邀参加了紫禁城的落成仪式。

　　1433 年，62 岁的郑和在第七次下西洋归国途中，由于积劳成疾，在海上病逝，这个从小就憧憬着远航的巨人永远地倒在了大海的怀抱里。

　　六百多年过去了，郑和和他的船队早已消失在了海上，消失的无影无踪，甚至连船队的航海记录也湮灭在了历史的烟尘之中，但是郑和那份不畏险阻、敢为人先的进取精神却常存于人们心间。

影响和评价

　　是英雄创造了历史，还是历史造就了英雄呢？这是一个人们常常讨论的问题。然而，不管答案是怎样，我们都不能否认，郑和是一位中华民族的英雄——他所创造的七次下西洋的壮举，时间之早、人数之多、船舶之大、航程之远、影响之深，前无古人，后无来者，是中国人创造的伟大奇迹。

当然，郑和不但属于中国，也属于世界。在世界史的意义上，他的远航宣告了世界大航海时代的来临。于是，1492年，哥伦布发现了美洲新大陆；1497年，达·伽马横渡印度洋，抵达印度西海岸的古里；1522年，麦哲伦完成了人类第一次环球航行……

纵观郑和的一生，隐忍而大气的他把封建社会存在的皇权和压迫，把西洋各地存在的野蛮和险恶，统统隐藏到内心深处，统统化作自己远航的动力。于是，历史上才有了一个傲立船头，昂首挺胸，劈风斩浪，勇往直前的大航海家郑和。也正是这样，他才创造了中华的辉煌，世界的奇迹。

郑和不愧是"海上巨人"、"和平之旅第一人"。

袁崇焕

——含冤负屈的明末爱国名将

性别：男　　**朝代**：明朝　　**生卒年月**：1584年～1630年
入选理由：铮铮铁骨，重整破碎山河的悲剧英雄。
经典语录：心术不可得罪于天地，言行要留好样与儿孙。

人物简介

袁崇焕，字元素，号自如，明末名将，杰出的军事家、政治家、文学家。以文官出身的他胸藏十万甲兵，数十年间纵横辽东，无人能敌，甚至一举击败努尔哈赤。可是，由于时代的原因，披肝沥胆、忠心报国的他最终却蒙冤惨死，谱写了一曲英雄悲歌。

生　平

经历了两百余年风雨历程的大明王朝，拖着衰老虚弱的躯体，慢慢地走向了自己的终结。然而就在这生死存亡之际，一代英雄袁崇焕大步走上历史的舞台，留下了浓墨重彩的一笔。

袁崇焕出生的时候，明王朝的时代风华早已全部退去，留下的只是百年间宫廷政治榨剩的糟粕——昏庸的皇帝、贪婪的宦官，除此之外，还有关外满人的威胁。

然而在这个腐朽、动乱的年代里，袁崇焕依然没有放弃希望，刻苦钻研儒家经典的他从小就立下志向，准备报效国家。

在经历了十年寒窗苦读后，袁崇焕金榜题名，走上了仕途。他先是在福建做地方官，后来又被任命为邵武知县。不久，遵照朝廷的规定，他到北京朝觐，接受朝廷的政绩考核。这时边疆不断传来的金戈声让袁崇焕的内心无法平静，他开始思考自己的使命，安邦的理想开始在他的胸中激荡。

1622年，袁崇焕毅然投笔从戎，在兵部担任了职方司主事的职务。在这段时间，不甘碌碌无为的他甚至冒着生命危险单骑出关考察关外，回到京城后不久，他就请命守卫辽东。就这样，这个无惧人生艰难险阻的汉子，踏上了一条交织着热血和战火的人生道路。

袁崇焕刚到辽东，形势就十分危急——盘踞关外多年的努尔哈赤趁明朝时局不稳，亲自率领十三万兵马渡过辽河，向宁远进攻。

大军压境，这时的辽东早已是"黑云压城城欲摧"。可是袁崇焕并没有放弃胜利的信念，他身先士卒，在宁远一战中，创造了以一万兵马打败十万大军的奇迹，而且他还用火炮重伤了马上英雄努尔哈赤。深受重伤的努尔哈赤怎能忍受这样的失败？气愤之下的他不久便撒手人寰。

八个月后，当努尔哈赤的儿子皇太极率军前来为父报仇时，袁崇焕又在锦州将皇太极的军队

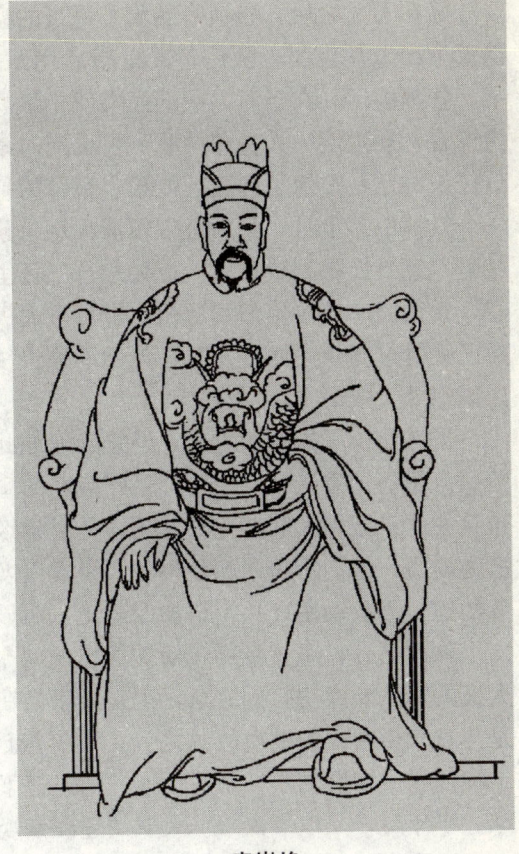

袁崇焕

一举击溃。就这样，连战连捷，八旗兵"满万不可敌"的神话被打破了，袁崇焕也获得了空前的赞誉。

战场上的胜利固然使袁崇焕成为了英雄，但是在险恶的政治环境里，这些胜利也为他的人生悲剧埋下了伏笔。正如金庸先生在《袁崇焕评传》中写到的一样："他大火熊熊般的一生，我行我素的性格，挥洒自如的作风，的确是人如其名。这样的性格，和他所生长的那不幸的时代构成了强烈的矛盾冲突。古希腊英雄拼命挣扎奋斗，终于敌不过命运的力量而垮了下来。打击袁崇焕的不是命运，而是时势。虽然，在某种意义上说来，时势也就是命运。像希腊史诗与悲剧中那些英雄们一样，他轰轰烈烈的战斗了，但每一场战斗，都是在一步步走向不可避免的悲剧结局。"

当时的局势到底如何险恶呢？在朝廷里，宦官魏忠贤把持朝政大权，不趋附他的人往往都会被打入另册。由于袁崇焕不愿与他同流合污，于是魏忠贤就罢了袁崇焕的官，让这位刚刚立下赫赫战功的将军成了一介平民。

好在不久之后，崇祯帝继承了哥哥的皇位。继位之初，这位年少的君主便消灭了魏忠贤集团，随后，又重新启用赋闲在家的袁崇焕，让他担任兵部尚书，督师蓟辽。在当时，兵部尚书就是最高军事行政官，而督师则是最高军事指挥官，袁崇焕一人身兼两职，可见当时崇祯皇帝对他的器重。可是，这样的信任最终还是败给了谗言，败给了皇帝的猜忌，败给了阴暗的人性。

崇祯二年十月，皇太极带领清兵绕道蒙古，迅速南下，很快就要兵临北京城下。袁崇焕得到消息后，带兵急行三百里，向北京赶去。按照崇祯皇帝的旨意，袁崇焕应该在蓟州到通州一带与皇太极展开决战。但是，当袁崇焕得知敌兵已经越过蓟州向西进发时，他便不顾将领反对，率部前往北京，次日晚上在广渠门外大败清军。

虽然取得了战斗的胜利，但袁崇焕如此大胆之举，还是引起了崇祯皇帝的猜忌。早已把袁崇焕看成是"拦路虎"的皇太极便趁机施计陷害袁崇焕——他带兵在北京城外大肆的掠夺并扬言是袁崇焕将清兵引来的。此举惹得满朝权贵极为愤慨，他们纷纷向朝廷告状，说袁崇焕名义上为北京解围，却听任满人肆意劫掠，不敢动用一兵一卒加以阻止，明显是通敌的罪人。

除此之外，皇太极还唆使被俘虏的两个太监回到宫里，对崇祯帝说："皇太极的军队能成功打到北京，都是袁崇焕在幕后策划的，皇太极主动撤军，也是与袁崇焕密谋的欲擒故纵之计。袁崇焕已经向后金投降了。"拙劣的谎言使崇祯凶暴、多疑的本性暴露无遗，他迅速下令，将刚刚凯旋的袁崇焕投入了大牢。半年后，又以"谋叛"大罪"遂磔崇焕于市"！

最悲哀的一刻来临了，袁崇焕被推出午门凌迟处死。刽子手一块一块的把他的肉割了下来，不明真相的民众听说袁崇焕是大汉奸，便争先恐后的向刽子手买他的肉来吃，以此表达对汉奸的忿恨。

这一年，袁崇焕才47岁。正当盛年，为国为民而舍生忘死的英雄就这样殒命在流言里，死在了百姓的唾弃声里。

钢铁长城袁崇焕死后，用砖石砌起的长城也就成了摆设，明朝的灭亡也就只是时间问题了。没过多久，李自成和顺治皇帝便相继踏入紫禁城，崇祯皇帝选择了自杀，明王朝也湮灭在了烽火里。

影响和评价

袁崇焕投笔从军之时，正是明朝的社会矛盾空前激化之时，面对破碎的河山，书生袁崇焕已死，大将袁崇焕当立。于是后人便看到一个以文弱之身投笔从军，重整山河，甚至引十三门巨炮，击一代雄主努尔哈赤于马下的袁崇焕。

纵观袁崇焕的一生，他的爱国，他的智谋，他的胆识无不令人钦佩。他的一生所对抗的早已不再是异族的敌人，而是充满悲剧的时代和命运。正如鲁迅先生说的那样，真的英雄敢于直面惨淡的人生，敢于直面淋漓的鲜血。正是有了袁崇焕这样敢于面对人生和鲜血的英雄，我们的民族才会进步，我们的民族才会有希望。因此，当我们拂去历史的尘埃，仰视袁崇焕的时候，不得不承认，虽然蒙受了不白的冤屈，虽然丧生于愚昧的氓众之手，但他终归推动了历史的前进。

袁崇焕是一个英雄，一个真实而充满了悲壮色彩的英雄。

黄宗羲
——中国民主思想的首倡者

性别：男　　**朝代**：明末清初　　**生卒年月**：1610年～1695年
入选理由：中国思想启蒙之父。
经典语录：君子常行胜言，小人常言胜行。

人物简介

黄宗羲，字太冲，号南雷，浙江余姚人，因为他的代表作《留书》和《明夷待访录》都署名梨洲老人，所以后人也称其为梨洲先生。纵观黄宗羲的一生，早年为党人，壮年为反清人士，老年为学者，堪称是一个传奇。在学术史上，博学多才、名重天下的他与顾炎武、王夫之被合称为"明清之际三大思想家"。

生　平

黄宗羲是不幸的，因为他生活的年代充满了灾难——大好河山在风雨中飘摇，北方的异族迅速崛起，宦官魏忠贤的遗党沉渣泛起；然而黄宗羲又是幸运的，他是历史的宠儿——政权垂亡的时代赋予了他奋发图强的精神，让他成为了在电光石火中飞翔的思想的精灵……

黄宗羲出生在万历三十九年，那时没有什么盛世迹象，反而处处透着一种幻灭，皇帝朱翊钧由于和朝臣关系紧张，竟然二十多年不上朝。遇到了这样一个不作为的皇帝，官僚集团内部之间的争斗自然愈演愈烈，其中，东林党人与宦官集团阉党的斗争简直到了水火不容的地步。

黄宗羲的父亲黄尊素就是一名为人沉毅正直的东林党名士。在当时，由于魏忠贤把持朝政，戕害忠良，政治腐败不堪，那些东林志士便常到黄家议论朝政，评论人物，指点江山。年幼的黄宗羲站在他们旁边安静的聆听和思考，也就逐渐了解到朝政的黑暗和东林党与阉党间的激烈的斗争，从而养成了重气节，轻生死，严操守，辨是非，守风节和疾恶如仇的侠义性格。

后来，黄尊素由于弹劾魏忠贤，遭到了阉党的迫害，被押送京城，不久又被下狱，以至于受酷刑而死。早熟的黄宗羲见父亲被害，并没有因此丧失理想，相反，为了国忧家仇，他更加发愤地读书。年迈的祖父为了让黄宗羲牢记国恨家仇，还特意在他进出书房的地方写上"尔忘勾践杀尔父乎"八字来激励他。

天启七年（1627），明熹宗不治身亡，他的弟弟朱由检继承了帝位，第二年改年号为崇祯，开始大力整肃魏忠贤等人。19岁的黄宗羲看到了替父申冤的希望，于是他暗藏铁锥，带了申冤状，悄然离家，直奔京城，走进了刑部衙门。

当双手沾满了东林党人鲜血的许显纯、崔应元被拖到堂前时，黄宗羲举起铁锥便向许显纯刺去，他的这一举动震惊了世人！一时间，黄宗羲名动京城，声闻天下，甚至许多人都叫他"黄孝子"。

也就是在这一年的秋天，父亲的冤案得以洗清，黄宗羲也就回到了家乡余姚，继续读书学习，等待着参加科举考试。

这里要简单说明一下，在那个时候，科举道路是读书人立足社会、施展抱负的唯一正途。黄宗羲虽然对科举考试素不热衷，但是为了能够实现自己的抱负，他也只得如此。于是，天启三年（1630），黄宗羲到南京参加了乡试，结果名落孙山。返乡途中，他在镇江遇见了当时著名的文人文震孟。黄宗羲就顺便将自己的试卷呈给了他，请他指教。文震孟读完后极为赞叹，"嗟赏久之"，对黄宗羲说：你日后"当以古文鸣世，一时得失，不足计也"。

这次经历，让黄宗羲进一步认识到了"科举之学锢人生平"，于是他开始把精力

黄宗羲

集中在能够经世致用的"实学"上。虽然后来黄宗羲也曾数次参加科举考试，其实都是聊以应景，早已不存有博取功名之类的心思了。而且此时的政治形势也不容他安心读书、博取功名，虽然魏忠贤和他的羽翼爪牙已被剪除，但是阉党的残余势力并没有销声匿迹。他们蛰伏朝野，一直在窥测试探，企图东山再起，对正直势力形成了极大的威胁。当时，以少年名士为主体的复社就承担起了和他们斗争的任务，而黄宗羲就是复社的领导人之一。

朝廷内的斗争还未结束，整个社会形势又开始急转直下。激昂而安宁的生活不复存在，取而代之的是刀光剑气和血雨腥风：先是李自成兵临北京城下，朱由检自缢煤山；接着又是吴三桂引清兵入关，清睿亲王多尔衮入京……

此时，不愿臣服于异族的黄宗羲离开京城，回到家乡组织"世忠营"，起兵抗清。可是，历史大潮席卷整个中国的时候，一个人、一支队伍又怎么能够力挽狂澜呢？失败的结局早已被写定。顺治三年，战败的黄宗羲只得率领残部退入山林。

在带兵抗清的几年间，黄宗羲及家人为躲避清军，不得不四处颠沛流离，过着极为艰难的生活。更为让他痛心的是，随着各地的抗清斗争相继失败，清王朝的统治日渐巩固，明朝的灭亡成了不可改变的事实。

反清复明的政治理想破灭了，亲人在动荡不宁的亡命生涯中也连遭不幸。可是这些磨难和打击并没有使黄宗羲屈服，也没有把他压倒！只是淬砺了黄宗羲的意志，丰富了他的阅历，促使他对政治、社会、历史、人生进行理性反省和理论探讨，铸造出了一位继往开来的思想巨人！

也就是在此期间，他写出了批判君主专制制度的巨著《明夷待访录》，向世人传递了光芒四射的"民主"精神，这在当时黑暗无比的社会环境下显得多么可贵啊！在这本书里，黄宗羲认为君主专制是"天下之大害"，君主说的不一定对，民众也没必要绝对服从君王；他批判皇权社会的法律是"一家之法而非天下之法"，是非公理应由公众评判；他还重视工商，认为它们和农业一样是国家的根本……

经历了如此多的波澜，晚年的黄宗羲选择了平静的书斋，除了著述写作和四处讲学，他不再关心政事。康熙帝接连两次征召他赴京，他都拒绝了。于是，康熙帝只好下令让地方官员尽可能的抄录黄宗羲的著作。由此可见，黄宗羲的思想学术的光芒是多么的光辉灿烂。

康熙三十四年的初秋，病重的黄宗羲口授一首《绝笔诗》："筑墓经今已八年，梦魂落此亦欣然，莫教输与鸢蚁笑，一把枯骨不自专。"留给后人一个奋袂而起的背影之后，便与世长辞了。

影响和评价

黄宗羲的人生历程布满坎坷：少年时期，父亲遭害惨死；成年之后，又饱尝战乱。就是在这样的磨练里，他从一个游历的书生、尚武的反清人士成长为一个大思想家，留下了一个让人不能忘却的声音，铭刻在历史的风雨中永不磨灭。

站在历史的今天，我们不应该忘记昨天，不应该忘记那样的一个时代，也不应该忘记那样一个先行者。在那个充满矛盾的时代，在中国学术思想发生巨大变化的前夜，一大批以天下为己任的杰出知识分子和思想人物，开始反思中国的传统政治和文化，最终将斗争锋芒直接指向了封建专制制度。在这群人中，黄宗羲是最早的和最为杰出的一位。他那承先启后的学术思想让他在中国近三百年学术史上拥有了崇高的地位。

三百多年过去了，黄宗羲那种一生奋斗不息、目光永远向前、不倦追求真知的精神依然激励后来的中国人，化作了民族精神里宝贵的财富，推动着历史的进步。

郑成功

——收复台湾的民族英雄

性别： 男　　**朝代：** 明末清初　　**生卒年月：** 1624 年～1662 年
入选理由： 抗击满清，收复台湾，光照千秋的民族英雄。
经典语录： 养心莫若寡欲；至乐无处读书。

人物简介

郑成功，本名森，字明俨，号大木。他是妇孺皆知的民族英雄。年轻时，他高举反清复明的大旗，矢志恢复明室，鞠躬尽瘁，死而后已。后来，他又以非凡的胆魄，率领大军渡过台湾海峡，驱逐荷夷，光复了祖国的宝岛台湾。在短短的一生里，他谱写了悲壮激越的辉煌篇章。

生　平

17 世纪上中叶的中国充满内忧和外患。一方面，明政权无力抵抗满清铁骑，破碎的河山风雨飘摇；另一方面，西方殖民者为追求海外市场，纷纷把枪口指向东方，指向中国。

1624 年，荷兰侵略者以武力占据了台湾，从此，祖国的宝岛在殖民者手中惨遭蹂躏。也就在这一年，郑成功诞生了。

郑成功原名为森，他的父亲郑芝龙是海商集团的一名首领，母亲则是日本人，因此郑成功出生在日本，7 岁才回国。

郑成功 20 岁那年，明朝将领吴三桂归降满清，从山海关引清军长驱南下。眼见大好河山就要落入满人之手，爱国志士纷纷起兵，掀起了声势浩大的抗清浪潮。郑芝龙等人也在福州拥立唐王朱聿键为帝，建立了隆武政权。

刚刚即位的隆武帝见郑成功年轻有为，便问他："现在的形势非常危急，你看该怎么办才好呢？"郑成功借用岳飞的话回答说："只要文官不贪财，武官不怕死，就可以保住大好江山！"隆武帝非常赞许他的回答，当即赐他姓"朱"，为他改名为"成功"。从此以后，人们便称郑成功为"国姓爷"。

隆武帝一心想要北伐，但是手握兵权的郑芝龙却心怀二意，为了保存自己的实力，他甚至撤掉守兵，不做任何战备。1646 年，清军趁虚而入，长驱直下，击溃了义军，隆武帝也被俘自杀。

眼见形势不妙，郑芝龙便萌生了降清的念头。郑成功知道后，急忙赶去劝说父亲一定要三思而后行。郑芝龙听后十分生气，呵斥他"稚子妄谈"，责骂他不懂得天下大势，随后就率领部下归降了清军。气愤的郑成功带着心腹逃到南澳岛，很快就召募到了数千人马，坚持抗清。

清王朝知道郑成功很难对付，不想和他刀兵相见，于是

郑成功

派人劝降，许诺给他高官厚禄，郑成功拒绝了。黔驴技穷的清廷只好派郑成功的弟弟带着他父亲的书信劝他归顺。他弟弟说："如果你再不投降的话，父亲的性命可就没有了。"看着声泪俱下的弟弟，郑成功决定大义灭亲，他回信给父亲郑芝龙说："我过去多次劝说你不要归降，你总是不听。现在事情到了这样的地步，说什么也都没有用了！假如你遭到了什么不测，我一定会为你报仇。我也只能这样来保全忠孝的大义了。"不久，郑芝龙就被清军关进监狱，郑成功的母亲也受辱自杀。

家人的不幸遭遇更加坚定了郑成功抗清的决心。他在福建安平起兵，以"招讨大将军"为旗号，召集了大批人马。起兵后，他率领义军相继转战福建、广东、浙江等地，并且在金门、厦门建立起了抗清基地。

经过郑成功多年的苦心经营，部队发展到了数十万人，基地的实力也不断壮大。然而潮水般的清军不断涌来，抵挡不住围剿的郑成功被迫带领残部败走厦门。

在厦门，郑成功又以少胜多，多次打退清军的围攻。清政府认识到不可能

马上消灭郑成功，于是便改变了策略，发布"迁界令"，把海滨的居民迁往内地，以此来限制郑成功的发展。清政府的这一举动让郑成功认识到"进取不易"，于是决定退守台湾。

郑成功立刻令士兵建造和修理船只，并和手下的将领谋划出征。经过长时间的准备，时机终于成熟了。1661年3月，郑成功亲自率领战船一百多艘、将领一百多员、水陆大军2.5万多人，浩浩荡荡地开出金门，向台湾岛进发。

四月初，大军到达台湾的鹿耳门。在摸清敌人的底细后，郑成功决定利用涨潮的机会，强行登陆。冒着敌人密集的炮火，郑成功首先乘小船登岸寻找营地。官兵见状，深受鼓舞，纷纷跳下船只，冲上海岸。

攻下鹿耳门后，郑成功又带领部队收复了赤嵌城，打开了台湾岛的门户，荷兰侵略者的据点台湾城便近在眼前了。郑成功并没有被胜利冲昏头脑，经过冷静地分析，他认为攻打孤立无援的台湾城，最好策略就是用围困的办法等待敌人自己投降。于是一声令下，大军便把台湾城围了个水泄不通。

侵略者不愿坐以待毙，采取各种手段解围。他们先是提出以每年送给郑成功几万两饷银和大量土产的荒谬条件要求郑成功退兵，郑成功断然拒绝，他说："台湾原本就属于中国，现在我亲自前来索取，来自远方的荷兰人，自然应该把台湾归还给主人。"一计未逞，狡猾的侵略者又幻想借"谈判"拖延时间，等待援兵到来。

几个月后，郑成功知道时机已经成熟，于是决定发动总攻。1662年1月25日清晨，郑成功军队的二十八门大炮同时开火，两个小时发射了两千多发炮弹，荷兰殖民军招架不住，只好挂出白旗投降，在2月1日签署了投降书。被荷兰殖民者侵占了长达38年的台湾，终于回到祖国母亲的怀抱。

收复台湾之后，郑成功亲自到各地巡游，安抚少数民族同胞。高山族的几个首领向郑成功献上金、银、草、土四样礼品，表示归附。郑成功说："我赶走侵略者，是为了收复祖国的土地，并不是为了金银财宝。"说完，他亲自收下了土块和一束草，把金银全部退了回去。

由于积劳成疾，1662年5月，郑成功在台湾病逝，时年38岁。虽然他的一生短暂，但是他崇高的爱国精神和收复台湾的辉煌业绩将光照千秋，永远受到后人的敬仰。

影响和评价

面对清政权推行的民族压迫政策，面对荷兰殖民者咄咄逼人的侵略野心，时代呼唤出了一代英雄郑成功。

在国家陷入水深火热中的时候,他勇敢地高举义旗同满清政权作抗争,限于时势,他还忍受着一般人所不能承受的悲剧,选择了和父亲决裂;当面对强大的侵犯了祖国领土的外敌时,他不畏艰难困阻,选择了为祖国领土的完整而战。在那个非常的时代里,郑成功以自己的非常方式,践履了对国家和民族的忠诚。

郑成功的伟大精神,必将永远激励着华夏儿女炎黄子孙不畏强权、反对外来侵略者,他的辉煌业绩也必将被历史所铭记,流芳百世。

纪晓岚

——《四库全书》的总纂官

性别：男　　**朝代**：清朝　　**生卒年月**：1724年～1805年
入选理由：文坛泰斗，中国文化史上的文化巨人。
经典语录：浮沉宦海如鸥鸟，生死书丛似蠹鱼。

人物简介

纪晓岚，名昀，清代著名学者。作为乾隆时期公认的文坛领袖，他出口成章，文章浑若天成，堪称是奇才；他学究天人，留给后世的既有《四库全书》的鸿篇巨制，又有《阅微草堂笔记》的奇闻佳作，是中国历史上不可多得的才子。

生　平

公元1769年，即乾隆三十三年，伊犁军营大将军的帐内，一个布衣长衫的中年男子正在批阅文书。和那些被甲持兵的将士比起来，他的装束和军营的氛围有些格格不入，但是他又颇受尊重。这个人是谁呢？他就是风流倜傥、才思敏捷、出口成章、博学多才的纪晓岚。

此时的纪晓岚还是待罪之人。乾隆三十三年的夏天，纪晓岚的亲戚两淮盐运使卢见曾因两淮盐引案即将被查抄家产。提前得知消息的纪晓岚准备提醒卢家，他把一撮盐、一撮茶叶装进一个空信封里，用浆糊把口封好，里外没有写一个字。卢家收到信封，细想之下，明白了纪晓岚的用意："盐案亏空查（茶）封。"于是急忙采取措施，让查抄的人扑了一个空，没有追缴到任何钱财。

经刘统勋等人严密侦缉，纪晓岚终于败露。乾隆亲自查问纪晓岚，纪晓岚见状，只好承认了这件事。乾隆有些不高兴，但是又佩服纪晓岚的机智，于是将他从轻谪戍新疆。远涉到新疆的纪晓岚不知道自己是否还能回到京师，于是就在伊犁军营里帮着将军著写文书。

他不知道两年后乾隆皇帝还会不会想起自己，他也不知道一边是在儒学里酣畅遨游的自己，一边是标榜文治的乾隆皇帝，这种契合到底会不会因为一道缝隙而彻底断裂……事实证明，纪晓岚的担心是多余的，他在新疆呆了还不到两年，就被召回了京城。

为了成全自己的十全武功，乾隆决心编著一部规模巨大的丛书。然而，总编一职却没有合适的人选，思来想去也只有纪晓岚可以担此重任。于是乾隆便下诏令他编修《四库全书》。《四库全书》的编修，可以说既是乾隆的一个盛举，也是中国文化史上的千古宏业，对于纪晓岚来说，更是他一生之中荣耀与辉煌的顶点。

纪晓岚深知《四库全书》是一项旷古的文化工程，作为总纂官，他自然是夙兴夜寐，殚精竭虑。每日的工作就是坐拥书城，博览群籍，寻章逐句。他首先在初步清理甄别书籍的基础上提出了"应刊刻"、"应钞录"、"酌存目"、"勿庸存目"等意见。乾隆同意后，他又亲自对纂修官撰写的书目提要进行了细致的考订——从作者的年代、生平事迹，到著作的内容要旨、长短得失，甚至别本异文、典籍源流，他都在原来的基础上，反复修改。最后还按照目录学的经、史、子、集四部分类体例，对卷帙浩繁的丛书进行排序编次。

遗憾的是，编纂《四库全书》的过程也伴随着无数图书遭毁禁的过程。一大批所谓"悖逆"的书籍都被朝廷予以查禁、销毁，有一些书中的文字还被进行了篡改。但是纪晓岚出于文化人的良知，竭力保存了一大批典籍

也正是在编纂《四库全书》的过程里，纪晓岚在文化史上至高无上的学者地位得以奠定。但是，纪晓岚也有犯错的时候。为了讨乾隆皇帝的欢心，纪晓岚常在精心校订过的书中留下一两处较为容易发现的错字，呈给乾隆批阅。而每当乾隆指出错误之后，都非常高兴。但是，有时候，有些错字乾隆没有发现，其他人也就不敢再去改了，只好任错误继续"错误"下去。

纪晓岚

如此浩繁的工程，前后共用了十几年的时间，终于编成《四库全书》3503种、79337卷。正是由于纪晓岚对《四库全书》的功劳最大，因此他屡获升迁，历任礼部尚书、兵部尚书、左都御史、协办大学士等要职。

作为一个权高位重的官员，一个知识渊博的学者，纪晓岚想要得到别人的敬畏和尊重自然是件十分容易的事，难能可贵的是纪晓岚这样一位高居庙堂的政要，博通古今的学术泰斗，却始终有着可亲的平民性格和丰富多彩的情感趣味。

他出身乡间，从小就聪明好学，性格活泼机智不说，还特别调皮淘气。入仕后，他年轻气盛，才气飞扬，诗文唱和从不落人之后。他还时常以滑稽戏谑游戏官场，有时还会用刻薄的语言侮慢同伴。也难怪他的同学陆青来说："晓岚易喜易怒，其浅处在此，其真处亦在此也。"也难怪后人会把那么多浪漫的故事安放到他的名下。

也正是他的这种人生经历，催生了另一部文化史上的巨作——《阅微草堂笔记》，这本书一共40万字，收录一千二百多条故事。在这本大谈特谈"乱、离、怪、神"的奇书里，他托狐鬼来抒发自己对社会、人世的看法，借诙谐的故事来发牢骚。在记述地方风情、典章古物、医巫星占、趣闻轶事的同时，把劝诫之方，箴规之意寄寓于其中。

纵览纪晓岚的一生，他的全部精力和才情都包涵在了《四库全书》和《阅微草堂笔记》中。为什么他的生平如此"少著书"呢？还是纪晓岚自己说的好："我早年学习诗歌，其间意气风发，与天下同好互相唱和，总是不甘人后。如今我年纪差不多80岁了，却转而瑟缩不敢著一语，平生所写的稿子也不敢自存。"也就是说回过头来看自己的得意作品，大多都是古人的东西，自己辛辛苦苦地著述，不过是徒自苦耳。

这种谦逊和自知是多么的可贵啊，但是也让后人稍觉遗憾，如果他能多写几本书，中华文明史上岂不是又多了几部名著！

嘉庆十年二月，81岁高龄的纪晓岚感染风寒，一病不起。二十四日傍晚，纪晓岚从昏迷中醒了过来，他的儿子、儿媳赶忙端来了莲子羹，纪晓岚摇头示意不喝，用微弱的声音说："我有一个对子，你们对对吧！"接着就吟出一句："莲（怜）子心中苦。"此时的儿子、儿媳哪还有心思对对联啊？纪晓岚笑了笑，用更低的声音说道："何不对……对……梨（离）儿……腹……内……酸……"说罢，就闭上了双眼。

一代文豪、旷代才子纪晓岚结束了他的光辉一生，但是，追随着他人生的轨迹，我们依然为他灿烂的光芒而自豪。

影响和评价

纵观纪晓岚的一生，身居要职的他并没有什么傲人的政绩，但是他却以杰出的才学，为后人所称颂。可以说，纪晓岚一生的才华和学术成就十分突出。"浮沉宦海如鸥鸟，生死书丛不老泉"，也许就是他一生真实的写照。纪晓岚不仅在清代被公认为是文坛泰斗、学界领袖，就是在中国和世界文化史上也是一位少见的文化巨人。他负责编修的《四库全书》是中国文化史的奇迹，更是人类文明的奇迹。

回观历史，纪晓岚这颗盛世文化之星，仍在历史的苍穹中熠熠生辉。他身上所体现的永葆积极乐观、推动文化繁荣的盛世文化精神，仍然是历史留给我们的宝贵遗产。

曾国藩

——"内圣外王"的晚清第一名臣

性别：男　　**朝代**：清朝　　**生卒年月**：1811 年～1872 年
入选理由：立德立功立言三不朽，为师为将为相一完人。
经典语录：处事贵熟思缓处，熟思则得其情，缓处则得其当。

人物简介

曾国藩，一个出身普通的农家子弟，却用惊人的成就挽狂澜于即倒，扶大厦于将倾，平定大乱，再造"中兴"伟业，被誉为"中兴第一名臣"。他不是军人，却为清王朝镇压了农民起义；他不是哲学家，但留下的字句却饱含人生哲理。

生　平

1872 年 3 月 12 日，回任两江总督的曾国藩午饭后在官署里的西花园里散步，突然一个踉跄，倒在儿子身上，不一会儿，就开始全身抽搐不已。曾纪泽急忙叫人搬来椅子，让他坐上。此时的曾国藩早已不能言语，他抬起手，指了指桌子上早已写好的遗嘱，又指了指曾纪泽。曾纪泽便以颤抖的声音念道："余通籍三十余年，官至极品，而学业一无所成，德行一无可许，老人徒伤，不胜悚惶惭赧。今将永别，特立四条以教汝兄弟。一曰慎独则心安。二曰主敬则身强。三曰求仁则人悦。四曰习劳则神钦——此四条为余数十年人世之得，汝兄弟记之行之，并传之于子子孙孙。则余曾家可长盛不衰，代有人才。"

待他念完，曾国藩吃力地伸起手，指指自己的胸口，脸上露出一线浅笑，便与世长辞了。这位中国近代史上叱咤风云的人物走完了自己的人生旅程。

为什么说曾国藩是近代中国最具影响力的风云人物呢？这是因为他既是中国最勇敢的改革家，又是中国传统文化中人格最完善的士大夫，也是无数文人心中"内圣外王"的理想化身。青年时期的毛泽东就对曾国藩推崇备至，甚至说出了"愚于近人，独服曾文正"的话语。

其实，曾国藩出身很是平凡，他诞生于一个传统的耕读家庭——既要参加田间劳动，又要读书学习。曾国藩曾写诗描写自己的童年："几回南国思红豆，曾记西风浣碧纱，最是故园难忘处，待莺亭畔路三叉。"生活在如此秀丽的风景中，他的童年可谓幸福啊。

幼年时，曾国藩便显示出超卓不群的才华。他6岁入塾读书，8岁随父亲学五经，读八股文，14岁赴长沙应童子试，成绩名列前茅。道光十八年，28岁的曾国藩入京会试，一举考中进士。随后又考中庶吉士，入庶常馆学习，从此开始了他的仕宦生涯。由于做事兢兢业业，又有满腹的文韬武略，他得到了道光皇帝的赏识，一时官运亨通。

此时的曾国藩虽然仕途顺利，但如果不是时代给了他特殊的机遇，他大概也只能是一个平凡的官僚，而不会成为后来那个受人瞩目而又倍受争议的曾国藩吧。所以从这个角度上来说，正是动荡的历史环境"成全"了曾国藩。

曾国藩

1851年，洪秀全在广西领导农民起义，农民军如滚滚洪流涌遍了半个中国，满清的八旗、绿营军在起义军面前一触即溃，清政府的统治岌岌可危。于是，正在家乡为母亲守孝的曾国藩接到咸丰帝的旨意，命他组建团练，对抗起义军。一开始曾国藩还不想出山，他不断上疏请求让自己守满孝期。后来，在好友郭嵩焘的劝告下，他才决心出山组织团练，开始了长达十年的军旅生涯。

这十年的征战并非是一帆风顺，甚至好几次他都想要自杀——在靖港之役中，颇有大志的曾国藩目睹了湘军的溃败，要投水自杀，还好被手下人阻止，未能成行；湖口大战时，他的战船被罗大纲偷袭，情势危急之下，他跳进了冰冷的江水中，幸好被部下救起，得以幸免；还有一次是在祁门，被起义军围困的他甚至立下了遗嘱，随时准备自杀，好在最后起义军自行撤退，他才又躲过一劫。

虽说这些遭遇不是十分光彩，但他这种"不成功便成仁"的态度，却深深地烙在了全体湘军士兵的心里,让这支原本脆弱不堪的部队成了虎狼之师,最终把曾国藩推上了其人生的顶点。1864 年 7 月 19 日,曾国藩率军攻入了天京,剿灭了太平天国的主力,曾国藩的"事功"也由此达到了峰巅。

俗话说的好,"狡兔死,走狗烹;高鸟尽,良弓藏"。此时的清政府开始处处猜忌曾国藩,毕竟他握有太多的部队,因此,处于事业顶峰的曾国藩也不得不面临历史的抉择。最终,他选择了自剪羽翼——裁散湘军,仅仅保留了两万嫡系精英。

所谓物极必反吧,越过峰巅后,曾国藩的人生就开始走下坡路了。先是追剿起义军无功而返,而后 1870 年的"天津教案"又让他多了一顶"卖国贼"的帽子,以至曾国藩觉得自己已经四面楚歌了。

"天津教案"后,心力交瘁的曾国藩便让两个儿子分别去学习英文和各国律法,他只愿自己的后人可以为自己雪耻。怀着这样沉重的心情,两年后曾国藩便与世长辞了。

后来,曾纪泽果然没有辜负父亲的希望,成了近代中国著名的外交家。19 世纪末,他还在左宗棠的军事支持下和俄国人据理力争,收复伊犁地区,成为历史的功臣。

纵观曾国藩的一生,激荡的时代风云为他的人生涂上了太多的色彩,甚至还交织着无数的矛盾——

他对儒家的仁爱思想推崇备至,却又滥杀无辜;他提倡清廉,却又包容部下贪赃枉法的行径;他拥有一支虎狼之师,却自剪羽翼,结果受制于清廷……面对先进的世界文明大潮,曾国藩以他卓越的见识,奋然投身洋务运动:他第一个上奏提出"师夷智以制船造炮",第一个造出轮船,第一个派人到国外购买成套"制器之器",第一个提出"官商督办"的理念,第一个上奏提出派遣留学生计划……然而,在向西方学习的同时,他又是一个相当守旧之人。比如对西医没有正确认识,子女请西医给他夫人看病,他心中便十分不快;对厘税征收工作,他坚决反对按照西方的科学管理方法进行;他主张引进西方自然科学,但对西方先进的政治制度、思想体系又视而不见,只是守着陈旧的制度不放。

不管怎样,历史选择了曾国藩,让他在时代的风口浪尖上起伏,在这短短的几十年之间,曾国藩为我们留下了不怕失败的精神,也为中国历史开创了一种崭新的格局。

影响和评价

我们可以这样来概括曾国藩的一生:他创办湘军,镇压了太平天国运动,被清王朝视作"同治中兴"的第一功臣；他兴起洋务运动，想要使清政府摆脱内忧外患的危机；他把"诚"的道德理念用于和洋人打交道的过程中；他知人善任，用人所长，做到人尽其才，才尽其用，当时全国有八大总督，其中就有五个来自曾国藩门下；他还严于治家、修身养性，实践了立功、立言、立德的封建士大夫的最高追求，同时，他以极深的宋儒理学修养在学术史上也占有一席之地。

总的来说，曾国藩对中国历史的影响相当深远，特别是对中国近代史。在这千年未有的大变局中，曾国藩作为洋务运动的开创者和积极推动者，对中国的近代化，特别是军事、工业和教育近代化产生了不可估量的促进作用。

辜鸿铭
——清末民初的文化怪杰

性别：男　　**朝代**：清朝　　**生卒年月**：1857 年～1928 年
入选理由：文化怪杰，鄙薄西学却备受西方推崇的中国人。
经典语录：孔孟纵然披上猴皮，还是圣贤；猴子纵然穿起蟒服，仍是兽类。

人物简介

辜鸿铭，名汤生，是中国近现代为数不多的博学汉学又精通西方语言与文化的学者之一，号称"清末怪杰"。他精通英文、法文、德文、拉丁文、希腊文、马来文等 9 种语言，通晓文学、儒学、法学、工学与土木等文理各科。他创造性地翻译了"四书"中的三部——《论语》、《中庸》和《大学》，并著有《中国的牛津运动》（原名《清流传》）和《中国人的精神》（原名《春秋大义》）等书，向西方人倡扬东方的文化和精神，产生了重大的影响，在西方甚至形成了"到中国可以不看紫禁城，不可不看辜鸿铭"的说法。

生　平

辜鸿铭自称为"生在南洋、学在西洋、婚在东洋、仕在北洋"的"东西南北老人"。1857 年，他生于南洋马来半岛西北槟榔屿的一个橡胶园内，没有子女的橡胶园主布朗先生非常喜欢他，将他收为义子。辜鸿铭自幼接受义父布朗先生的"私塾教育"，学习英语和德语，并阅读莎士比亚、培根等人的作品。

1867 年布朗夫妇返回英国时，把十岁的辜鸿铭带到了当时最强大的西方帝国。临行前，他的父亲在祖先牌位前焚香告诫他说："不论你走到哪里，不论你身边是英国人，德国人还是法国人，都不要忘了，你是中国人。"

到了英国，在布朗先生的指导下，辜鸿铭从西方最经典的文学名著入手，以最朴拙的死记硬背的办法很快掌握了英文、德文、法文、拉丁文、希腊文，并以优异的成绩被著名的爱丁堡大学录取。1877 年，辜鸿铭获得文学硕士学位后,又赴德国莱比锡大学等著名学府研究文学、哲学。14年的留学生活使富有天赋的少年辜鸿铭成长为精通西方文化的青年学者。他尤其善长英文,写的文章连英国人也大加赞叹,认为有维多利亚时代的味儿,可与英国的文章大家比肩;他曾倒读英文报纸嘲笑英国人,说英国人没有文化;也曾在轮船上用纯正的德语挖苦过一群德国人。

1885年,对祖国文化向往已久的辜鸿铭回到国内,为当时任两广总督的张之洞所聘请,做了他的一个洋文案。至此,他才开始真正接近中国。辜鸿铭博通西欧诸种语言,言辞敏捷的声名很快在欧美驻华人士中传扬开来。他给祖先叩头,外国人嘲笑说:这样做你的祖先就能吃到供桌上的饭菜了吗?辜鸿铭马上反唇相讥:你们在先人墓地摆上鲜花,他们就能闻到花的香味了吗?

辜鸿铭很重视维护儒家学说的传统价值。1893年他协助湖广总督张之洞筹备铸币时,有一天铸币厂的外国专家联合请辜鸿铭吃饭,大家对辜鸿铭很尊重,推他坐首席。宴会上,有一个外国人问辜鸿铭:"你能否给我们讲讲贵国孔子之道有何好处?"辜鸿铭立即说道:"刚才大家推我坐首席,这就是行孔子之教。如果今天大家都学你们西方所提倡的竞争,抢坐首席,以优胜劣败为主,这顿饭大家就吃不成了。这就是孔学的好处!"

中日甲午海战后,日本首相伊藤博文到中国漫游,和辜鸿铭见面时,辜鸿铭送给他一本自己刚出版的《论语》英译本。伊藤早知辜氏是中国保守派的先锋大将,便乘机调侃道:"听说你精通西洋学术,难道还不清楚孔子之教能行于两千多年前,却不能行于十九世纪的今天吗?"辜鸿铭见招拆招,回答道:"孔子教人的方法,就好比数学的加减乘除,在数千年前,其法是三三得九,如今十九世纪,其法仍然是三三得九,并不会三三得八。"伊藤听了,一时间无词以对。

辜鸿铭常以中国文化为傲,大谈西方文化不好,却得到外国

辜鸿铭

人的尊重。当年,辜鸿铭在东交民巷使馆区的六国饭店用英语讲演《春秋大义》,不但要售票,而且票价要高于"四大名旦"之首的梅兰芳。梅兰芳的戏票价格为一元二角,而辜鸿铭的讲演票则开价两元,却还是很叫座,足以见他在外国人心目中的地位。

后来,辜鸿铭几经辗转,来到北大教课,教的是英文。他那瓜皮帽下轻轻摇曳的小辫子就成了沙滩红楼极著名的一景。当他梳着小辫走进课堂时,学生们一片哄堂大笑,辜鸿铭平静地说:"我头上的辫子是有形的,你们心中的辫子却是无形的。"闻听此言,狂傲的北大学生一片静默。

辜鸿铭开课之初,就对学生宣告:"我有三章约法。受得了的就来上我的课,受不了的就趁早退出。第一章,我进来的时候你们要站起来,上完课要我先出去,你们才能出去。第二章,我问你们话和你们问我话的时候,都得站起来。第三章,我指定要背的书,你们都要背,背不出来不能坐下。"大家认为前两条还好办,第三条实在是有点怕人。可是大家慑于辜鸿铭的威名,不敢有二话。

辜鸿铭最擅长的是西方学问,最感兴趣的却是中国的东西。讲英文诗时,辜鸿铭就对大家说:"我今天教你们外国大雅。"有时候又说:"我今天教你们外国小雅。"他还说:"我今天教你们外国国风。"终有一日,老先生异想天开地说:"我今天教你们洋离骚。"大家莫名其妙:《离骚》不是咱们的国故么?外国也有?这"洋离骚"又是什么玩意儿呢?后来大家才知道,原来是弥尔顿的长诗《利西达斯》。

北大有那么多教授,辜鸿铭都看不上眼,唯独对请他来北大的蔡元培颇有好感。一次,北大开文科教授的会议,大家纷纷发言,蔡元培也预备站起来说话,可是还有唧唧喳喳的声音。辜鸿铭立即大声说:"现在请大家听校长的吩咐。"辜鸿铭对蔡元培是敬重的,所以,"五四运动"之时,蔡元培请辞校长,辜鸿铭也是积极挽留派,但他的理由却是:"校长是我们学校的皇帝,所以非得挽留不可。"

1919年,"五四"运动爆发。面对新文化阵营的讥嘲,辜鸿铭曾两次在上海《密勒氏远东评论》上发表题目为《反对中国文学革命》和《留学生与文学革命》的文章,言辞激烈,讥笑胡适以"音乐般美妙的声音"说着粗庸鄙陋的"留学生英语",谈论着所谓"活文学"和"重估一切价值"。他极力反对新文化运动,甚至用偏执的态度来表达中华文化的优越。辜鸿铭主张男人要娶小老婆,认为这是社会稳定的基础。他说男人是茶壶,女人是茶杯,一个茶壶肯定要配几个茶杯,总不能一个茶杯配几个茶壶。美国的妇女运动分子特地来到中国跟辜鸿铭争论这个问题,最后辜鸿铭问她:"亲爱的女士,请问你们家的马车有几个轮子?""有四个。""用一个打气筒灌气,还是用四个打气筒灌气?""当然是用一个。"辜鸿铭说道:"娶小老婆就是这个道理!"然而,一向尊重传统的辜鸿铭,并不是遇到牌位就叩头。慈禧太后过生日,他当众脱口而出的"贺诗"是"天子万年,百姓花钱。万寿无疆,百姓遭殃"。袁世凯死后,全国举哀三天,辜鸿铭却特意请来一个戏班,在家里大开堂会,热闹了三天。

影响和评价

辜鸿铭是近代中国学界文坛的一个传奇,尊之者誉作"怪杰",毁之者称为"怪物"。说他怪,怪就怪在他一条传奇般的辫子,历经沧桑,而至死不剪;熟谙西方语言和文化的他,却认定汉语和东方文化最不可及;在新文化运动风头正劲之时,却独以中国传统文化为训,弘扬春秋大义。"燕园三老"之一的张中行评价说:"我想,如果说这位怪人还有些贡献,那他最大贡献就在于,在举世都奔向权和利的时候,他肯站在旁边喊:'危险!危险!'"

康有为

——变法维新第一人

性别：男　　**国籍**：中国　　**生卒年月**：1858年～1927年
入选理由：时代风头浪尖的先知者和先行者。
经典语录：天下变法之事，未有全利而无弊者。

人物简介

康有为，广东南海人，人称"康南海"。波澜壮阔的近代史赋予了他政治家、思想家、社会改革家和学者的多重身份，让他书写出了华丽的人生篇章。在人生的后半期，他致力于将儒家学说改造为适应现代社会的国教，堪称是一位社会变迁与思想危机中的伟大实践者。

生　平

作为中国近代历史上的标志性人物，康有为给人的印象很难简单描绘出来，曲折反复的时代在他身上留下了太多的烙印。因此，直到今天，人们关于康有为的评论还是褒贬不一：褒扬者把康有为说成是再造乾坤的英雄，贬斥者则认为康有为不过就是一个历史舞台上的投机者。

1858年，康有为出生在广东南海的一个封建大家庭里，他的祖父和父亲都曾经在科举考试中金榜题名，因此有着渊源家学的康有为从小就跟着父亲和祖父学习理学。经过多年的学习，不甘在书房中度过一生的康有为逐渐发觉自己苦心学习的理学，"仅言孔子修己之学，不明孔子救世之学"，这样学下去又有什么前途呢？他开始迷茫了。

带着这样的思考，22岁那年，康有为离开了家人，暂时抛开了中学的羁绊，游历到了香港。一踏入这个崭新的世界，康有为就被震撼了，他像一个刚刚睁开双眼的孩子一样，好奇的打量着周边的一切，西方的政治、文化让他大开眼界。这一年成了康有为从中学转为西学的重要开端。

1882年，在父亲的要求下，康有为到北京参加会试，回家的途中经过上海。在这块孕育着新思想和新事物的土地上，他进一步了解了世界和中国：一边是先进的资本主义制度，一边是腐朽不堪的晚清王朝，鲜明的对比使年轻的康有为胸中燃起了救国图存的火焰；一边是西方的强盛，一边是东方的衰落，巨大的冲击使他立志要向西方学习，挽救危亡中的祖国。

就这样，在19世纪末民族危亡的大背景下，康有为登上了近代历史的大舞台，开始向皇帝进言献策。此时，康有为只不过是一介书生，没有任何官爵，甚至连举人都还没有考上，按照当时的制度，他根本就没有过问国家大事的资格和权利。然而，内心燃烧着理想之火的康有为却锲而不舍，一连给光绪帝上书七次。这份虔诚最终打动了年轻的光绪帝，他也十分认同康有为提到的"变成法，通下情，慎左右"三条的主张。

康有为

1891年，回到广东的康有为开始著书立说，讲学授徒，传播维新变法的思想。此时的他，俨然走在时代的前头，引导着社会思潮的方向。《新学伪经考》和《孔子改制考》两部煌煌著作就是他改革精神的真实写照：在前一部书中，他把封建主义者历来认为神圣不可侵犯的某些经典宣布为伪造的文献；在后一部书里，他把孔子打扮成满怀进取精神，提倡民主思想、平等观念的人。

他的这些学说在晚清的知识界里制造出了一场大地震，引发了强烈的社会震动和反响，也为即将到来的昙花一现却光照史册的百日维新创造了思想温床。

几年之后，清政府在甲午战争中惨败给了日本，曾被国人寄以厚望的洋务运动也宣告破产。在日本的武力要挟之下，清政府被迫签订了丧权辱国的《马关条约》。消息传来，举国震惊，正在参加会试的康有为痛哭陈辞，连夜起草了长达14000字的上皇帝书，提出"下诏鼓天下之气，迁都定天下之本，练兵强天下之势，变法成天下之治"的政治主张。慷慨激昂的言辞里，浸透着康有为变法思想的精髓，也饱含着他的满腔热血和对祖国的深沉的爱恋。

虽然这次上书没有取得想象中的效果，但是康有为并没有就此放弃自己的理想。为了推动变法的实现，他通过著书立说，通过组织强学会，通过创办《中外纪闻》培养了一批追随他倡导变法维新的骨干，他自然成为了推动戊戌变法的思想家和行动者。

随着民族危机的不断加剧，不愿沦为亡国之君的光绪终于下定决心要实行变法——1898年6月11日，他发布了《明定国是诏》，宣布实行新政，实现"变法自强"。

康有为和他的学生奔走呼号了多年的愿望终于实现了，中国有救了！正当康有为等踌躇满志的时候，以慈禧太后为首的顽固派却进行了邪恶的反扑，发动了"戊戌政变"——光绪皇帝被软禁，康有为之弟康广仁被杀，康有为逃往日本。

在海外漂泊数年的康有为在辛亥革命后回到了中国。遗憾的是，这样一个曾开一代风气的思想家，此时竟成了保守派的代表。他首先创办了《不忍》杂志，以此为舞台，鼓吹"虚君共和"，宣扬尊孔复辟。此外，他反对共和制，一直谋划助清废帝溥仪复位。1917年，他和效忠前清的北洋军阀张勋拥立溥仪上演了一出复辟的闹剧。后来，他又反对白话文，反对五四运动。

康有为，这个曾走在时代最前列，引领过历史风骚的人物，在晚年竟然成了顽固的保皇人士。1927年，70岁的他还到天津为溥仪祝寿，直到这个时候，他还坚信只有自己设计的制度才能使中国从乱世抵达升平世、太平世。在剧变的时代里，康有为的不变最终成为了历史的笑柄。

1927年，这个曾经站在时代的风口浪尖引领时代进步的思想家、政治家满含着遗憾的离开了这个世界。

在今天看来，康有为所主张的虚君共和、宪政治国思想，对晚清那个特定的时代而言，也许是一剂宝贵的良方。另外，他为中国的政治改革而冒死冲锋陷阵，堪称宪政先驱。无论他日后的思想多么地不宜于主流，都不会影响他作为一代思想先知者和先行者的高大形象。

影响和评价

康有为是19世纪末向西方寻求真理的著名代表人物，1898年戊戌变法运动的领导者，也是主张变法使中国走上资本主义道路的先驱者。

但是，他的一生又是复杂的。当他倡导维新运动、领导戊戌变法时，代表了历史前进的方向，为推动社会进步发挥了积极作用；当他在民国初年为尊孔复古思潮推波助澜时，他就站到了历史的对立面。然而，就像在没有既有历史经验可遵循的时代里康有为注定要在争议中推行他的理想一样，今天，他仍然活在人们的争议里。

但是不管怎样,在民族生死存亡的紧要关头,作为一个处在风云激荡的时代的个体,即使只作对了一件事情,说对了一句话,推动了历史一小步的前进,也足以令人敬仰。因为,如果没有这些看似微不足道的努力,历史也许将会成为另外一幅面孔。因此,不管时代如何变迁,康有为作为社会改革的伟大推动者和实践者,将会永远活在人们的记忆里。

孙中山
——终帝制起共和的一代伟人

性别： 男　　**国籍：** 中国　　**生卒年月：** 1866年11月～1925年3月
入选理由： 中国早期革命领袖，世纪之交的伟人，被尊称为"中华民国国父"。为中国的独立与中国人民的解放，鞠躬尽瘁，死而后已。
经典语录： 吾志所向，一往无前；百折不挠，愈挫愈奋。

人物简介

孙中山，名孙文，字德明，号日新、逸仙，因流亡日本时，曾化名"中山樵"故世称"中山先生"。他出生于一个普通的佃农之家，却常怀报国之志，是中国历史上伟大的革命家。他的一生都在寻求中国人民解放的道路。他领导了一次次革命，将革命之火普撒在神州大地上；他建立了中华民国，为中国革命的胜利创造了条件。

生　平

孙中山出生在广东香山县翠亨村，父亲孙达成是一个贫苦的佃农。香山县西伏五桂山脉，东临珠江，南近南海，历史上就多出因吃不饱穿不暖而揭竿起义的壮士，孙中山老家与洪秀全的故乡才隔几十里。都说穷人的孩子早当家，孙中山从小就乖巧懂事，帮家里大人砍柴割草做农活，尝尽了生活艰辛，看遍了村中疾苦，紧紧萦绕在孙中山心头的是，到底什么原因导致大家如此悲苦的生活？就是这一念，使他走向以后同样艰辛但是无比辉煌的革命道路。十岁的他才走进私塾，不久以后，他人生的转折点出现了——远在檀香山闯荡的大哥孙眉赚下了一份产业，回到故乡后将他接到了海外。这一年他才十三岁。

来到檀香山的孙中山在英国教会主办的意奥兰尼书院读小学，于美国基督教公理会设立的奥阿胡书院念中学，成绩都很不错。但是孙中山想受洗改信基督教这件事却让正统的哥哥接受不了，哥哥坚决不让他入教。由于两兄弟争执不下，1883年，孙中山就退学回了国。那年冬天，他和好友陆皓东一起在公理会受洗,加入基督教。孙中山虽然信仰基督教,心思却在救国,他认为必须让国民身体健康起来,国家形势才能好起来。于是,1886年孙中山到南华学院学医,次年入香港西医书院继续研读。没想到这段期间他却成了"四大寇"之一,另三位分别是陈少白、尤列与杨鹤龄。因为这四人整日聚在一起谈论救国济世之法,反清革命之道,意气风发,激扬文字,使得人人侧目,清政府觉得他们就是反"寇"。可是这个"孙寇"毕业后行医一方,广受好评,广交志士,后来他去广州打开了自己革命事业的局面。

1894年是中国历史上的特殊的一年,此时中日矛盾日益尖锐,大战一触即发。孙中山不禁想起了当时被誉为"中国之俾斯麦"的李鸿章。孙中山对他抱有较大期望,闭门写下八千余字的《上李鸿章书》,提出自己的救国方案,连同陆皓东北上,计划如何说服李鸿章。两人多方周折才得托盛宣怀与罗立本引荐,但李鸿章见孙中山年轻无名,自然轻视他,不予接见。罗立本将陈情书呈上,李鸿章连看也没看。孙中山吃了闭门羹,算是终于灰了心,再也不想什么救国靠朝廷,从此坚定了自己的革命之路。1894年11月7日,日军攻占大连,清王朝覆灭在即,可是慈禧太后却依然无限风光地在太极殿做寿。就在这个月24日,对清政府失去信心的孙中山在檀香山创建了中国第一个主张资产阶级革命的团体——"兴中会"。之后他组织了一系列的革命活动,自称是"此前身当百难之中,为举世所非笑唾骂,一败再败,而犹冒险猛进者,仍未敢忘革命排满事业能及吾身而成者也。"不过,孙中山屡战屡败,自己虽是数度虎口逃生,却因此丧失了许多好朋友。1895年10月,在杨衢云、孙中山等人的组织下,兴中会决定在广州发动起义。据说当时他们把军旗即陆皓东制作的青天白日旗都准备好了。可是因为缺乏斗争经验,事机泄漏,起义流产,清政府展开搜捕,陆皓东被捕牺牲。而后,孙中山成为"逃犯"流亡海外,在日本、美国逗留不下又前往伦敦。

一天,在街上行走的他被绑架到清政府驻伦敦公使馆的楼上,而这伙强盗又在积极设法将他引渡回国。一晃几天过去,孙中山与外界完全无法联系。危机时刻,孙中山通过英籍女管家赫苇太太和

孙中山

雇工科尔的帮助，向自己在香港西医书院读书时的老师康德黎博士求救。最终，老师积极营救，一面报案，一面通过媒体向世人揭露了这一事件的真相。清公使馆面对强大的舆论压力，只好放了他。10月23日，被释放的孙中山受到了英国民众的热烈欢迎，孙逸仙的名字也传遍全世界。

1905年孙中山召集在日本的中国留学生，成立了同盟会。之后，他与革命先驱黄兴带领一帮热血的革命志士，冒着生命危险，发动了一系列推翻清政府的武装起义。然而包括著名的黄花岗起义在内，共十次起义都以失败而告终。1911年10月10日的那个晚上，革命党人终于迎来期盼已久的胜利，占领了武昌。武昌起义胜利后的短短两个月内，湖南、广东等十五个省纷纷脱离清政府宣布独立。革命之势如熊熊烈火，不可压倒。1912年1月1日，中华民国临时政府在南京成立，孙中山被推举为临时大总统。然而，就在革命形势一片大好的时候，聪明狡猾的袁世凯却做着自己的皇帝梦。孙中山许诺如果袁世凯及北洋军支持革命，说服清帝退位，那么他将辞去总统职务。1912年2月12日，末代皇帝溥仪宣布退位，清朝灭亡。孙中山按约辞去总统职务，前往日本考察铁路。当年3月，按《临时约法》选举出来的内阁总理国民党人宋教仁竟然遭到暗杀。此案件调查最后虽然不了了之，但据推断袁世凯应该是幕后策划者。事发后，孙中山立即返回上海，主张武力讨袁。7月，李烈钧按照孙中山指示在湖口召集旧部，成立讨袁军总司令部，正式宣布江西独立。但是由于袁世凯势力太过强大，二次革命最终以失败告终，孙中山、黄兴等被迫流亡国外。

1915年12月12日，当签订"二十一条"的叛国者袁世凯宣布复辟封建帝制的时候，孙中山率领革命党人发起"护国运动"，这次终于使得袁世凯被迫取消帝制。同一年，49岁的孙中山与22岁的宋庆龄在日本结为连理。第二次护法战争，粤军将领陈炯明倒戈相向，宋庆龄在枪林弹雨中艰难脱险，然而有孕在身的她也因此不幸流产，从此失去了做母亲的机会。第二次护法战争又告失败。后来冯玉祥在北京发动"首都革命"，邀请孙中山北上。孙中山虽然身体状况急剧恶化，次年除夕还是抱病入京，数万群众在北京火车站热烈欢迎他的到来。但是1月26日，孙中山病发入协和医院，经诊断为肝癌晚期。他临走犹念念不忘国民革命，嘱咐说"革命尚未成功，同志仍需努力"。1925年3月12日，孙中山与世长辞。夫人宋庆龄和他的革命同志在孙中山死后继续其未了的夙愿。

影响和评价

孙中山是百年难遇的伟人，他熟读经史子集，兼融古今中西，衣食朴素，勤政亲民，坚忍不拔，而最难得的是他时时怀着一颗救国救民之心，从不为自己的利益着想。他的老师康德黎这样称赞他："大有耶稣救世精神，确无一丝自私自利的野心。"他的崇拜者宋美龄来到广州后赞叹："广州是革命的中心，东方的莫斯科。而大元帅是平民百姓，莫斯科里的列宁。"连毛主席都谦虚的说："现代中国人，除了一小撮反动分子外，都是孙先生革命事业的继承者。"也确实是这样，在孙中山逝世后，北伐战争继续进行，国家完成了形式上了统一，他的事迹更是鼓舞着无数仁人志士为中国的真正独立、富强奋斗不已，最后建立了新中国。

蔡元培
——首倡"兼容并包,思想自由"的北大校长

性别: 男　　**国籍:** 中国　　**生卒年月:** 1868 年 1 月~1940 年 3 月
入选理由: 为中国教育事业的发展做出重大贡献,被毛泽东誉为"学界泰斗,人世楷模。"
经典语录: 教育者,非为已往,非为现在,而专为将来。

人物简介

蔡无培,字鹤卿,浙江绍兴人,中国近代杰出的民主主义革命家、教育家、著名的社会活动家。青年时期做过清廷翰林编修,后认识到教育革新的重要性,在"而立之年"赴德留学,之后数度赴欧学习、考察,研究美学及文化史等,提出"美育代宗教"设想。曾任民国政府教育总长,主持北京大学时提出"思想自由,兼容并包"的主张,使北大成为新文化运动的发祥地,培育出大批优秀人才。

生　平

公元 1868 年 1 月 11 日即清朝同治六年十二月十七,蔡元培生于浙江绍兴府山阴县一个世代经商的小康之家,小名阿培。阿培天性平和安静。虚龄六岁入私塾读书识字,族中唯一从文的六叔给他取字——鹤卿。蔡元培最喜欢对课这种文字游戏,例如天对地,山对水,桃红对柳绿等等,其实是为写诗做准备。而他渐渐也养成精心读书的习惯。据说一天傍晚,他跟往常一样在家中楼上读书,屋里起火了,大家惊叫,催他下楼,而他却专注于书本浑然没有察觉。

蔡元培学习勤奋,博闻强识,17 岁考取秀才,18 岁设馆教书。1890 年遂即参加北京会试,中为贡士,后又点翰林、授编修,可谓在科举场上十分顺利。只是中间也有一段插曲。他没有参加 1890 年当年殿试,许多人奇怪怎么回事,原来是他没有怎么学习清朝考试推崇的楷体,而后复试也还是因习黄庭

坚字体，被考官赏识而得以录取。就是这个字体问题，多年后，还有另一则故事。北京大学的一次宴会上，率直的钱玄同几杯酒下肚后，忽然向当时任校长的蔡元培问道："你的字写得这样蹩脚，为什么可以点中翰林？"在座的人无不感觉这会使得蔡元培难堪。可是蔡元培平和地笑着回答说："因为那年考官最喜欢黄庭坚的字，而我少年时刚巧学过黄体，所以能中试。"文人多相轻，从这也可见蔡元培的磊落胸襟与一般文人不同。

1898年，戊戌变法失败，蔡元培对朝廷保守和过激的行为均深感失望，于是带着家眷弃官从教。蔡元培开始是做学馆老师，可是想到中国学生每天读的都是诗文，空有文采而没有实践才能，所以才容易被洋人欺负。可是蔡元培一向比较

蔡元培

温和谦逊，心里虽然有着大是大非，却没有采取过激的行动，直到1903年，偶然的一个机会，他为学生请缨不成愤而成立了新式学校——爱国学社。这就要说到南洋公学学潮了，正是这个学潮推动了爱国学社的成立。事情是这样的，1902年11月中旬，上海南洋公学第五班的守旧国文教习郭某发现自己的座椅上出现一只墨水瓶，立时气愤无比，认为这是大逆不道，于是严厉追查，并且勾结校方开除了无辜学生。五班同学义愤填膺，在力争无效的情况下，决定全班退学。此举引起全校同情，于是就有了全校二百多名学生相约集体退学。蔡元培当时为该校教习，十分同情学生，积极与校方交涉不果，愤而辞职。同时恳请学生不要解散，并说服教育会同人，得到他们的赞同和支持，分别募集资金，聘请老师，借教育会房舍，最后创立了爱国学社，蔡元培被推为总理（即校长）。其实墨水瓶事小，学生们不过是早已不满陈旧迂腐的教育方式，慢慢接受了自由民主等思想。而这个爱国学社也是蔡元培提倡"思想自由"的一个开始。

后来时局混乱，蔡元培虽然已经年近不惑，却重新燃起出国学习的想法，

几经周折，终于成行。1907 年，蔡元培赴德国莱比锡大学苦心研读哲学、心理学、美术史等。武昌起义后回国，孙中山任他为南京临时政府教育总长。到了南京参见孙中山总统，他问："教育部何处办公？"答曰："须总长自己寻觅。"蔡元培怏怏不乐，但是心里明白政府初创，一切都不容易。于是就去找朋友相帮，才挪得几间空屋做办公用地。一切待兴，不讲究排场，但是他却力求一流人才，鲁迅当时就被请去教育部任职。蔡元培注意采纳意见，很快就发布了《普通教育暂行办法》。但是不久，因不满袁世凯的专制他愤而辞职，再赴德、法等国学习和考察。正是"书生意气，挥斥方遒"，毛泽东的词用来形容蔡元培却是如此合适。

1916 年，蔡元培回国接受北京大学校长一职。那时候，大学入学的学生许多都是京官，上课起居都要叫"老爷"；校风不正，许多学生老师都是青楼妓院的常客；还有一个状况，就是学生兴报文科，理工科严重亏缺。朋友都奉劝蔡元培不要揽这个烂摊子，但是他却满心希望能够将浸染着清朝末代颓靡风气的京师大学堂改造成为一个如欧美近代大学一样注重思想、学术自由的领地。作为校长，到校第一天，校役们排列成对，深深鞠躬表示欢迎，而蔡元培则脱帽还礼，向来不受重视的校役们见识到了这位校长的不同凡响。1917 年 1 月 19 日，蔡元培发表就职演说，对一千多名学生提出三项要求："一、抱定宗旨；二、砥砺德行；三、敬爱师友。"另外，他发挥"三顾茅庐"的精神，聘请教师人才。陈独秀因事来京，客居前门，蔡元培亲自前去请他，并极力说服《新青年》报社迁址。胡适当时在美国留学，还没念完书，但是已经显示出不一般的才华，蔡元培遂敦促他回国任教。差不多同时，刚 24 岁的曾报考北大却没有考上的梁漱溟通过范思濂介绍，拜谒蔡元培，并出示《究元决疑论》一文，请他指教。蔡元培对作者深厚的学术造诣印象很深，于是坚持邀请年轻的梁漱溟来当哲学老师。凡此总总，可谓是"不拘一格降人材"。

培养人才才是学校的最终目标，蔡元培十分重视学生看问题要有自己的主见。他致力于实现教育超越政治这样的目标，要求学生以读书为重，不要跟风胡闹，做过激的事情。有一阵，学校发生"讲义费事件"。北大学生不肯交讲义费，几百人聚集要求免费。蔡先生坚持校纪，不肯通融以至秩序大乱。于是这位身材矮小又瘦巴巴的文人，站在红楼门口，挥拳作势，怒目大声喊道："我跟你们决斗！"这样狰狞无奈的样子使得包围他的学生心里都不好受，于是纷纷后退。但是，不容置疑，他是爱护学生的好老师。五四运动发生时，他一方面不鼓励学生过于激愤，另一方面又同情学生遭遇，为营救被当局所困学生而四处奔走，就像一位护犊的好父亲。这一切都展示着蔡元培温和儒雅的君子风范。晚年，他为抗日救亡事业奔波，并努力促成国共合作。1938 年，他被推为国际反侵略运动大会名誉主席。

影响和评价

  1940年3月5日蔡元培在香港病逝。周恩来送挽联："从排满到抗日战争，先生之志在民族革命；从五四到人权同盟，先生之行在民主自由。"毛泽东特发唁电"学界泰斗，人世楷模"，给予这位中国现代教育制度的开拓者以崇高的赞誉。另外，蔡元培还在留法勤工俭学运动中做出了杰出贡献。中国共产党的第一代领导人中如周恩来、蔡和森、聂荣臻、王若飞、邓小平、陈毅等，都是在留法勤工俭学运动中开始走上职业革命家道路的。

  虽然蔡元培也曾身居高位，不过他学者的风度、君子的雅量和恬淡平易的性情却是影响了不少人。林语堂评价说："更亲切认识蔡先生。果然是一位温文尔雅的长辈，说话总是低微的声音，待人总是谦和温恭，但是同时也使你觉得他有临大节凛然不可犯之处。他的是非心极明。"他的学生柳亚子认为"蔡先生一生和平敦厚，蔼然使人如坐春风"。真可谓是"先生之风，山高水长"。

梁启超
——继往开来之革命家与国学大师

性别：男　　**国籍**：中国　　**生卒年月**：1873年～1929年
入选理由：清末维新运动的发起人之一，继往开来之国学大师。
经典语录：患难困苦，是磨炼人格之最高学校。

人物简介

梁启超，字卓如，号任公，又号饮冰室主人，广东新会人，中国近代史上著名的政治活动家、启蒙思想家、教育家、史学家和文学家。一生致力于社会变革和西学的宣传，先后主持和创办过《时务报》、《清议报》、《新民丛报》和《新小说》，为传播西方资产阶级政治、哲学、历史、法学、教育和文学思想作出了巨大的贡献。他还领导了近代文学革新运动，发起诗界革命、文界革命、小说界革命和戏剧改良运动，有力地推进了中国文学的革新和近代化。创作上，他的新文体诗歌、小说、戏剧和翻译，在中国近代文学史上都有一定的地位。著有《饮冰室合集》。

生　平

少年梁启超是一个聪明绝顶的天才：四五岁就读完了《四书》和《诗经》；六岁在父亲教导下，五经卒业；除经学外，还读了《史记》、《汉书》、《纲鉴易知录》、《古文辞类纂》等；九岁，能做千言的文章；12岁便中秀才。此后，梁家更是对他寄予厚望，不惜血本，送他到广州深造。15岁时，梁启超进入当时广东省最高学府学海堂学习。这一年，他还是菊坡精舍、粤秀、粤华书院的院外生，这三院与学海堂齐名。广州五大书院，梁启超同时就读于四院，精力之旺盛非常人所能比。在梁启超的身上，潜藏着一股巨大的学习热情，他求知欲、创新欲极强，学一门爱一门，一头扎进去，孜孜不倦，务求有心得、有造诣，总能学有所成。

1889年，17岁的梁启超中举。转年，他结识了康有为，从此人生道路发生了180度的转变。二人见面之后，聊了很多，梁启超后来追忆这段往事时说，康有为以"大海潮音，作狮子吼"（佛教用来形容佛祖说法时的词语），如当头棒喝，使他一时不知所措。他认识到以前所学的不过是应付科举考试的敲门砖而已，根本不是什么学问。于是他退出学海堂，拜康有为为师，就读于万木草堂。从此，在康有为的引导下，梁启超尽舍训诂之学，接受康有为的维新变法思想与政治主张，逐渐成长为康有为的左膀右臂。

1895年春梁启超赴京会试，协助康有为发动在京应试举人联名请愿的"公车上书"。维新运动期间，梁启超表现活跃，曾主北京《万国公报》（后改名《中外纪闻》）和上海《时务报》笔政，又赴澳门筹办《知新报》，他的许多政论在社会上有很大的影响，这使得梁启超名扬天下。在当时的外国人眼中"梁启超是中国罕见的高洁志士，是热心策划北京政府根本改造的士大夫"。戊戌变法失败之后，当时在中国逗留的伊藤博文对日本驻中国公使林权助说："姓梁的这个青年是个非凡的家伙啊！真是个使人佩服的家伙……救他吧，让他逃到日本吧！到了日本我帮助他。梁这个青年对于中国是珍贵的灵魂啊！"此后梁启超在日本和欧美流亡期间，往往被当作中国新的政治和知识上的领袖来接待。

亡命日本期间，梁启超的思想开始倾向于革命。这段时间，他与同在日本的孙中山、陈少白等革命党人交往频繁。他介绍了很多东南亚的华侨和日本重臣给孙中山，两人有时在三更半夜还拥被长谈，后来便有了合作组党的计划。为实现这一计划，梁启超甚至召集其他同学，联名致函康有为，劝其退休。康有为得知梁启超有倾向革命的思想之后，非常生气，立即严令其离开日本，到檀香山办理保皇会事宜，并斥责其倡导革命的错误。由于多年来，梁启超已养成的对康有为的敬意和畏惧，他只得答应悔改，谨遵师命。后来，梁启超在檀香山募集到了大笔资金，还把孙中山在海外辛辛苦苦建立来的一些革命团体变成了保皇会组织。自此之后，孙中山与梁启超反目成仇。

1915年，袁世凯宣布称帝，此时的梁启超已不是昔日的改良派，在欧美的游历和对西方各国历史的学习给他一种印象，称帝者必亡。于是长于雄文的梁启超写出一篇《异哉所谓国体问题者》，袁世凯得到消息，派人给梁启超送来一张20万元银票，说是给梁启超的父亲祝寿，但是要求买下文章

梁启超

的发表权,梁启超将银票退回。袁世凯又派人对梁启超说,梁先生也曾经在海外流亡十几年,其中的苦头不是不知道,何必再自寻苦吃?梁启超回答说:"多年逃亡,经验已够充足,我宁选逃亡生活,也不会受此污浊空气。"

1917年,梁启超与段祺瑞联合反对张勋复辟,这意味着他同改良派的彻底决裂。有人规劝梁启超说:"事情有该自己做的,有该听别人做的。讨袁,革命党该做,我们也应当做;讨张复辟只该听革命党去做,不必我们去做。"梁启超态度坚决,而康有为则站在复辟的一方。梁启超和康有为从此决裂,康有为当着梁启超学生的面痛骂梁启超为"梁贼启超",并且用古文中食父食母的怪兽来称呼梁启超。

梁启超是康有为的学生、信徒、助手,但他们还是分道扬镳了;梁启超与孙中山合作过,也对立过;他拥护过袁世凯,也反对过袁世凯。对此,梁启超说:"这决不是什么意气之争,或争权夺利的问题,而是我的中心思想和一贯主张决定的。我的中心思想是什么呢?就是爱国。我的一贯主张是什么呢?就是救国。""知我罪我,让天下后世去评说,我梁启超就是这样一个人而已。"

1926年,梁启超因尿血症入住协和医院。经透视发现其右肾有一黑点,诊断为瘤。手术后,经解剖右肾虽有一个樱桃大小的肿块,但不是恶性肿瘤,梁启超却依然尿血,且查不出病源,遂被复诊为"无理由之出血症"。一时舆论哗然,矛头直指协和医院,嘲讽西医"拿病人当实验品,或当标本看"。这便是轰动一时的"梁启超被西医割错腰子"案。梁启超毅然在《晨报》上发表《我的病与协和医院》一文,公开为协和医院辩护,并申明:"我盼望社会上,不要借我这回病为口实,生出一种反动的怪论,为中国医学前途进步之障碍。"1929年1月19日梁启超病逝于北京协和医院,终年57岁。

影响和评价

作为中国近代杰出的启蒙思想家,梁启超最早将西方的民权和民主自由思想系统地介绍到中国,促进了国人的觉醒,使国人产生了近代化意识。胡适说:"梁任公为吾国革命第一大功臣,其功在革新吾国之思想界。十五年来,吾国人士所之稍知民族思想主义及世界大势者,皆梁氏之赐,此百喙所不能诬也。"梁启超也是中国近现代史上学贯中西的大师级人物,在诸多领域都有非凡的思想及学术贡献。他留下的一千四百余万字著作,极大地丰富了我国史学、哲学、法学、社会经济学、新闻学等诸多领域的学术研究。1914年梁启超在清华大学演讲时提出的"自强不息,厚德载物"的校训,沿用至今。可以说,梁启超先生是中国旧学的终结者,新时代中西结合新文化的开创者,划时代的文化人物。

王国维
——新史学与甲骨文研究的开山人物

性别：男　　**国籍**：中国　　**生卒年月**：1877年～1927年
入选理由：清华"四大导师"之一、新史学与甲骨文研究的开山人物、《人间词话》的作者。
经典语录：词以境界为最上，有境界，自成高格，自有名句。

人物简介

王国维，字静安，又字伯隅，晚号观堂（甲骨四堂之一），浙江嘉兴海宁人，国学大师。与梁启超、陈寅恪和赵元任被称之为清华国学研究院的四大导师。他是中国新学术的开拓者，连接中西美学的大家，在文学、美学、史学、哲学、古文字学、考古学等领域成就卓著，并在诸多学术领域做出了划时代的贡献。梁启超因此称他是"学界重镇"；陈寅恪认为王国维的学术成就"几若无涯岸之可望、辙迹之可寻"；郭沫若称他为新史学的开山人物，并誉之为中国现代文化的"金字塔"；就连一向苛以誉人的鲁迅先生也认为："要谈国学，他才可以算一个研究国学的人物。"王国维著述甚丰，有《红楼梦评论》、《宋元戏曲考》、《人间词话》、《观堂集林》、《古史新证》、《曲录》、《殷周制度论》、《流沙坠简》等62种。

生　平

在清华大学第一教学楼北端后山之麓，有一座庄严肃穆的纪念碑，正面端书"海宁王静安先生纪念碑"，这正是为纪念王国维先生而建的。

王国维出生在浙江海宁一个清寒之家，幼年时，他跟大多数读书人一样为考科举而苦读。可惜老天不眷顾，他参加了很多次乡试而未中。正赶上这时清帝国正经历着一场由一群和王国维年龄几乎相差无几的南国士子发起的变革，即戊戌变法。受科举屡屡打击的王国维，许是受了戊戌变革风气的感染，忽然明白科举这条旧船，根本就无法载着满腹才华的他到达他想去之处。

王国维

于是，他扔掉了科举，开始放眼于书本之外的世界。22岁那年，他来到上海《时务报》馆，做起了书记校对的工作。工作之余，他到"东文学社"研习外交与西方近代科学，并结识了主办人罗振玉。两人有着共同的志趣爱好，诗酒趁华年，他们知无不谈，很快就成了至交好友。1901年，他在罗振玉资助下赴日本留学。

1902年，王国维因病从日本归国，次年，年仅26岁的王国维出任通州、苏州等地师范学堂的教习，讲授哲学、心理学、逻辑学，从此踏上了治学之路。早期，他从哲学入手，写了《叔本华之教育及哲学学说》、《叔本华与尼采》、《论哲学家与美术家之天职》、《论近年之学术界》等论文，开天辟地地将西方哲学引入中国。虽然王国维曾说过"哲学之说，大都可爱者不可信，可信者不可爱"的话，但叔本华、尼采、康德的哲学思想，几乎已经融入他的血液，成为他立于哲学高地分析中国文化的"基石"。

1907年起，王国维出任清政府学部图书局编辑，从事中国戏曲史和词曲的研究，著有《曲录》、《宋元戏曲考》、《人间词话》等。他重视小说戏曲在文学上的地位，开创了研究戏曲史的风气，对当时文艺界颇有影响。特别是他的《人间词话》，首先提出了"三种境界"之说，认为"古今之成大事业、大学问者，必经过三种之境界：'昨夜西风凋碧树，独上高楼，望尽天涯路'，此第一境也；'衣带渐宽终不悔，为伊消得人憔悴'，此第二境也；'众里寻他千百度，蓦然回首，那人却在灯火阑珊处'，此第三境也"。这三句本来都是以言情话相思的佳句，却被王国维用以表现"悬思——苦索——顿悟"的治学三重境界，而每一心境，高度和深度还各不相同。这种方法是把古典诗论引入到一片全新的美学视野，为中国诗学、美学研究做出了里程碑式的伟大贡献。

辛亥革命以后，王国维随罗振玉东渡日本，旅居京都。王国维在京都时转治经史之学，攻古文字学、古器物学、古史地学，先后致力于历代古器物、甲骨金文、齐鲁封泥、汉魏碑刻、汉晋简牍、敦煌唐写经、西北地理、殷周秦汉古史和蒙古史等等的考释研究，还做了很多古籍的校勘注疏工作。王国维的后期著作，包括《说商》、《殷周制度论》、《敦煌所出汉简跋》、《魏名经考》、《唐写本失名残书跋》、《水经注跋》等，对从商周到元明两千年间，中国历史中的许多疑难作了详细的考证，尤其是对于甲骨、竹简、钟鼎的辨析诠释，贡献卓著，填补了古代史研究大片的空白。王国维治史严谨，考证精湛，信而有征，不囿成见，主张以地下新出土的资料来比勘文献，多能发现前人所未发现的东西，在史学界开创了一种新的学风。史学大师陈寅恪先生将此归结和评价为"取地下之实物与纸上之遗文互相释证；取异族之故书与吾国之旧籍互相补正；取外来之观念与固有之材料互相参证"，而"移一时之风气，示来者以规则"。

1923年，王国维应召任清逊帝溥仪"南书房行走"，食五品禄。这个时候溥仪已经退位，但是在紫禁城内依然保持皇家体制，称朕，称诏敕。王国维进入清廷南书房，属于特恩直拔，由一个秀才荣升为"帝师"，他欣然从之并深感溥仪的知遇之恩。1924年，冯玉祥率军"逼宫"，溥仪先藏于日本公馆，后又藏于天津张园，苟安一时。此时王国维已是受过溥仪册封的命臣，对于革命军非常愤怒，对他们的作为引为奇耻大辱，便约罗振玉、柯蓼园同沉神武门御河殉清，后因家人极力阻拦、严密看守而未果。因为没有殉成，王国维在心理上便觉得名节有亏，后来遗书中说"只欠一死"，应当是指此次自杀行动，而"欠"字则代表名节有亏欠，必当补回。

王国维每天早晨漱洗完毕，其妻就替他梳头，有次妻子帮他梳完头，就说："人家的辫子全都剪了，你留着做什么？"他的回答很值得人玩味："既然留了，又何必剪呢？"可见王国维对已灭亡的清廷是如此执著——既然受过清廷之恩，既然是清廷旧臣，既然已效忠于清廷，那么，不管世事如何变化，我王国维总是要效忠到底的。

直到1925年，王国维受聘出任清华研究院导师，也是得到溥仪的准许后才去的。此间，他教授《古史新证》、《尚书》、《说文》等，与梁启超、陈寅恪、赵元任和李济被称为"五星聚奎"的清华五大导师，他的桃李门生、私塾弟子遍充中国史学界。

王国维性格淡泊，不喜欢与人交游。与人交往时，除了谈学问或正事，很少闲聊，更不会对人讲应酬话。如果有人请他看古铜器，他看了是假的，就会说"靠不住的"，而请他看的人无论是说这个古器色泽如何古雅，外观如何莹彻，文字如何精致，还是说什么书上有类似的著录，并将这些资料提供给他做参考，请他再仔细看一下。他看了以后依然会说"靠不住的"。他不附和，也不驳难。在清华除了讲书授课以外，一般不主动跟学生谈话。从来都是上完课就走，回到自己的西院住所，钻进自己的书房研究学术。但是如果有学生登门拜访或致函，不管是求教或是辩论，从来都是接待或回函，不分老幼尊卑，而且是知无不言，言无不尽。甚至当时有东南大学的学生特意赴京求教，就住在王国维家里。在他看来，学术为天下之公器，不应该有门户之见，所以不管是不是自己的门下弟子，即使自己治学很忙，他还是有问必答。

1927年6月，王国维留下"五十之年，只欠一死，经此世变，义无再辱"的遗书，投颐和园昆明湖自尽。此事发生在其50岁，正值人生学术鼎盛之际，所以成为国学史上最具悲剧色彩的"谜案"。清华痛失名师，全校师生痛悼。陈寅恪哀悼"敢将私谊哭斯人，文化神州丧一身"。王力挽诗有"海内大师谁称首？海宁王公驰名久"。师生们为表示对王国维的尊崇，行跪拜礼为之送行。

影响和评价

王国维是中国近代重要的美学家和文学思想家。他是第一个试图把西方美学和文学理论融于中国传统美学和文学理论中，构成新的美学和文学理论体系的人。他平生学无专师，自辟户牖，且成就卓越，在教育、哲学、文学、戏曲、美学、史学、古文学等方面均有深谙和创新，为中国的文化宝库留下了广博精深的学术遗产。在教书育人方面，他以其精深的学识、笃实的学风、科学的治学方法和朴素的生活方式影响了清华学子；培养和造就了一批文字学、历史学、考古学方面的专家学者。同时他自身的学术也更加精进，成果丰硕，达到了炉火纯青的地步。他论殷周、释甲骨、释钟鼎，处处卓绝，语语精到，皆出自己心得、发明和独创，在古代历史、古代地理等研究领域做出重大贡献，博得海内外学者的推崇和尊敬，不愧为一代国学大师。

鲁 迅
——以笔为枪的民主斗士与民族魂

性别：男　　**国籍**：中国　　**生卒年月**：1881年～1936年
入选理由：中国现代文学的奠基人之一，其精神被称为"国魂"。
经典语录：哪里有天才？我是把别人喝咖啡的功夫都用在工作上的。

人物简介

鲁迅，原名周樟寿，1898年更名为周树人，中国现代文学家、思想家和革命家。1918年以"鲁迅"为笔名，发表白话小说《狂人日记》，之后一发而不可收。他写下了《华盖集》、《野草》、《彷徨》等不朽的文学作品，同时还主持编辑了《语丝》、《莽原》等周刊杂志，专注于探索国人的灵魂性格。曾任教于北京大学、厦门大学等；有《中国小说史略》研究专著；为抗日救国，鲁迅参加了中国民权保障同盟会，为上海分会执行委员。

生 平

人说鲁迅像绍兴刑名师爷，公正但是无比冷酷。确实如此，只是，我们决不会忘记了他那沉重的忧愤和他不一般的大欢喜。

小时候，周樟寿像许多孩子一样，天真可爱。家人都叫他阿张或樟官。阿张在家是学过很多古文，读过好些典籍的，《西游记》和《荡寇志》里的绣像他也都描摹了几大本。只是，他很快就遭遇了严重的家庭变故。原本只看得到快乐的小少爷的心，逐渐变成一颗冷峻深思的心。家里为了给父亲治病，卖了田地，当了家当，还去捉"一对一个窝的蟋蟀"做药引子，可父亲还是没治好。作为母亲的大儿子，周樟寿饱受艰辛，而那时他已经16岁，也该给自己找出路了。那一年，他改了名，叫做"树人"。他抱着一些希望进了洋学堂。那里有英文课，不过最让他长见识的是地理等自然科学学科。鲁迅回忆说这些课程拓展他了视野，给了他新鲜的视角。

1902年毕业后他即由清政府派赴日本留学，先是入弘文学院。就是在那里,周树人剪了辫子,还留下一张断发照。没有了"烦恼丝",他似乎感觉到一阵阵新鲜的空气。然而,学校守旧的教学与中国内地并无区别,这让鲁迅和他的同学们都感到不可忍受。留学生们要求更改教学内容,学校一律不予理睬。而且他们还规定留学生请假归国每个月也要交钱,并傲气地说,要是谁不愿意遵守校规,不妨退学,周树人最终忍受不了学校的苛刻和歧视的态度,毅然决定退学。其他同学们也纷纷退学。校方此时才感到恐慌,觉得大事不妙,才同意学生的要求。1904年周树人从弘文学院毕业进入仙台的医学专门学校。那年十月,救国团体光复会成立,东京分会随后也成立,周树人应朋友之邀毫不犹豫加入了光复会。在日本那段时间,他不断感到耻辱和痛苦,自己祖国被人欺负,在外难有好日子过。他努力看各种书籍,从历史、医学、生物、文学等等各个方面来弄清楚自己心头之结。所以才有后来他写的一篇文章,呼唤中华民族的"摩罗诗人"。他认为中国人缺少奋进的生命力,被礼教给压制的没了人性。那时候,他已经翻译过一些外国小说,并且阅读了大量小说,加上众所周知的"电影事件",周树人确定放弃学医,把志向转向文艺思想方面。

1906年,他去了东京,本来打算在德语学校继续学习德语。家书却不停地到来,令他坐立不安,心烦意乱,母亲从遥远的绍兴催他回家说是病重。孝顺的儿子立马飞奔回去,到家才发现原来是母亲要给他办理婚事。他什么也不说,就任由亲朋好友折腾着将两个人送入新房。他们结了婚,却第二天就不住一起了。鲁迅尽量地不让她为钱财操心,但是却不能去关注她的内心。

日本留学时他认识了好朋友许寿裳。也是这位朋友,帮助他回国,请他回去教书。鲁迅说他自己不想在日本了,因为母亲和别的几个人需要他给予经济上的支持,其中包括大学未毕业但已经和日本女孩羽太信子结婚的弟弟周作人。其实,周树人可谓是一个懂得照顾人的大哥,只是他的性子比较刚烈。周树人在杭州、绍兴等地做了几年教师,常和许寿裳等朋友聚在一起。辛亥革命发生后,他倍感兴奋,以为中国将要建立新政府了,不用像刚回国那样还要拖着假辫子,人将是

鲁 迅

自由而新鲜的。可是没想到仁人志士都牺牲了，乡绅们又立马聚集起来，辛亥革命革新之风迅速湮灭。看到顽固不化的礼教依然风行，看到拍案而起的血性青年如秋瑾被杀，他痛苦、彷徨、迷茫。出于生计考虑，鲁迅应蔡元培邀请，去南京担任教育部佥事。后随着教育部转到北京，一下班就独自抄古碑。而他于痛苦黑暗之中，一直在思考些什么。当钱玄同前来邀请他为《新青年》写些东西的时候，他觉得自己似乎应该尝试着做些事情。于是，37岁那年，鲁迅发表小说《狂人日记》，从此一发而不可收。接着他还写下《孔乙己》、《药》、《阿Q正传》等小说，反思革命对中国社会的影响。他从低落中走了出来，勇敢向前走，虽然可能走上的是一条《过客》中所说的通向坟墓的路。从那开始，鲁迅一边在大学任教，一边写作。北师大风潮发生后，他站在弱势的学生这一边，控诉校长等当权者的无理压迫。为青春而苦恼的许广平这时和他的老师鲁迅频繁通信。当鲁迅前往厦门的时候，许广平一起南下。

1927年10月，鲁迅和许广平一起定居上海。翌年，他与郁达夫创办《奔流》杂志。1930年，中国左翼作家联盟成立，他也有加入，不过对其中极左的行为一直持保留态度。他曾先后主编《萌芽》、《前哨》、《十字街头》等重要文学期刊。虽然处于团体中，但他还是会独自一人奋战，用那如匕首、投枪一样的笔撰写数百篇杂文。

1930年9月25日，鲁迅生日的那一天，全家照了一张照片，他和自己的孩子海婴留下一张合影，照片背后题着"海婴与鲁迅——一岁与五十"。海婴在鲁迅多灾多难的岁月里，带给了父亲许多快乐。鲁迅一向关心青年，注意培养青年，为青年作家的成长付出了大量的心血。左联五烈士中的柔石写下了《二月》、《为奴隶的母亲》等优秀作品，却最终不容于国民党当局。1931年2月7日，柔石与另外四位左联作家被秘密枪杀于上海龙华警备司令部，30岁的年轻生命就这样悄然而逝。为此，鲁迅悲愤交加，和柔石亦师亦友的他迟迟难以下笔，两年后才写下了流淌着热血的《为了忘却的记念》一文。1933年，一个自然科学家、社会科学家、作家、新闻记者、编辑、出版家、律师等领域精英参与保障人权的机构——中国民权保障同盟成立。对于加入团体素来十分谨慎的鲁迅也参与其中。当年5月13日，鲁迅和宋庆龄、蔡元培、杨杏佛、林语堂、史沫特莱等一起代表中国民权保障同盟到德国驻上海领事馆递交抗议书，严正抗议德国法西斯惨无人道、蹂躏人权、压迫无辜学者作家及摧残文化的罪恶行径，抗议书在《申报》等报刊发表后产生了深远的影响。那一天，鲁迅在日记里只是简简单单地记着："上午往中央研究院，又至德国领事馆。"中国这时候正处于大危难之中，内忧外患，鲁迅五十多岁了，还经常受到迫害，而不得不到处避难。他有太多事情放在心上，可是他的身体却越来越坏，1936

年10月，鲁迅在上海病逝。送葬的时候，"万人空巷"。

影响和评价

鲁迅热心冷眼，具有知识分子的执着；他没有丝毫奴颜和媚骨，完全担得起"国魂"的评价。他和林语堂虽然也有笔战，私下里也是好朋友，1927年去厦大还是林语堂邀请的。林语堂这么说："鲁迅与其称为文人，不如号为战士。"鲁迅剖析社会百态，致力于改造国民心理之弊病，但同时丝毫不放松地鞭策自己。他曾拒绝诺贝尔文学奖提名，理由是："瑞典最好是不要理我们，谁也不给。倘因为黄色脸皮人，就格外优待从宽，反足以长中国人的虚荣心，以为真可与别国大作家比肩了，结果将很坏。"

马寅初

——最早提出控制人口生育的人口学家

性别：男　　**国籍：**中国　　**生卒年月：**1882年～1982年
入选理由：中国最早研究西方经济学的著名学者，最早提出控制人口生育的人口学家。
经典语录：人口问题上，我们要赶的是"质"，不是"量"。

人物简介

马寅初，经济学家、教育家、人口学家，浙江嵊县（今嵊州市）人。早年留学美国，在哥伦比亚大学获经济学博士学位。1915年回国，曾任北京大学经济系主任、教务长，重庆大学商学院院长，国民政府立法委员。建国后任中央人民政府委员等职务，还曾任浙江大学、北京大学校长。著有《马寅初演讲集》、《马寅初经济文集》、《中国经济改造》、《通货新论》、《新人口论》等。

生　平

童年时代，马寅初很想读书，更想到大城市去读书。而父亲马棣生认为马寅初聪明伶俐，一定要马寅初学管帐记账，继承"酒坊"家业，学做生意。为读书，马寅初经常挨父亲训斥、打骂、罚跪，可是他坚持"打死也不做生意"，"跪下也要去念书"。

经过马寅初不断地努力，终于在1899年进入上海育英书馆读书。他成绩年年班上第一，中学毕业后极其顺利的考入天津北洋大学。青年时期的马寅初学习非常刻苦，生活也很清贫。他白天上课，晚上还要挑灯读书。有一次，一位朋友来他宿舍探望他，发现灯光非常昏暗，便为他点上了两根灯芯。马寅初发现后，立刻把其中一根熄灭，歉意地对朋友说："我点不起两根灯芯，请别见笑！"

1903年，马寅初被送往美国公费留学，先入耶鲁大学，后入哥伦比亚大学。为强国富民，马寅初决定攻读经济学，先后获得经济学硕士和博士学位。

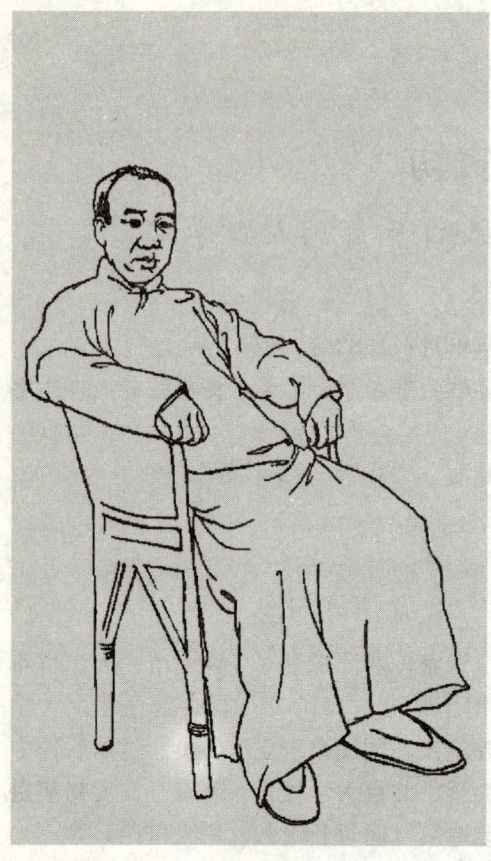

马寅初

他撰写的论文《纽约市的财政》，轰动了当时美国的财政界和经济界，被哥伦比亚大学列为一年级新生的教材。

1916年马寅初返回祖国，任北京大学经济系教授。他讲课很少翻讲义，讲得激动时，往往走下讲台，挥动手臂，其言词密集，如同阵雨，以至于一些坐前排的学生都说听他上课必须撑雨伞。马寅初怀着"强国富民"的理想支持进步，崇尚革新。他声明自己"一不做官，二不发财"，致力于中国经济问题的研究和经济人才的培养，并为此著书立说，从而成为中国最早研究西方经济学的著名学者。

抗日战争期间，马寅初以财政经济专家的身份研究中国的财政经济，撰文抨击"四大家族"趁民族危亡之机大发横财的行径。他用"前方吃紧，后方紧吃"八个字讽刺四大家族的丑行；在立法院正式提出"征发国难财者税"，并要求从宋子文、孔祥熙开始实行；他指控中国几户大贪污之人，其误国之罪，远在奸商汉奸之上；他甚至在一场婚礼上发表贺词时说"希望新郎新娘将来好好教育子女，不要像蒋介石那样祸国殃民。"当听到有人说蒋介石领导抗战，可以称为民族英雄时，马寅初则表示蒋介石不能法办孔祥熙、宋子文，包庇亲戚和家族就是危害国家和民族，根本不够格做英雄，即使是英雄，也并非"民族英雄"，而是"家族英雄"。

有一次，马寅初做演讲。演讲台下混进了国民党特务，情况十分危险，但马寅初临危不惧，反而带着女儿并一口棺材上台，他说："为了真理，我不能不讲。我带了棺材，是准备吃特务的子弹；带女儿来是让她亲眼看着，特务是怎样卑鄙地向她爸爸开黑枪的，以便让她坚定地继承我的遗志。"接着，马寅初话锋一转，针对国民党政府的腐败，痛快淋漓地演讲起来。马寅初的爱国行动和正义行为，使他遭到了国民党反动派的迫害，先后被关进息烽集中营和上饶集中营,最后被软禁于重庆歌乐山家中,直到抗战胜利才恢复人身自由。

1944年冬,历经近5年囚禁、软禁的"政治犯"马寅初终于恢复了自由,但仍被要求"三不准":不准任公职,不准演讲,不准发表文章。但这些限制岂能束缚马寅初?当李公朴、闻一多惨遭国民党特务暗杀的消息传来,马寅初愤怒万分,不顾特务的恐吓,当即写了遗书,告别亲友,孑然一身,穿蓝布长衫赴南京中央大学讲演。他大义凛然地说:"讲话不怕死,怕死不讲话,特务先生们,你们要开枪就开吧,我马寅初在此恭候。"他用大量事实揭露国民党反动派发动内战的罪行,当讲到物价飞涨时,指名道姓的抨击蒋介石,有力地推动了当时国民党统治区的反蒋爱国民主运动。

解放后马寅初先后任浙江大学校长、北京大学校长。马寅初喜欢以"兄弟"自称,而且,不分场合,也不论对象的年龄大小、职位高低。1951年,在北京大学的民主广场举行校长马寅初就职典礼,场面庄重热烈,马寅初在致辞中仍然自称"兄弟",他说:"'兄弟'既受政府任命,就依照政府意旨做事,希望大家互相学习、互相帮助,努力完成我们的任务。"在北京大学每年例行的年会上,马寅初都准时出现在全校师生面前,或因兴致佳好,或因酒后微醺,总是红光满面,必以"兄弟"自称,向全校师生祝贺新年。

马寅初体格健壮,精神抖擞,异常活跃。在校园见到学生即招呼攀谈,平易近人;也常在全校大会上做报告,兴之所至,无所不谈。马寅初在北大一直强调体育锻炼的重要性,并多次向学生传授自己身体好的经验:用凉水热水交替淋浴和爬山。他还把这些经验写成文章,投给《学报》,希望能发头条,"因为,没有身体,就什么也谈不上了"。可是《学报》主编翦伯赞以为北大学报是要同世界著名大学交流的,这介绍经验的文章学术性不太够,不适合发表。马寅初不以官大强加于人,并不介意,但他总还有点悻悻然,又在大会上提到此事:"毛主席说实践是检验真理的标准,我这是实践中总结出来的,怎么不是学问?他翦先生年龄比我小,一到校务委员会上就打瞌睡,就是不锻炼身体之过!"

作为经济学家,马寅初自然心系民生。他发表《新人口论》,正确地分析了我国人口增长速度过快的原因,论证了人口增长太快同积累、消费之间的矛盾,提出了控制人口生育的建议和措施。然而,这种理论并不为时人所接受,马寅初的真知灼见遭到了愈演愈烈的批判和讨伐。有人逼马寅初检讨,他坚决拒绝,并理直气壮地公开表态:"这个挑战是很合理的,我当敬谨拜受。我虽年近八十,明知寡不敌众,自当单身匹马,出来应战,直至战死为止,绝不向专以力压服而不以理说服的批判者们投降。""因为我对我的理论有相当的把握,不能不坚持,学术的尊严不能不维护,只能拒绝检讨。"后来的事实证明,马寅初《新人口论》合理正确，富于远见卓识。

影响和评价

马寅初一生热爱祖国，坚持真理，追求进步，是中国共产党的诤友。他毕生从事经济学的教学与研究，为国民经济综合平衡和稳定物价、控制人口等重大问题献计献策，为国家经济建设和经济科学、人口科学学科建设做出了卓越的贡献。马寅初宁折不屈、崇尚真理、求真务实的崇高气节和不屈风骨，以及其"苟利国家生死以，岂因祸福趋避之"的胸怀，对后人来说，则更是一笔难得的精神财富。

梅贻琦

——奠定清华校格的教育思想家

性别：男　　**国籍**：中国　　**生卒年月**：1889年～1962年
入选理由：被誉为"清华的终身校长"。
经典语录：所谓大学者，非谓有大楼之谓也，有大师之谓也。

人物简介

梅贻琦，字月涵，天津人，毕业于清华大学。他熟读史书，喜爱科学，初研究电机工程，后专攻物理。梅贻琦1916年担任清华大学物理教授，1931年开始担任清华大学校长，至1948年随国民党迁台。抗日战争期间，清华、北大、南开合组国立西南联合大学，梅贻琦暂时以校务委员会常委兼主席身份主持校务。到台湾后，曾任台湾"教育部长"、"中央研究院"院士，并在台湾新竹恢复国立清华大学。梅贻琦对清华大学的成长贡献巨大，受到教育界的崇敬。

生　平

1889年，梅贻琦生于天津，家境贫寒，但他的父亲始终没有放弃对子女的教育，梅贻琦自幼熟读经史，许多典籍章节都达到信口背诵的程度。他于1904年入张伯苓所办南开学堂（初名敬业中学），成为第一期学生，与周恩来交往甚密。当时的周恩来经常到梅家找梅贻琦温习功课，有时候通宵达旦。1909年，梅贻琦考取了第一届庚款留美名额，在清华校史上的"史前期"就与学校产生了联系。

梅贻琦1914年从美国吴士脱大学（即伍斯特理工学院）学成归国，次年接受清华校长周诒春的聘请回母校任教。自此，梅贻琦与清华大学的关系，就再也没有断过，先是数学、英文教员，后来长期任物理学教员、教授并以渊博的学识、严谨的学风和高尚的人格博得同仁和同学的好评。1928年，清华学校正式改制为国立清华大学，梅贻琦成为清华第一任教务长。1931年，梅贻琦出任清华校长,当时,国内情势风雨飘摇,学潮起荡,尤以北大清华为甚,驱逐校长的运动可以说是此起彼伏,但是无论什么时候,清华学生们的口号都是"拥护梅校长"。

梅贻琦生性不爱说话,被称为"寡言君子",恂恂儒雅,为人谦冲祥和,处事有条不紊。早在1909年考取第一批庚款留美学生时,他那"从容不迫的态度"就给人留下了深刻的印象。在发榜那天,考生们都很活跃,考上的喜形于色,没考上的则面色沮丧,只有瘦高的梅贻琦,始终神色自若,"不慌不忙、不喜不忧地在那里看榜",让人觉察不出他是否考取,而实际上,在630名考生当中,他名列第六。在清华,梅贻琦倡导"为政不在言多,顾力行何如耳",从不做强势的发言,也不太公开表示定见,可说是"敏于行而讷于言"的典型人物。学生们甚至拼凑他的口头语,作打油诗一首,描述梅校长说话谦逊含蓄的情形:"大概或者也许是,不过我们不敢说,可是学校总认为,恐怕仿佛不见得。"陈寅恪曾说:"假使一个政府的法令,可以和梅先生说话那样谨严,那样少,那个政府就是最理想的。"

梅贻琦任校长后,奉行"教授治校"原则,成功地建立了由教授会、评议会和校务会议组成的行政体制。他常说:"我这个大学校长是帮教授搬凳子的。"他在开会时常称自己"无为而治"、"吾从众",这并不是他没有主见,而是他充分尊重教授们的治校意见。他往往在大家热烈的讨论后折冲定夺,让大家都能满意。

梅贻琦注重遴选和延聘师资人才,他说:"大学者,非有大楼之谓也,有大师之谓也。"梅贻琦在礼聘教师方面,尽了自己最大的努力。做教务长时,他实际主持清华国学研究院的院务,曾亲自到火车站接赵元任。他和国学研究院四大导师,即王国维、梁启超、陈寅恪、赵元任,特别是陈寅恪与赵元任,"一直保持着诚挚的友谊"。王国维

梅贻琦

1927年夏在颐和园自杀，也是梅贻琦亲自去园内收殓并料理了后事。从1932～1937年，他先后聘来的国内名师有闻一多、雷海宗、萧公权、庄前鼎、刘仙洲、章名涛、赵凤喈、顾毓琇、潘光旦、贺麟、张岱年、陈梦家、陈省身等人，并聘请了外籍学者维纳（美籍）、哈达玛（法籍）、华敦德（美籍）、原田淑人（日籍）等进一步充实师资队伍。是以30年代清华园内名师荟萃，极一时之盛。

梅贻琦提倡学术自由、科学民主，主张学与术分开，文与理通科，主张学生自学。梅贻琦在原有土木工程系的基础上添设机械和电机两系，组成清华工学院，为清华以后的工科发展打下了坚实的基础。在他的领导下，清华才得以在十年之间从一所颇有名气但无学术地位的学校一跃而跻身于国内名牌大学之列，开创了清华历史上的第一个"黄金时代"。

1938年，奉国民政府教育部的命令，清华大学与北京大学、南开大学合组西南联合大学，迁往昆明。当时的云南省政府主席龙云在人财物等方面给了西南联大最大的支持。有一天，龙云特地来拜访梅贻琦，说孩子没有考取联大附中，请求破例录取。梅贻琦留龙云吃饭，并请联大教务长潘光旦作陪。席间，梅贻琦请潘光旦派老师晚上辅导龙云的孩子，等明年再考，并且言明老师的家教费得由龙主席支付。他对别人坚守规矩，对自己的子侄更不例外。当年，梅贻琦的侄子梅祖武、小女儿梅祖芬都报考过清华大学，却因为成绩不合格，一个去了北洋大学北京分部（即后来的北京大学工学院），一个去了燕京大学。梅贻琦做了那么多年的清华大学校长，没有凭个人关系录取过一个"自己人"，他曾嘱咐秘书和有关招生的老师，凡要求破例录取的信件，不必转给他，一律按规定办事。

梅贻琦的廉洁奉公是有名的。他任校长后，住进清华园，首先放弃了校长的特权——免交电话费、免费雇家庭帮工、免费拉两吨煤。款额虽小，但他认为，"这是观念和制度的问题"。他在母校几十年，虽然清华基金雄厚，但决不苟取分文。在西南联大期间，梅贻琦一家也过得非常清苦，经常吃的是白饭拌辣椒，有时能吃上一顿菠菜豆腐汤，全家就很满意了。他一个月的工资只能维持一家人半个月的生活，他妻子不得不做些糕点寄卖以补家用。梅贻琦从不让他的家里人乘坐小轿车来办私事，他的夫人也只是在和他一起进城时才可以顺便搭他的小轿车。他一生两袖清风，没有积蓄，去世前连医药调养、丧葬费都是由校友集资的。

1955年，梅贻琦在台湾开始用清华基金会利息筹办"清华原子科学研究所"，即台湾新竹清华大学的前身，诺贝尔奖获得者李远哲曾在这里就读。梅贻琦因为奠定了台湾清华大学的基础，被称之为"两岸清华校长"。1962年，梅贻琦积劳成疾，溘然长逝。他的秘书打开他病中一直随身携带的一个箱子，发现里面全是清华基金的账目，一笔一笔，分毫不爽。

影响和评价

梅贻琦承接清华十余年的办学传统，加以发扬光大，确立了一套在今天看来还是颇为先进的教育理念和教育管理办法，领导清华大学走过了它的第一个黄金时代，也带领它度过了艰苦卓绝的抗战八年和复员三年。清华自梅校长执掌不久，就在世界著名大学中奠立了学术地位。作为清华大学历史上任期最长的校长，梅贻琦毕生献身于教育事业，平时但事耕耘不问收获，耐心而持久地遍撒学术的种子，这种锲而不舍、贯彻始终的精神，足为世代的师表；梅贻琦廉洁奉公、澹泊谦冲、不计名利的作风，尤其值得后人称道。

陈寅恪
——融汇中西古今之学的一代宗师

性别：男　　**国籍**：中国　　**生卒年月**：1890年～1969年
入选理由：清华四大导师之首、"教授的教授"。
经典语录：平生为不古不今之学，思想囿于咸丰、同治之世，议论近乎湘乡、南皮之间。

人物简介

陈寅恪，江西省义宁（今修水县）人，中国现代历史学家、古典文学研究家、语言学家，在国内外学术界享有崇高的声誉。代表作是《柳如是别传》。曾任清华大学中文历史系的"合聘教授"和"部聘教授"，为清华国学研究院四大导师之一。在师生中享有"盖世奇才"、"教授的教授"、"太老师"等称誉。

生　平

陈寅恪出生在一个书香门第，1890年生于湖南长沙陈氏义门堂。祖父陈宝箴（右铭），为清末湖南巡抚，戊戌变法时期曾主持湖南新政；他的父亲陈三立是著名诗人，维新四公子之一，曾任三江师范学堂总教席，被誉为"中国最后一位古典诗人"。陈寅恪早年就读于家中私塾，有着非常扎实的国学功底，自小博览群书，聪颖好学。稍稍年长后，他先入日本巢鸭弘文学院，后因足疾辍学回国，就读于上海吴淞复旦公学。1910年他考取公费留学，先后到德国柏林大学、瑞士苏黎世大学、法国巴黎高等政治学校、美国哈佛大学等国际著名高等学府就读。

那时与他一同留学的学友们发现，这个中国年轻人和别人不太一样。人家上课跑去听课，并规规矩矩地做笔记，他却是在那儿自己读书，没事时才去听课，也不重视学历和学分，完全是一种像中国传统游学的文人求学。陈寅恪曾说："考博士并不难，但两三年内被一个具体专题束缚住，就没有时间学其他

陈寅恪

知识了。"不求博士文凭的陈寅恪,却形成了自己宽阔的学术视野。陈寅恪勤奋学习、积蓄各方面的知识,而且具备了阅读梵、巴利、波斯、突厥、西夏、英、法、德八种语文的能力,尤以梵文和巴利文特精,兼之国学基础深厚,国史精熟,又大量吸取西方文化,故其见解一出,便为国内外学人所推重。

回国后,陈寅恪出任清华国学研究院的导师。然而,在这之前清华校长对这位名不见经传的人物并不重视。后来梁启超为了推荐陈寅恪,曾与清华校长有过一番舌战。校长说,陈寅恪一无大部的著作,二无博士学位,国学研究院的导师,怎么能连这些都没有呢?梁启超说:"没有学衔,没有著作,就不能当国学院的教授啊?我梁启超虽然是著作等身,但是我的著作加到一起,也没有陈先生三百字有价值。"梁启超还说:"这样的人如果不请回来就被外国的大学请去了。"梁启超名扬海内外,他这一番话让校长瞠目结舌。不久以后,远在德国游学的陈寅恪便接到了清华国学院导师的聘书。

陈寅恪治学面广,在宗教、历史、语言、人类学、校勘学等方面均有独到的研究和著述。他曾言:"前人讲过的,我不讲;近人讲过的,我不讲;外国人讲过的,我不讲;我自己过去讲过的,也不讲。现在只讲未曾有人讲过的。"在清华,陈寅恪开"佛经文学"、"《世说新语》研究"、"唐诗校释"、"隋唐五代史专题研究"诸科。凡是与佛教有关的资料,一律用黄色的包装;而其他的课程,他带来的书则是用黑布包裹着的。

陈寅恪在课堂上,往往侃侃而谈,或引用多种语言,佐证历史;或引诗举史,从《连宫洞》到《琵琶行》、《长恨歌》,皆信口道出,把史料、引文的出处,作者是谁,哪个版本,多少页,都能给学生交代得一清二楚,伴随而来的阐发甚是精当，令人不由得称叹。他在课余时分析各国文字的演变，竟把葡萄酒原产何地，流传何处的脉络，也给学生讲述得一清二楚。因此，陈寅恪的课上学生云集，甚至许多名教授如朱自清、冯友兰、吴宓、北大的德国汉学家钢和泰等都风雨无阻地听他的课。有人称他为"活字典"，也有人称他是"教授的教授"。当时，冯友兰先生是大学者，名气比陈寅恪响亮得多，但冯友兰在陈寅恪面前也是毕恭毕敬、以学生自居。

此外，陈寅恪讲学还注意自然启发，着重新的发现。对学生只指导研究，从不点名，从无小考，就是大考，也只是依照学校的规章举行，没有不及格的。他常说，问答式的笔试，不是观察学生学问的最好办法，因此每次他都要求学生写短篇论文代替大考。但陈寅恪又强调：做论文要有新的资料或者新的见解，如果资料和见解都没有什么可取，则做论文也没有什么益处。

1932年夏，清华大学中文系招收新生。陈寅恪应系主任之邀出考题。不料他出的题目非常简单。考题除了一篇命题作文，最奇怪的是只要求考生对个对子，而对子的上联，又仅有三个字"孙行者"。陈寅恪拟定的标准答案是"王引之"、"祖冲之"。一个名叫周祖谟的考生，给"孙行者"对出的下联是"胡适之"，用的是当时最时髦的人物胡适的名字，十分有趣，出乎陈寅恪的预料。用"对对子"这样的文字游戏，来作为堂堂清华大学的招生试题，当时很多人难以理解，也有人误以为这是以旧学的看家本领向新文化挑战。其实，陈寅恪自有他的一番深意。陈寅恪觉得用对对子这个方法，其实可以非常明显地看出中国传统语文的真正特色，尤其是跟印欧语系的区别在哪里。陈寅恪对传统语文充满自信，这使他尤其关注的是汉语的文化特征和世界地位。

卢沟桥事变爆发后，陈寅恪的父亲绝食而死。这时，陈寅恪由于高度近视，又用眼过度，右眼视网膜剥离，已经看不清东西了。医生告诉他需要手术，但做了手术就需要相当时间的休养。陈寅恪最终选择了不做手术，就是说，为了离开沦陷区，他放弃了复明的希望。在为父亲守孝49天后，右眼失明的陈寅恪携妻将雏，离开了已经沦陷的北平，踏上了流亡之路。在离开北平之前，陈寅恪把他的藏书寄往将要去的长沙，但他赶到长沙，还没等等到这些藏书，便又匆匆随清华大学南迁云南。当书到达长沙后，竟悉数被焚毁在战火中。

后来，陈寅恪双目完全失明。当他被人搀扶着回到清华园时，校长梅贻琦曾劝他休养一段时间。陈寅恪回答："我是教书匠，不教书怎么能叫教书匠呢？我每个月薪水不少，怎么能光拿钱不干活呢？"学生们回忆，陈先生说这话时，脸上虽是笑着，但他们感受到的神情，却是严肃而坚决的。

一个瞎子被聘为教授，为大学生授课，这在世界上实在是绝无仅有。清华为陈寅恪配了三个助手来协助他的教学和研究。陈寅恪对助手说:"人家研究理科,是分秒不差的;我的文史研究,是年、月、日不差的。"事实上,如同自然科学一样,陈寅恪的研究往往是一个精确推导的过程。而它的渊源,可以追溯到陈寅恪在游学年代所接受的追求学术传统——德国人的精确性和彻底性。

1948年12月,国民政府开始了"抢救学人"的行动。当时,北平已经被解放军重兵包围,即使这样,国民政府还是派专机把陈寅恪接到了南京。蒋介石亲自登门劝陈寅恪一起去台湾,陈寅恪因对腐败的国民党极度失望,拒绝前去。离开大陆后,蒋介石曾多次派专机到南京接陈寅恪,皆失望而归。没能把"国宝"抢救出来,一直为蒋介石引为恨事。后来,岭南大学的校长、教育家陈序经邀请陈寅恪到广州任教,就这样,陈寅恪在南国找到了一个安身立命的地方。

1953年11月,北京派人到广州中山大学请陈寅恪出任中国科学院历史研究所第二所即中古史研究所所长,在北京的许多好友都希望陈寅恪接任这个职务,然而他却拒绝了。表面理由是贪恋南方暖和并且不善行政工作等等,实则有更深层的原因。他在《对科学院的答复》中解释道:"我的思想,我的主张完全见于我所写的王国维纪念碑中",重申"没有自由思想,没有独立精神,即不能发扬真理,即不能研究学术"。在这个意义上,他说:"我要请的人,要带的徒弟都要有自由思想,独立精神,不是这样,即不是我的学生。"

影响和评价

1969年,陈寅恪走完了他79岁的生命历程。陈寅恪没有遗嘱,但他取得的学术成就却垂范后世。时至今日,人们仍会惊讶,世上竟然还有这样一种人,他们的学问之高深,到了"前无古人,后无来者"之境地。吴宓认为"合中西新旧各种学问而统论之,务必以寅恪为全中国最博学之人"。作为一代大师,陈寅恪为海内外学者树立了一个高山仰止的榜样,他一生坚持治学中的"独立之精神、自由之思想",以自己的睿智和学养及超迈的胸襟和戛戛独造的胆识,在现代文化史上铸造了一个鲜活的灵魂。

胡 适

——"白话文运动"的首倡者

性别：男　　**国籍**：中国　　**生卒年月**：1891年～1962年
入选理由：中国现代文化史上的先驱。
经典语录：做学问要在不疑处有疑，待人时要在有疑处不疑。

人物简介

胡适，原名胡洪（马辛）、嗣穈，字希疆，后改名适，字适之，安徽绩溪人，现代学者，历史学、文学家，哲学家。中国白话文的倡导者，新文化运动的开拓者。曾任北京大学教授、北京大学校长、台湾中央研究院院长等。主要著作有《中国哲学史大纲》（上）、《尝试集》、《白话文学史》（上）和《胡适文存》（四集）等。他在学术上影响最大的是，提倡"大胆的假设、小心的求证"的治学方法。

生 平

胡适家住安微绩溪，当他还是要靠大人抱着才能坐到私塾的凳子上去的三岁娃娃时，已经认得一千多个汉字。1904年春天，他才十二岁零三个月，就被送去上海念书。可是，这个拖着辫子、瘦小斯文的小孩，却已经读过九年的私塾了。这为他打下深厚的国学功底，也让他一天之中升了三班。他聪慧好学，可是后来却没毕业，殊不知，是因为他极不喜欢上海道台的缘故。那时候，他也读了一些如《革命军》的书，自命为"新人物"，所以就连上海道台举行的考试都不屑去，可见，胡适脾性真有意思。胡适说自己一生受母亲影响很大，母亲虽然识字不多，但是做事颇有见地。她一再要求儿子认真读书，并且不惜给私塾老师几倍于其他家长的钱粮，目的是希望老师给自己的儿子讲书的时候，更仔细些。胡适曾回忆说，自己在学校学得好，也多亏母亲的竭力相助；被送去上海读书，也是母亲的主意。

胡适后来就读于澄中学堂，每天半夜攻读陌生而有趣的数学。但是1906

年转入中国公学后,他从一个半夜推演数学的学生从此转变为上课都在埋头写自己纪游诗的文学"嗜好"者。他甚至开始发表小说《真如岛》,同时发表了《论毁除神佛》等白话文,指责传统礼仪是"野蛮的风俗"。似乎从这时候开始,他就开始摆脱小时候的驯顺羞涩模样,甚至开始十分大胆地关注社会问题、传统文化改造等等。也有那么一阵,为了减轻家里经济负担,他一边学习,一边很努力地教公学学生英语,但是不久学校垮了,他拿到的是300元的补习费,文凭也没有。没有办法之下,胡适开始去教书。那时候的胡适,其实也很迷茫,他不知道自己将要从事什么,不知道自己的未来,他和一帮"浪漫的朋友"一起过了一个多月昏天暗地的颓唐生活。一次喝醉被人抢劫,才反省了,听朋友的劝,准备考取"庚款公费留学"。他觉得自己还是必须走向一条有意义的路。

他很努力,也很幸运,庚款留学的考试有语文、英语和数学。语文考卷评判官和他一样喜欢考据,所以看到他考据式文章给了满分100。1910年他留学美国,入康乃尔大学,学习农学,他觉得这样能够帮助中国衰弱的农村摆脱困境。可是,慢慢地他转向了哲学、文学的学习。因为,农学并不是他兴趣所在,更重要的是他发现农学并不能够给一个社会带来实质性的改变。在美国留学的时候,胡适十分关心总统大选,为能及时了解到总统选举的消息,他竟然步行至另一个街区买最新的报纸。后来,他转入哥伦比亚大学,从学于杜威,深受其实验主义哲学的影响。那时候,母亲给他定了亲,那个女孩从15岁等他到27岁,名叫江冬秀,是一直陪伴他的结发妻子。

1917年初他在《新青年》上发表了《文学改良刍议》,

胡　适

主张以白话文代替文言文，颇有创世伟力。那时候蔡元培任北大校长，力请陈独秀去任教。而陈独秀同时也推荐了哲学博士朋友胡适。蔡元培许以优厚待遇，于是，那一年，做了北京大学教授的他回绩溪结了婚。

胡适结婚刚一个月，就返回了北京，那时候蔡元培因和政府分歧严重已经离校而去。而文学界的新旧之争一直存在，1920年3月，胡适的《尝试集》问世。胡适不仅仅是口头上倡导白话诗文，他干脆将自己平日的诗集在一起，给大家看。那时候，古诗词已经走到韵律的怪圈之中，随便一个文人都会吟咏，但是太没有活力，太格式化了。所以，"两个黄蝴蝶，双双飞上天。不知为什么，一个忽飞还。剩下你一个，孤单怪可怜。也无心上天，天上太孤单。"《尝试集》的第一首诗，尤其被青年们喜欢，连当时的溥仪皇帝也是《尝试集》的读者。在文学这个领域，胡适从理论到实践都引领着一种新的潮流和风尚。他开启了一扇门，但是自己可能先进早退。

胡适当时真正研究的领域却是哲学，课名《中国哲学的结胎时代》，主讲中国哲学。可是，胡适著的《中国哲学史大纲》即他讲课的讲稿，仅成上半部，全书久未完成。胡适后来还写了半部《白话文学史》，由此，人家称他是"半部博士"。虽如此，这个拥有30多个博士头衔的胡适也决非浪得虚名之人。胡适一向推崇杜威的实证主义，于是有"大胆假设，小心求证"之说，而且他自己确实是这么做的。从1920年至1933年，他主要从事中国古典小说的研究考证，为了考证《红楼梦》作者曹雪芹的生平，他查阅了《江南通志》、《八旗氏族谱》、《雪桥诗话》及《续集》、八旗诗抄、《八旗文经》等等大量材料，花费了大量的时间和心力。做学问，胡适觉得无论如何还是不能含糊。可是，他还是有些不能放下对政治的关心。

许多人可能还不知道，胡适除了曾担任过上海公学校长外，也参与了大量政治活动。抗日战争初期，他出任国民党"国防参议会"参议员，1938年被任命为中国驻美国大使，和罗斯福交流，希望美国能够立即援助中国。抗日战争胜利后，他于1946年任北京大学校长。而后他与蒋介石几度讨论时事，甚至后来差点竞选国家总统。之后，政治形势变化，1948年胡适离开北平，转赴美国。1958年，他回到台湾，说自己是半个台湾人，因为小时候，随着做官的父亲在那里住了三年。他回去是就任"中央研究院院长"的，蒋介石盛情地说用自己一本书的版费给他建造房子，后来经过追加经费，造了一栋一层小洋房，也算是安静，是读书的好地方。不过，胡适一直坚持他回来并不是为了支持蒋介石或者谁，他要好好地主持学术工作。他晚年一直希望能够将《水经注》考证出个所以然来，结果却是抱憾终身。1962年2月24日，胡适先生在酒会上心脏病突发，与世长辞。

影响和评价

　　胡适先生的治学、为人颇受人尊敬。自己做错了事情,他认识到了就不会厚着脸皮不承认;他乐意提携后进,林语堂留学在外时经济紧张,胡适立马把自己的钱给汇过去,却说是北京大学给的补助。胡适一生在哲学、文学、史学、古典文学考证诸方面都成就不菲。就政治观点而言,胡适的自由主义和好人政府的设想可能多有争议,但无论如何,就作为白话文学的倡导者和实践者以及历史学者这两点,胡适先生已经足够成为现代文化史上不可抹去的一笔,他为中国现代文化带来了一株清新的兰花草。

梅兰芳

——被世界人民喜爱的京剧表演艺术家

性别：男　　　**国籍**：中国　　**生卒年月**：1894 年～1961 年
入选理由：京剧表演艺术家，"梅派"创始人。
经典语录：我是个拙笨学艺者，没有充分的天才，全凭苦学。

人物简介

梅兰芳，名澜，字畹华，京剧表演艺术家、社会活动家，江苏泰州人，长期寓居北京。梅兰芳曾刻苦学习昆曲、练习武功，广泛观摩旦角本工戏和其他各行角色的演出，经过长期的舞台实践，对京剧旦角的各方面都有所创造发展，形成了自己的艺术风格，世称"梅派"。与程砚秋、尚小云和荀慧生并称"四大名旦"，梅居其首。曾任中国京剧院院长、中国戏剧研究院院长、中国文学艺术界联合会副主席，代表戏京剧有《贵妃醉酒》、《霸王别姬》等；昆曲有《思凡》、《游园惊梦》等。梅兰芳把毕生的精力都献给了祖国的艺术事业，为祖国戏曲艺术的发展和国际文化交流做出了卓越的贡献，成为享誉中外的文化名人。

生　平

梅兰芳生于北京的一个梨园世家，八岁就开始学戏，然而他的资质并不好，可以说不是唱戏的料子。他相貌平平；眼睛无神，是个近视眼，而且眼睛迎风流泪；嗓子不响亮；更糟的是，脑子反应慢，学东西慢。梅兰芳曾拜朱小霞为师，朱小霞按照教青衣的传统的方法，先教他唱《二进宫》。谁想到四句极普通的老腔，教了很长时间，他却总是不能上口。朱小霞见他进步太慢，认为这孩子没有希望，天赋不够，劝其改行，临别时说了一句："祖师爷没有给你留下这碗饭。"然而，梅兰芳并没有改投他行，反而更加奋发上进。

后来，梅兰芳又拜吴菱仙为师。为了弥补近视眼的缺陷，吴菱仙教授了他一些练眼神的方法。一个方法是几个小时目不转睛地盯着一个物体，每次他总

梅兰芳

是练得泪流不止。即使这样辛苦，梅兰芳还是一练就是十多年。为了练嗓子，吴菱仙六点钟就来梅兰芳住的房子，敲窗子叫他起来吊嗓子。至于脑子反应迟钝，那也没有别法，只有反复练，反复唱。吴老师规定他每一句非练上三十遍不可。少年的梅兰芳就是凭着这样的苦练，勤耕不辍，终于弥补了先天的缺陷。

1913年梅兰芳首次到上海演出，在四马路大新路口丹桂第一台演出了《彩楼配》、《玉堂春》、《穆柯寨》等戏，初来上海就风靡了整个江南，当时里巷间有句俗话："讨老婆要像梅兰芳，生儿子要像周信芳。"第二年他再次到沪，演了《五花洞》、《真假潘金莲》、《贵妃醉酒》等拿手好戏，一连唱了34天，场场爆满，盛况空前，并以22万多张票当选为"伶界大王"。梅兰芳综合了青衣、花旦、刀马旦的表演方式，创造了醇厚流丽的唱腔，形成独具一格的梅派；他大量排演新剧目，在京剧唱腔、念白、舞蹈、音乐和服装上均进行了独树一帜的艺术创新，被称为梅派大师。

有一个小报记者，急于成名，所以他故意做反面文章，他批评梅兰芳，骂梅兰芳，说梅兰芳艺术水平不行。结果梅兰芳没有反应。后来，这个小报记者落魄了，他跑到了梅兰芳那里，一五一十，把自己的处境讲了一遍，梅兰芳知道这些情况以后，拿出两百块钱来给他："您走吧。"记者没有想到，一个受过他侮辱和欺负的人，居然会这样对待他。这个记者被梅兰芳的气度、胸怀感动，大大地检讨了一番，梅兰芳说："没关系，你也要吃饭，没关系，去吧！"

梅兰芳一生曾应邀出访10余次，他先后访问过日本、美国、苏联、英国、德国、意大利、埃及、印度、朝鲜等国家。在同时期的世界艺术大师中，文学家泰戈尔、高尔基、萧伯纳，戏剧家斯坦尼拉夫斯基、布莱希特，电影导演梅耶荷德、爱森斯坦，电影明星卓别林、范朋克，舞蹈家乌兰诺娃，歌舞伎表演艺术家中村雀右卫门、市川猿之助等，都与梅兰芳有过交往，并结下深厚的友谊。1929年12月，梅兰芳率团24人，赴美国演出，历时半年之久，所到之处，均受到当地政府和各界人士，特别的文艺界的热烈欢迎和盛情接待。美国学术界也极为重视这次访问演出，南加利福尼亚大学和波摩拿学院授予梅兰芳文学博士荣誉学位。一时间京剧艺术风靡了美国。美国电影界认为他的表演艺术对电影具有宝贵的参考价值，将他演的《刺虎》拍摄成有声电影新闻片，这是中国戏曲的第一部有声电影。

在美国演出结束后，美国文艺界的大腕和政界精英联合为梅兰芳举行招待宴会。就在大家开怀畅饮时，一位穿着破烂、浑身脏兮兮的"清洁工"不顾工作人员阻拦冲进了宴会厅，一把握住了梅先生的手大呼："我终于见到你了！"后来大家才得知，这位"清洁工"竟是著名笑星卓别林！由于当时在拍影片《城市之光》，卓别林饰演一位清洁工。当他得知梅先生在美国的演出结束后，就匆匆从拍摄现场赶来，以自己特有的幽默方式与"偶像"见面。

抗日战争爆发后，日寇占领上海。不久，得知蜚声世界的京剧第一名旦梅兰芳住在上海，就派人请梅兰芳到电台讲话，让其表示愿为日本的"皇道乐土"服务。梅兰芳洞察到日本人的阴谋伎俩之后，便决定尽快离沪赴港，摆脱日寇的纠缠。于是他一边给日本人带口信说，最近要外出演戏，一边携家率团星夜乘船赴港，自此深居简出，不再登台露面。

留居香港后，梅兰芳不为敌伪的威胁利诱所屈服，毅然蓄须明志。1941年12月，太平洋战争爆发，香港很快沦陷了，梅兰芳未及撤离。一天，日军侵港司令酒井派人强行将梅兰芳接去，当时梅兰芳蓄须已久，酒井惊讶地问他为何留须，他回答说："我是唱旦角的，年岁大了，扮相、嗓子都不如以前，应该退出舞台了。"酒井无奈，没法提出什么要求。又有一次，在酒井举行的茶会上，许多新闻记者想把梅兰芳和酒井握手的镜头抢拍下来，用作宣传，梅兰芳都机智地避开了。过了几天，酒井派人找梅兰芳，一定要他登台演出几场，以表现日本统治香港后的繁荣。正巧，此时梅兰芳患了严重牙病，半边脸都肿了，酒井获悉后无可奈何，只好作罢。

不久，梅兰芳回到上海，因断了经济来源，生活拮据，靠卖画和典当度日。大汉奸褚民谊要请梅兰芳轮回演出，以庆祝所谓"大东亚圣战"一周年纪念，梅兰芳立刻拒绝了。后来，汉奸出面胁迫，勒令梅兰芳必须参加演出，否则军法从事。梅兰芳在朋友的献计下，请医生打了一针预防伤寒病的药，顿时使体温升高到40度以上，经日军军医检查确是"病重"，才算作罢。1945年8月8日，抗占胜利的消息一传出，梅兰芳高兴得当天就剃掉了唇髭。

新中国成立后，梅兰芳受到了党和国家的重视，曾任中国剧协和中国政协的重要职务。1961年，梅兰芳以一出新编京剧《穆桂英挂帅》，告别了他心爱的观众，从此长眠在海淀香山碧云寺下的万花山下。

影响和评价

　　梅兰芳先生一生热爱祖国，热爱人民，把毕生精力献给了京剧艺术事业。在半个多世纪的舞台实践中，他继承传统、勇于创新、一丝不苟、精益求精，将我国戏曲艺术的精华集于一身，创作了众多优美而令人难忘的艺术形象，积累了大量的优秀剧目，提高了京剧旦角的演唱和表演艺术，形成了具有独特风格和大家风范的表演艺术流派——梅派。他对现代中国戏曲艺术的发展起了承前启后的作用。在国内外，梅兰芳先生被誉为伟大的演员和美的化身。因此，以梅兰芳为代表的中国戏曲表演艺术被认为是当今世界三大主要表演体系之一。

朱自清
——不食救济粮而死的散文大师

性别：男　　**国籍**：中国　　**生卒年月**：1898年~1948年
入选理由：朱自清是中国近现代史上的文化名人，在散文创作、语文教育和古典文学研究等方面都有很深的造诣，并做出了卓越的贡献。
经典语录：沉默是一种处世哲学，用得好时，又是一种艺术。

人物简介

朱自清，原名朱自华，号秋实，字佩弦，是我国著名的作家和学者。他在建设平易、抒情、本色的现代语体散文方面有突出贡献。同时，朱自清在诗歌理论、古典文学、新文学史和语文教育诸方面研究上也都有实绩，著有《新诗杂话》、《诗言志辨》、《经典常谈》、《国文教学》和讲义《中国新文学研究纲要》等。朱自清一生勤奋，共有诗歌、散文、评论、学术研究著作多种。

生　平

朱自清1898年出生于江苏东海，祖籍浙江绍兴，后随父迁居扬州，在扬州度过了他的童年与少年，故往往自称扬州人。朱自清的父亲名鸿钧，字小坡，做过一个小官。朱自清幼年即随其父读古文，颇有根基。继而入私塾，受业于戴子秋先生与颇有名气的李佑青先生。1914年，他十六岁时，考入江苏省两淮中学（设于扬州，辛亥革命后改名为江苏省立第八中学）。

朱自清对文学具有浓厚的兴趣，立志做一个文学家。十八岁时，他考入了北京大学预科班。寒假快到时，他忽然接到一封家信，原来是父亲催促他早点回去完婚。他生平第一次见到自己的妻子武钟谦，新婚之后两人感情很好。1917年夏，家庭经济状况恶化，朱自华感到自己要承担家庭责任，遂改名"自清"，并提前一年投考北京大学本科，被哲学系录取。

平时他不太说话，比较内敛，然而是非自在心中。针对当时学校资源被富家子弟独享的不平等现象，邓中夏发起了一个"平民教育讲演团"，"欲期教育之普及与平等"。朱自清很快就报了名，大庭广众之下发表了一篇演讲《靠自己》。了解这些，或许就更容易理解他瘦弱文人的不凡气骨。1919年，朱自清加入《新潮》诗社，并且开始创作新诗，处女作《睡罢，小小的人》当年2月发表。五四运动发生时，朱自清虽然不是先锋，不去砸曹汝霖院墙、不去打章宗祥，但却始终走在游行队伍里。

1920年，朱自清提前一年从北大毕业，长女采芷也在这一年出生。此后他辗转于杭州、扬州、上海、台州、温州、宁波和上虞等地中学任教，同时从事新诗和散文创作。这段时间朱自清被国内动荡的局势和家庭的重负压得喘不过气来，历尽了生活的艰难与波折。然而作为一名国文教员，朱自清教学极其认真负责，从不懈怠。他对学生学习要求很严格，刚开始学生还不习惯，后来却慢慢都喜欢上了这位"矮矮胖胖"的老师。朱自清批改作业很仔细，从不吝啬心血，有错必改，看到精彩论点，则用红笔画上圈圈，还针对上面的缺点与错误，找出材料给同学参考，使他们对问题有较透彻的理解。小考大考时，他就趁机会为学生们校阅笔记，改正错误。他给学生改作业，都是字斟句酌、一丝不苟的，有一回他在一个学生的作业上改了一个字，过后他又把那位学生找来说："还是用你原来那个字吧！我想还是原来那个字好。"

1925年夏，朱自清赴北京任清华大学教授。国家局势动荡，军阀横行，朱先生常怀隐忧。1926年3月18日，段祺瑞政府炮制了"三一八"大惨案，一向温婉敦厚的朱自清撰文《段祺瑞政府大屠杀记》，痛斥政府的无耻恶行。1928年8月，朱自清出版散文集《背影》，在文坛引起强烈反响，并以平淡朴素而又清新秀丽的优美文笔独树一帜。朱

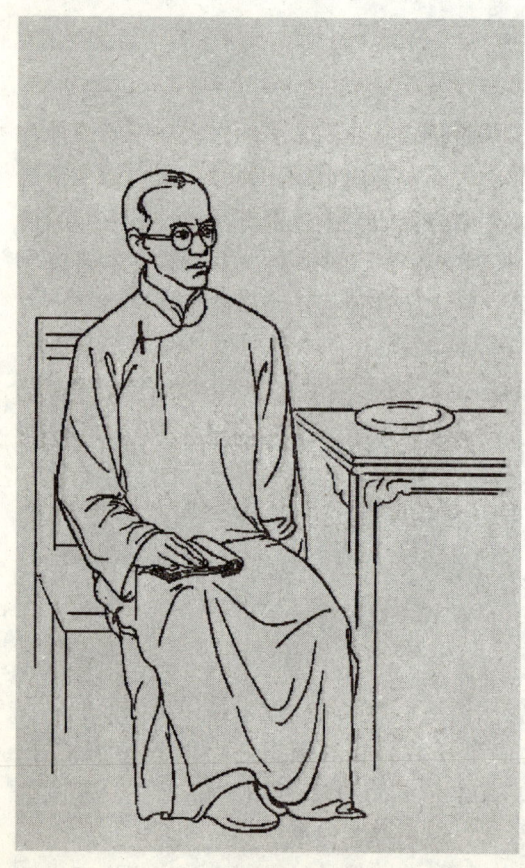

朱自清

自清散文惯于写内心的真情，同时他还注重细致认真的观察描写对象，有时甚至到了锱铢必较的程度。当他的《荷塘月色》发表后，有个姓陈的读者写信告诉他，说蝉子夜晚是不叫的。朱自清觉得自己那晚确实听到了蝉声，但为了稳妥起见，他还是问了好几个人，并写信向某昆虫学家请教。结果大家都认为蝉子夜晚一般是不叫的，只是偶尔才叫。朱自清因此怀疑自己是记错了，准备在散文集《背影》再版时，删掉蝉叫这个句子。可是后来他又两次亲耳听到月夜的蝉声，他才相信自己没有写错，而是一般人对月夜蝉叫的认识不准确。他还为此专门写了一篇文章，说明观察事物之不易。1928年11月26日，夫人武钟谦在扬州病逝，对他打击很大。三年后的一天深夜，朱自清抑制不住自己的思念之情，撰写了《给亡妇》一文，文章在《东方杂志》发表后，被读者誉为"至情"人写得"至文"。这篇用泪水写成的文字，使很多人都读得落泪。据一位中学教师说："每次给学生讲此文，总听到学生间一片唏嘘声，有多少女孩子且已暗暗地把眼睛揉得通红了。"对人对事，先生就是这么执着，但是绝对不偏执。

1931年，经人介绍，朱自清结识了陈竹隐女士。陈女士小朱自清七岁，毕业于北平艺术学院，是齐白石、溥西园的弟子，工书画，善度曲。六七月间，朱自清与陈竹隐女士在北平订婚。后同赴欧洲考察，翌年回国，在上海举行了简单的结婚仪式，开始了新的家庭生活。

抗日战争爆发后，清华大学最后南迁至昆明，朱自清也随校迁移，在长沙临时大学、西南联大任教。这一时期他写下散文《语文影》，与叶圣陶合著《国文教学》等书。抗日战胜利后，朱自清先生积极支持昆明学生反对国民党发动内战。1946年7月，著名的民主战士李公朴、闻一多被国民党特务暗杀。朱自清不顾个人安危，出席成都各界举行的李闻惨案追悼大会，并报告闻一多生平事迹。

朱自清一生清贫，但是他虽然穷，却极有骨气。他说："穷有穷干，苦有苦干，世界那么大，凭自己的身手，哪儿就打不开一条路？何必老是向人愁眉苦脸、唉声叹气的！"他不阿谀、不奉承、不虚伪，而是坚持正直地做人，依靠自己的劳作来谋求一家的温饱。1948年3月间，国民党垂死挣扎，推出了"行宪国大"的闹剧。一时间，选伪国大的活动密锣紧鼓地上场了，清华有个别教授参加竞选，他们跑来要朱自清帮忙投他们一票，朱自清十分厌恶，坦白告诉他们："胡适是我的老师，我都不投他的票，别的人我也不投！"有一个竞选立委的，也找上门来请他签名赞助，朱自清也直截地对他说："我不能签名，但并不是反对您。"有些达官贵人请他吃饭也被拒绝。有一个"名流"出高价要他写篇"寿序"，他虽然穷但不屑于做这种轻骨头的事，他轻蔑地对人说：

"那些人有什么功德可歌颂的?"朱自清持己极严,大事认真,小事也认真,私事认真,公事更认真。他有客必见,有信必回,凡公家东西,绝不许别人乱用,即使一张便笺,一个信封,也绝不往家里拿。也许我们印象最深还是朱自清在《抗议美国扶日政策并拒绝领取美援面粉宣言》上签名一事。当时,他已身患重病,但仍在宣言上面签了字,弥留之际,还嘱告家人不要买美国的配售面粉,始终保持着一个正直的爱国知识分子的高尚气节和可贵情操。可是,本来就是身患胃病的他更是虚弱不堪,最后在贫病之中逝世,年仅50岁。1990年,其夫人陈竹隐去世,与先生合葬在一起。

影响和评价

朱自清一生艰苦踏实的脚步,无愧于真正的知识分子的使命。李广田在观照一代散文创作后,也明确地指出朱自清作品的价值:"在当时的作家中,有的从旧垒中来,往往有陈腐气;有的从外国来,往往有太多的洋气,尤其西欧世纪末的颓废气息。朱先生则不然,他的作品一开始就建立了一种纯正朴实的新鲜作风"。是的,朱自清文如其人:浑厚、纯正、朴实,他的这种性格也渗透到了他的散文创作里,形成了一种纯正朴实而又清新优美的文风。在中学教育理论方面,朱自清有自己的见解和主张。他十分注重对学生进行全面的人格培养,在课堂上总是极力向学生传授新知识,播种新文学种子,又讲究教育方法,注重教学效果。他认为学生学习能否认真用功,关键在于教师,"固然要看你们的教法如何,但更重要看你的人格影响如何"。

钱钟书
——学贯中西的文化昆仑

性别：男　　**国籍**：中国　　**生卒年月**：1910 年～1998 年
入选理由："二十世纪人类最智慧的头颅"，被清华破格录取的文科天才。
经典语录：宁可我做了官，她不配做官太太；不要她想做官太太，逼得我非做官，非做贪官不可。

人物简介

钱钟书，原名仰先，字哲良。后改名钟书，字默存，号槐聚，曾用笔名中书君，现代著名作家、文学研究家。1933 年毕业于清华大学外国语文系，获文学学士学位。1935 年赴英国留学，1937 年毕业于英国牛津大学英文系，获副博士学位，后赴法国巴黎大学研究院研究法国文学。1938 年回国后在多所大学任教。建国后，历任清华大学外文系教授，北京大学、中国科学院、中国社会科学院哲学社会科学部古典文学组研究员。钱钟书深入研读过中国的史学、哲学、文学经典，同时也不曾间断过对西方新旧文学、哲学、心理学等的阅览和研究，著有多部享有声誉的学术著作。他的散文和小说也很出色，特别是长篇小说《围城》，才情横溢，妙喻连篇，可谓家喻户晓。

生　平

钱钟书周岁"抓周"时，第一下就抓住一本书不放，于是伯父为他起名"钟书"。这个名字倒真地验证了钱钟书一生嗜书如命的脾性。钱钟书十岁入东林小学，在苏州桃坞中学、无锡辅仁中学接受中学教育，十九岁被清华大学破格录取。钱钟书出生于诗书世家，自幼受到传统经史方面的教育，中学时擅长中文、英文，却在数学等理科上成绩极差。报考清华大学时，数学仅得 15 分，但他的国文、英文水平使不少同学佩服得五体投地，其中英文更是获得满分，因而被清华大学外文系破格录取。

钱钟书到清华后的志愿是：横扫清华图书馆。他有着非凡的记忆力，被人

钱钟书

叹称为"照相机式的记忆力"。他看过的即使是晦涩生僻的古籍，都能准确无误地复述，甚至一字不差。更让人称奇的是，他的记忆力到了七八十岁的高龄时也不曾衰退。晚年访问美国时，在美国耶鲁大学为他举办的茶话会上，他应付自如，迷倒了所有与会者。他常常对提及的学术内容倒背如流，提及一位英国诗人，就用优美的英语背诵一段这位诗人的诗作；提及另外一位德国诗人，就用德语背诵他的一篇作品；再提及一位拉丁诗人，又用拉丁语背诵一段其作品，把"耶鲁大学在场的老外都吓坏了"。

钱钟书的中文造诣很深，又精于哲学及心理学，终日博览中西新旧书籍。他上课从不记笔记，总是边听课边看闲书或作图画，或练书法，但每次考试都是第一名。当年在清华大学外文系有龙虎狗"三杰"之说，"狗"是翻译家颜毓蘅，"虎"是剧作家曹禺，"龙"则是钱钟书，为三杰之首。

尽管学习成绩很好，但在生活方面，钱钟书确实有点"痴气"。比如，他总分不清东西南北，一出门就分不清方向；穿衣服不是前后颠倒，便是内外不分。最出洋相的是上体育课，作为领队，他的英语口令喊得相当宏亮、准确，但他自己却左右不分，不知道该怎么办。口令喊对了，自己却糊里糊涂不会站，常常闹得全班哄堂大笑，自己却莫名其妙。聪明过人却又时常"糊涂"，这就是叫人难以捉摸的钱钟书。

1933年钱钟书从清华外文系毕业，校长冯友兰亲自告诉他要破格录取他留校，陈福田、吴宓等教授也都去做他的工作，想挽留他，希望他进研究院继续研究英国文学，为新成立的西洋文学研究所增加光彩。可他一口拒绝道：叶公超太懒，吴宓太笨，陈福田太俗，整个清华没有一个教授有资格充当钱某人的导师。其率真狂傲可见一斑。

建国后,钱钟书凭着超人的记忆力、达观的人生态度和孜孜以求的刻苦精神完成了学术著作《管锥编》。"管锥",喻意"以管窥天,以锥指地"。这部鸿篇巨制,可称作是中国古典文化在20世纪的最高结晶之一,其广博的思想和浩瀚的内容使人震撼。"文革"中,这位二十几岁便名扬四方的"文化昆仑",竟被指派在一名女清洁工的监督下打扫厕所,但他却一直幽默乐观地生活。

钱钟书是一位专注学术的人,对于应酬从不参加。一天,忽然有部门通知学部要钱钟书去参加国宴。钱钟书道:"我不去,哈!我很忙,我不去,哈!"

"这是江青同志点名要你去的!"

"哈!我不去,我很忙,我不去!"

"那么,我可不可以说你身体不好,起不来?"

"不!不!不!我身体很好,你看,身体很好!哈!我很忙,我不去,哈!"结果钱先生没有出门。

钱钟书淡薄名利,专注于读书治学。他不好拜客访友,也讨厌、憎恨别人拜访,客来常以病谢,积函多不作复。改革开放后,各国学界机构和院校纷纷邀请钱先生前去讲学,法国巴黎、英国牛津等世界名牌大学还竞出天价争夺钱钟书,无奈这位"钱"先生不为钱所动,一一谢绝。

电视剧《围城》热播后,钱钟书的新作旧著,被争先恐后地推向市场。面对这种火爆,钱钟书始终保持静默。对所谓的"钱学"热,他认为"吹捧多于研究","由于吹捧,人物可成厌物"。有外国记者曾说,"来到中国,有两个愿望:一是看看万里长城,二是见见钱钟书",简直把钱钟书看作了中国文化的奇迹与象征。当这位记者慕名托人表达想要见他的意愿时,他回话说:"假如你吃了一个鸡蛋觉得还不错,又何必要去认识那只下蛋的母鸡呢?"有人想用钱策动他接受采访,他却说:"我都姓了一辈子钱了,难道还迷信钱吗?"钱钟书认为作家的使命就是要抵制任何诱惑,要有一枝善于表达自己思想的笔,要有铁般的肩膀,概括起来说就是:头脑、笔和骨气。

钱钟书还是个幽默大师,他健谈善辩,口若悬河,隽思妙语,常常令人捧腹。1985年,时任中国新闻社香港分社记者的林湄从香港来到北京,想见钱钟书。林湄找到与钱先生熟悉的《文艺报》副总编辑吴泰昌,通过电话与钱先生联系。钱钟书在电话中警觉地说:"这分明是引蛇出洞嘛,谢谢她的好意,这次免了。"但林湄后来又一次进京,非要见钱钟书不可,她便约吴先生采取突然袭击的办法,直接找上门去。他们按了门铃,出来开门的正好是钱钟书本人。一见面,钱钟书哈哈大笑:"泰昌,你没能引蛇出洞,却又来瓮中捉鳖了……"

影响和评价

  钱先生博学多能,学贯中西,兼通数门外语,在文学创作和学术研究两方面均做出了卓越成绩。其中,《围城》有独特成就,被译成多国文字在国外出版;《谈艺录》融中西学于一体,见解精辟独到;《宋诗选注》在诗选与注释上都卓有高明识见,还对中外诗学中带规律性的一些问题作了精当的阐述。钱先生以贯通中西、古今互见的方法,融汇多种学科知识,探幽入微,钩玄提要,在当代学术界自成一家。因其多方面的成就,被誉为"文化昆仑"。钱钟书先生致力于人文社会科学研究,淡泊名利,甘愿寂寞,辛勤研究,饮誉海内外。他为国家和民族做出了卓越贡献,培养了几代学人,是中国的宝贵财富。许多中外著名人士,都对钱钟书作出了极高的评价,称之为"二十世纪人类最智慧的头颅"。

季羡林
——中国东方学研究的泰斗

性别：男　**国籍**：中国　　**生卒年月**：1911年～2009年

入选理由：见证中国发展百年的历史巨人，将中国东方学发扬光大者。对梵文、巴利文、吐火罗文均有很深的造诣。他的散文如行文流水，他的为人似杨柳微风，他一生笔耕不辍，诲人无数，桃蹊自成。

经典语录：每个人都争取一个完满的人生。然而自古及今，海内海外，一个百分之百完满的人生是没有的。所以我说，不完满的才是人生。

人物简介

他生于运河之滨，长于历山脚下，惯听大明雨荷，学入水木清华。他为求学漂洋过海，别子离家，留德十年成就了东方学史上的巍巍大者。他辗转回国，报效家邦，在北大拓荒开源，建立东语系，待人和善，友朋良多；诲人不倦，门生遍布。他一生致力于学术，著作等身，终成一代国学大师。

生　平

一代国学大师季羡林，几乎对所有美好的人与物均情浓于心。他爱猫，爱花草，爱友人，爱老师，爱学生，爱家庭，爱人民，爱祖国。他心软如绵，情密似线，面对动人之情境，泪海翻腾，常常是"真想到什么地方去痛哭一场"。这样一个他，形成绝非偶然，寻之于他的人生经历，或许可以发现蛛丝马迹。

大运河的柔波流经临清城下，临清西部的一个小村子官庄就是季羡林的故乡。虽然只是个贫寒农户，他的家庭却有着浪漫传统。他的叔父季嗣成也曾运气很好，买了赈灾奖券竟中得头彩，三千两银子足够他们用来发家致富。奈何他的父亲季嗣廉却有着齐地孟尝之风，请客吃饭豪迈不羁。竟然千百人同吃共喝，煞是鲜花彩锦，好不风光，可是却也让一个从天而降的家业，又飞天而去，空赢得一个季七爷的大名。季羡林出生的时候家里又恢复清贫状态，吃顿白面都成了过年过节时的奢侈。此时的季羡林虽然生活清苦，却也自由自在，慈母在侧，将其照顾得无微不至。童年的美好，也成为他以后魂牵梦绕的回忆。

六岁那年，他离开了家乡，离开了母亲，投奔在济南落脚的叔父，作为季家唯一的男孩，他是大家共同的希望。7岁的他进入山东省立第一师范学校附属小学，后转到新育小学读书。在这里所读不过"子曰"、"诗云"，然而学校还开设了英语课，他最早接触英语就从这里开始的。不过，他学习英语的兴趣的培养竟然是因为紫绛色的芍药花，"只要是一想起学英文，这一幅美妙无比的情景就浮现到眼前来，带给我无量的幸福与快乐"。小学毕业后他进入山东大学附属中学，这所中学的校长是著名前清状元王寿彭，他的书法在当时受到推崇，而季羡林因为考了四个甲等第一名的好成绩，得到了他的一幅对联与一个扇面。1928年，风云不测而生，日军出兵占领济南，季羡林的学校也因此停办。日本人在济南作威作福，一直到次年才撤军。这一年，季羡林进入了山东省立济南高中学习，在这里他遇见了影响自己一生的胡也频和董秋芳老师。胡老师是著名作家丁玲的老公，积极参与革命，每节课都在黑板上写着："什么是现代文艺？"然后天马行空地讲去，可惜后来他被国民党杀害了。接替他的是董老师，董老有知人之明，在一大群人中识出季羡林这个英才，因此季羡林一直对他念念不忘："我之所以五六十年来舞笔弄墨不辍，至今将过耄耋之年，也仍然不能放下笔，全出于董老师之赐，我毕生难忘。"

十八岁的季羡林在家里的安排下迎娶了温柔娴淑的彭德华。十九岁的时候他进京考学，清华北大争相录取，经过

季羡林

艰难选择，他进入了水木清华西洋文学系，主修德文。大学里的季羡林快活而又勤奋，与后来同样著名于世的吴组缃、林庚、李长之并称为"四剑客"。当年他们四个年少气盛，在清华工字厅高谈阔论，语出惊人，还曾经一起去偷听冰心先生的课，结果被扫地出门。在清华他跟吴宓、叶公超学东西诗比较、英文，选修陈寅恪教授的佛经翻译文学、朱光潜的文艺心理学、俞平伯的唐宋诗词、朱自清的陶渊明诗，并受到大家郑振铎的赏识，在诸多大家的培养下，他具备了成为一个大师的资格。

1934年毕业之后，他回母校山东省立济南高中做了名普通的国文教师。第二年，清华大学方面传来好消息，学校和德国达成协议相互交换一批留学生，季羡林得以留学。后来他总结自己出国的动机时说："宇宙进程中，我们拥有这次生命，不是容易事；时间比点火还要快，一闪便会消失到永恒的沉默里去。我们不要放过这短短的时间，我们要多看一些东西。就因为这点小小的愿望，我想到国外去。"① 火车穿过西伯利亚的寒风，故乡渐远直如梦幻，离愁别绪他预料到了，只是未曾想到的是这一去就是十几年。

他到达德国的时间是1935年9月16日，此时正是纳粹掌权时期，不过政局还比较稳定。他选择了德国学术中心哥廷根大学作为自己留学的学校。在这里他跟随梵语大师瓦尔德施米特教授学习梵文和巴利语，成为唯一的听课者，"开电灯以继晷，恒兀兀以穷年"，读完了厚厚三大册佛典《大事》，并且选修英国语言学、斯拉夫语言学为副系，并加学南斯拉夫文，滞留德国时又跟随吐火罗语泰斗西克教授学习吐火罗语。两年学习期满的时候，他却因为二战爆发与德国政府的阻挠而滞留德国。后来他在大学里谋到了一个讲师的职位，并继续学习，获得博士学位，在《哥廷根科学院院刊》发表多篇重要论文。在德国战事吃紧的时候，他和普通的德国民众一起饱尝了战争之苦，整天战战兢兢，还饿个半死。在异国他乡的这些年，他无时不牵挂着自己的祖国，牵挂着埋在故乡泥土中的母亲。终于熬到德国战败，经过千百转折，他和其他几个留学生历时近一年才回到祖国。

季羡林在回国后经陈寅恪先生的推荐受聘于北京大学，与马坚、金克木等人一起创办了北大东语系，并且成为系主任。建国后他成为仅有的56名一级教授中的一员，并积极投入到祖国的建设中去，培养了大量的东语人才。1956年，季羡林任中国科学院哲学社会科学学部委员。文革前，季羡林曾以中国文化使者的身份先后出访印度、缅甸、东德、前苏联、伊拉克、埃及、叙利亚等国家；"文革"中他被打成资产阶级当权派与反动政治权威，受到四人帮及其

---

① 《去故国》，《季羡林文集》第84页，北京大学出版社19年

北大爪牙的残酷迫害。1978 年他继续担任北京大学东语系系主任，并被任命为北京大学副校长、北京大学南亚研究所所长。1988 年，他任中国文化书院院务委员会主席，并曾以学者身份先后出访德国、日本、泰国。季先生是个极其和蔼慈祥的人，一直强调自己带有农民的土气。几十年吃的早饭竟然完全一样，只是烤馒头片就花生米。老年的他慈眉善目，头发雪白，不惹人注意，曾经被新生当成校工，让他帮忙看行李。他学术视野十分广泛，梵学、佛学、吐火罗文研究并举，中国文学、比较文学、文艺理论研究齐飞，为中国文化事业做出了重大贡献，于 2006 年成为"感动中国"十大人物之一。2009 年 07 月 11 日八时五十分 97 岁高龄的季羡林在北京 301 医院因突发心脏病病逝。

影响和评价

季羡林历经近百年沧桑，为人类文明的传承用尽了一己之力。他不但芳及当时，更是泽被后世，他的众多弟子活跃于中国现代学术舞台之上。国人对他强烈认可，颁奖词中说他："智者永，仁者寿，长者随心所欲。一介布衣，言有物，行有格，贫贱不移，宠辱不惊。学问铸成大地的风景，他把心汇入传统，把心留在东方……"温家宝总理也称赞他说："您写的几本书，不仅是个人一生的写照，也是近百年来中国知识分子历程的反映。"在他的九十大寿上，范曾写下一联曰："群星以北斗为尊，万里蒙麻曾贺米；学界持南山作寿，千秋有幸待烹差。"季老就是这样一个人，朴实无华，却有光芒万丈；不争名利，却声动九州，名垂青史，神驻文林。

钱学森
——中国航天、导弹之父

性别：男　　**国籍**：中国　　**生卒年月**：1911年～2009年
入选理由：钱学森在物理科学领域挥洒着自己的青春热血，他用赤诚的心回报自己的祖国、回报社会，他是闻名世界的火箭专家。
经典语录：不要失去信心，只要坚持不懈，就终会有成果的。

人物简介

钱学森，浙江杭州人，生于上海，中国著名物理学家。他不仅在37岁时成为加州理工学院和麻省理工学院的终身教授，后来还获得加州理工学院的杰出校友奖。回国后从事火箭和原子弹研究，被誉为"中国导弹之父"、"中国火箭之父"。

生　平

钱学森家境宽裕，父亲钱均夫，曾留学东洋，具有"兴教救国"的抱负，与蒋百里是至交好友；母亲章兰娟，为杭城富商之女，记忆力和计算能力超群。三岁那年，一家随父亲迁居北京。他那时便能背诵数百首唐诗宋词，并能够心算加减乘除，因而，钱学森小时候就有"神童"之称。蒋百里十分喜欢钱学森，他时常对钱均夫说："咱的学森，是个天才，好好培养，可以成为中国的爱迪生。"钱家只有钱学森这个独子，于是，钱均夫夫妇请蒋百里将他聪明可人的三女儿蒋英过继到家中，改名钱学英，与钱学森兄妹相称。钱学森就读于北京师大附中，后在上海交通大学读书。他对自己要求一直很严格，而且颇有古代君子之风。在上海交通大学读书的时候，有一次考试，他本来得了满分。可是试卷发下来时，钱学森发现自己在一处连续等式后将"NS"简为"N"，于是他主动要求老师给自己扣分。或许正是他的严谨使得他日后在学术领域能够做出一番成就来。

1934年暑假，他从上海交大毕业，考取了清华大学公费留学。钱学森将

钱学森

要留学美国的时候，蒋英为哥哥弹奏了一曲莫扎特D调奏鸣曲，这欢快流畅的曲子表示了对哥哥将来的祝福和期望。1935年8月，钱学森进入麻省理工学院航空系，学习成绩一直名列前茅。然而学工程要到工厂去实践，可当时美国航空工厂歧视中国人。航空系硕士毕业后钱学森希望学到更高深的理论知识，成为站在科学最前沿、具有深厚理论基础的科学家，并同时具有丰富实际经验的工程师。为此，钱学森作了一生中最重要的选择，毅然转向航空工程理论——应用力学的学习。于是，1936年10月他转学到加州理工学院。因为，坐落在洛杉矶市郊帕萨迪纳的加州理工学院航空系，有一位大名鼎鼎的空气动力学教授冯·卡门。20世纪30年代初，航空科学还处于襁褓之中，冯·卡门当时是这一领域的顶尖人物。

见面之初，冯·卡门抬头仔细打量着这位仪表庄重、个子不高的年轻人。他提出了几个问题让钱学森回答，钱学森稍加思索便异常准确地回答了他的所有提问。冯·卡门暗自赞许：这个中国人的思维敏捷而又富于智慧。于是他高兴地收下了这位学生。然而，钱学森没想到自己居然能够成为冯·卡门组织的美国加州理工学院古根海姆航空实验室火箭组成员。1945年初，钱学森成为以冯·卡门为团长的空军科学咨询团的成员。德国投降后，他得到老师推荐随该团的考察小组到欧洲考察航空和火箭技术。1947年初，36岁的钱学森成为麻省理工学院的正教授。同年夏季，钱学森请假回国探亲，9月中旬和当时已是著名歌唱家的蒋英结婚，两人一起前往美国。

1950年，麦卡锡主义盛行的时候，美国对各国移民表示出极大不信任，这种怀疑慢慢蔓延到钱学森身上，他们质问钱学森是否是共产党人。钱结识的一位朋友是共产党人，但他们大多在音乐上有交流，而且钱学森当时并不是共产党人。然而通过此次事件，钱学森深感在美国，中国人即使是付出再多也会被怀疑为不忠，他觉得祖国才是最需要他的地方，于是毅然决定回国。然而，正准备回国的钱学森却受到美国政府的非法阻挠。当时美国的一位海军高级将领金布尔说:"钱学森无论走到哪里,都抵得上 5 个师的兵力,我宁可把他击毙在美国也不能让他离开。"钱学森甚至受到美国政府的监禁,15 天瘦了十五公斤。加州理工学院四处募捐到 1 万 5 千美元才保释他出来。回到家里,妻子蒋英对他说话,钱学森只能点头或摇头,一时间都说不出话来。后来,海关又没收了他的行李,包括 800 公斤书籍和笔记本,他们硬说里面有机密材料。其实,在打包之前,钱学森已交他们检查过,而他们所谓的机密材料,不过是早已公诸于众的密密麻麻的对数表。可是,美国移民局依然不让钱学森离开,他可以回到学校任教,但是每个月都必须固定去移民局签到,行动也总是处于暗地监视中。

五年之后,在中国政府和美国外交交涉之下,1955 年 8 月 4 日,钱学森收到了美国移民局允许他回国的通知。1955 年 9 月 17 日,钱学森梦寐以求的回国愿望终于得以实现!这一天钱学森携带妻子蒋英和一双幼小的儿女,登上了"克利夫兰总统号"轮船,踏上了返回祖国的旅途。

回到中国以后,毛泽东主席宴请了他,中国政府将导弹计划也提上日程。1955 年初冬,刚刚冲破美国当局阻挠回到祖国的钱学森,来到哈尔滨军事工程学院参观。院长陈赓大将问他:"中国人能不能搞导弹?"钱学森说:"外国人能干的,中国人为什么不能干?难道中国人比外国人矮一截!"于是,这就有了 1956 年的国防大事——国防部第五研究院的成立。10 月 8 日,中国最早的导弹研究机构——国防部第五研究院在北京正式成立。钱学森任院长,在聂荣臻领导下,负责导弹的研究、设计、试制任务。他做的第一件事,就是为中国的导弹事业举办"扫盲班"。然而作为院长,他负责的事情过于繁杂,既要带领大家攻克技术难关,又要为研究院一大家人的柴米油盐操心,有时研究院的报告和幼儿园的报告会一同等待他批示。他说,我哪懂幼儿园的事呀?为了潜心研究导弹技术,他给聂帅写信,要求"退"下来改正为副。由于他当时参与的任务都属于国家军事机密,为了不泄秘,他对妻子蒋英都只字不提。儿子永刚说,自己小时候就一直说不清楚父亲是做什么的,只知道他总是很忙。一次,钱学森的消失,让蒋英着急了。她前去向领导人质问:"钱学森去哪里了,他不要我们了?"而那一次消失,是因为要完成一项只能成功不能失败的任务——攻克原子弹。他顶着巨大的压力,连续在实验区工作了三个月,直到蘑菇云在中国西部的天空壮丽翻起的时候,他才放下心来;兴奋之余,他才得以安心休息。

钱学森回国后,一直很努力的工作、学习,手稿、书信都是一捆一捆的,每年看过的书和资料都要用卡车计量,就是这样,他才得以始终站在科学和技术领域的最前沿。不过,也许因为有太多顾虑,他甚至没能做到和妻子在中国的土地多走走,到处看看,而是常年久住北京,很少外出。2009年10月31日,北京的雪比往年都要来得更早,纷纷扬扬,也更加厚实,98岁的老人在这一天溘然长逝。

影响和评价

钱学森努力工作,却淡泊名利。钱老说:"我姓钱,但我不爱钱。"钱老"不爱钱"虽然名扬四海,但他绝不沽名钓誉。钱学森坚持"六不"——不题词、不为人写序、不参加鉴定会、不兼任任何顾问或名誉顾问、不到外地开会、不出国;单位要为他建房他不同意,他有生之年一直住在红砖楼内;报刊上颂扬他的文章被打招呼"到此为止";就在万元户为数不多的时候,他却将100万港元的巨额奖金支票,全部捐给了西部的治沙事业。晚年,他还致力于研究治沙产业,以帮助西北地区民众摆脱贫困和恶劣环境的威胁。从某种角度上说,他不只是像美国国防部长曾说的抵得上5个师的兵力。

张爱玲
——民国世界的临水照花人

性别：女　　**国籍：**中国　　**生卒年月：**1920年～1995年
入选理由：傅雷先生曾将张爱玲的小说誉为文学上"最美的收获"。读过
　　　　　　她作品的人，无不为她活色生香的文字而倾醉；了解她生活的
　　　　　　人，无不为她跌荡传奇的人生而赞叹。
经典语录：因为爱过，所以慈悲；因为懂得，所以宽容。

人物简介

她有一部小说集叫做《传奇》，其实，用这两个字来形容她的人生亦是再恰当不过了。她出身名门，家世显赫，然而童年却在父母不和的阴影中度过。她天赋英才，性格内向孤僻。战争毁了她的留学梦，然而又是战争给了她一个展示文学才华的独特舞台，使她的人生得到最华丽的绽放。她倾其所有去爱一个人，但她所爱的人不仅是个有名的汉奸，而且还是个薄情负心之人。最后，她在受尽欺骗和侮辱之后与之决绝。后来，她逃离大陆，在异地他国孤苦地承受繁华之后的落寞与凄凉。她，是一个传奇，是民国世界的临水照花人。

生　平

张爱玲原名张煐，祖籍河北丰润，出生于上海。其祖父张佩纶是同治年间进士，是与张之洞齐名的清流派才子。祖母是李鸿章的长女李菊藕，也是个才女。阔少爷出身的父亲张廷重娶了名门望族的千金黄逸梵，他们的第一个孩子就是张爱玲。显赫的身世为张爱玲的传奇人生写下了最初的一笔。

显耀的家世到她父亲这一代虽已是强弩之末，但他们家还颇能撑持起门面，过着衣食富足的日子。只是，外表的繁华却掩饰不了家庭的不和，撕心裂肺的呼喊穿透了张煐的心。父亲是个洋场阔少，生活浪荡颓废，婚后不久就赌博嫖妓、吸大烟、养姨太太；母亲却是一个新派女性，颇有自强自立的意识，

她看不惯丈夫的遗少作风,更忍受不了他在外面养姨太太,两人经常争吵。每次父母吵架的时候,她和小弟弟都会被佣人抱到阳台上。听着屋内传来凄厉的叫喊声,中间夹杂着摔东西的声音,小煐煐内心十分恐惧和无助。后来母亲终于忍受不了这样的生活,出走欧洲,幼小的煐煐彻底失去了母爱的庇护。父母失和对她幼小的心灵不啻是莫大的打击,张爱玲第一篇小说就写了一个家庭悲剧,可见家庭环境对她的影响。

但是家庭的不幸并没有掩盖张爱玲的才华,她在《天才梦》中说:"我是一个古怪的女孩,从小被称为天才,除了发展我的天才外别无生存的目标。"3岁那年,她对着一位坐在凳子上的满清遗老朗吟诗句"商女不知亡国恨,隔江犹唱后庭花",直使得老人的泪珠从满是皱纹的脸上慢慢滚了下来。4岁她就开始创作小说,遇到不会写的字,就噔噔地跑到厨房去问下人。14岁,她模仿鸳鸯蝴蝶派的手法写了章回体小说《摩登红楼梦》,里面写到贾宝玉、林黛玉、刘姥姥等坐火车到杭州游玩,在西湖边边看戏边吃冰激凌。然而,张爱玲也可谓是一个怪才,她在日常生活中极端笨拙。她扣不好纽扣,怎么也织不好毛线,害怕去店铺里试衣服;她曾在一间房里住了两年,却仍然不记得电铃在哪儿;接连两三个月天天乘黄包车上医院去打针,最后还是不认识那条路。一般人轻而易举就做到的事情,她却是一本正经,如临大敌,无怪乎她说自己在生活中"就等于一个废人"。母亲曾多次想把她教成一个淑女,最后却不得不放弃,她感慨地对女儿说:"我真希望自己没有把你生下来。"张爱玲十岁入小学,正式取名张爱玲。中学读的是圣玛丽亚女校,她在校刊《国光》上面发表了习作《牛》和历史剧《霸王别姬》。国文老师称赞说,把她的《霸王别姬》和郭沫若的《楚霸王之死》相比,有过之而无不

张爱玲

及。在毕业调查问卷"最恨的事情"一栏里，她写道"最恨一个天才的女人忽然结了婚"，令人刮目相看。

1938年，张爱玲以远东第一名考取了伦敦大学，但却因战事而无法成行，只好转读香港大学。在香港读书的三年中，她非常用功，而且注意揣摩老师的心理，因此成绩十分优异。有个老师曾感慨道，他从未给过学生像张爱玲这么高的分数。香港的生活，在张爱玲心中，是童年生活之外的又一次人性的磨难。她的一位外籍老师怀抱着一腔热血去参加战争，结果却糊里糊涂地被自己的士兵打死。枪林弹雨中，她看尽了生与死的磨难。一帮年轻的学生护士（包括张爱玲）听到病人的呻吟会感到厌恶，而当那个最难缠的病人死了，她们感受到的竟是欣慰。人生的荒唐和人性的丑恶与自私在这里显露无遗。更可悲的是，这一切又都像是命中注定，无法改变。1942年香港沦陷后，张爱玲肄业从香港返回上海，和姑姑住在一起。

1943年3月初的一个下午，春寒料峭，乍暖还寒，一位身着鹅黄缎袍、二十出头、身材高挑的女士在路上匆匆走着。她的衣袖很短，露出下半截手臂，手挽着一个布包，布包里装着两部叫做《沉香屑——第一炉香》、《沉香屑——第二炉香》的中篇小说的手稿。她转入一个巷子，在一扇门前停下，顿了顿，看了看那高大的门扇，然后当当地扣响了门上的铁环。这位女士就是张爱玲，她叩响的就是当时著名的"鸳鸯蝴蝶派"代表作家、《紫罗兰》杂志主编、周瘦鹃的门。在这个仍充斥着微寒，而又无处不弥漫着希望与欢乐的下午，她叩开的不只是一扇普通的门，同时也扣开了通往文学殿堂的神圣之门。通往成功的路有时候是漫长的，有时候是短暂的，但有时候也是必然的，但震动人心的决定时刻，却总是那不经意的一刹那。"出名要趁早"，这是张爱玲的心声。

不久后，张爱玲的两部小说在《紫罗兰》创刊号上发表。小说受到读者的好评，张爱玲一发不可收，又连续在不同的杂志上发表了描写香港生活的小说《茉莉香片》、《心经》、《倾城之恋》等，以及以上海生活为背景的《封锁》、《金锁记》、《红玫瑰与白玫瑰》等，其中最著名的是《倾城之恋》和《金锁记》。《倾城之恋》发表后颇受欢迎，很快被改编为话剧，上演月余，反响强烈。大红大紫的她同时还写了大量散文杂谈，如《童言无忌》、《更衣记》、《炎樱语录》等。1944年，张爱玲的小说集《传奇》出版。

那一年她结识了胡兰成，发展了一段令她心碎的姻缘。胡兰成看了《天地》上刊登的一篇张爱玲的小说后赞叹不已，产生了要结识她的渴望。胡兰成虽是个臭名昭著的汉奸文人，却也颇有几分才华。他欣赏张爱玲的天才，懂得家庭生活对她的影响。"因为懂得，所以慈悲"，张爱玲也不在乎他的身份而和他交往。一天，胡兰成向张爱玲提起刊登在《天地》上的照片，张爱玲便取出来送给他，还在后面题上几句话：见了他，她变得很低很低，低到尘埃里。但她心里是欢喜的，从尘埃里开出花来。半年后，两人结为夫妇，这年张爱玲23岁，胡兰成38岁。但是胡兰成风流成性，去武汉办公一个月，就与17岁的护士周训德结了婚，张爱玲闻讯后非常伤心，但也无可奈何。抗战胜利后，国民党政府要严惩汉奸，胡兰成化名躲到温州，在温州又很快与范秀美结了婚。半年后，张爱玲辗转至温州找到他，受到的却是欺骗与冷落。离开温州的时候，她叹着气对胡兰成说道："你到底是不肯。我想过，我倘使不得不离开你，亦不致寻短见，亦不能够再爱别人，我将只是萎谢了。"1947年，张爱玲主动与胡兰成离婚，离婚的时候还送给胡兰成一大笔钱。

因为和胡兰成的特殊关系，再加上参加过"大东亚作家座谈会"，张爱玲被一些人视为汉奸，抗战胜利后的写作也一直受到压抑。1952年，张爱玲迁往香港，在这里发表了《秧歌》和《赤地之恋》。1955年秋，张爱玲移居美国，次年结识了美国左翼剧作家赖雅并与之结婚，当时她36岁，赖雅65岁。张爱玲与赖雅一起生活了11年，直到赖雅逝世。赖雅去世后不久，张爱玲迁居洛杉矶，她在这里完成了《红楼梦魇》和《海上花列传》的翻译。1983年，她又将《色·戒》、《相见欢》、《浪花浮蕊》结集成《惘然记》出版。张爱玲晚年深居简出，过着与世隔绝的隐居生活，1995年9月8日，被人发现已孤独地死于洛杉矶的公寓中。她的后半生极其孤独，有人说，只有张爱玲才承受得住极度繁华之后的落寞与凄凉。

影响和评价

夏志清在《中国现代小说史》中，用比鲁迅更长的篇幅介绍了张爱玲，将她的小说从历史的尘埃中挖掘出来，赋予其高度的文学史意义。可以说，张爱玲使文字有了颜色、味道、重量和活力。文字在她的手中是那么的顺从，彷佛一个个有生命的东西，自然地跳到她的眼前来。张爱玲是民国世界的临水照花人，她对人生和人的各种心理了解的十分透彻，并写出"生命是一袭华丽的袍，上面布满了虱子"这样幽冷的比喻。张爱玲的作品影响了六七十年代的台湾文学，成为台湾文学界不多的可以模仿的对象；也影响了改革开放后的大陆文坛，在大陆掀起了一股经久不衰的张爱玲热。张爱玲的文学作品是一种华丽的生命，而她的曲折人生又是一部传奇作品，她就在这文学而人生，人生而文学的模糊界限中，获得了永恒的生命。

杨振宁
——最早获得诺贝尔奖的华人之一

性别：男　　**国籍**：美国　　**生卒年月**：1922年～
入选理由：他告诉中国人，你们并非不可以做科学研究。曾获诺贝尔奖的他为中美之间科学技术文化的交流做出了重要贡献。
经典语录：二十年内，中国人将获诺贝尔数学奖。

人物简介

1957年杨振宁因与李政道共同合作推翻了爱因斯坦的"宇称守恒定律"，而获得诺贝尔物理学奖金。曾任教普林斯顿大学，后于纽约州立大学石溪分校主持理论物理研究所。2003年12月，杨振宁打点行装，告别生活60年的美国，定居到装满他童年美好回忆和寄托着他希望的清华园。现任清华物理系教授。

生 平

1971年，杨振宁充当改善中美关系大使返回久别的中国大陆，受到极高礼遇，毛主席宴请他，周恩来总理接见他。2003年，他回到清华园，定居于那个两层别墅的"归根居"，并给清华本科生讲授物理基础。2004年，他备受争议，不是因为他回到清华园，而是因为他82岁却要迎娶一个28岁的女孩。但是，这只是新闻中的他。他曾回忆说，自己的成功离不开幸运，同时，一个人的抱负也很重要。他也总是不断地提到中国血统和西方教育结合带来的好处。

民国十一年（1922），杨振宁出生。他还未满周岁时，父亲杨武之考取了公费留美，出国留学去了。四岁时，母亲开始教他认方块字，一年多的时间教了他三千个字。杨振宁在合肥生活了六年，那时候军阀混战，常常打到他们家，于是就要跑到乡下或者洋人办的医院里去躲避。他小学时候数学和语文都很好。1929年秋天，父亲成为清华大学数学系教授，一家人就住在了清华园。

抗日战争爆发后，父亲随校去西南联大教书，杨振宁从合肥高中转到昆明的昆华中学。当时辗转流难的中学生非常多，教育部规定所有学生不要文凭就可以同等学力报考大学。那一年，即1938年，杨振宁考上了西南联大，他才16岁。杨振宁是一个非常重视学习的人，比较容易集中注意力，尤其善于同前辈交流，从而获得有益的指导。西南联大虽然是战乱中临时建立起来的学校，但是学术氛围浓厚，各界优秀的人才都集聚在那里。且不说他的物理系老师有当时的名人如吴有讯、周培源等，国文老师也是我们耳熟能详的学问大家如朱自清、闻一多、罗常培、王力等等。在那里，他还遇到了对他的研究方向有决定性影响的吴大猷和王竹溪两位老师，这还得从他的学士论文和硕士论文说起。

1941年秋天，他去找吴大猷教授，想跟他做论文。吴教授给了他一本《现代物理评论》，他在其中发现了自己喜欢的一篇文章，是讨论光谱学和群论关系的。他把文章拿给父亲看，父亲虽然是教数学的，但是也很了解群论，就把在芝加哥留学时的老师狄克逊的文章《近代数理理论》给了儿子。所谓群论，正是后来他潜心研究的领域——对称原理。而王竹溪先生指导了他做关于力学统计的硕士论文。这两个方向正是杨振宁在国外留学、工作所研究的主要方向。

学生时代的杨振宁正值青春年华，曾有过一段青涩的恋情。他一向平静如水的情绪因为一个女生的出现而扰乱了。那个女孩是他父亲的学生，经常来家里请教问题。杨振宁看在眼里，便逐渐对她有了好感。为了跟她说上几句话，他于是经常在她路过的地方等着，"那时她经常穿一件红色的衣服"。他猜想这个女孩也许对他也有意思。不过，这样过去了一两个月后，杨振宁觉得自己的情绪实在像"风暴"了，对自己很不好，就说服自己结束了这一段莫名的感情，很快回到学习上去。而学习上，杨振宁总能很快地找到适合自己的独特方法。有一阵，他认为自己需要提高英文水平，决定不用字典来念英文小说并选了斯蒂文森的《金银岛》作为开始。这部小说里有很多与大海相关的俚语，因而很难念，他花了一个星期苦念这本书后，接着念奥斯汀的《傲慢与偏见》。熟读了这两本书以后，杨振宁说："以后就容易了。"硕士快毕业的时候，杨振宁考取了公费留美，但因为签证推迟的缘故，他在联大附中教了一年数学。

1945年杨振宁坐飞机到加尔各答，等了三个月后，终于登上了去美国的船。他自己回忆说为了跟随费米才选择入芝加哥大学读硕士。杨振宁非常清楚自己的实验能力比较差，但是很愿意在这方面试试。实验室里的同事们总是笑说："哪里弄得乒乓作响，哪里就有杨振宁。"1948年夏，杨振宁完成芝加哥大学博士学位。1949年秋天，当新中国刚成立的时候，他进入了普林斯顿大学高等研究所工作。老师费米教授忠告他，普林斯顿是一座"象牙之塔"，与世隔绝，在那里面呆得太久，对思想、学术的发展并不是一件好事，他劝杨振宁在那里研究一两年后就转换到更开放、更活跃的学术环境里去继续发展。可是，这时已陷入热恋中的杨振宁，为了方便和女友杜致礼见面，还是决定留下来。1950年8月26日，杨振宁和杜致礼在纽约举行婚礼。

可以说，杨振宁十分清楚自己想要的是什么，他总是制定一定的计划，并且不断地向着自己的目标前进。真正让他闻名的是，杨振宁与李政道合作提出了弱相互作用中宇称不守恒的理论。这一重大成果冲

杨振宁

破了当时物理学界的传统观念，促进了基本粒子理论的发展，被科学家们称之为"科学史上的转折点"。用实验证实宇称不守恒猜想的女科学家吴健雄回忆说："我清楚地记得，第二天早上，我们的实验室寂静无声，几位低温实验室的其他组同事走过时感到奇怪，他们（指杨振宁和李政道）忽然转过头来，看着纸篓，自言自语说'好啊，在β衰变中的宇称守恒定律已经死了。'"剑桥大学弗里施教授评说道："'宇称是不守恒的'这一难懂的语句，像一个新的福音传遍了全世界。"杨振宁在统计力学和凝聚态物理学上也有所突破。1965年杨振宁应纽约州立大学校长托尔邀请，去了石溪分校主持物理研究所，担任教授，他开心地称之为跳出象牙塔。他在那工作了许多年。

2003年10月，杜夫人因病逝世。两位老人相伴走过了五十多年，他们育有两儿一女。儿女留在美国生活，杨振宁接受了清华大学的邀请，回到中国，落户清华园。他说："回到清华来，我又开始了新的旅程，主要的目的就是希望能帮助清华训练一些年青人……如果我能够帮助他们走到正确的学习、研究的道路上去，这当然是一个很值得做的事业。"2010年3月，清华学堂人才培

养计划四项目之一——清华学堂物理班——开班典礼在西阶教室举行,杨振宁以清华大学高等研究院教授身份出席典礼,勉励学生们勤奋学习,相约十年后再来评述大家做出的贡献。

影响和评价

美国物理学家、诺贝尔奖获得者赛格瑞(E. Segre)推崇杨振宁是"全世界几十年来可以算为全才的三个理论物理学家之一"。而杨振宁自始至终认为,青少年时期在国内受到中国传统文化教育的影响,对自己事业取得的成就至关重要。因此,在获得诺贝尔物理奖颁奖典礼上,杨振宁讲到:"我虽然献身于现代科学,但我对于我所接受的中国传统和背景引以为豪。"

在尼克松访问中国之前,作为中美关系的友好使者杨振宁抵达大陆,那时他欣然写下这样的诗句:"尘寰动荡二百代,云水风雷变幻急;若问那山未来事,物竞天存争朝夕。"他一直心系中国教育改革和中国未来的发展状况。在回清华校园之前,杨振宁多次举办讲座、演讲报告等,讲述自己的事迹之余更多的是告诫年轻的一代要结合不同教育方式的优势来发展自己,要将眼光放长远。

金 庸
——武侠小说的"泰山北斗"和"绝代宗师"

性别：男　　**国籍：**中国　　**生卒年月：**1924年～

入选理由：金庸是新派武侠小说最杰出的代表作家，他的创作使中国武侠小说达到新的高峰。同时，他也是香港著名的政论家、报界达人。

经典语录：我们驰骋的江湖，又岂是一把利剑所能轻易概括的。

人物简介

金庸，原名查良镛。他开创了形式独特、情节曲折、描写细腻且深具人性和豪情侠义的新派武侠小说的先河。金迷们尊称他为"金大侠"或"查大侠"。查良镛还创立了香港大报《明报》，并以其鞭辟入里的社评被誉为"香港第一健笔"。他的社评不仅深得香港市民喜爱，甚至国共两党政要、美国国务院议论时政也会参阅。

生 平

金庸先生现在已经是八十多岁高龄。1924年2月，他出生在浙江海宁袁花镇，那时名字叫做查良镛。海宁查家是一户大家，金庸可以说是成长在富有的书香门第。查家的宗祠里，有一副对联"唐宋以来巨族，江南有数人家"，是金庸祖先——书法家查升请康熙帝御笔亲题。浙江海宁确实是一个人才辈出的地方。近代国学大师王国维就是海宁人，另外还有诗人徐志摩、著名军事家蒋百里等，而诗人穆旦（原名查良铮）就是查良镛堂兄，徐志摩是其表兄，蒋百里也为其近亲。

查良镛本人也不一般。15岁时和同学一起编写了一本指导学生升初中的参考书《给投考初中者》，畅销浙江、福建等地。因执着于心中的正义和理想，他出言得罪校领导，两度被学校开除。第一次是被联合高中开除后，转学衢州中学；心怀外交官梦想的查良镛考入了国立政治大学，却由于不满学校国民党职业生横行霸道,投诉后被校方勒令退学。梦想突然中断,去向不定,查良镛还是因为关系才到中央图书馆工作。有意栽花花不开,无心插柳柳成荫。就在当图书管理员的那一阵,他能够有时间大量广泛的阅读,甚至如英文原著《撒克逊劫后英雄传》、《基督山恩仇记》等。在报社工作时,他也上东吴大学夜校,学习国际法律。

抗日战争胜利后,上海《大公报》复刊,要招编辑。声望好、信誉高的公司、企业什么时候都会很受欢迎,《大公报》就是如此。当时报名人数达到3000名。查良镛凭着自己的经历见识闯过了笔试、面试大关,最终进入了《大公报》。随后,查良镛调入香港,当时是做编辑和翻译收听的英语国际电讯广播。他一直都比较留心政治、外交方面相关的事情。就在新中国成立一个多月之后,国共为航空、铁路公司等资产的归属争辩不停时,他撰写了《从国际法论中国人民在国外的产权》,阐明中央政府拥有香港资产。他在国际外交方面的见地得到了资深外交大使梅汝璈的欣赏。从这篇论文开始,查良镛源源不断写这方面论文。1950年,《大公报》所属《新晚报》创刊,查良镛任副刊编辑,主持《下午茶座》栏目,也做翻译、记者工作。当时他与梁羽生(原名陈文统)一个办公桌,两人时常下棋,写棋话,谈论武侠小说。一个有趣的机缘促成了新派武侠小说的创立。

1953年,当时香港两位著名的拳师要在澳门举行擂台赛,此事引起市民热情关注,报纸争相采访报道,《新晚报》有关比武的《号外》一抢而空。面对如此好景,当时总编辑罗孚眉头一皱,计上心来,何不趁热打铁?于是他找到梁羽生,让他写武侠以飨读者。梁羽生写就的《龙虎斗京华》在《新晚报》刊登,火极一时,武侠小说连载也因此成为报

金 庸

民们的钟爱。后来《香港商报》急需刊登武侠，梁羽生一人应付不过来，罗孚就向他们推荐了查良镛，从这开始世上便生出了一个"金庸"。《书剑恩仇录》署名"金庸"，武侠连同着这个名字一炮走红，在商报上连载了近一年。此后，金庸一发而不可收，连连推出新的武侠小说。1956年，金庸写了《碧血剑》，火爆香港，与此同时他还赶着《雪山飞狐》的稿子。而就在大家依然停留在《雪山飞狐》的讨论上时，金庸又给大家奉上别具一格的《射雕英雄传》。金庸武侠此时不仅引起了"全城轰动"，并且波及东南亚。当时香港和曼谷的报纸都是靠班机传送，而有的报社为了抢先给读者送上作品紧要的更新内容，等不及班机，竟然用电报发送香港当天作品。就这样，金庸成了"武林中人"。虽然这位武林大侠在武侠世界里游刃有余，他还是十分想拥有自己的一份报纸。金庸风趣地回忆说因为自己做老板会比较好，少受人指使。

1959年，金庸与中学同学沈宝新合资创办《明报》，任主编兼社长达35年，历经千辛万苦并最终修成正果。然而草创之初，大家都以为《明报》必定夭折。当时报社才四个人，查良镛拼命地维持着报纸的发行，他每天都要写稿，审稿，半夜还要看最后的样报，确定没有问题才乘着小渡船回家休息。报业竞争激烈，从创刊之日起，他就连载《神雕侠侣》，靠着《神雕侠侣》和《倚天屠龙记》来改善报纸的经营状况。虽有武侠小说支持，报纸销量不会太低，但查大侠却十分明白自己的报纸难成气候。因为，社评才是报纸的灵魂。

一次意想不到的机缘让他振奋不已。1962年5月，中国大陆出现严重经济危机。10万大陆居民涌向香港，形成浩荡的"逃亡潮"，香港一片混乱，警民冲突加剧。查良镛发表了十来篇社评，支持政府遣返政策，同情大陆同胞遭遇，查良镛用自己的笔不停地申述这一相对公正的立场。当时《明报》的报道和评论坚持独立的立场，充分发挥了社评的引导作用。此后，报纸销量翻倍递增，并且跻身大报行列，加上之后数年的苦心经营，查良镛最终成就了自己的报纸事业。《鹿鼎记》之后，也就是自己的报纸成熟了。查大侠坦白地说自己没有心思再写武侠，他于1972年宣布封笔。退出侠坛后，金庸开始修订仓促而成的武侠作品。

查良镛十分感谢在香港的那么些年，很愿意为香港做一些力所能及的事情。1981年后，金庸数次回到内地，先后受到邓小平、江泽民等领导人的接见。1981年2月19日，在中英双方官员就香港前途问题试探性接触时，查良镛在社评里这样说："中国政府绝不签署任何丧失领土主权的协定……新的安排将不改变香港政治、社会、经济现状。"接着，在第二天的社评《关于香港未来的一个建议》里提出一个"新的安排"的大致设想。他说协定在北京、伦敦或香港签字都可以，那只是形式；"内容主要为三点：一、香港是中国领土。

二、香港现状不变。三、中国如决定收回香港，应在 15 年之前通知英国。"可以说，查良镛的预见性是十分强的，邓小平和撒切尔夫人之后会谈的结果是双方同意于 1997 年收回香港，与社评预测内容基本相同。

1986 年，金庸被任命为基本法起草委员会"政治体制"小组港方负责人。体制还没出炉的时候，他和委员们顶着记者们的围追堵截，不停地讨论翻新方案。第二天就要发布文件了，他还在赶着修改协调方案。晚上一点多钟，方案修改完毕，查良镛把它交给秘书后长舒一口气，感到些微轻松。别人以为这么付出的他肯定是想要参与政界，但是，查良镛并没有前去参加庆功会，而且辞退了委员职务。他说自己只是想尽力为香港做一些事情。最后通过的方案和他提供的草案十分相近。那时候，他感到自己有些累了吧，他已经年近古稀。

影响和评价

2009 年夏天，金庸加入作家协会。荣誉滚滚而来，但是这都无所谓，他应该快乐自在的享受以后的日子。"飞雪连天射白鹿，笑书神侠倚碧鸳"，由金庸十四部武侠小说名字的第一个字联结而成，不光便于作品记忆，还显示出了作家豪情侠义并功成身退的平和追求。

金庸极好佛学，认为无欲无求才是最高境界，但是他笑说自己做不到。也许就是做不到无欲无求，他才能够创立《明报》，他才参政议政，而到了该放手时就放手。而他与黄沾、蔡澜、倪匡并称"香港四大才子"。有人这样评论他："金庸一支笔写武侠，一支笔纵论时局，享誉香江；少年游侠，中年游艺，老年游仙；为文可以风行一世，为商可以富比陶朱，为政可以参国论要。"

李政道
——最早获诺贝尔奖的华人之一

性别：男　　**国籍**：美国　　**生卒年月**：1926年～
入选理由：最早获诺贝尔奖的华人之一、神童博士、哥伦比亚大学历史上最年轻的正教授、中国大学生见习进修基金的创立者。
经典语录：科学和艺术是一枚硬币的两面。

人物简介

李政道，美籍华裔物理学家，祖籍江苏苏州，出生于中国上海。著名的物理学贡献有：李模型、高能重离子物理、量子场论的非拓扑性孤立子和孤立子星以及破解粒子物理中的 $\theta-\tau$ 之谜。1957 年，他 31 岁时与杨振宁一起，因发现弱作用中宇称不守恒而获得诺贝尔物理学奖，和杨振宁一起成为最早获诺贝尔奖的华人。除高能粒子物理外，他还广泛地涉及天体物理、流体力学、统计物理、凝固态物理及广义相对论等，且在这些领域上都有重要的影响。李政道是美国科学院院士、中国科学院院士、意大利科学院院士，还是北京大学、清华大学、中国科学技术大学、浙江大学、复旦大学等十几所大学的名誉教授。

生　平

李政道的少年时代是在动乱中渡过的，他甚至没有得到过正式的中学和大学文凭。李政道曾辗转在东吴附中、江西联合中学等校就读，因抗战，中学未毕业。1943 年秋天，他以同等学力考上不久前迁徙到贵州的浙江大学，由此走上物理学之路。当时浙江大学的一部分学生在永兴县上课，李政道来到永兴进了物理系一年级，师从束星北、王淦昌等教授。谁知刚安定下来，却又在 1944 年夏天因车祸严重损伤脊背神经，卧床半年。

1944 年日军入侵贵州，当时在贵州的浙江大学被迫停学。李政道不得不辗转到云南省的昆明，找到西南联大的吴大猷教授。吴大猷是原北京大学著名物理学教授。在吴大猷的帮助和辅导下，李政道插班进入物理系二年级学习，

李政道

学业成绩极为突出。当时西南联合大学的条件非常差,十五六个学生住一间草屋,又闷又热,蚊蝇、臭虫很多。可是李政道和同学们,毫无畏惧,求知热情十分高涨。李政道经常找吴大猷求问,要他给出难的物理学习题。后来,吴大猷干脆给他一本美国大学物理系高年级用的物理学教材,要他把全书的习题做出来。本来是想"难倒"李政道,结果没想到不到两星期,李政道就把这本书上的全部习题做出来了。多年以后,李政道已成为举世闻名的物理学家,回忆往事,他感慨地说:"那时候,我们从来没有因为仪器不好,设备不好,而有比别人差的想法。杨振宁、朱光亚、唐敖庆和我,都是那个时候培养出来的。"

1945年,当美国第一颗原子弹试验成功后,中国也想造原子弹。于是决定培养人才,在数学、物理和化学三科各选派两个成绩优秀的年轻人去美国留学。华罗庚推荐了孙本旺和徐贤修去学数学;吴大猷推荐了李政道和朱光亚去学物理;曾昭抡推荐了唐敖庆和王瑞酰去学化学。这样,李政道在1946年9月到了美国。当时,他还不到20岁,刚念完大学二年级。

由于李政道没有大学文凭,在美国进研究院很难。而芝加哥大学是个例外,只要念熟了哈金斯校长指定的西方著名经典著作的人,没有学位也可以进研究院。李政道告诉招生处负责人,他念过等价于这些经典著作的东方作品,如孔子、孟子、老子等,招生处未经证实就接收了他。

进入芝加哥大学后,李政道师从物理学家费米教授。费米教授每周用半天时间跟李政道讨论问题,主要目的是训练,让学生对一切物理问题都能够自己独立思考,找到答案。费米每次讨论时都问问题,让李政道回答。有一次,费米问李政道太阳的中心温度是多少。李政道答道,大概一千万摄氏度吧。费米问:"你是怎么知道的?"李政道说:"是从文献上看来的。"费米就问:"你有没有自己演算过?"李政道说:"没有,因为计算比较复杂。"费米告诉他,一定要经过自己的思考和计算,才能接受别人的结论。1948年,费米和李政道一起制作出了主序星内部温度分布专用计算尺,用新的方法计算出了太阳中间的温度。这件事情让李政道博士一生受益无穷,以后他无论是在学术研究还是在做人处世当中,都始终坚持脚踏实地,开拓创新。

1950年,李政道以"有特殊见解和成就"通过了博士论文答辩,被誉为"神童博士",年仅23岁。获得博士学位之后,他从事流体力学的湍流、统计物理的相变以及凝聚态物理的极化子的研究。1953年,他任哥伦比亚大学助理教授,主要从事粒子物理和场论领域的研究。三年后,29岁的李政道,成为哥伦比亚大学二百多年历史上最年轻的正教授。

1956年,李政道与杨振宁通过分析,认识到很可能在弱相互作用中宇称不守恒,并提出了几种检验弱相互作用中宇称是不是守恒的实验途径。次年,这一理论得到吴健雄的实验证实,从而推翻了物理学中心信条——宇称守恒。这一事件在全世界迅速传播开来,不仅震动了物理界和自然科学界,而且影响了思想界和哲学界。李政道和杨振宁的工作迅速得到了学术界的公认,并获得了1957年诺贝尔物理学奖。消息传来时,正在普林斯顿的李政道,非常兴奋,立即给吴大猷老师写了一封信,感谢老师对他的培养。

自20世纪70年代初,李政道和夫人开始回国访问,关注和支持祖国的科学和教育事业。李政道亲自体会到科学人才必须从小培养,便建议在中国科技大学开设少年班,得到采纳。李政道又先后两次致信邓小平,建议中国实行博士后制度,邓小平仔细听取关于实施博士后制度的意见和方案后,当即表示:"这是一个新的方法,是培养使用科技人才的制度。"后来,国务院批准了设立博士后科研流动站、试行博士后制度的方案。李政道还积极建议重视科技人才的培养,重视基础科学研究,促成中美高能物理的合作;建议和协助建造北京正负电子对撞机;建议成立国家自然科学基金,创立中美联合招考物理研究生计划,成立中国高等科学技术中心和北京大学及浙江大学的近代物理中心等学术机构,等等。

1998年1月23日,李政道将其毕生积蓄30万美元,以他和已故夫人的名义设立了中国大学生见习进修基金,资助北京大学、复旦大学、兰州大学和苏州大学的本科生从事科研辅助工作。李政道为中国教育事业的发展,为科学事业后继有人,真是用心良苦,竭尽全力。

老骥伏枥,志在千里。李政道经常说:"我一辈子做事做人,以杜甫'细推物理须行乐,何为浮名绊此身'两句诗为准则。杜甫这句诗道出了一个科学家工作的真正精神。因为不可能再找出比'细'和'推'更恰当的字眼,来描述对物理的探索。"近几年来，李政道在研究简并的物理真空、求解薛定谔方程式和非微扰、探讨暗物质的本质、中微子质量本征态的转换矩阵等方面做了大量辛勤的探索。在耄耋之年还屡结硕果，这在科学史上是罕见的。

影响和评价

李政道在物理学领域有很多杰出的成就，多次荣获各种奖项，至今一直活跃在物理学的前沿。在中国，李政道极力提倡重视基础研究，促成中美在高能物理领域的合作，帮助建成北京正负电子对撞机。他创办了中国高等科学技术中心等多个学术组织，建议设立博士后制度和完善自然科学基金制度，创办中美联合招考物理研究生项目，为促进中国科学和教育的发展，做出了重要贡献。

袁隆平
——"实验田里的杂交水稻之父"

性别：男　　**国籍**：中国　　**生卒年月**：1930 年～
入选理由：我国杂交水稻研究创始人，被誉为"世界杂交水稻之父"、"当代神农"等。
经典语录：科学研究要勇于探索，勇于创新，这个是关键。

人物简介

袁隆平，现属中国工程院院士，曾在安江农校任教 18 年，后去海南水稻实验基地工作。80 岁的他依然满怀热情，投身工作，下杂交水稻试验田。他是著名杂交水稻专家，国家科学技术奖获得者，中国第一个国家特等发明奖获得者，获得了农业领域国际上的最高荣誉——"世界粮食奖"。

生 平

1930 年，袁隆平出生在北京的一个教师家庭，父亲袁兴烈毕业于国立东南大学（今南京大学）中文系，母亲华静自幼在英国教会学校读书。抗日战争爆发后，为躲避战争，他们不断南迁，从湖北到重庆，从重庆到湖南，生活动荡不安。然而他性格比较乐观，一生最大的爱好就是游泳。袁隆平"浪里白条"的绰号，从小学一直带入大学。这游泳的爱好甚至差点让袁隆平走了游泳运动员的路。不过，学农的想法也一直生长在袁隆平心里。袁隆平对农学的第一印象来自一次郊游。那时候老师带小孩子到一个私人园艺场去参观，小袁隆平看见树上的桃子红红的，葡萄一串一串的，花也很漂亮。正好上演卓别林主演的电影《摩登时代》，卓别林在屋子里刚喝了牛奶，一会葡萄又自己长过来，他随手拿着就快乐的吃起来。袁隆平感觉田园确实太美了，不可磨灭的美好印象让袁隆平决定以后自己一定要学农。可是这纯真的愿望，却也历经曲折才慢慢达成的。

1950 年，他第一志愿报考西南农学院，并如愿考上了。袁隆平特别喜欢游泳，1951年春，贺龙在成都主持召开了西南地区第一届运动会，在这次比赛里取得好成绩，就有可能入选国家游泳队。袁隆平最终夺得第四名，国家队只录取前三名，于是袁隆平落选。然而当年夏天，另一件事情发生了。当时，中国正和美国在朝鲜战场上打得不可开交。为了抵抗美军，政府决定从学校里挑选空军。当时在西南农学院有八百多名学生报名参加选拔，每个人要经过36项严格的身体检查，全部合格才可以录取。全校只有八人体检合格被录取为空军飞行员，袁隆平就是其中之一。正当袁隆平心想自己将要去空中飞行的时候，朝鲜战场局势缓和，中国已经显示出优势来。当时全国总共只有20万大学生，不像现在是遍地开花，所以就命令宝贵的大学生退回学校，为以后经济发展做准备。两次机会的擦肩而过，似乎像冥冥之中自有天意，袁隆平安安心心学农学。毕业后，他分配到了湘西安江农校当老师。

在这里，他静静地过着自己的教师生活。衣着不整，做事情很散漫，可是却对农业种植研究兴趣颇厚。而饥荒那年，他路过桥边的时候，亲眼看到四个饿死人的尸体，这一幕深深地嵌在他的脑海里，于是萌生了一定要提高粮食产量的想法。

1961年，他做了一次植物的无性杂交试验。他将西红柿嫁接在马铃薯上，试图培育出上面长西红柿，下面长马铃薯的新作物，做到一种两收，大幅度地提高土地出产率，并变马铃薯的种薯繁殖为种子繁殖，希望将红薯作为重点粮食作物。他还把月光花嫁接在红薯上，试图把月光花的优良抗性、耐脊性转移到红薯上，促进红薯增产。月光花只能在短光照下才能结子，与红薯生育期不同，他不惜把自己的床单被罩扯下来，当做遮光物。在物资紧缺的年月，大家都说他是败家子。可是，他居然真的在一棵树上收获了番茄和红薯，并且得到一个27斤重的红薯，他高兴坏了。不过，他心想，还有一个更重要的问题，那就是无性繁殖的话，能够保留种子吗？如果没有种子，怎么办啊？第二年种植发现，实验结果根本没法保持，番茄和红薯根本就没长在一起。袁隆平发现米丘林等人的无性繁殖相关理论，在科学上一定有误。于是他开始回到经典的孟德尔等人的遗传学上来。后来，他注意到水稻是湖南主要粮食作物，于是改为研究水稻杂交。为此，他甚至自己出钱跑到北京查原文版的英文书，发现原来多年前，就有一位生物学家发现水稻的可杂交性，这让他大为振奋。

深信水稻可以杂交，他又开始了水稻杂交实验，每天都去照顾这些宝贝秧苗。结果被晒成了小黑人，大家都叫他"刚果布"。袁隆平发现那株不同寻常的稻穗的这一年，正好30岁，还没有结婚，过着简单的单身汉生活。1963年冬，34岁的他由同事介绍和同样"出身不好"、25岁的邓哲开始谈对象。一个多月后，本来应该回重庆过春节的袁隆平留在学校，结了婚。仪式很简单，买了些糖果，分给大家吃，两人便进入家庭生活。新婚的妻子原是他的学生，也学农学，她不仅贤惠，帮助袁隆平料理家中一切事物，还在当时被大家不看好的事业上竭力支持丈夫。袁隆平也一直很感激自己的妻子。

就这样，新婚的妻子和他一起下田找雄性不育稻株。中午时刻是发现稻株的最好时机。妻子中暑晕了过去，他扶她到树荫下，等妻子清醒了，他赶紧回到水田里工作。皇天不负苦心人，一年后，他们终于发现了天然雄性不育稻株。欣喜若狂的袁隆平撰写文章《水稻的雄性不孕性》，后发表在 1966 年《科学通报》上，得到一定的重视。可就是在这时候，文化大革命席卷到了这偏僻的农村。"袁隆平鼓吹成名成家是资产阶级的思想的集中体现！""彻底砸烂袁隆平的资产阶级的盆盆钵钵！"这样的大

袁隆平

字报到处张贴着。之后，他的实验盆被砸得稀巴烂。妻子听说赶紧跑去，看到跪在一旁的袁隆平无奈地哭了，她奋力拉回差点跳河自杀的袁隆平。后来，尹华奇、李必湖——袁隆平的两个学生跑到他家里来，告诉老师，他们听说有人要砸盆，事先转移了几盆。袁隆平这才觉得似乎得救了，靠着这几盆水稻，他继续做实验。在农业作物研究方面他真是不一般的认真、肯吃苦，对待那些小水稻苗不会有丝毫含糊。很幸运，文革风波并没有太多影响到他对水稻的继续研究。袁隆平和助手们累年累日地辛苦工作，终于实验出可推广的杂交水稻。一般水稻亩产较高的才 400 公斤，从 1976 年开始，杂交水稻在全国大面积推广，比常规稻平均亩增产 20% 左右。

如今的他已经誉满天下，可是精神饱满的他还如往日一样，下到试实验里工作，他的目标是亩产 1000 公斤。工作之余，袁老师傍晚都会召集小区里的球友痛快地在排球场上挥洒着汗水，开心地笑。袁隆平还常常对自己的学生说：你不要看我今年 70 多岁，可是我有着 50 岁人的身体和 30 岁的心态，和你们一样有着 20 岁的肌肉。可爱的他说自己将奋斗终生，80 岁以后也不

退休。

影响和评价

2001年,袁隆平被授予2000年度中国国家最高科学技术奖,国家高度肯定了这位杂交水稻专家的研究成果。袁隆平的科研成果不仅使中国率先在世界上实现"超级稻"目标,还对解决中国乃至全世界的粮食问题具有重大意义。2007年,他被美国科学院评为外籍院士,成为国际科学界的顶级人物。面对如潮的荣誉,他说,社会给予了自己太多。自己的成就斐然,他却只是淡淡地说自己确实做了一件有益的事,身边的熟人依然还是叫他"袁老师"。他不图名利,只想实实在在地做好自己的事情。他是快乐而散漫的科学家袁隆平。

王 选

——汉字激光照排系统的创始人

性别：男　　**国籍**：中国　　**生卒年月**：1937年～2006年

入选理由：他是汉字激光照排系统的创始人，坚持不懈地在科技领域取得了一个又一个突破；他是名满天下的识才者，发掘了一批有能力的科技英才；他是高瞻远瞩的科学家，举起了中国计算机界的著名品牌——北大方正。

经典语录：从事有趣的、富有挑战性的设计，本身就是一种愉快的享受。

人物简介

他生于烟雨江南，长于黄浦江侧，小时便头角崭露，在同学之间出类拔萃。考入北京大学，悠游未名湖畔；进入数学领域，勇闯计算机的世界。他九死一生，饱受磨难，却位卑不辞忧国志，以病弱之躯甘苦20年，终于成为计算机领域的弄潮者。他又能急流勇退，退居幕后，提拔后进，为中国科技事业的发展贡献终生。

生　平

在旧上海众多的弄堂里，有一个叫做石门库，石门库十五号住着王家，王选生于斯，长于斯。王家祖籍江苏无锡，是书香门第。王选的母亲也是一个大族，周王两家的亲戚多有学者出身，对少年王选产生了重要影响。

和哥哥姐姐们一样，王选进入了上海南洋模范学校学习。从幼儿园一直到高中13年间，在这所学校获益甚多，成为名副其实的"南模元老"。南模是所非常优秀的学校，集中了大量名师，也培养出了许多有用之才。小学五年级的时候他被全班同学评为"好人"，且担任班干。到了中学他在刘叔安老师的影响下对数学产生浓厚兴趣。在高中更是遇见像赵宪初这样的名师，因此他后来选择数学作为自己的专业并非偶然。高一的时候他对社会活动投入巨大热情，"几乎到了狂热的地步，每晚都要近11点才回家，放假也闲不住"。

王选以优秀的成绩通过了北京大学的入学考试。1956年也就是他大二时,党组织要发展他为党员,王选很兴奋,却因将许多难以理解的问题上报给党组织,导致入党受挫,给他一派顺利的人生旅途蒙上了一片政治阴影。再过一年就是反右斗争,他虽然没有受到很大冲击,但是父亲却被打为右派。也就是这一年,他选修了张世龙老师开设的计算机课。张老师用自己设计的"北大一号"作为上课工具,还将改进"北大一号"作为实习内容。在大跃进的风潮下,王选他们热火朝天地工作了起来,以致于天天都睡不好觉,恍惚之间会穿上别人的小号外衣,吃过午饭而不自知。经过他们的辛勤努力,"改进一号"的运算器和控制器调制完毕,但是因为存储器用的磁鼓是国产的,质量很差,机器投入运行还是失败了。最后,他做了一个重要的抉择,以冷僻的计算数学作为自己的专业,从此与计算机结下了不解之缘。毕业后留在北大无线电系担任助教,从此他的生活开始了一个崭新的阶段。

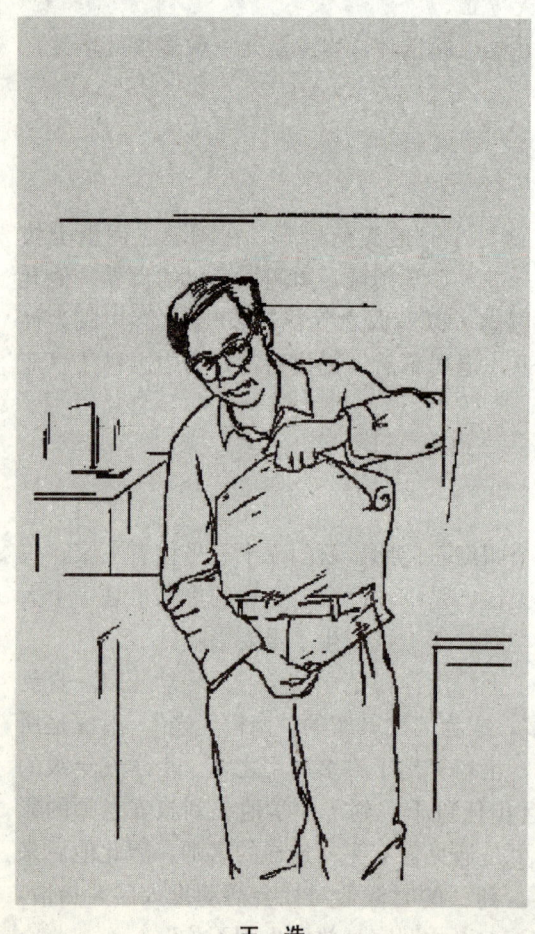

王 选

1958年,北大决定研制一台每秒一万次的计算机,取名为"红旗机",并将具体任务下达给张世龙。为此,他们成立了名为"红旗营"的研究小组,王选与他后来的夫人陈堃銶在研究中都发挥了重要作用。后来营长张世龙不幸被卷入反右倾斗争中,沉重的胆子便落在了王选的身上。1959年至1961年这三年时间,他天天忙碌,压力很大,睡觉都只能是偷闲的事情。去饭店吃饭,菜还没上来就睡着了;回宿舍睡觉,衣服还没来得及脱,睡得口水都流下来了;有人找他办事,喊醒后却在穿衣服时又坠入了梦乡;唯一一次好觉竟然是在去内蒙古的火车上。凭着这样的干劲,红旗机终于运行成功。此时恰值中国"三年灾害"时期,国内经济困难,人祸天灾接连不断,百姓吃饭都成问题,王选也不例外。他腹内空空却又要超负荷工作，一场大病终于降临到他的身上，一病不起的他只好返回上海接受母亲的精心照料。这段时间母亲的饭菜成为他身体好转的物质保障，而对京剧的喜爱则是精神上的治疗。王家素来有爱好京剧的传统，王选亦是个戏迷。就在这个时候他向陈堃銶表白了内心情感，两人关系取得突破，这也是王选病情的一大良药。

1965年，北大将ALGOL60编译系统列入科研计划，王选赶回学校参加研制小组，对系统研制成功发挥了重大作用。文革开始后，他因为出身"黑五类"，是"修正主义苗子"而受到非议。而就在此时，他的身体状况又急转直下，旧病复发，于是申请住到北大在昌平的十三陵分校。虚弱的王选一个人举目无亲，连上下楼都是个问题，每天所盼望的就是陈堃銶每周一次的来访。艰辛的日子里，两人关系逐渐加深，就在王选朝不保夕之时，陈堃銶义无反顾地嫁给了他。之后近十年王选被冷落在社会的角落里，看起来永无出头之日，只好长期病休，做个吃劳保的小助教。

情况的转变是在1975年。"748"工程的开始给王选创造了机会，犹在病中的他对国家正要开展的汉字精密照排项目发生了兴趣。当时的中外科技水平相差很大，欧美国家已在研制第四代激光照排机，而我国仍在铅与火中墨守陈规，政府遂打算研制自己的二代机、三代机。王选经过综合比较，认为技术上的直接跨越是可能的，只有直接研制西方还没有产品的第四代激光照排系统才能赶上国际潮流，拥有自己的先进技术。针对汉字的特点和难点，他发明了高分辨率字形的高倍率信息压缩技术和高速复原方法。在世界上首次使用"参数描述方法"描述笔画特性，率先设计出相应的专用芯片。经过默默十年的艰辛工作，激光排照从实验室走入工厂，取得了一个又一个技术上的突破，在国际上拥有很高的声誉，获得欧洲和中国的多项发明专利。这些成果开创了汉字印刷的一个崭新时代，引发了我国报业和印刷出版业"告别铅与火，迈入光与电"的技术革命，将中国的印刷技术再次提到世界前沿。1987年，王选获得首届国家印刷领域最高荣誉"毕昇奖"。1993年，他竭力推动方正企业的组成，同时提出"顶天立地"的高新技术企业发展模式，倡导技术与市场的结合，闯出了一条产学研一体化的成功道路。

1994年，王选已是中国科学院院士（1991年），第三世界科学院院士（1993年），中国工程院院士（1994年）。然而，他说："我忽然成为计算机界的权威，一年戴一顶院士桂冠，一下子成了三院士。这时我57岁了。可惜，在我年轻最需要的时候，没有得到承认。在高新技术领域，年轻人有明显的优势，55岁以上的专家绝对是创造的高峰期已经过去，哪里有57岁的权威呢？"当他感到年老的时候，主动退出了科研一线，甘为人梯，提携后学，为培养和造就出一批批年轻的学术骨干呕心沥血。2002年,他还用获得的"2001年度国家最高科学技术奖"奖金及学校的奖励金共900万元设立了"王选科技创新基金",支持和鼓励青年科技工作者从事具有基础性、前沿性的中长期科技创新技术研究。2006年2月13日病逝。2009年9月14日,他被评为100位新中国成立以来感动中国人物之一。

影响和评价

他是一名优秀的科学家,在自己的领域做出了不平凡的成就。面对苦难,他勇往直前,从不气馁,胸怀大志,努力拼搏,《解放军报》称他为"汉字电脑激光排照之父"所言非虚。他所倾注心血的北大方正被国务委员宋建行评价为"北大方正异军突起,这是一个奇迹,也是一个创造",为科研结合开辟了一条新途。在"748"工程20年纪念会上,江泽民主席题词曰:"拼搏奉献,为中华争光。"这是对王选一生的真实写照。"多做好事,少做错事,不做坏事"的座右铭与"考虑别人与考虑自己一样多就是好人"的信念塑造了一个真实而又崇高的好人王选。他不仅传递了技术,也传播着一名科学知识分子的人格魅力。

李小龙
——中国功夫的代名词

性别：男　　**国籍**：美国　　**生卒年月**：1940 年～1973 年

入选理由：他是屹立于东方的功夫巨人,是将中国传统武术发扬光大者,并创造了一套新的功夫理论——截拳道;他是风靡一时的东方影帝,是最早走入好莱坞的华人巨星,通过电影媒介将中国武术与文化传播到美国乃至全世界。

经典语录：光有希望是不够的,非去做不可。

人物简介

他生于重洋之外的美国。长于战火纷飞的香港,国籍上不是中国人,胸膛中却有一颗中国心。他赤手空拳,在异国打下天下;浓情家国,在故土掀起狂潮。他风流成性,百花丛中嫣然过;痴情不贰,婚姻城里情意坚。他生性好斗却又耽于沉思,动与静在他身上完美结合;喜怒无常却能持之以恒,天才的称谓他当之无愧。

生　平

李小龙是个谜一样的人物,有着谜一般的人生。世人都喜欢猜谜,可是却注定了在他的身上有所不解,个中的情味永远也挖掘不尽,我们只能尝试着走近他,走近这个由功夫之王谱写的传奇。

他的母亲何金棠身兼欧亚血统,亦是名门闺秀,父亲李海泉是个粤剧名伶,也曾名扬一方。他们一家在日军炮火的威逼下,从广东逃到香港,又于 1940 年从香港辗转到美国,同年李小龙出生于旧金山的中华医院,由此决定了他美籍华人的身份。因为按照美国当年的法律,出生在美国的孩子一律拥有美国国籍。他出生时在医院登记的名字是布鲁斯·李,这成为他在美国常用的一个名字。次年三月,他随父母返回香港,不久香港即沦陷至日军的铁蹄之下,他童年缭绕不绝的是隆隆炮火。

李小龙

少年小龙好斗成性,经常纠集一群不良少年在街上打架闹事,成为一个名符其实的小阿飞。那时的他先跟父亲学过太极拳,又随演艺圈的武打明星学得一点皮毛,如此便沾沾自喜,目中无人,直到有一天在街上发生了让他惭愧而又恼怒的一幕。某日他率领一群小阿飞在街上横冲直撞,却发现一个瘦小少年立于街头。小龙大喝一声让他滚开,哪知这小子纹丝不动,摆明一幅挑战者的姿态。脾气暴躁的小龙自然无名火心头起,一阵漂亮的武打热身招来满街喝彩,原以为打倒这少年不过手到擒来,哪知倒下的却是自己。来人却只是微微一笑,只说闻名来试试李小龙的深浅,说罢飘然而去。就是这一战,改变了他的人生轨道,吃亏的小龙很不甘心,硬是要学武。老爸李海泉束手无策,只好托人求师,结果就寻到了当时咏春拳大师级人物——叶问。李小龙也就成为这位传奇性人物的弟子,他的学武之舟正式起航。

跟随叶问的李小龙肯吃苦,功夫一日千里,喜好四处挑战,并且战绩辉煌,声名也就逐渐传播开来,但冤家也逐渐增多。更让他父母头疼的是,他对于学业并不像对武功那样专注。在学校里到处惹是生非,吊儿郎当,导致就读学校一换再换。1956 年,他进入了圣查耶尔书院,通过努力成为书院拳击队的一员,并且代表书院参加全港中学生校际拳击赛,获得了冠军称号。除了练武,他的电影事业亦是小有成就,自小便是红极一时的童星,在《人海孤鸿》、《细路祥》等电影中均有出色表现。他这一时期的两大爱好——武术与电影,在以后的岁月中成为他从事的两大事业,并且在两个领域都取得了突出成就。

喜欢惹事的李小龙终于在香港呆不下去了,只好听从父亲的安排漂洋过海来到了陌生的美国,这一年他 18 岁。先是在旧金山呆了一些时日,后又来到美国西北部的大城市西雅图，在这里开始了一段崭新的生活。他在父亲的好友周露比女士的餐馆中打工以维持学业，做了一名普通的侍者。结果因为和大厨发生矛盾而离开了餐馆，而这矛盾来源于一个叫贝兹的女孩。李小龙生得英俊潇洒，强壮健美，在香港还是有名童星，来餐馆不久即得到贝兹的芳心，结果为同样觊觎贝兹的大厨所恨，又因大厨调戏贝兹，两人便大打出手。

离开了餐馆的李小龙与友人兼徒弟木村一起创办武馆以维持生计。并且喜欢思考的他通过自己的努力，进入华盛顿州立大学哲学系。他还爱上了老子、庄子、萨特、尼采等中外哲学家，为他日后功夫哲学的研究打下坚实的基础。平时喜欢保护弱小行侠仗义、在大学里进行功夫表演的李小龙，名气越来越大，他的武术班也更加兴旺。就是在他所开办的武术班中，他结识了后来的妻子琳达。对待其他女人，他虚与委蛇，逢场作戏，而面对气质型的琳达，却倾心以待。琳达是位地道的美国人，却有着东方女性的诸多美德，在李小龙以后的成功之路中发挥了重大作用。在此前后，他结识了菲律宾棍王依杜桑鲁与旅美武术大师严镜海，他们互相切磋武艺，进益很大。

1964年，李小龙中断学业来到洛杉矶，设立武馆。因为招收弟子不拘一格与在美华人武术界发生龃龉。后来他在全美空手道大赛上打败上届冠军罗礼士成为冠军，台上红脸的两人在台下却成了好友。李小龙在罗礼士的协助下，进一步完善了自己的截拳道。后来他出任长堤国际空手道大赛的嘉宾，在表演中引起轰动，赛事组织者将他的表演拍成资料电影。他以此做为敲门砖进入好莱坞，受到"20世纪福斯公司"电视制片人杜西亚的赏识，参演了《青蜂侠》，受到观众好评。但是在众星云集的好莱坞，华人受到歧视。他步履维艰，只在几部电视剧中出演配角，一直没有机会主演电影。到处仗义助人的李小龙受到美国黑帮的仇视，遭遇多次暗杀，幸亏他艺高运好才躲过劫难。为了生活，他开始招收名人子弟，其中就有施里芬和詹姆斯·高宾。后来三人组织拍摄《无声笛》，因未受重视而流产。

正当他在好莱坞陷入困境的时候，故土香港不少电影公司频频暗送秋波，各大公司展开对李小龙的角逐，最后他加盟了嘉禾电影公司。回国后不久，他即赶赴泰国拍摄《唐山大兄》，之后又主演了《精武门》。在香港，在整个华人世界，乃至全世界都引起了轰动，整个香港为他而沸腾，《精武门》两个星期的票房突破了四百万。出了名的李小龙，情绪更加不稳定，与同样暴躁的嘉禾大导演罗维矛盾加剧。两人在以上两部影片的拍摄中就多有冲突，此后完全决裂，终于酿成了罗维报警事件——他拿刀威胁罗维，引起了警方的干预。

1972年，他在罗马自拍自导自演了《猛龙过江》，取得了巨大成功，从而声名大噪。他的电影传入美国，在美国引起广泛的关注，也引起了好莱坞大腕华纳电影公司的注意,并与李小龙创立的协和公司合作,在香港拍摄了功夫片《龙争虎斗》。时至 1973 年,拍摄《死亡游戏》时多有不顺利的地方。他更加暴躁不安,到处得罪人,绯闻满天飞,诽谤到处走,武士的挑战如潮水般涌来,使他没有一天安宁过。身体也不知不觉出现了异样,曾经晕倒在地,也曾远赴美国治疗,却没有效果。1973 年 7 月 20 日,李小龙猝死在情人丁佩家中。李小龙死后,全港哗然,调查死因的行动最终不了了之,李小龙的神秘被带到了坟墓之中。关于他的评说至今犹然不绝,他的光辉事业也将彪炳电影史册。他的电影的长久的生命力与截拳道受到广泛欢迎的事实,是对他最好的肯定。世人会记住他——李振藩－李小龙－布鲁斯·李,截拳道的创始人。

影响和评价

他是中国武术史上的一颗耀眼的明星,被世人誉为东方武术第一人。伊杜桑鲁说:"世间再难找到这样伟大的武术家。"罗礼士说:"我从李小龙那里学到了很多东西。他是个知识渊博的人,也是世界上武功最好的人!这就是我个人的看法。"美国空手道之父埃德·帕卡对李小龙的截拳道推崇备至,称:"他的拳术简直太神了!"但是最了解他的人还是他的妻子琳达,她指出了李小龙心中最为珍贵的地方:"他为自己是一名中国人而感到自豪,他希望通过电影向世界展示中国的部分文化。"他不是一个完人,他的缺点和天才一样的突出,但就是这个世人颇有非议的人,取得了世界人民的一致喜爱。

邓丽君

——永远的流行歌后

性别：女　　**国籍**：中国　　**生卒年月**：1953 年～1995 年
入选理由：邓丽君是华语流行乐坛和日语乐坛的天后巨星，也是亚洲的超级巨星，是中国流行乐坛无法绕开的一座高峰，也是 20 世纪后半叶最负盛名的华语女歌手之一，在华人社会具有相当大的影响力。
经典语录：甜蜜蜜，你笑得甜蜜蜜，好像花儿开在春风里。

人物简介

邓丽君，别名邓丽筠、丽君，另有外文名 Teresa Teng 等。祖籍河北省邯郸市大名县邓台村，生于台湾云林县褒忠乡田洋村。在其三十多年的演艺生涯中，共演唱了 3000 多首中文、英文、日文等歌曲，为世间留下了诸多不朽名作，被称为天才歌手、演歌女王、华人最伟大的歌手、永恒的歌后等。

生　平

1953 年 1 月 29 日，邓丽君出生于台湾云林县褒忠乡田洋村，原名邓丽筠，"筠"本音"云"，但是大家都误读成"均"，后来取艺名的时候干脆叫邓丽君。邓丽君在家中排行老四，上有三个哥哥，下有一个弟弟。父亲邓枢祖籍河北省大名县邓台村，是随国民党政权迁徙台湾的一名普通军人。父亲退役后靠摆面摊、卖大饼和经营小饭馆之类的小生意支持一家人的生活。邓丽君小时候帮着家里干活，割过草、种过菜，穿着有补丁的衣服。虽然生活清贫，她的生活却并不缺缺乏乐趣。邓丽君从小就对唱歌怀有浓厚的兴趣。白光、周璇等人的歌曲，都是她的最爱，就连在台湾农村四处公演的歌仔戏团，也成为小邓丽君模仿的对象。有时候，她甚至找来邻居小朋友，以水瓶当麦克风，以鲜花当珠宝，用爸爸的大衬衫当戏服，扮戏自娱。唱着不知名的歌仔小调时，小邓丽君还会莫名地感动起来，学戏中的苦旦开始流眼泪。她的家人回忆说，邓丽君学歌时，不但歌词背得快，曲调更是听过就不会忘。

邓丽君最早开始登台献艺是在1963年。刚刚十岁的她参加"中华电台"黄梅调歌曲比赛，作为年龄最小的参赛者以《访英台》获得冠军。1966年，邓丽君加入当时台湾著名的"正声广播公司"的第一期歌星训练班，进入正式体系学习歌唱技巧，师从颇负盛名的翁清溪，这是她在歌坛绽放光芒的重要转折点。邓丽君在出道之初，与其他女孩组成了"巧克力姐妹"，以活泼可爱的形象备受各界肯定。各类黄梅调、反串、地方戏曲，更是邓丽君的强项。正当她为自己的唱歌感到开心的时候，发生了一件让她深感遗憾的事情。一向对学生课业与生活管理要求相当严格的金陵女中，认为邓丽君缺课时间太多，坚持要她放弃歌唱，专心课业。邓爸爸与校方几度交涉无效后，邓丽君选择了自己的唱歌事业。

1967年，自从金陵女中休学后，她加盟宇宙唱片公司。当年9月，她推出第一张唱片《邓丽君之歌第一集——凤阳花鼓》，从那时起正式以歌唱为职业。15岁那年，邓丽君获邀在台湾最具影响力和最受欢迎的电视歌唱节目《群星会》中表演。这是她第一次上电视台表演，然而由于过度紧张，邓丽君登上舞台后，却忘词了。虽然她的演唱事业因此曾一时低迷，但最终邓丽君还是以其出色的唱腔成为《群星会》节目的固定班底。16岁的时候，邓丽君应新加坡总统夫人的邀请出席在新加坡国家剧院举办的慈善演出，那是她第一次走出台湾。此后，她的歌唱生涯展开了国际运作。

1971年2月至1972年的8月约一年半的时间里，邓丽君在香港、新加坡、马来西亚、泰国和越南等地，进行巡回演出。1973年6月，邓丽君再次受邀在新加坡国家剧院出席远东十大巨星慈善晚会，表现了她在亚洲歌坛已占有一席之地。1973年，日本宝丽多（Polydor）唱片的星探发现刚满二十岁的邓丽君外形清新、歌声甜美，十分符合公司的需要，于是邀请她去日本发展。经纪人管伟华也建议她过去，说是只有日本可以把她包

邓丽君

装得更好。1974年3月，邓丽君正式赴日发展。公司先安排她学习新的歌唱技巧，学日文。为了打开知名度，邓丽君还接受了一连串的访问。"日本人做事一个萝卜一个坑，早上十点半接受访问，十二点吃中午饭，下午一点坐电车……什么时间都不浪费。"邓丽君每星期只有一天是自由的，其余六天全部交给公司安排。因此在仅有的休息时间里，邓丽君总是睡到下午二三点钟，然后跟妈妈开着白色小金龟车上街买东西、看电影。第一张专辑的成绩并不很好，但她以第二张专辑《空港》当选了1974年"最佳新人歌星奖"等大奖，唱片总销量达七十五万张。此后，她的演唱事业在日本发展得一直比较顺利，同时在香港、东南亚等地也都有大量演出。

然而，1979年却发生了一场假护照风波，邓丽君为此饱尝辛酸，在日本的演唱事业也不得不中断。1979年2月18日，为简化出入境的手续，邓丽君持一份印尼护照从香港飞往日本。可这份由朋友帮助办理的印尼护照被怀疑为假证件。当时台湾对于假证件的管理十分严格，按照法律可判处一年以下有期徒刑。邓丽君因为违反日本的《出入国管理令》，被东京出入国管理事务所留置，并要进一步调查整个事件的背景。2月24日，日本法务省裁决将邓丽君"驱逐出境"，且一年内不准许她入境。此事件之后，宝丽多公司为了商业利益，在为邓丽君发行的个人专辑中，却只选了四首邓丽君自己的歌。同时，台湾方面也指责她"叛国"，邓丽君有家难归。最后，她只好前去美国，暂避风头。一直形象清丽美好、歌声甜美动人的邓丽君在美国照样取得了极好的发展。从美国的新闻中，邓丽君得知自己的歌在中国大陆很流行，她也十分希望能够到大陆演出。可是，这却成了邓丽君一生未了的夙愿。

1980年，邓丽君被召回台湾，在"国父纪念馆"进行义唱。第二年，她在台湾进行劳军演出长达一个月，并制成专题片。邓丽君劳军的新闻被当局广为传播。在那个时代，她被台湾当局所附加的身份注定了她与大陆无缘。80年代后半期，大陆方面曾与邓丽君有过交往，希望她能到大陆演出。但是还是未能如愿。那时候，她因身体发胖而不愿把自己不好的状态给别人看。而一向热心公益事业的她，又因身体不好，过世前5年谢绝了所有的商业演出，只为慈善募捐等演出。她与男友保罗过着半隐居式的生活。1995年5月8日，42岁的邓丽君在泰国清迈因气喘病突发抢救不及时而猝然辞世。

影响和评价

邓丽君不仅以其温柔甜美的女性魅力风靡港、台、大陆和日本、东南亚一带，甚至在其逝世以后，这种魅力也经久不衰。同时她也是首位登上美国纽约林肯中心、洛杉矶音乐中心的华人女歌手。1986年，她获选美国《时代杂志》

世界七大女歌星、世界十大最受欢迎女歌星，是唯一一个同时获两项殊荣的亚洲歌手。1984~1986连续三年蝉联日本有线大赏，创下了三连冠纪录。在她逝世14年后的2009年，以850多万票的绝对优势压倒王菲、周杰伦、老舍、金庸等人，获得中国建国60周年最有影响力文化人物网络评选的榜首。

　　邓丽君生前的好友林青霞曾说："她很会照顾朋友，照顾得无微不至，却不肯把自己心里的苦气、孤独让朋友分担。邓丽君总是说：'我可以搞定的，我没有问题。'"邓丽君是一个真正以唱歌为乐的歌手，她唱歌并不是为别人，而是为自己而唱。她曾说：唱歌是一件快乐的事，是一种赞美，只要让我站在台上唱歌，我就很高兴。所以，对于不想去的场合，给多少钱她也不去；想唱的时候，没有一分钱也可以唱个通宵。

释迦牟尼
——普度众生的佛祖

性别： 男　　**国籍：** 古印度　　**生卒年月：** 公元前 565 年～前 486 年
入选理由： 佛教创始人，苦寻解脱之道的王子，悲悯世人，普度众生的佛祖。
经典语录： 天上天下，唯我独尊；三界皆苦，吾当安之。

人物简介

释迦牟尼，原名乔达摩·悉达多，古印度释迦族人，佛教创始人。本是古印度迦毗罗卫国（今尼泊尔境内）的太子，属刹帝力种姓。父为净饭王，母为摩耶夫人。牟尼的意思是"能仁"、"能儒"、"能忍"、"能寂"等，因父为释迦族，成道后被尊称为释迦牟尼，义即"释迦族的圣人"。民间信徒也常称呼佛祖，意思是彻悟宇宙、人生真相者。

生　平

释迦牟尼出生在王家，父亲是净饭王，母亲是摩耶夫人。降生的时间传说是中国旧历的四月八日，佛经上说，王子刚生下来就能说话，无人扶持即能行走。他身上发出光明，目光注射四方，举足行了 7 步，每步地上都出现一朵莲花，一时间，香风四散，花雨缤纷，仙乐和奏，诸天神人齐声赞颂。地上也自然涌出二泉，一冷一暖香冽清净。释迦牟尼诞生刚 7 天，他母亲摩耶王后就因病去世了。他的姨母把他扶养成人，这个姨母后来成为佛教僧伽中的第一个尼姑。

释迦牟尼生长在深宫之中，享用极端奢侈，父亲给他修建了三座宫殿：冬季、夏季、雨季。他受到了当时全部的教育，包括各种学艺、军事、体育等。成年后，他娶了妃子，名叫耶输陀罗，他们生了一个儿子，名叫罗睺罗。

青年时期的悉达多王子性喜清净。他对于宫庭中的声色喧嚣的生活甚感厌烦，常思出门游赏大自然景物。据说，有一天释迦牟尼出游散心，看到一个老人、一个残疾者、一个修行者、一个死人,就感到人生的一切——生、老、死是痛苦的。为了寻求解除痛苦的方法,他决心放弃王位继承权,放弃娇妻爱子,放弃一切优越的生活,弃家出走。他发下誓愿:"我若不了生死,终不还宫;我若不成佛道,终不还见父王;我若不尽恩爱之情,终不还见姨母妻儿。"

释迦牟尼出家以后,原意是想走苦行这一条路。苦行在印度古已有之,而且是在各个时代都很流行。释迦牟尼苦行了6年,由最初每日食一麻一麦,渐渐至七日食一麻一麦以至于不饮不食起来,结果身体羸弱,毫无所得,涅槃解脱,遥遥无期。他自己思忖,不吃饭,妙法是寻求不到的,下决心重新进食。

释迦牟尼放弃苦行生活后,来到了今名菩提伽耶的地方,在一株高大茂密的菩提树下坐了下来。他发下誓愿:"我如果不圆成正等正觉的佛果,宁可碎此身,终不起此座!"他重新调整修行的方法,端身正意在菩提树下结跏趺坐,静思默想,经过49天他终于大彻大悟,找到了拯救世人脱离苦难的方法,于是创立佛教基本教义。

释迦牟尼

释迦牟尼成佛后,就以大慈悲的心情,博大精深的智慧,不畏艰苦的精神,开始了40年不间断的弘扬佛法、教化众生的活动。他初次说法,是到波罗奈城的鹿野苑,化度随侍过他的五名侍从。在鹿野苑中,释迦牟尼向憍陈如等五人说法道:欲求大道应防止两个极端,一为享乐纵欲的生活,这是堕落;一为禁欲的苦行生活,这是痛苦,避开这两个极端,行于中道,能导致智慧觉悟,脱出生死的苦海。五人听后,顶礼拜服,皈依了释迦牟尼,同时被度为比丘,成为最早的信徒。

在舍卫城北郊的萨那村庄里,住着一个力大无穷的汉子,名叫央哥马罗。他信奉一种邪教,但总是不能修炼成功。他的老师告诉他，如果在一天之内杀100人，用被杀的人的小手指做成花环戴在头上，就能受到神的保佑而得到永生。于是央哥马罗从清早起就疯狂地见人就杀，眼看日落却只杀了99人。这时他母亲寻他吃饭，他成道心切，欲杀自己的母亲，这时佛陀出现在他的面前，教导他说：你怎么能信仰教人作恶的神呢？世上哪有杀人者会得到永生的？央哥马罗恍然大悟，但自觉杀人太多，欲一死赎罪。释迦牟尼说："你一死反而不能赎罪，只有放下屠刀，从此行善，即能赎罪，亦可成佛。"央哥马罗拜在佛陀脚下成为佛家弟子。"放下屠刀，立地成佛"就出于这个故事。

此后，释迦牟尼一直在印度北部、中部恒河流域一带传教，广收弟子，建立僧团，奠定了原始佛教的教义。几年之间，释迦牟尼先后度化了波罗奈斯国的王子耶舍、专修事火外道并甚有名声的摩诃迦叶等多人。在摩揭陀国王舍城，国王频婆娑罗及其子阿阇世也先后皈依了佛陀；在舍卫城，拘萨罗国王也皈依了佛陀。释迦牟尼弟子甚多，相传有五百人，其中著名者有十人，即摩诃迦叶、舍利弗、目犍连、须菩提等十大弟子。

释迦牟尼组建僧团后，常端坐千叶莲花台上，向僧众弟子讲经说法。他所说之法，有佛教的"三皈五戒"。所谓三皈，即皈依佛、皈依法、皈依僧，佛、法、僧为佛门三宝；所谓五戒，即戒杀生，戒偷盗，戒淫邪，戒妄言，戒饮酒食肉。另外，释迦牟尼还主张种姓平等，他说："不应问生处，宜问其所行，微木能生火，卑贱生贤达。"从社会地位来看，他确实收了一些低级种姓的人，比如大弟子优波离就出身剃头匠，弟子中还有淫女、强盗、杀人犯、商人、猎人，然而出身贵族的更多，他还禁止奴隶入教。

据佛经记载，僧伽里面后来还接受尼姑。这原本是违反释迦牟尼的想法的，他瞧不起妇女，认为收妇女做尼姑，会缩短佛教的寿命。只因抚养他的姨母苦苦哀求才不得已而破此例，可见佛祖也脱不开人情。释迦牟尼允许他姨母出家，但很有感慨地说："如果女人不出家，则可以弘扬佛法达千年，如今听道出家，就减了五百年。"后来，释迦牟尼把人分为四类：凡是信奉佛教，愿意披剃出家的，男的名为比丘，女的名为比丘尼；凡是信奉佛教，不愿出家的，男的名为优婆塞，女的名为优婆夷。

释迦牟尼经过几年的苦行和几十年风雨中的奔走传教，讲经集会三万余次，化度众生无数。佛陀到了80岁高龄的时候，衰老的身体实在支持不住了，他自知舍寿的时间快要到了。但佛陀还要抓住生命的最后时刻，为弘扬佛法尽力去做，最终在传教途中仙逝。

释迦牟尼在娑罗双树间即将涅槃的弥留之际，向弟子们所作的最后的叮嘱是：不要以为你们失去了导师，应当以法为师，要努力精进，不要放逸。释迦牟尼遗体火化后,摩竭陀国人和释迦族等将佛陀的舍利(火化后的佛的遗体)分成八份,在他们各自的本土上建塔安奉。这是佛塔的开始。

影响和评价

　　释迦牟尼创建的佛教,和基督教、伊斯兰教一道成为世界的三大宗教。佛教对其盛行的国家和地区都产生过很大的影响,包括文化、艺术等许多领域,曾对世界文化传播做出了不可磨灭的贡献。如今,佛教在亚洲国家的影响最深,佛教思想已经融入信仰佛教国家的人民的生活中。

荷 马
——帝国不在，诗人永存

性别：男　　**国籍**：古希腊　　**生卒年月**：公元前10世纪～前9、8世纪之间
入选理由：游历四方的行吟诗人，弹唱出欧洲的诗经。
经典语录：温和的谈吐源于仁慈的心。

人物简介

荷马，盲眼的行吟诗人，《荷马史诗》的作者。这本以他的名字命名的巨著记录了古希腊英雄的战绩，文字生动，场面宏大，语言优美，被认为是整个西方文学的源头。

荷马活了多久，没人知道。但是一个人活的再久，也不过区区百年，正如曹操说过的：神龟虽寿，犹有竟时，腾蛇乘雾，终为土灰。

荷马到底叫做什么名字，也没有人知道。尽管大家都管他叫做荷马，可是没人清楚，这是他的姓氏，还是他的名字，或者仅仅是人们给他的一个绰号。

荷马是什么地方的人，也没人知道。这个"不知道"，不是因为不知道，而是搞不清楚，因为有十几个地方拿着不同的证据宣称自己是荷马的故乡。这个据说是盲人的行吟诗人，活着的时候浪迹四方、无人关心，死去之后却被人当做荣誉争抢。

甚至连荷马这个人存在与否，也有人表示怀疑。18世纪末，德国学者魏尔夫就曾经质疑过荷马这个名称，他认为这是一个群体的称呼，而不是一个人的名字。

然而无论如何，这个不知道生于何时、死葬何地，甚至被怀疑存在与否的人，居然还被拿来命名了一个时代：荷马时期，公元前12世纪～公元前8世纪，氏族社会末期。

当一个人翻开历史书籍，看见荷马时期，他也许不曾读过那伟大的作品，但是他会知道，这个人曾用生命，铭记了一段漫长的时光。

让荷马这个名字铭刻历史的是传唱下来的两本书：《伊利亚特》和《奥德

荷 马

赛》，两本书合称为《荷马史诗》。对古希腊人而言，所谓史诗，记录的是英雄的事迹，是希腊的骄傲。古希腊的城邦今日已经沦为废墟，当年的辉煌早就湮没在时光的尘埃之中，但是只要荷马史诗在，曾经的伟大就不会被忘却。

《荷马史诗》记录的是著名的特洛伊战争，和战后的一段时光。其实，从今天看来，与其说是荷马史诗记录了著名的特洛伊战争，不如说是著名的荷马史诗记录了特洛伊战争，而使得其著名。

《伊利亚特》虽然是描述特洛伊战争的，但是故事却从联军围攻特洛伊城邦第十个年头开始，而且只讲述了几个星期的故事，写到特洛伊王子葬礼之后就结束了。故事从不是开头的地方开头，到不是结尾的地方结尾，不朽传奇的特洛伊木马计并没有被记录，虽然按照传说它紧随其后就发生了。

因此，很多人认为《伊利亚特》只是更加宏大传说的一部分。其实这样的选择还跟它本身的主题相关。《伊利亚特》是一首英雄的赞歌，主要是赞美部落英雄的坚强伟大，讴歌他们战斗的勇猛顽强，而木马计的狡诈阴谋，跟伊利亚特悲壮大气的主题并不相符。

《伊利亚特》的主角是一个著名的英雄，他有一个更加著名的脚后跟，那就是阿喀琉斯和阿喀琉斯之踵。阿喀琉斯是希腊联军的英雄，勇猛无敌，敌人望风披靡。但是他脾气暴躁，为了一个女奴而和统帅不合，拒绝出战，眼睁睁地看着敌人打败围城的军队，任统帅再三求情，也不愿出战。为了挽救败局，他的好友披上他的盔甲装作是阿喀琉斯。果然特洛伊人阵脚大乱，特洛伊王子赫克托尔为了保护家乡，依然诀别妻儿，抱着必死之心拼上前去，杀死了特洛克罗斯。阿喀琉斯闻讯悲愤不已，披甲上阵，一番激战，连天神也来助战，最后终于杀死了赫克托尔。他将赫克托尔的尸体拖在马后，绕城三圈以泄愤。

是夜，特洛伊老王潜入阿喀琉斯帐下，白发苍苍的老人恳求领回儿子的尸体，阿喀琉斯动了恻隐之心，归还了赫克托尔的尸体。老王回到城中，举行了盛大的葬礼，白发人送走黑发人。至此《伊利亚特》结束。

但是传说没有结束。

赫克托尔被杀，他的保护神太阳神阿波罗要报复，但是阿喀琉斯全身上下刀枪不入。因为据说他小时候曾被母亲抓住脚后跟浸在冥河，因为圣水的浸润而不被伤害，但是唯独脚后跟没有浸水，这便是他最脆弱的地方。阿波罗用一支毒箭射中他的脚后跟，阿喀琉斯中毒身亡。联军损失一员大将，统帅奥德修斯将计就计，伪装撤离，却在阵地上留下一只巨大的木马，然后就是著名的木马屠城。

传说还没有结束。

奥德修斯在回去的路上激怒了海神，全军覆没，自己也迷失航线，漂泊十年，这就是《奥德赛》所记录的内容。十年漂泊，他历经无数苦难终于回到家中，杀死意图霸占他的妻子和王位的奸臣，重新团聚。

《奥德赛》记录了奥得修斯与惊涛骇浪的搏斗，与妖魔鬼怪的厮杀，但更重要的是他与自己的搏斗。他拒绝了妖娆的仙女，拒绝了长生不老青春永驻的诱惑和荣华富贵的仙界生活，其中著名的一段当属他经过女妖海岛。当时他害怕自己无法抗拒女妖之歌的诱惑，就用蜂蜡堵住水手的耳朵，并让他们把自己捆在桅杆上，还告诉他们自己越是请求他们放下自己，就得把自己捆得越紧。就这样他们安全渡过了那片海域。

如果说《伊利亚特》是神一般的英雄的斗争，那么《奥德赛》就是人与自己的斗争。两部史诗，一部大气磅礴，一部深入内心；一部是英雄的丰功伟绩，一部是人心的挣扎。一样的传奇，却是不一样的侧重面。

《荷马史诗》最初没有文字版本，但这些传说早已经有片断流传，盲眼的荷马把它们整理定型，从此他的名字就与这个伟大作品同在。

这部巨著，记录了无数英雄的传奇，然而最让人动容的却是一个逊色很多的场景。荷马充满自豪和骄傲地描述一个跟自己身世相似的盲人歌手歌唱的场面：

这时，著名的歌手也在传令官的传召下到达了宫中，

文艺女神十分钟爱他，让他具有甜美的嗓音，

但又不让他十全十美，使他双目失明。

潘托诺奥斯请他坐在用银质装饰的宽椅上，

············

唱诵那些名声如日中天的英雄们的光辉业绩。

著名的歌手就这样唱诵着这段往事，
而奥德修斯则用手将长袍提出来，
遮住了自己的面容，因为他已是泪流满面，
不愿意让众人见到他的失态，
每当歌声一停，他便用衣袖擦去眼泪，
高举酒杯，向天神行下奠酒礼。
....

"接住这块肥美的肉，传令官，
请替我送给著名的得摩多科斯。
尽管我心中忧伤，还是捎去我的祝福。
所有生活在人间的仆人，都应该尊重歌手。
是怜爱他们的文艺女神们
教会了他们如何声情并茂地吟唱。"

当你翻开史书的时候，你会觉得你仿佛回到了千百年前，刀光剑影的厮杀，驼铃丝路的低吟，一切历历在目。可是，亚力山大港口的灯塔会消亡，巴比伦的空中花园会渺无踪影，古罗马的大斗兽场破旧不堪，雅典卫城也只有废墟一片，无数个伟大的帝国灭亡了，诗人的歌唱却永存。他们从来不曾歌唱过自己，他们为人们传唱着发生过的传奇，直到自己也成为一个传奇。

影响和评价

《荷马史诗》是整个西方文学的起源，这部诞生于人类文明早期的史诗，以对宏大战争的描述，对人物栩栩如生的塑造，浪漫的想像和讴歌成为西方文学取之不尽的文学源泉，毫不夸张地说，它就是欧洲的诗经。马克思曾高度评价它"就某方面说还是一种规范和高不可及的范本"。它是整个欧洲文学的源头，它不可能被重新创造，也不可能被遗忘。

柏拉图

——西方的圣人与哲学之王

性别：男　　**国籍**：古希腊　　**生卒年月**：公元前 427 年～前 347 年
入选理由：两千年的西方哲学史都是柏拉图的注脚。
经典语录：尊重人不应该胜过尊重真理。

人物简介

柏拉图是古希腊伟大的哲学家、思想家、教育家。他和他的老师苏格拉底，学生亚里士多德并称为古希腊哲学三杰。他是整个唯心主义哲学的奠基人，对后世有着深远的影响。他开创的学园成为后世大学的雏形，为古希腊文化乃至整个人类文明的发展做出了巨大的贡献。

做为一个哲学家，柏拉图的伟大到了一个无法企及的高度。这个在公元前三百多年生活的人，他的思想到了公元后一千多年才被人们所超越。正如英国哲学家怀特海所说的，后世两千年的哲学只是柏拉图的注脚。而做为一个思想家，他描绘的理想国，在 18 世纪的时候，还被"法兰西思想之王"伏尔泰所称赞，是思想启蒙时代的一个理想。

可以说是柏拉图将人类从幼年时期带入了青年。有人说柏拉图的出现，使得人类的文明有了几千年的进步。可以看出，柏拉图对后世的影响该有多大。

如果这么说你还是不明白柏拉图的影响的话，那么就换个说法。

当你 3 岁的时候，你进入幼儿园；7 岁的时候，你告别幼儿园，走进小学；小学里面，你要学习几何、算术，还有音乐与天文。

也许你从来没问过为什么这么做，也许你觉得这些都是天经地义的事情。可是这个世界上从来没有那么多天经地义的事情，是柏拉图，这个两千多年前的人，第一次提出了系统教育理论。他设计了教育制度，并且设计了古希腊教育的主干课程，这在欧洲的初等和中等教育中延续了一千五百多年，后来随着西方文明而扩展到世界各地，发展为当代的教育制度。

由此，柏拉图还引出了另外一个问题。

假设有一个孩子非常聪明，家长担心他在学校不能够学到足够的知识，就把他留在家里自行教育，而且这个孩子经过老师考核已经比同龄人优秀很多。那么这个孩子是不是还得去学校接受教育呢？

在柏拉图之前，这根本不是一个问题，因为那时候没有正式的学校；在柏拉图之后的很久一段时间，这也不是问题。但是在按照他的思想构建了现代教育体系之后，这就是问题了。因为柏拉图提出过，教育要为国家主导。直到现在，教育仍然是国家控制最多的领域。柏拉图曾指出过，教育对国家来说具有莫大的政治意义，国家一定要控制教育。

所以结果是当地教育主管机构会把家长起诉，强制把孩子送到学校。

可是柏拉图接受的却是没有被控制的、随心所欲的教育。他出身富贵，据称是雅典国王的后代。年轻的时候，柏拉图一直跟随苏格拉底。在雅典人处死苏格拉底之后，因为失望而离开，游历四方。大约四十岁的时候柏拉图返回了雅典，在雅典附近一个叫做阿卡德米（Academy）的地方创建了一所学园，阿卡德米得名于阿卡德摩斯（Academus），一个古希腊的英雄。这个学园存在了九百多年，是西方大学的雏形，此后的高等学术机构也都被称作 Academy。

创建学园是一个伟大的举动，但是柏拉图不仅仅是个教育家，他主要的成就是在哲学上。做为苏格拉底的弟子，他继承和发展了苏格拉底的思想，同时又提出了很多自己的思想。

柏拉图是唯心主义哲学的创始人。他认为世界由两部分组成，一个是真实的世界，真正存在着且永恒不变的，称为"理念世界"；另一个是"现象世界"，这个是人们感受到的，是理念世界的失真的反映，是种种现象组成的。在西方哲学中，理念世界和现象世界的问题成为哲学的基本命题，一直到康德、黑格尔都未曾跳出这个说法。因而说

柏拉图

西方两千年的哲学史，只是柏拉图的注脚。

不仅是哲学，柏拉图在诸多领域都有自己的看法。

柏拉图的宇宙论认为世界是对称的，因为对称是美丽的；宇宙中的运动都是圆周运动，因为圆周运动是完善的，是和谐的；世界是按照数学关系构建的，是成比例的。这种想法对后来的毕达哥拉斯学派有很深的影响，这种美和和谐的理念贯穿他思想的始终。

柏拉图的政治理想则在《理想国》中被详尽描述了出来。这是一本值得大书特书的著作。此后，从伏尔泰到马克思，无不是为这一个理想的社会而奋斗，而这一切自柏拉图开始。

柏拉图认为一个国家要有适当的大小，以站在城中高塔可以尽揽全国而且国中百姓彼此相识为宜。国内有王、武士、劳动者三个阶层。王应当是哲学家，因为只有哲学家才能摆脱干扰和遮蔽，看到真实的"理念世界"，以公平正义来裁决纠纷，指导国家的发展。武士是国家的保卫者，劳动者是国家的主要组成者。武士和王都不应该有私财，而应由劳动者供养，这样他们才能一心为国，而这样的政体才是美好和稳定的。他极其重视教育，认为无论哪个阶层都应当接受良好的教育。

柏拉图详尽地设计了国家运作的各个方面，其中很多做法和思想都有很深刻地意义。正如黑格尔所指出的，柏拉图的贡献在于把哲学与政治现实结合了起来，理想被直接运用于改造社会的现实之中。

《理想国》是一本影响深远的著作，柏拉图详尽地分析多种政体，并进行比较，他还提出了政治运作的若干原理。这是人类历史上最早的系统的政治学著作。

但当梦想面对现实，遭遇的必然是失败。

在学园里讲学20年之后，柏拉图终于决定投身到当时的政治运动之中，希望能够按照自己的理想重新构建雅典。屡次失败之后，他的思想进一步发生变化。在其晚年的《法律篇》中，柏拉图开始推崇法律的作用，认为所有人都必须遵从法律。在这个里面，他更加实际，但同样详尽地设计了国家的制度，称之为第二等好的国家。

柏拉图的政治理想代表了奴隶主贵族对奴隶民主制的反对。但是他的一部分进步思想，对后世的民主思想有很大的影响。

除了《理想国》、《法律篇》，柏拉图还留下了《伊壁鸠鲁篇》、《苏格拉底之死》等著作。他的著作大部分是以对话的形式写成的，语言华美流畅，人物形象鲜明生动，是语言美和思想美的统一。这些著作闪耀着思想和文学双重的光芒，是人类历史上不可多得的宝藏。

影响和评价

　　柏拉图一生涉及了人类文明的几乎所有领域，留下了大量的著述，在很多领域进行了开创性的工作。更重要的是，他对人类心存关怀，无论哪一种研究，都是为了建设一个更加美好的人类社会。此外，他还通过学园培养了一批人才，为希腊文化、西方文化乃至整个人类文明做出了巨大的贡献。

亚里士多德
——百科全书式的哲学家

性别：男　　**国籍**：古希腊　　**生卒年月**：公元前384年～前322年
入选理由：追求真理，探索未知，永不停止。
经典语录：我爱我的老师，但我更爱真理。

人物简介

亚里士多德被称为是最博学的人，古希腊的百科全书。他研究了诸多科学领域，并且做出了开创性的贡献。他建立了系统的逻辑学体系，将科学推向理性。他的一生不断地探求知识，实践着自己追求真理的格言。

世界上有这样一种人，他对人类的影响如此之大，以致于纠正他犯下的错误，都是人类文明进步的标志。

亚里士多德就是这样的一种人。即使犯错，也如此伟大。

他曾说过，白色是一种纯色，而彩色则是纯色发生变化后形成的。直到1666年，牛顿把三棱镜拿到太阳光底下，指出白色实际上是七种彩色混合色，而这七种彩色才是纯色。

亚里士多德又认为，重的物体在下落的时候要比轻的物体快。后来就有了伽里略著名的"比萨斜塔试验"，证明了两个铁球同时着地。1987年，这个斜塔成为世界文化遗产。

不过影响最大的错误莫过于他对运动的论述。亚里士多德认为力是维持物体运动的原因，物体除非受到力的作用，否则不会运动。假如有一辆小车在路上，如果没有人去推，它就不会运动；如果推到一半停下来，小车也会停止运动。这个结论过了一千多年才受到伽里略的质疑。后来牛顿在伽里略质疑的基础上提出了系统的力学理论，指出力不是维持运动的原因，而是改变物体运动状态的原因。这就是牛顿定律。

仅仅描述这些错误，对亚里士多德是不公正的，做为古希腊伟大的哲学家、科学家、教育家，他不应当仅仅因为错误而被人知晓。

亚里士多德

公元前 384 年，亚里士多德出生于色雷斯，他的父亲是马其顿宫廷的御医，属于当时的上层社会，因而亚里士多德得到了良好的教育。从 19 岁那年，他就开始跟随柏拉图学习，据说柏拉图对他十分赏识，称赞他为"学园之光"。但是柏拉图去世之后，新的学园首脑与亚里士多德在学说上多有不同。道不同不相为谋，亚里士多德愤然出走，到了小亚细亚。

寓居在外的日子并不太久，马其顿国王召回了这个名震天下的学者，让他为自己的儿子，就是那个千古大帝——亚历山大讲学。

亚历山大并没有在科学上有所建树，但是他后来对亚里士多德的研究予以极大的支持和帮助。据说在东征的路上亚历山大还在一路收集标本，送给自己的老师。

公元前 335 年，亚历山大成为国王，亚里士多德离开了自己的学生，回到了雅典，建立了学园。他此后一直生活在这里，他的大部分研究也是在这里进行的。他活了六十多岁，留下了浩瀚的卷宗，记录了他所涉及的各个领域：逻辑学、物理学、生物学、政治学……他就是一部希腊的百科全书，代表了希腊在各个领域所达到的最高成就。

首先他是一个伟大的哲学家，虽然师承柏拉图，他却没有亦步亦趋。柏拉图是一个唯心主义者，而亚里士多德的思想中则含有唯物主义因素。他认为，理念不能脱离实物而存在，所以人的认识是对客观现实的反映，包含有真实世界的因素。因为与他的老师在观点上的巨大差异，亚里士多德遭受了很多人的攻击，他被指责背叛了他的老师。但是亚里士多德依然坚持自己的观点，说出了那句扬名千古的"吾爱吾师，吾更爱真理"。

亚里士多德毕生坚持于追求真理。他最大的建树在于发现了追求真理的工具：形式逻辑。虽然亚里士多德并不认为逻辑学是一种知识，但对他来说，逻辑是一种方法，是一切科学探索的依据。他总结的形式逻辑知识，基本上涵盖了近代科学的研究方法。

比如我们现在常常提起的三段论：大前提、小前提和结论。

举一个简单的例子。

大前提：所有的人都会死去的。小前提：苏格拉底是人。结论：苏格拉底会死去的。

在亚里士多德之前，也有人使用过这些方法，但是亚里士多德是第一个系统总结、并提出和应用这些逻辑的人。从这个意义上来说，亚里士多德，是教会我们思考的人。

还有数学上广泛使用的归纳法，也是亚里士多德最早提出的。归纳法是从一个个特殊的现象中发现事物的普遍规律，在猜想上有着广泛的应用。

此外还有用于驳论的反证法、归谬法等等。

亚里士多德把逻辑学的方法应用在其它方面，取得了很多成就。虽然他会出错，但这并不影响他做出伟大的成就。

在一批助手的帮助下，他还进行了可以说是当时规模最为巨大的研究工作。他研究了一百多种政治制度，写下了西方政治学的开山之作《政治学》。

在生物学上，亚里士多德也颇有建树。他解剖了五十多种动物，考察了小鸡胚胎发育的全过程。他还比较了鲸鱼的发育，指出鲸鱼是胎生的，而不是普遍认为的卵生。在大量观察的基础上，亚里士多德形成了自己的生物学理论。他认为，所有的生物之间都有联系，它们彼此之间存在连续的变化，从植物到人是逐渐变得完善起来的。他还发现，生物的构造之间存在一定的联系。比如，从来没有一个动物既有发达的角，又有发达的牙齿，他的解释是，动物需要牙齿或者角来保护自己，但是并不同时需要两个。

在物理学上，亚里士多德则往往以犯下的错误出名。那个时候，人们对世界的认识还十分幼稚。在亚里士多德之前，甚至他自己，也试图在十分脆弱的经验的基础上建立无所不包的理论体系，来解释所有的现象。但是后期他的思想发生了变化。亚里士多德进行了广泛的观察，认识到了世界的复杂，指出感觉中存在不可靠的因素，只有依靠逻辑才能得出正确的认识。他是古希腊科学史上的一个转折点。通过亚里士多德的观察，人们开眼看到了世界的复杂，再也没有一个人提出关于整个世界体系的理论。

可以说他是使科学从综合走向分析的第一人，也是把理性引入科学的第一人。科学之独立的端倪，就在亚里士多德。

亚力山大死后，雅典掀起了一股反马其顿浪潮。作为亚力山大的老师，亚里士多德首当其冲，他被雅典人指责为亵渎神灵。当年雅典人就是以这样的罪名处死了他的老师的老师，苏格拉底。亚里士多德的研究被迫中断，他出逃海外。

公元前332年,亚里士多德去世,终年63岁。但是他对后世的影响,一直到现在都没有消失。生命或许有限,真理却一直绵延。

影响和评价

亚里士多德是科学史上的一个里程碑式的人物。在他之前,科学还是和哲学混杂在一起;而在他之后,科学就开始脱离哲学,独立地存在。他一生执着追求真理,不迷信,不盲从,他以形式逻辑的严谨来保证研究的科学性。虽然他犯下了一些错误,这些错误甚至成为人类思想的桎梏,但是这无损于他的伟大,无损于他最博学的人的称号。

亚历山大大帝

——欧洲史上最著名的军事天才和征服者

性别：男　　**国籍**：马其顿（古希腊）　　**生卒年月**：公元前356年~前323年
入选理由：扩展了帝国的疆域，开辟了希腊化时代，将希腊文明传播四方。
经典语录：把财富分给别人，把希望留给自己，她将带给我无穷无尽的财富。

人物简介

在他短暂的生命中，他统一了希腊，占领了波斯，击败了印度。他建立起地跨欧亚非的大帝国，整个地中海成为帝国的内湖。他伟大的功绩空前绝后，引无数英雄折腰。

生　平

虽然希腊人很自豪地声称亚力山大是希腊人，其实亚力山大的希腊血统在当时却并没有什么值得骄傲的地方。他既不是优美华贵的雅典一分子，也不是繁华富庶的爱琴海岛屿的成员。他出身于希腊北部的马其顿，这是一个勉强算得上希腊的地方，一直是蒙昧和落后的象征。

亚力山大的父亲是马其顿国王腓力二世。他是一个有着雄才大略的国王，亚力山大东征路上战无不胜的马其顿方阵就是他发明的。他用武力使马其顿获得了雅典诸城邦的尊重，还为儿子请来名动天下的亚里士多德为老师。但是在出征波斯的前夕，这位国王在他女儿的婚礼上被人刺杀。亚力山大临危受命，在动乱中走上王位。

这个时候的亚历山大只有20岁，面对的却是一个混乱的场面。对马其顿不满的希腊诸城邦和其他一些部落趁着这个机会反叛。强悍的老王被杀，新王年幼无知，这看上去是一个很好的机会。不幸的是他们遇到了亚力山大，这是一个伟大的君王，一切困境只能让他更加强大。

亚力山大首先回到马其顿,镇压了背叛自己的北方部落,然后挥师南下,包围了底比斯。底比斯是希腊城邦中仅次于雅典的重镇,也是反马其顿的中心。亚力山大攻破底比斯,下令毁掉这个城邦。所有的建筑都被夷为平地,所有的居民都被贩卖为奴隶。残酷的报复震慑了希腊,雅典等城邦纷纷俯首称臣。

在平定了希腊之后,亚力山大又开始着手实现他父亲的愿望:打败波斯。

波斯和希腊可以说是一对冤家。

大流士在公元前6世纪的时候就控制了希腊的一些城邦,但是在公元前499年这些城邦在雅典的支持下暴动,试图摆脱波斯人的残酷统治。5年后,大流士率军平定了这场暴乱,随后他决定攻打雅典,彻底消灭希腊。公元前490年,大流士派军攻打雅典,双方在马拉松展开激战,这就是第一次希波战争。大流士死后,他的儿子倾举国之兵攻打希腊,爆发了第二次希波战争。波斯人在温泉关击败了斯巴达,在陆地上取得了决定性的胜利,但是雅典海军在萨拉米斯取得了胜利。双方谁也没能把对方彻底击败,消耗巨大的战争旷日弥久,最后波斯人被迫撤回本土,希腊人也伤亡惨重。马其顿就是在这个时候崛起为新的大国,控制了整个希腊。

而今大流士早已死去,亚历山大挥师东征,这就是第三次希波战争。

希腊和波斯并不是一个重量级上的选手,希腊的人口、土地、军队数量都远少于波斯,波斯仅仅本土的面积就是希腊的50倍,再加上波斯征服的其它土地,几乎百倍于希腊,但是亚历山大并不畏惧。在出发之前,他把自己所有的土地、奴隶和财产都分给属下,有人问他给自己留下了什么,他决绝地回答道:"希望!"其实,这时候的波斯已经从全盛时期开始衰落了,帝国的首领大流士三世平平庸庸、无所作为。波斯帝国虽然庞大,但是

亚历山大大帝

内部矛盾重重，被它征服的地区并不心悦诚服。

亚历山大首先在达达尼尔海峡击败波斯军队，希腊军队首战告捷，士气高昂。他们朝着波斯本土开进，一路上很多城邦不战而降。但是波斯人迅速调动了起来，他们集合起庞大的军队，迎战希腊人。

公元前333年，在伊苏斯城附近发生了一次决定性的会战。双方在伊苏斯附近发现彼此，于是隔着皮纳鲁斯河展开了军队的较量。波斯军队数目众多，扎下营寨，准备以逸待劳。希腊人率先发起进攻，使用骑兵冲击敌军。双方激战之时，亚历山大发现了敌人防线的一个漏洞，迅速率精锐骑兵向敌军主帅奔去，波斯军队大乱。这个时候，缺乏经验的波斯国王大流士三世以为自己身陷险地，竟然弃众逃跑，波斯军队失去主帅，全线崩溃。

此役波斯损失了10万军队，大流士三世的母亲、妻子都被俘获。这次战役中，亚历山大充分展示了自己高超的智慧能力、敏锐的判断能力和勇猛无畏的精神。

两年后，大流士三世又一次率领军队与亚历山大在高加米拉展开战斗。两年前的失败并没有给他什么教训，他不过徒劳地重复了在伊苏斯的失败。亚历山大乘胜追击，占领了这个当时世界上最大的城市巴比伦。在这里，亚历山大给属下封赏，也给自己加封，成为"巴比伦及四方之王"。

此后大流士三世一蹶不振，再也没能组织起像样的反抗，只是一路逃窜，眼睁睁地看着大片的国土被征服而无能为力。这个平庸的国王在逃往北方的大夏途中，被杀死后弃尸路边。亚历山大则势如破竹，征服了波斯，消灭了宿敌。

但是他并没有就此停止前进的脚步。

公元前325年，他侵入古印度波拉伐斯王国。波拉伐斯人凭借真纳河天险布下防线，试图阻止希腊人。亚历山大采用疑兵之计，在下游假装要渡河，借大雨掩护将主力调往上游，伺机渡河。大雨过后，希腊主力强行突破防线，波拉伐斯国王波拉斯的儿子阵亡。国王闻讯亲率主力赶到，与希腊人展开激战。战斗中双方都极其顽强，波拉伐斯人投入了自己的战象部队，最后还是没能挡住希腊人。国王波拉斯被迫率部后撤，准备再战。

战斗中，希腊军队也遭受了较大的损失。亚历山大对勇敢顽强的波拉伐斯人肃然起敬，他送信给波拉斯，希望他能够归顺。波拉斯来到的时候，亚历山大亲自前去迎接，许诺给他一块比原来土地还要大的领地。这个时候的亚历山大，已经没有了当年毁掉底比斯城的野蛮残暴，宽容和大度让他更加无往不胜。

得胜的亚历山大还打算继续东征，完成他征服世界的梦想，但是疲惫不堪的将士们已经连续作战十个年头了，伤病和对家乡的思念使得亚历山大被迫回师。到了巴比伦之后，亚历山大又开始筹划对阿拉伯世界的进军，然而这个时候，他突然病逝。

终其一生，亚历山大没有打过一个败仗，也没有什么可以阻挡他前进的脚步，直到死亡将他带走。

亚历山大死后，他的帝国顷刻间崩溃，但是这个横跨欧亚非的大帝国沟通了东西方，促进了希腊文明的广泛传播。历史上把从亚历山大起到埃及被罗马征服的这段时间称为希腊化时代。

影响和评价

年轻的亚历山大镇压了希腊的叛乱，然后发起东征，灭掉波斯，征服埃及，攻入印度，凭借他的英勇和智慧，短短的一生战无不胜。他的胜利一方面标志着近东文明的衰落和地中海文明的崛起；另一方面也促进了东西方的文明交流。亚历山大虽然只活了短短的三十多年，然而他的功绩却影响着整个人类历史。

欧几里得
——几何学的创始人

性别：男　　**国籍**：古希腊　　**生卒年月**：活动在公元前 300 年左右
入选理由：几何之父，公理化体系建构者。
经典语录：在几何学里，没有专为国王铺设的大道。

人物简介

两千年来，西方最伟大的作品有两部：《圣经》和《几何原本》。《圣经》的作者据说是神，而《几何原本》的作者却十分清楚，就是几何之父——欧几里得。

杨振宁曾经说过，中国为什么没有发展出西方那样的现代科技和文明呢？一个重要的原因可能就是西方有《几何原本》而中国有《周易》。由此可以看出，《几何原本》对整个西方的影响有多么深远。

但是关于这本伟大著作的作者，我们却知之甚少。

欧几里得，不知生于何处，不知生于何时，确定的是他早年在雅典，曾于柏拉图的学园中求学。

柏拉图是非常重视数学的，他认为数学准确无误，是尽善尽美的东西，整个宇宙的真理都尽在数学。在柏拉图的学园之外挂着一个牌子，上面写着：不懂数学者，不得入内。欧几里得就是在这样的氛围中开始了自己的求学之路。他认真研究柏拉图的思想，最后得出结论：图形是具有神性的东西，里面有着尽善尽美的规律。于是对图形的研究成为他毕生的事业。

在公元前 300 年左右，他受邀来到埃及的亚历山大。这是亚历山大大帝在他东征的路上新建的一座城市，座落在尼罗河口，有传说中世界七大奇迹之一的亚历山大灯塔。但是人们不知道的是，这里还有当时世界上最大、保存资料最多的图书馆——亚历山大图书馆。据说欧几里得《几何原本》的手稿就保存在里面。

欧几里得在亚历山大城进行了长期的研究工作。期间，他写出了那本流传

欧几里得

千古的《几何原本》。《几何原本》一共13篇,465个命题,涉及了平面几何、立体几何、数论等多方面的知识,是一部大型的汇编书籍。

根据现在人们的看法,里面只有极少数命题是欧几里得提出的,大部分是别人的成果。但是欧几里得系统地整理了这些结论,把零散的知识构建成一个系统的体系。他是第一个提出比较完整的数学理论的人。

这本伟大的书本整理了几百年来古希腊的几何知识,但是它的意义却不仅仅在此。我们来看看这本书内容的编排,你就会明白了。

首先给出三个最基本的概念:点、线、面。

然后给出全书的五条公设:1,两点一线;2,直线可以向着两端无限延长;3,所有的直角都相等;4,可以以一点为圆心,任意长度为半径做圆;5,过直线外一点,有且只有一条直线与以之直线平行。

这几乎和现在我们在初中使用的几何教材一模一样。

这就是《几何原本》的成功之处。欧几里得建立了一整套的公理化的演绎体系。为后世,准确来说,一直到现在,为所有的教科书所使用。先提出假设,然后从这些公理出发,推导出一系列的定理,成为一个完整的系统。在数学上,称之为公理化体系。

简而言之,就是以公理为基础,以逻辑为手段,以构建体系为目的。

作为教科书,《几何原本》获得了至高无上的荣誉。它一共有2000多个版本,是这个世界上发行量第二大的书本。仅仅在中国,从明朝起到现在,就有26个版本之多。而我们现在使用的初等几何教材,从某种意义上来说,都是它的第一篇的一个缩略版。

修读《几何原本》几乎成为每个人的必修课,西塞罗、牛顿、莱布尼兹、拿破仑、罗素,这些人都曾研读过《几何原本》。

尤其值得一提的是林肯,他虽然不是数学家,但是也从《几何原本》中受益匪浅。据一本传记记载，在林肯外出巡回出庭时，他还把书装在他的旅行袋里，晚上别人都已入睡的时候，他还在借着烛光研读。

林肯的文章有着理性的力量，逻辑清晰、话语简洁、辩证有力。这不能不说是得益于他对《几何原本》的研读。

有人从里面学习几何知识，有人从里面学习逻辑和辩证的精神，当然，也不乏有人从中寻找错误。

这些错误中最伟大的一个就是对第五公设的质疑。数学家发现第五公设和前面的四个是如此地不同，于是就产生质疑。有人认为第五公设可以从别的公设推导出来，有人认为这个公设是错误的，但是却没有一个人能够证明自己的说法。

一直到19世纪20年代，俄国喀山大学教授罗巴切夫斯基采用了另外一种办法：他没有直接去否定，也没有直接去肯定，而是取了第五公设的对立命题。然后按照欧几里得的方法，一步一步推导下去，居然得到了一个没有矛盾的、完备的系统。

换言之，他发现了一个崭新的几何体系。于是原来的几何被命名为欧式几何，这个新的几何被命名为巴氏几何。

欧几里得虽然错了，但是他的错误中孕育着正确的种子。

他尽力制造出一个完备的体系，使所有的定理都可以从五个公设有限步推导出来，以已知为基础，不断地向后推进，循序渐进，直至逐条证明所有的命题。限于时代的局限性，欧几里得并没有给出准确无误的体系，他的书本里面还存在着一些错误。一直到19世纪末，德国数学家希尔伯特才第一次给出了完备的欧几里得几何公理系统。

中国古人常说：授人以鱼，不如授人以渔。而这正是《几何原本》的伟大之处，他提出的公理化演绎方法具有非常重要的地位。欧几里得使用极其严密的逻辑从已知得到结论，将它们联系起来，这种做法使这本书成为后世数学著作的范本。一直到现在，数学家还是用这种方法论述自己的观点。

欧几里得是一个才华横溢的数学家，因为他留下了伟大的《几何原本》。同时，他还是一个有着正确科学态度的人，因为他留下了两句富有哲理的话。

其中一句是关于那个邀请他到亚历山大工作的国王的。据说当时在欧几里得的带动下，学习几何成为一种风气，国王兴趣大发，也去学习几何。但是他被复杂的证明弄得头晕脑涨，于是便问欧几里得，有没有什么学习几何的捷径可走，欧几里得严肃地回答道："国王陛下，学习任何科学都没有捷径可走。学习几何，就像种庄稼一样，没有耕耘就不会有收获。无论国王还是老百姓，都是一样。"

不知道这个想偷懒的国王有没有学好几何，但是这句"几何无王者之道"成为流传千古的箴言，激励着一代又一代的学子在科学的道路上努力和拼搏。

另一句话是对一个年轻人说的，这个年轻人问欧几里得，学习几何有什么用处。欧几里得说："给他3个硬币吧，他想从几何中获得利益。"

科学从来不是一种功利的学科，为利益是永远不可能攀登到科学的高峰。

我们不知道欧几里得卒于何年，而他的手稿也在战火中焚毁了，但是他的著作和精神永存。

影响和评价

他来到这个世界之前，数学还是一堆零散的定理、公式和证明，是无数难以验证的假说和真伪不辨的定理。是他将混乱的、零散的数学整理成一个逻辑清晰、证明严谨、规范可推导的新数学。他在几何学上做出的大量基础研究，解决了一系列重要的问题，人们尊称他为"几何之父"。

阿基米德
——撬动地球的科学巨匠

性别：男　　**国籍**：古希腊　　**生卒年月**：公元前287年～前212年
入选理由：撬动地球的科学巨匠，西方数学与物理学奠基人之一。
经典语录：给我一个支点，我能撬动地球。

人物简介

阿基米德，古希腊哲学家、数学家、物理学家。11岁时，前往当时的文化中心亚历山大，跟随欧几里得的学生埃拉托塞和卡农学习数学、力学和天文学。公元前240年回叙拉古，担任赫农王的顾问。公元前212年，第二次布匿战争时期，罗马大军围攻叙拉古，阿基米德不幸死于罗马士兵之手。阿基米德流传于世的著作有十余种，多为古希腊文手稿。数学著作有《论球和圆柱》、《圆的度量》、《抛物线求积》、《论螺线》、《论锥体和球体》、《沙的计算》等；力学著作有《论图形的平衡》、《论浮体》、《论杠杆》、《原理》等。

生　平

公元前287年，阿基米德出生在西西里岛叙拉古（今意大利锡拉库萨）的一个贵族家庭。他的家庭与叙拉古的赫农王有亲戚关系，十分富有。他的父亲是当时著名的天文学家和数学家，学识渊博。阿基米德11岁时，借助与王室的关系，得以前往古希腊文化中心亚历山大城，跟随欧几里得的学生埃拉托塞和卡农学习。

亚历山大城是亚历山大大帝征服埃及时所建，位于尼罗河口，是当时文化贸易的中心之一。这里不仅有世界七大奇迹之一的亚历山大灯塔，还有著名的亚历山大图书馆和雄伟的博物馆，而且学者聚集、人才荟萃，因此被时人誉为"智慧之都"。阿基米德在这里学习和生活了二十多年年，曾跟很多学者密切交往。他在学习期间对数学、力学和天文学有浓厚的兴趣。在他学习天文学时，发明了用水利推动的星球仪，并用它模拟太阳、行星和月亮的运行及表演日食和月食现象；为解决用尼罗河水灌溉土地的难题，他发明了圆筒状的螺旋扬水器，至今埃及人仍在使用。

公元前240年，阿基米德回到叙拉古，开始担任赫农王的顾问。他帮助国王解决了生产实践、军事技术和日常生活中的许多科学技术问题，也留下了许多科学史的趣闻。

相传赫农王让工匠替他做了一顶纯金的王冠，做好后，国王怀疑工匠在金冠中掺了假。但这顶王冠的重量与当初交给金匠的纯金一样，国王也不想剖开王冠查看。如何检验王冠的真假，就成了一个难题。当时诸大臣们面面相觑，谁都想不出办法，国王便把这个难题交给了阿基米德。

最初，阿基米德也是冥思苦想而不得要领。一天，他去澡堂洗澡，当他坐进澡盆里时，感受到了水的浮力，并看到水往外溢。他突然醒悟到可以用测定固体在水中排水量的办法，来确定金冠的比重。他兴奋地跳出澡盆，连衣服都顾不得穿就跑了出去，大声喊："尤里卡！尤里卡！"（Eureka，意思是"我知道了"。）

阿基米德

他经过进一步的实验后，提出了具体的解决方案。他把王冠和同等重量的纯金放在盛满水的两个盆里，测量两个盆里溢出来的水的体积，发现放王冠的盆里溢出来的水比另一盆多。这就说明王冠的体积比相同重量的纯金的体积大，证明了王冠里掺进了其他金属。

这次事件在物理学上意义非凡，阿基米德从中发现了浮力定律：物体在液体中所获得的浮力，等于它所排出液体的重量。一直到现代，人们还在利用这个原理计算物体比重和测定船舶载重量等。而这次事件里他留下的名言"尤里卡"也成为科学家钻研精神的代名词。

在物理学上，阿基米德的另一项重要发现是杠杆定律。

据说埃及人在公元前 1500 年左右已经用杠杆来抬起重物，不过人们并不知道它的原理，反而以为这是"魔性"在作怪。

阿基米德并不相信"魔性"，他确信其中必有什么原理在起作用。经过潜心钻研，他发现了杠杆定律。他推断说，只要能够取得足够的杠杆长度，任何重量都可以用很小的力量举起来。据说他曾经说过这样的豪言壮语："给我一个支点，我就能撬动地球。"

叙拉古国王听说后，对阿基米德说："凭着宙斯起誓，你说的事真是奇怪，阿基米德！"阿基米德向国王解释了杠杆的原理后，国王说："那么到哪里去找一个支点，把地球撬起来呢？"

地球上当然不存在这样一个支点。

当时赫农王替埃及国王造了一艘很大的船。船造好后，动员了叙拉古全城的人，也没法把它推下水。为了证明杠杆的原理，阿基米德主动揽下将船推下水的难题。

他利用杠杆和滑轮的原理，设计制造了一套巧妙的机械。把一切都准备好后，阿基米德请国王来观看大船下水。他把一根粗绳的末端交给国王，让国王轻轻拉动，大船顿时移动起来，顺利地滑下了水。国王和大臣们看到这样魔术一般的奇迹，都惊奇不已。于是，国王信服了阿基米德，并向全国发出布告："从此以后，无论阿基米德讲什么，都要相信他……"

在阿基米德晚年时，罗马军队入侵叙拉古，阿基米德指导同胞们制造了很多攻击和防御的作战武器。当侵略军首领马塞勒塞率众攻城时，他设计的投石机把敌人打得哭爹喊娘；他制造的铁爪式起重机，能将敌船提起并倒转……

另一个难以置信的传说是，他曾率领叙拉古人民手持凹面镜，将阳光聚焦在罗马军队的木制战舰上，使它们焚烧起来。罗马士兵在这频频的打击中已经心惊胆战，草木皆兵，一见到有绳索或木头从城里扔出，就惊呼"阿基米德来了"，随之抱头鼠窜。

强大的罗马军队被阻在小小的叙拉古城外达三年之久。公元前 212 年，罗马人趁叙拉古城防务松懈，大举进攻闯入了城里。此时，75 岁的阿基米德正在潜心研究一道数学题，一个罗马士兵闯入他家中，踩到了他画在地上的圆，阿基米德说："让开，别踩坏我的圆。"残暴无知的士兵举刀一挥，这位璀璨的科学巨星就此陨落了。

而阿基米德的那句"别踩坏我的圆"，也成了科学家表达或要求独立自由的科学精神的名言。

阿基米德的遗体葬在西西里岛，墓碑上刻着一个圆柱内切球的图形，这是他最引以为傲的数学发现：球的内接圆柱体积为球体积的 2/3。他生前便已表达了将之刻在自己墓碑上的愿望。

影响和评价

阿基米德是西方数学和物理学的奠基人之一。

他在几何学方面有着极为光辉灿烂的成就,他用割圆法求出 π 的估计值介于 3.14163 和 3.14286 之间;他算出球的表面积是其内接最大圆面积的 4 倍,又导出圆柱内切球体的体积是圆柱体积的 2/3。他的数学思想中蕴涵着微积分的思想,他所缺的是极限的概念,但其思想实质却伸展到 17 世纪趋于成熟的无穷小分析领域里去,预告了微积分的诞生。他被数学界公认为古往今来全世界最伟大的五位数学家之一(其他四位是几何学创始人欧几里德、微积分创始人莱布尼兹、牛顿和近代数学巨匠高斯)。

在物理学方面,他享有"流体静力学之父"的美称。他发展了天文学测量用的十字测角器,并制成了一架测算太阳对向地球角度的仪器;他发现了浮力和相对密度原理:物体在液体中减轻的视重,等于排去液体的重量;他通过大量实验发现了杠杆原理,又用几何演泽方法推出许多杠杆命题,并给出了严格的证明。因此他又被物理学界和科技史学界公认为古往今来全世界最伟大的三位科学家之一(其他两位是牛顿、爱因斯坦)。

他是"理论天才与实验天才合于一人的理想化身"。在人类的历史上,除了艾萨克·牛顿和阿尔伯特·爱因斯坦,再没有一个人像阿基米德那样为人类科学的进步做出过这样大的贡献。即使牛顿和爱因斯坦也都曾从他身上汲取过智慧和灵感。同时他又是科学精神的代表人物,他潜心钻研、不畏强权、独立自由的科学精神,影响了整个科学界。

凯 撒

——罗马帝国的无冕之王

性别： 男　　**国籍：** 古罗马　　**生卒年月：** 公元前102年～前44年
入选理由： 罗马共和国的统治者，却开辟了一个崭新的帝国时代。
经典语录： 我来，我见，我征服。

生 平

他并不曾称帝，他活着的时候的封号是罗马共和国的独裁官，但是他死后却被尊称为凯撒大帝。甚至他的名字也被很多皇帝用做自己的称号，在人们的心目中，凯撒就是大帝。

在英文中July表示的是七月，是一年中最热的时候，也是一年的最中间的部分。这个名字正是为了纪念凯撒：Julius。

凯撒有着显赫无比的身世，他出身于古罗马著名的尤利乌斯家族（Julius）。凯撒的叔父塞克斯图斯，于公元前91年当选执政官，在罗马共和国，这是一个至高无上的荣耀。凯撒的姑父曾经七次被选举为罗马的执政官，他就是赫赫有名的马略。凯撒的父亲则前后担任过共和国的财政官、大法官，还曾出任过富庶的小亚细亚的总督。

凯撒的母亲同样来自于强大的家族，他的外祖父也曾担任过执政官。有了这样的背景，最平庸的凯撒也能做到共和国的高官，然而凯撒注定不是平庸的贵族。

他少年时代的生活已经无从考证，不过按照罗马的风俗，他在7岁以前应该是在家接受教育，7岁以后到专门为贵族设立的学校，去学习辩论、文学、历史、地理，并且接受军事训练。15岁的时候，他正式穿上白袍，成为罗马的公民。

贵族青年凯撒就此开始了他的政治生涯。

开始的时候，由于他的妻子的关系，他成为民主派领袖，反对当时掌握大权的精英派，因此遭到迫害，被迫逃出罗马。此后虽然几度返回罗马，凯撒却

凯撒

并未获得较高的官职。

一直到公元前 70 年，32 岁的凯撒才成功当选为罗马的财政官，这是凯撒在罗马取得的第一个正式职位。取得这个职位，凯撒就自动成为元老院的议员，这标志着凯撒正式进入罗马共和国的政治界。

一年后，凯撒去了西班牙做总督的副手。如果没什么差错，几年后凯撒也许会谋到一个更高的职位，甚至可能会像他的叔父那样，成为罗马的执政官。但是凯撒并不是安于现状的人。当他在西班牙巡回审理案件的时候，在赫库利斯神庙中看到了亚历山大大帝的塑像，禁不住无限感叹：亚历山大在自己这个年龄的时候已经开始征服世界，而自己还是碌碌无为。

平庸不可怕，可怕的是安于平庸。

贵族青年凯撒选择了辞职，返回了罗马城。依靠着显赫的身世，同时又极力讨好平民阶层，凯撒开始平步青云。短短几年间，他从市政官做到大祭司，后来又取得了大法官的职位。

公元前 60 年，他终于成为罗马的执政官，但是他遭到了贵族派的反对。他与当时掌握兵权的庞培、富有的克拉苏结成三头同盟，采用强硬的手段镇压政敌，共同统治了罗马共和国，史称"前三头"。

任期结束后，他在公元前 58 年取得了高卢总督职位。在这个职位上，凯撒获得了他以后成功所需的一切东西：巨大的财富和一支强大的、忠于自己的军队。他任总督期间，发起了规模巨大的战争，征服了高卢地区大片的领地，掠夺了大量的财富。据史书记载：他和他的军队"象一阵旋风攻下八百个城镇，征服三百个部族，与三百万人发生多次激战，屠杀一百万人，将一百万人掳为奴隶"。

凯撒的勇猛和他军队的善战,使他在高卢战争中获得了巨大声望。这个时候,其它两个巨头感到威胁。克拉苏发动对安息的战争,希望获得同样的荣耀,却不幸战死;剩下的庞培与元老院勾结,想消灭凯撒的势力。公元前49年,元老院做为罗马共和国的最高权力机关,向凯撒发出命令,解除他高卢总督的职务,命他返回罗马。凯撒写信给元老院表示了自己对罗马的忠心,希望能够延长任期。元老院并不理会,还威胁凯撒,倘若不归来就宣布他为国家公敌。

然而这个时候的凯撒,已经不是当年出逃的凯撒。他选择回到罗马,不过,带着他战无不胜的强大军团。

当他来到罗马郊外的卢比孔河时停了下来,因为罗马的法律规定,指挥官不得带领军队渡过卢比孔河,否则就是叛国。凯撒思索了很久,最后说:"渡河之后,将是人世间的悲剧;不渡河,则是我自身的毁灭。"

凯撒毅然率军渡河,震动了整个罗马。在当时,整个罗马共和国没有可以和凯撒军团抗衡的军队,元老院的贵族纷纷逃散,庞培也渡海逃到希腊。

政治中没有仁慈。公元前58年,凯撒率军追杀到希腊,庞培逃往埃及,凯撒又追杀到亚历山大,战火绵延到亚历山大图书馆,这个当时世界上最大的图书馆毁于一旦。凯撒随后又征讨了反对他的西班牙和小亚细亚。在小亚细亚,一次战胜后,凯撒送回一封著名的捷报:"我来,我见,我征服(VENI,VIDI,VICI)。"

这句话可以说是凯撒一生的写照,大大小小的战役从来不曾失败,他以一个人的力量改变了一个国家。

凯撒返回罗马之后,已经无人能够反抗他的统治,他大刀阔斧地进行了改革。

这几个改革影响深远。首先他授予北意大利和西西里岛人罗马公民权,沉重打击了罗马的贵族,分散了他们的权力,也扩大了罗马共和国的统治基础。然后废除传统历法,采用埃及传来的新的历法,称为孺略历,这就是现在全世界通用的阳历。另外,他还在占领的广大土地上推行罗马文化。从此之后的一段时间被称为罗马化时代。

公元前45年,庞培的两个儿子在西班牙发动叛乱,凯撒又一次远征西班牙,在镇压了叛乱之后,他加封自己为终生独裁官。他的行为激起了元老院极大的惶恐和不安,所有人都担心他会废除共和国,加冕称帝。公元前44年3月15日,凯撒在元老院被刺杀,其中有他的养子马可斯·布鲁斯特。据说当凯撒看见他的时候,喊出一声:"居然会有你,布鲁斯特!"然后不再反抗,身中23刀而亡。布鲁斯特为自己辩解,"不是我爱凯撒少,而是我爱罗马多"。

但是元老院的刺杀并没有阻挡罗马走向帝国的脚步。凯撒死后，他的养子屋大维夺得政权，继续实行寡头统治。之后，罗马终于成为帝国。

凯撒死时 58 岁，死后被列入神的行列，称为"神圣的尤利乌斯"。他的名字被拿来命名七月，这个一年当中最中间的月份。同时他的名字也被很多君王作为皇帝的称号。在人们的心目中，这个没有称帝的凯撒就是大帝的同义词。

影响和评价

从掌握罗马大权到被刺杀身亡，凯撒摧毁了旧有的、僵化的罗马共和国，代之以一个活力四射的广阔的帝国。在他的大力支持下，罗马文明得到广泛地传播，极大地推动了欧洲文明的发展。他采取了一系列措施，减轻人民负担，兴修公共工程，增加就业，同时提高人民生活水平，获得了人们的一致称赞。虽然他有些专制，但这无损于他的丰功伟绩和雄才大略，无损于他伟大的人的称号。凯撒，将一直为人们所怀念。

屋大维
——最伟大的罗马皇帝

性别：男　　**国籍**：古罗马　　**生卒年月**：公元前 63 年～14 年
入选理由：消灭了罗马共和国，创造了罗马帝国。他的名字和凯撒一起，成为罗马帝国统治者的称号。
经典语录：一座砖城在我手里变成了大理石的城市。

生　平

　　他接过了凯撒创建的帝国。为了捍卫罗马的统一，他发起了漫长的征战；为了罗马的繁荣，他又亲自结束了这漫长的征战，给罗马创造了一个稳定的环境。在他的带领下，罗马进入了全盛时期，罗马文化扩散到了四方。

　　八月份 August，这个名字的来历就是屋大维。屋大维称号是奥古斯都，即是神圣、至尊的意思。八月份就是用他的称号——奥古斯都来命名的。

　　屋大维是凯撒的养子，准确地来说，他是凯撒的侄孙，他的外祖母就是凯撒的姐姐。在凯撒死前不久，他受到凯撒的赏识，成为凯撒的养子，并且凯撒在遗嘱里面，把他立为自己的继承人。

　　公元前 44 年 3 月，凯撒遇刺身亡的时候，屋大维正在亚得里亚海边的军中效劳。他听到消息后赶忙回到罗马，但是他发现，整个城市已掌握在刺杀凯撒的元老院共和派手里。

　　当时，没有人看得起这个不到 20 岁的年轻人。

　　但是凯撒是不会看错的。

　　屋大维十分清楚罗马的形势。元老院虽然掌握着罗马，但是他们并没有掌握军队，罗马的军队掌握在凯撒的两个部将手里：执政官安东尼和骑兵领袖雷必达。但是这两个人并不具备能让众人臣服的号召力，具有这样号召力的人只有一个，那就是凯撒，而凯撒已经死去。屋大维明白，他自己是继承了凯撒名号的人，是凯撒在遗嘱中指定的继承人，但是他也有自己的劣势。

　　首先，安东尼就十分轻视屋大维，不愿意分给他凯撒的遗产，也反对他继任保民官。不过安东尼的做法并没有成功,因为他手握重兵,还掌握着执政官的职位,元老院对他产生了怀疑,认为他觊觎着罗马的大权。另外,这也激起了凯撒支持者的不满,毕竟屋大维是凯撒指定的继承人。

凭借着凯撒的名号和元老院的支持,屋大维迅速募集到一支军队,与安东尼的队伍发生了小规模的战斗,并取得了胜利。元老院受到的威胁解除了,他们反过来准备消除屋大维,毕竟屋大维是被他们刺杀的凯撒指定的继承人。面对着元老院的威胁,屋大维表现出极高的政治素养,他举着凯撒的旗帜,团结凯撒的旧部,迅速与安东尼、雷必达结成同盟,成为"后三头同盟"。元老院慑于他们庞大的军队和民众的支持,被迫授予他们三人5年的执政权。正是这个决策,把作出这个决策的元老院议员们送上了绝路。

三个人都意识到了,共和派控制的元老院是他们共同的敌人,也是最危险的敌人。于是他们掌权后的第一件事情,就是清洗元老院。打着为凯撒复仇的旗号,屋大维宣布了一个长长的公敌名单,打算彻底清洗所有参与刺杀凯撒的人。由于凯撒是罗马的独裁官,他还做了很多有利于人民的事情,所以这次复仇得到了罗马市民的支持,也成功地收买了凯撒的支持者。事实上他们清洗的不只是刺杀凯撒的人,还有大批的贵族,所有反对他们的人都被列在名单上。据统计,有三百多名元老院议员和两千多名骑士被杀死或者没收家产。这是一场赤裸裸的屠杀和掠夺,很多人在这种白色恐怖下丧生,整个罗马一片血雨腥风。

大批共和派逃离罗马,这时候的希腊是共和派的一个根据地,他们在那里组织武装,希望能够东山再起,夺回罗马政权。三巨头一不做二不休,一直追杀到希腊和西班牙。公

屋大维

元前42年，在希腊，他们打败了共和派的武装，刺杀凯撒的首谋布鲁斯特和喀西约被迫自杀，共和派被彻底荡平。

共和派被消灭了，元老院被清洗了，再也没有人反对和制约三巨头了。罗马失去了这股力量，再也不可能回到互相制约的共和道路上了，走向帝国只是早晚的事情。

元老院授予的5年统治期限结束后，三巨头于公元前38年签订条约再次结盟，又获得了5年的统治权。在失去了共同的敌人后，三巨头的结盟开始出现裂缝。首先是屋大维借机剥夺了雷必达的军权和政权，只给了他最高祭祀的宗教头衔。面对屋大维的压制，雷必达选择了退出政界，一直隐居。

而安东尼则选择了另外的道路。他在公元前42年镇压了希腊的暴乱之后，去了埃及。在这里，他准备进攻安息——另外一个同样庞大的帝国。安东尼的实力并不足以挑战这个庞大的帝国，屡战屡败之后，他的实力遭受了很大的损失，并且他犯了一个极大的错误：他让自己的妻子回到罗马，而自己却和埃及王后勾结在一起。

屋大维逼退雷必达之后，就把矛头指向安东尼。屋大维指责安东尼抛弃自己的妻子，成为埃及女王的奴隶；他还指责安东尼彻底放弃了自己的罗马人传统，成为了一个彻底的埃及人。在屋大维的操纵下，整个罗马都相信了安东尼是一个背叛罗马、投入到埃及怀抱的人。元老院曾经数次召回安东尼，但是安东尼明白，这样回去必定会遭到屋大维的打压。

好在有富庶的埃及可以支撑他不断地战争。在号称世界上最富有的人——埃及女王的全力支持下，安东尼终于在亚美尼亚一带击败了安息，取得了胜利。在亚历山大，他举行了盛大的庆祝仪式。在这个仪式上，他宣布终止同屋大维的结盟，并将自己的领地分封给他和埃及女王生下的几个儿子。更重要的是，他宣布埃及女王的儿子才是凯撒真正的继承人，这威胁到了屋大维的统治基础，因为屋大维就是以凯撒继承人的名义领导罗马的。

消息传到罗马，屋大维宣称安东尼将罗马的土地断送给埃及，是罗马的叛徒。后来屋大维赶走元老院中支持安东尼的人，然后宣布安东尼是国家公敌，率军前去讨伐。

公元前31年9月2日，屋大维带领军队和安东尼在希腊展开激战，战斗不分胜负，但是激战之中，埃及女王逃回埃及，安东尼无心恋战，也退到埃及。屋大维率军征讨到埃及，双方在亚历山大展开激战，最后屋大维取得了胜利，安东尼和埃及艳后被迫自杀。

至此，三巨头只剩下了一个。而且，元老院也掌握在他的手里。这是连凯撒也没有做到的事情。

屋大维将军事、政治、宗教大权集于一身，他成为罗马至高无上的统治者。公元前 27 年，他被授予"奥古斯都"称号，成了神圣、至高无上的罗马统治者。他虽然坚辞了称帝的建议，但是他已经成为罗马实际上的皇帝，罗马共和国也已经名存实亡，罗马帝国已经初步成形。

影响和评价

屋大维统治罗马达四十多年。当他是个年轻的小伙子的时候，他果断地发动战争捍卫罗马的统一；当他成为一个成熟的君王的时候，他毅然结束战争，带领罗马进入了最富强的时代。在他统治期间，权利进一步集中，罗马结束了共和，进入了帝国时期，他开创性的业绩奠定了帝国此后几百年的繁荣和富强。自他之后，他的称号"奥古斯都"和"凯撒"并称，成为古罗马皇帝的称号。在此后漫长的岁月中，他的英名和事业伴着帝国永在。

耶 稣
——基督教的创始人与基督教义的中心人物

性别：男　　**国籍**：罗马帝国　　**生卒年月**：公元前 1 世纪~1 世纪
入选理由：基督教的创始人，以上帝的名义来拯救世人。
经典语录：你们亲近神，神就必亲近你们。

人物简介

耶稣是这个世界上最出名的人，而且不是之一。他对西方世界的影响，前无古人，恐怕也后无来者。假如说孔子是这个世界的一半，那么耶稣就是世界的另一半。

生　平

耶稣大概出生在公元前 6 年~公元前 29 年之间，耶稣出生的日子，据说就是十二月二十五日，圣诞节。不过一直到公元后三百多年，人们才定下来。

根据福音书，耶稣是圣母感孕而生的。事实上，他的父亲是一个木匠，叫做约瑟，母亲是玛利亚，就是基督教的圣母玛利亚的原型。

耶稣是拿撒勒人，诞生在伯利恒，准确来说，是在伯利恒一个旅馆的马槽里诞生的。据说当时罗马皇帝下令普查户口，耶稣的母亲这时候已经怀孕，约瑟带着她来到伯利恒的时候，所有的旅馆都已经住满，他们只好无奈地住在马厩里面。这天夜里，玛利亚产下一个男孩，她把他用布包好，放在马厩里面。这个男孩就是耶稣。就是这个马厩成就了伯利恒今天基督教圣地的地位。在伯利恒的市中心，有一个巨大的广场，叫做马槽广场，广场旁边坐落着圣诞教堂，这宏伟的教堂和广场就是为了纪念耶稣而修建的。据说耶稣就诞生在教堂里面一个地下岩洞的马槽里面。这个马槽最初是泥制的，后来被换成银制的，现在被换成大理石的圣坛，每年都有成千上万的基督徒前去朝拜。

不过在当时，这个救世主却差点连自己也没法拯救。那时候，犹太人是被罗马人统治的。在犹太人中间流传着一个关于"救世主"的传说，说救世主会

耶 稣

从天而降，带领犹太人走出苦难，获得自由和幸福。统治者担心这会引起犹太人的反抗运动，大为不安。耶路撒冷的希律王下令将伯利恒所有的两岁以下的婴孩杀死，以断绝这个流言。

耶稣的父母闻听这个消息，带着他离开伯利恒，远避他乡，逃到了埃及。直到希律王死去，他们才回到故乡拿撒勒。

耶稣是家中的长子，他还有三个弟妹。由于出身于穷人家庭，耶稣没能接受正规的教育。不过他的父母都是虔诚的犹太教徒，经常带着他去教堂朝拜，他从教堂学到了不少知识。他的父母还带着他去耶路撒冷朝圣。耶路撒冷是犹太行省的政治中心，也是当时的宗教中心，年少的耶稣在这里开阔了眼界，增长了阅历。

在30岁以前，耶稣的活动并不清楚，有人说他是子承父业，一直在做木匠。他的人生的改变，是从30岁的时候开始的。那一年，他在约旦河接受了约翰的洗礼，从此开始传教，这也是他创立基督教的开始。早期的基督教实际上只是犹太教的一支，而犹太教是一个历史更加悠久的宗教，大约从公元前1000年就开始在犹太人中流传，到耶稣的时代已经发展得比较成熟了。耶稣的宗教思想并不是凭空出现的，在很大程度上是改造犹太教而来的。因而基督教和犹太教有很多相似之处，比如说都相信存在上帝、存在先知，期盼救世主来临拯救自己，它们甚至有着相同的经典——《旧约》。但是它们之间也存在着一些根本性的区别。其中很大一点就是，犹太人虽然相信救世主存在，却认为救世主还没有来临，要继续等待，而耶稣则直接地宣布他自己就是救世主。耶稣宣称自己是上帝的儿子，奉上帝之命来拯救世人，只有相信他，犹太人才能被拯救。

耶稣在巴勒斯坦一带传教，他一边给穷人看病，一边传授教义。传教活动受到了底层群众的广大欢迎，他也有了一批自己的信徒。这种欢迎和追随是有其深刻的原因的。

当时犹太人被罗马人奴役，罗马人为了巩固自己的统治，选择了和当地贵族合作；犹太贵族为了维持自己的地位，同意和罗马人合作。两者勾结起来，底层的犹太人便受到残酷的压榨，生活十分艰辛。耶稣作为救世主出现，为他们指出一条出路，只要相信上帝就可以获得幸福，缓解他们精神的痛苦，因而受到广大下层民众的欢迎。慢慢地，耶稣的传教范围也扩大到了非犹太人，基督教成为一个普世的宗教。这也为它以后的发展奠定了基础。

另一方面，几百年前，犹太教的一个先知曾经预言，几百年后伯利恒将诞生一个救世主，带领犹太人走出奴役，获得自由。而耶稣活动的时间，恰好符合了预言，所以很多人都相信他就是传说中的救世主。

但是耶稣的教义和犹太的教义有着一些冲突，因此他被犹太贵族看做是异端，更重要的是他居然宣称自己是救世主，严重威胁了犹太贵族的利益。同时，在罗马人看来，异端邪说的宗教对政权是一种威胁，所以他们联手打压基督教。

公元 30 年，耶稣带领门徒弟子沿着橄榄山麓进入耶路撒冷，准备继续传教。这个时候，耶稣的一个门徒，贪财的犹大，以三十块银币为代价，出卖了耶稣。

据说耶稣感到大祸即将临头，便与 12 个门徒共进晚餐，待大家都落座以后，耶稣说"你们中间有人出卖了我"。达芬奇那幅著名的《最后的晚餐》描绘的就是当时的情形：门徒们有的悲伤，有的愤怒，有的震惊，只有心怀鬼胎的犹大，紧紧抓住钱袋想要溜走。这个犹大就是聚餐的第十三个人，这就是西方人避讳数字十三的来历。

次日早上，耶稣正要出门，一群人闯了进来，犹大按照约定好的暗号，跪在耶稣面前，亲吻他。这些人认出耶稣来，便把他抓走。犹太贵族对耶稣恨之入骨，就把他送到了罗马总督那里。按照圣经里面的记载，总督本不想杀死耶稣，可是犹太人威胁说："耶稣自称是犹太人的王，是造反。如果不杀他，就是背叛罗马。"总督害怕犹太贵族的不满会引发骚动，被迫下令处死耶稣。

耶稣背着十字架，被押往刑场，一路上遭受围观人群的嘲弄。刑场在耶路撒冷城外的一个小山丘，这里现在也是基督教的一个圣地——圣墓大教堂的所在地。耶稣被押赴刑场的路，被称为"受难之路"，很多来朝圣的人背着十字架，沿着这条路线一直走到刑场，重温当年基督为了救赎人类而承受的苦难。

耶稣死后相当长的一段时间，基督教受到犹太贵族和罗马政权的打压。一直到公元 4 世纪时，当时的罗马皇帝君士坦丁一世认为基督教的教义要人们一心向善，忍受今生的痛苦以获得幸福，可以麻痹群众，稳定统治，调和宗教矛盾，就颁布了米兰诏书，宣布基督教是合法的宗教。公元391年，基督教的势力已经发展到极大，当时的罗马皇帝宣布它为国教。

此后，基督教随着西方文明的扩展而扩展，逐渐成为世界范围内的宗教。

影响和评价

耶稣，一个木匠的儿子，坚信自己承担着拯救人类的使命。他生前饱受磨难和打击，仍以坚韧不拔的精神传播着自己的信念；他被自己要拯救的人判处死刑，却无怨无悔。他的爱和付出没有白费，他死后终获人们的承认。他的慈悲和善良为人们铭记。

由耶稣创立的基督教是当今世界三大宗教之一，是整个西方世界的文明基石，对人类文明有着莫大的影响。

穆罕默德

——伊斯兰教的创始人与先知

性别：男　　**国籍**：阿拉伯　　**生卒年月**：公元 570 年～632 年
入选理由：伊斯兰教创始人，阿拉伯民族和帝国的奠基人。
经典语录：知识是伊斯兰教的生命。

生　平

他是一个孤儿，却创立了一个民族、一个帝国和一个宗教；他是一个文盲，却带来了一部经典。他战胜了世界上最强大的帝国——罗马和波斯；他驾驭了世界上最桀骜不驯的民族——阿拉伯民族。他就是先知，穆罕默德。

根据穆斯林传记，穆罕默德于公元 570 年左右出生在麦加城。他的身世十分不幸，在他出生前几个月，他的父亲去世；6 岁的时候，母亲又去世了；年幼的穆罕默德便由祖父亲自抚养，但是在他 8 岁的时候，这位和善的祖父也离开了人世。于是就由他的叔叔把他养大成人。

穆罕默德幼年坎坷，没有机会去读书。他是一个文盲，他的第一份工作是去给别人放牧。但是坎坷的生活并没有磨灭掉这个孩子，穆罕默德成长为一个优秀的青年，诚实可靠而又聪明智慧。穆罕默德帮别人去经商，他随着商队四处游历，增长了见识，尤其是接触到了各种宗教，这为他以后创立伊斯兰教奠定了基础。年轻的穆罕默德诚实可靠，受到人们的一致称赞。他深深打动了他的雇主，一个富有的寡妇。在他 25 岁那年，他与他的雇主成婚，迎娶了这个比他大 15 岁的女人。

婚后，穆罕默德的财富和地位都有了很大的上升。在闲暇的时间，他也像当时上层社会流行的那样去郊外的山洞里冥思。

当时的阿拉伯社会还处于一个文化比较落后的时代，存在着一些很野蛮的氏族社会遗风，血亲复仇泛滥、溺杀女婴成风。同时，由于经济的发展，旧有的氏族社会开始瓦解，原来的宗教信仰体系也开始崩溃。人们失去了精神的依托，道德败坏，唯利是从。社会中贫富对立，上层贵族和富人的生活奢靡堕落而贫苦百姓则生活艰辛。这个时期,阿拉伯部落又遭受了外敌的进攻,内忧外患。穆罕默德对这种情况十分痛心,想去寻找一个解决的办法。

他受到了当时流行的哈尼夫思想的影响。哈尼夫意味"纯正的、正统的"。哈尼夫论者受到犹太教和基督教的影响,认为当时阿拉伯部落中存在的多神论和偶像崇拜导致了阿拉伯人的蒙昧和无知,他们反对偶像崇拜,主张一神论。在宗教发展史上,这种思想有一定的进步意义。哈尼夫思想是阿拉伯从多神教向一神教转变的中间阶段,对穆罕默德创立伊斯兰教有着很大的影响。

穆罕默德的思想就是在这个时期基本成形的。基于个人经历和时代的原因,他对阿拉伯的政治、社会和经济问题都有着深入的认识和思考。从伊斯兰教的教义也可以看出,当基督教和犹太教都专注于精神生活、专注于死后的未来世界的时候,穆罕默德创立的伊斯兰教涉及到了社会生活的方方面面。伊斯兰教不只是一种宗教,也是一种生活;不只是精神的,也是世俗的。这是伊斯兰教的一个重要特点。

穆罕默德

按照可兰经的记载,公元610年,穆罕默德在山洞中静修,他突然听到了真主的声音,便走出山洞,开始传教。这就是伊斯兰教最早的开始。

在最初的三年中,穆罕默德的传教是以秘密的形式在他的亲朋好友中进行的,但是并没有太多的人追随他。公元613年的时候,穆罕默德开始公开传教。他呼吁麦加的市民放弃多神教的信仰,放弃偶像崇拜,转而相信世界上唯一的真神——安拉。穆罕默德自称是安拉的使者,他负责向世人传达安拉的意志。他强烈地谴责多神教和偶像崇拜给阿拉伯人带来的蒙昧和无知。穆罕默德说,假如不信安拉,死后就会遭受惩罚,被投入地狱。这种说法是对阿拉伯人传统信仰的极大挑战,也是对掌握宗教特权的麦加贵族的利益的挑战。但是还是有大批人追随穆罕默德，因为他们对现状感到失望，找不到精神的出路。另外，穆罕默德还提出，所有的穆斯林都是兄弟，反对血亲复仇，要求穆斯林乐善好施、救济贫弱。他还提出禁止放高利贷。在当时，这一条受到饱受高利贷盘剥的贫苦百姓的一致欢迎。一直到现在为止，伊斯兰金融都不允许赚取利息。

但是，穆罕默德的做法也将自己和他的信徒们置于危险之中。他从根本上触及了掌握宗教特权的贵族、富商和高利贷者的利益。换句话说，这个孤儿费尽力气奋斗，终于成为一个富商，却选择去得罪一切有权有势有钱的人，而去代表穷人的利益。这就是先知穆罕默德，一个有着高尚道德的人。

公元622年，穆罕默德在麦加再也待不下去了，因为他的对手准备谋杀他。穆罕默德和他的追随者逃离麦加前往雅特里布城。这座城市就是现在的伊斯兰圣地——麦地那，全称为麦地那·纳比，意为"先知之城"。

这次迁徙也是伊斯兰历的开始。

代表人民的利益，必将获得人民的支持。在麦地那，穆罕默德终于站稳了脚跟。他和麦地那附近的部落签署协议，建立了一个宗教公社，穆罕默德为最高的统治者。这个时候，他终于可以开始践行自己的理想。

穆罕默德制定了一系列的规范来约束人们的行为，这些规范成为伊斯兰教最初的教义。

随着越来越多的人投奔而来，穆罕默德的实力不断扩充。但是迫害过他的麦加贵族并不死心，他们不断骚扰麦地那的商队，想断绝穆罕默德的经济来源。穆罕默德被迫组织武装，与麦加贵族展开斗争。

公元624年，在麦地那附近的伯德尔，穆罕默德击败麦加的军队。这次战役提高了穆罕默德的威望，扩大了伊斯兰教的影响。

但是麦加贵族并不认输，在公元627年，麦加数万大军围攻麦地那。麦地那面临着最危险的时刻，城内的叛徒也蠢蠢欲动。穆罕默德临危不惧，坚壁清野，终于击退了麦加军队。这标志着麦地那已经成为一支可以和麦加抗衡的强大力量。

到了公元630年，形势已经完全逆转，伊斯兰教在整个半岛上被广泛接受，穆罕默德的势力大增。他率领大军返回麦加。兵临城下之时，麦加的贵族被迫接受伊斯兰教。穆罕默德威名大振，远近的部落纷纷归附。阿拉伯半岛上终于建立起一个统一的伊斯兰国家。

公元632年6月8日，穆罕默德在麦地那病逝。这个孤儿做过牧童、做过商人，最后成为一个富人，但却抛弃了自己的所有，去为穷苦人寻找一个未来、寻找一条通向幸福的道路。

影响和评价

　　穆罕默德,一个真实的人,一个平凡的人,一个和我们一样有血有肉、有悲欢离合的人。他从来不曾宣称自己是神,却有无数人像神一样地景仰他。他拥有了财富地位,却还挂念着那些穷人。他历经苦难却心存温暖、关怀别人。他宽容地对待所有的人,包括他的朋友、他的敌人、异教徒。他用他的智慧引领着阿拉伯人走向未来。而今,他的追随者遍布世界。为了纪念这个伟大的人,很多人把自己的孩子取名为穆罕默德,这是这个世界上使用人数最多的名字。

马可·波罗

——将中国介绍给西方的第一人

性别：男　　**国籍**：意大利　　**生卒年月**：1245年～1324年
入选理由：最出名的旅行家，他写下的《马可·波罗行纪》是一本改变历史的著作。
经典语录：行在（杭州）所供给之快乐，世界诸城无有及之者，人处其中自信为置身天堂。

生　平

马可·波罗是意大利商人，最后却成为著名的旅行家。他在一个旅行不便的时代，穿越阻碍，沟通东西，是东西文化交流的使者。

1928年，意大利的两个城邦之间发生了一场战争。战争的双方是威尼斯和热那亚，亚得里亚海的两个港口。战争主要是海军之间的较量。按照威尼斯的一贯传统，军舰由富贵的家族资助建造，因为他们从城邦获利最多，自然有保卫城邦的责任。威尼斯的豪门马可家族捐资修建了一艘军舰，来自于马可家族的舰长将这艘军舰命名为"东方号"，然后开赴前线。不幸的是，"东方号"在战斗中被击沉，舰长也被热那亚人俘虏，关进了监狱里面。

这一切只是这个漫长故事的开头。

舰长在狱中遇到了一位年轻的作家，漫长的时光使他感到无聊。于是，他就将自己游历东方的经历口述下来，作家耐心地帮他记录，以打发时光。舰长的一生游历颇多，这一记录就是四年。四年后，双方和解，舰长被释放出来，他将自己在狱中的手稿整理成书，称为《东方见闻录》，人们以舰长的名字命名它为《马可·波罗行纪》。

舰长的经历是如此传奇，以致于这本书也成为一个传奇。据同时代的人记载："几个月后，这部书已在意大利境内随处可见。"这本书是如此地受欢迎，以致于它很快就被译成多国文字。到现在为止，各种文字的《马可·波罗行纪》竟然多达119种版本，可见这本书是多么地受欢迎。

马可·波罗

这个作战失败的舰长就是马可·波罗,著名的旅行家、商人。他出生在意大利的威尼斯。现在,这里是一个著名的旅游城市,以水城而著称。不过在当年,这里是著名的商业城市,而且是国际商业城市,商旅辐辏,货物云集。马可·波罗出身于商人世家,他的父亲和叔叔都是商人。马可·波罗就在这样的环境中长大成人。

在他 15 岁那年,发生了一件影响了马可·波罗一生的事情。据《马可·波罗行纪》记载,去东方经商的父亲和叔叔带着蒙古可汗给罗马教皇的亲笔信回到了威尼斯。他们向马可·波罗讲述了东方旅途中的奇闻趣事,马可·波罗被神秘的东方深深吸引了,他请求跟随父亲和叔叔去东方。

公元 1271 年,当时的教皇格里高利十世给忽必烈大汗写了回信,派使节到东方去。马可·波罗就随着使团,跟随叔叔和父亲踏上了去东方的旅程。

当时,从罗马到中国不是一件容易的事情,丝绸之路已经废弃很久了,从陆路到达几乎是不可能的事情。他们只能走海路,首先要从地中海穿越今天位于土耳其的黑海海峡进入西亚,然后抵达巴格达,从红海海峡乘船趁着一年一度的信风沿着印度洋穿过马六甲海峡,从南海到达中国东南的港口。阿拉伯人和中国的贸易就是这样进行的。

然而,在巴格达的时候却出现了意外,使团被强盗盯上,只有马可·波罗和叔叔、父亲成功逃脱,使团的其他人被强盗掳走。马可·波罗和父亲、叔叔没有退回,可是当他们来到霍尔木兹的时候,已经错过了信风,要出发只能等待明年。

但是,马可·波罗的叔叔和父亲做出了另外的选择:陆路去中国。这是一条难以想象的道路,他们将要穿越伊朗高原和高原上的荒凉的沙漠,翻过终年白雪的葱岭,走过平均海拔五千米的帕米尔高原。一路人烟稀少,出没的只有野兽和强盗。不过这些都不可怕,可怕的是这是一条很少有人走过的路,没有地图、没有向导、没有一行脚印可以指引。

但是,困难没有难倒马可·波罗一行。他们历尽艰险,终于踏进新疆,踏进了中国这个神秘的东方国度。马可·波罗一行穿过塔克拉玛干沙漠,经过玉门关,进入中原。公元1275年的夏天,当年那个离开威尼斯时还是个小孩的马可·波罗已经成长为一个大人。在离开家乡四年之后,他们终于到达了元朝当时的上都,今内蒙古锡林郭勒盟开平府。作为教皇的使者,他们有幸见到可汗忽必烈。据说,忽必烈十分赏识马可·波罗,觉得他年纪轻轻就见多识广。忽必烈把马可·波罗留在身边,让他讲述一路的风土人情,后来又把他带到元大都,就是现在的北京城。

大都的繁盛让马可·波罗无限感慨。在《马可·波罗行纪》中,他用无比称赞地口气记述了当时的大都:"全城地面规划,有如棋盘,其美善之极,未可言宣","世界诸城无与伦比"。

作为一个商人,马可·波罗意识到这是一个比他见过的任何一个城市都要繁华的地方。

"凡是世界各地最稀奇、最有价值的东西也都会集中在这个城里,尤其是印度的商品,如宝石、珍珠、药材和香料。契丹各省和帝国其他地方,凡有值钱的东西也都要运到这里,以满足来京都经商而住在附近的商人的需要。这里出售的商品数量比其他任何地方都要多,因为仅运载生丝到这里的马车和驴马,每天就不下千次。"

在《马可·波罗行纪》中,他还记录了大都的风土人情。在他的笔下,人们优雅而又有礼貌,民风淳朴。可见,大都给他留下了极其美好的印象。

马可·波罗一共在中国住了17年。期间,他奉忽必烈之命,视察四方,他的脚印遍布帝国的各个角落,他甚至随着帝国的使团到过今天的缅甸、印度尼西亚一带。据他自己讲,他还在扬州做过官。

他在《马可·波罗行纪》里面详细讲述了他到过的地方,从北方到南方,从沿海到内地,描绘了一座座繁盛的城市、忙碌的港口、发达的手工业和人们富庶满足的生活。里面甚至还记载了元初的一些政治斗争和宫廷秘闻。他的描述为欧洲人立体地展示了当时的中国:富足且文明昌盛。这引起了欧洲人对东方的无限向往。

1292年,马可·波罗和父亲、叔叔奉命送一位蒙古公主去波斯成婚。他们向可汗提出希望返回故乡,得到了可汗的同意。因为是可汗的贵客,回去的路途一帆风顺,经过三年的旅途,三人终于返回故土。他们从东方带回了大量的财富,使得马可家族一跃成为威尼斯的豪门。

这也就有了开头的战斗和后来的《马可·波罗行纪》。

闭塞的欧洲为马可·波罗描述的美好东方震惊了。人们到处传抄着这本书,很多人不敢相信世界上存在这样的地方,指责马可·波罗说谎。然而正如马可·波罗所说的"世界之人无有能想象其盛者","未闻未见者,必不信其有之也"。

他为欧洲打开了通向东方的窗户,而且这个窗户一旦打开就再也不能关住了。马可·波罗不是历史的创造者,但是他的这本书却改变了历史。

几百年后的哥伦布,怀揣着找到通往东方的新航线的梦想,扬帆启程,发现了新大陆。

影响和评价

马可·波罗只是讲述自己的经历,却激起了整个欧洲的兴趣。他带着一个好奇的梦想来到东方,却给整个欧洲带来了一个关于财富的梦想。他让欧洲人开眼看到世界,知道了天下之大。他的行纪完成了欧洲人对世界认识的启蒙。几百年后的大航海时代,无数人怀揣着这本书,充满希望地航向大海,去寻找财富。正是马可·波罗为后来的地理大发现奠定了认识的基础。

贞 德

——拯救法国的巾帼英雄

性别：女　　**国籍**：法国　　**生卒年月**：1412年～1431年
入选理由：圣女贞德，只身拯救法国的女孩。
经典语录：所有的战役，胜负都在于一心。

生 平

一个普通的农村女孩，在国家和民族生死存亡的关头，凭借自己的勇气和智慧，战胜强大的敌人，这就是贞德。她只是一个女孩，却踏上战场；她只是一个平民，却最爱国家。她只活了20岁，却成为一个传奇。

贞德只是一个普通的法国农村女孩，起码在她16岁之前，她一直都是一个普通的农村女孩。

1912年，她出生在法国外省的农村，父母都是比较富裕的农民，即便如此，在中世纪的封建氛围下，她也不曾读书。

但是，历史并没有在乎这个。

中国人常说，乱世出英雄。贞德生活的年代是一个不折不扣的乱世。

从1337年到1453年，在这个相当漫长的时期里，法国一直处于战争状态，这就是传说中的"百年战争"。它号称是世界历史上持续时间最长的战争。

能让两个国家掐这么久的战争，其原因错综复杂，但是一句话来说就是英国国王要来争法国国王的王位。

法国是欧洲大陆的传统强者，他们继承的是法兰克王国的衣钵。而英国则是法国诺曼底海岸的诺曼底公爵侵入英伦三岛后逐渐扩张形成的。

麻烦源自1154年。安茹伯爵，一个法国贵族，因为母亲的血缘关系而继承了英国王位。从此，英国国王就有了一个奇怪的身份：英国国王，法国臣民。

由于英国国王同时是法国的贵族，他们与法国王室历代通婚。因此，如果法王没有嫡系的子孙，在血统上，英王也可以继承法王的位子。后来，法国卡佩王朝绝嗣,英王爱德华三世趁机要求获得法国王位的继承权,他自行宣布自己是法国和英国的国王。法国的贵族自然不答应这件事情。

战争,就此展开。

贞德所在的地区是法国东北部,勃艮第人的地盘,他们已经和英国人结盟,但是贞德所在的村庄依然效忠于国王。在她年少的时候,村庄曾经数次遭受英军的袭扰,她的姐姐也被英军杀害。

到了1428年,贞德16岁的时候,法国已经丧失了大片的土地。巴黎被英军占领,英军的盟友勃艮第人占领了王室的圣地兰斯。整个法国北部,只有要塞奥尔良还掌握在法国手里,阻止了英军的长驱直入。

1428年10月,英军和勃艮第人包围了奥尔良,前去救援的法军在奥尔良附近大败。军队表现糟糕,即便坚持守城的法国王太子也怀疑到底能坚持多久。

那时候的法国处于一种绝望的氛围中:整个北部基本沦为英国领地,即便是最忠于国王的法国人也在怀疑他们的国家就要灭亡。

贞 德

但是在这个时候,法国遇到了它的救星:圣女贞德。

1429年1月,贞德自称得到上帝的旨意,要她拯救法国。她前去拜见了王太子查理七世。在这极其危难的关头,在这生死存亡的时候,在国家和军队都一蹶不振的时候,在几乎所有人都绝望的时候,王太子做出了一个大胆的决定:他把军队的指挥权交给了这个自称受上帝的指令来解救法国的农村女孩。即便她只有17岁,即便她是个彻底的文盲。

王太子的这个决定也许是绝望中无奈的选择,但是他的这个决定却拯救了法国。

贞德没有让王太子失望,她在法国最需要胜利的时刻为法国贡献了一系列的胜利。

贞德率军杀回奥尔良，她身穿白甲，挥舞着自己的旗帜，向英军发起猛烈的进攻。贞德身先士卒，参加了每一场的战斗。有一次，肩膀中箭，她被人抬下战场，可是她拔下箭头，重新回到士兵身边高举旗帜，继续冲杀。最后，贞德终于击败了英军。在民族危难的关头，她的胜利给了整个法国活下去的希望。

失利后的英军开始重视贞德和她的军队，他们调集军队在巴黎附近加强防御。这个做法无可厚非，因为奥尔良距离巴黎很近，而且巴黎是法国的首都。法军的将领也一致主张迅速出击，在英军调动完成之前攻下巴黎。但是，贞德却力排众议，决定出兵兰斯。

兰斯到奥尔良的距离是巴黎到奥尔良的两倍，而且沿途的大部分城邦都已经投降了英国。但是，贞德坚持自己的意见，法军迅速朝着兰斯进发。由于出敌不意、行动迅速，一路上法军连战连捷，攻克了好几个城邦。见大事不妙，英军迅速调集军队，在帕提与法军相遇。

这次战斗是整个百年战争的转折点。因为在此之前，法军的主力和英军的主力正面交锋，法军从来都没有胜利过。

英军的主力是弓箭手，但不是一般的弓箭手，而是长弓手。箭长弓强，能够穿透法军的厚重的盔甲。而且英军惯以密集的阵型来招待法国骑兵，着装笨重的法国骑兵在冲锋的时候就会被密集的箭雨大量射杀，很难冲锋到英军阵前。

但是，贞德这次扬长避短，有效地发挥了法军的优势。在英军布阵的时候，法军的重骑兵已经冲了进来。英军顿时阵脚大乱，连指挥官也被俘虏，大量的英军被歼灭，只有少数逃跑。这次胜利极大地鼓舞了法国人，法军一鼓作气攻下了兰斯。

贞德带领法军取得了一系列胜利，收复了大量的失地，彻底扭转了战局。更重要的是，她唤起了法国人反抗的怒火，给予了法国人胜利的信心。

王太子查理七世在兰斯加冕成为新的法国国王，法国人重新找回了丧失已久的信念。

但是在不久后，1430年5月，在贡比涅的一场战斗中，撤退的时候，贞德亲自断后，不幸被勃艮第人俘虏，她被作为政治交易的牺牲品转交给英国人。英国人对贞德恨之入骨，他们宣称贞德是女巫，对她进行了宗教审判。

在一场毫无公正可言的审判之后，1431年5月，贞德被英国人判处火刑。在处刑之前，她被捆绑在囚车上，游街示众，受尽屈辱。1431年5月30日，在卢昂，英国人残忍地杀害了她，还把烧尽的灰烬都扔到塞纳河以防止被人收起。

但是，这种残酷的暴行并不能杀死法国人的抵抗。悲愤的法国人团结起来，发起了反攻，英军节节败退，以前背叛祖国的封建贵族也纷纷归顺。1437年，法军攻克巴黎。到1453年，除了加莱之外，法军收复了所有的失地，英国人基本上被赶出了大陆。

法国人并没有忘记贞德。1452年，在贞德的母亲的请求下，教会重新进行了审判，恢复了贞德的荣誉。法庭确定了她的英勇事迹，称赞她为烈女。1456年，教皇卡里克斯特三世亲自为她平反，宣布她是"英勇和清白的"。1920年，教皇本笃十五世亲自封圣，贞德成为法国的"圣女"。

现在，法国每年五月的第二个星期天被定为纪念贞德的全国假日，来纪念那个纯洁英勇的少女。

影响和评价

有的人死了，可是他还活着。贞德就是这样的人，她虽然不曾活过20岁，但是她英勇的事迹却永久地流传下来。当贵族们纷纷投降，当军队一败涂地，是她，一个普通的女孩，唤起了法国人的爱国热情，使得法国免于亡国的危险。没有贞德就没有法兰西。她的年轻和英勇永远为后世所敬仰和纪念。

哥伦布
——美洲大陆的发现者

性别：男　　**国籍**：意大利　　**生卒年月**：约 1451 年～1506 年
入选理由：新航线的开辟者，大航海时代最优秀的航海家。
经典语录：只要我们把希望的大陆牢牢地装在心中，风浪就一定会被我们
　　　　　　战胜。

生　平

　　哥伦布是人类历史上最伟大的航海家，他开辟了通向美洲大陆的新航线，这标志着大航海时代的开始，是人类文明的一次伟大跨越。他的发现改变了世界。

　　橡胶、玉米、烟叶、咖啡，这些东西有什么共同点？

　　答案是哥伦布。这些东西彼此之间没有什么联系，但是人类能够拥有它们，都得益于一个伟大的航海家——哥伦布。因为这些东西都产自美洲，而正是哥伦布开辟了前往美洲的航线。

　　哥伦布是这个世界上所有生物中除了大马哈鱼以外最为优秀的航海家。大马哈鱼每年洄游几千里地到出生地产卵，但是它们走的是一条祖祖辈辈走过的路，而哥伦布则闯荡出了一条前无古人的道路。

　　哥伦布出生在热那亚，一个著名的港口城市，可是他家却不是水手世家。水手是个不安分的工作，哥伦布家则有着稳定的产业：纺织作坊。他从小就在家里的作坊里帮忙。看上去这跟航海完全没有什么关系，谁也不会想到这个作坊主的孩子，从小跟织布机打交道的人，最后会成为一个闯荡世界的航海家。

　　但是，哥伦布却没有继承家业继续做一个作坊主。因为他的父亲经商失败，他家破产了。更糟糕的是，他父亲遭受这个打击之后，不久也离世而去。这对哥伦布的打击非常之大，他不能也不想去经商了。

　　苦难磨炼英雄。世界上少了一个商人，却因此多了一块大陆。

　　热那亚是个繁忙的港口，有着极其发达的航运业，世界各地的商船云集于

哥伦布

此。哥伦布便将自己的目光投向了广阔的大海，决心在那里找到自己的人生。青年哥伦布成了一名水手。在成为水手的几年中，他跟随商船到达了西班牙、法国、英国甚至远抵冰岛。地中海和大西洋上航行的经历使他受益匪浅，为他以后领导远航做好了准备。

1476年，哥伦布加入了一个法国的舰队去掠夺一只意大利船队。双方发生激战，哥伦布所在的船被击沉，他抱着一块木板泅渡到了葡萄牙。这一年他25岁。当时的葡萄牙号称"冒险家的圣地"，是欧洲航海业最发达的地方。葡萄牙人掌握着当时最先进的航海技术，并且在与航海相关的数学、天文等方面处于领先地位。在这里，哥伦布系统地学习了航海知识，还掌握了葡萄牙语和拉丁语。

更为重要的是，这个时候他遇到了一本改变他一生，从而改变了世界历史的书——《马可·波罗游纪》。哥伦布对书中描绘的富庶的东方极为着迷。西班牙塞维尔的哥伦布纪念馆中，保存着一本哥伦布读过的《马可·波罗游记》，书上有很多哥伦布的批注。书中对东方奢靡富庶生活的描述，尤使哥伦布着迷。按照马可·波罗的记载，这个地方到处都是黄金，皇帝用金砖铺成地面和墙壁。

对财富的向往成为哥伦布远航的动力。可是在当时，到达中国的航线被奥斯曼土耳其阻断，他便想找到一条新的通往东方的道路去寻找财富。

这时候，他遇到了学者托斯康内利，他是一个著名的"地球是圆形"论者。哥伦布相信了他的说法，认为向西航去可以绕过地球达到东方。

30岁的时候，哥伦布向葡萄牙皇室提出请求，希望能够获得资助带领船只向西航行，开辟到达东方的航线。不过在当时，不是每个人都认为地球是圆的。很多人认为大西洋深处是地球的边缘，是万丈深渊。葡萄牙皇室拒绝了哥伦布的请求。

公元1485年，他来到了西班牙，请求西班牙皇室的支持。同样，他需要证据来说明地球是圆的，而且还要证明从西到东到达中国的距离并不遥远，是值得尝试的航线。

显然，这个很难。苦苦等待了八年，哥伦布依然没有获得支持。失望之下，他决定前往法国寻求法国王室的支持。当他沮丧的收拾好行李准备离开西班牙的时候，女王的一个宠臣——哥伦布坚定的支持者劝告女王：如果哥伦布是错误的，那么你失去的只是一点财富；如果他是正确的，你得到的将是巨大的财富；他去了别的国家，假如发现了新航线，那就是西班牙的巨大损失。女王权衡利弊，终于下定决心，派使者追回了哥伦布。在一片反对的浪潮中，女王与哥伦布签订《圣塔菲协定》。按照协定，哥伦布将获得一只船队，他将成为新发现大陆的统帅、总督和副王，将获得新大陆上百分之十的财富。

历史就是这样，葡萄牙永远失去了美洲，法国差一点就得到了美洲，只有西班牙幸运地得到了美洲。

公元1492年8月3日，巴罗斯，一个静谧的海港，人们还处于睡梦之中的时候，有三艘帆船载着87名水手出发了。没有人知道他们什么时候回来，也没有人知道这个港口将从此名扬世界。

漫长的旅途开始了。

水手们显然没有做好长途航行的准备，漫长不可怕，可怕的是漫无止境。没有航海图，根据传说和并不可靠的推理，哥伦布在浩瀚的大洋上与其说是航行，不如说是漂泊。

航行两个月之后，水手们终于害怕和恐惧了，他们怀疑到底能不能到达东方，他们开始担心能不能返回西班牙。就连船长也开始动摇，劝说哥伦布返航。哥伦布把大家召集在一起，他恳求水手们给他三天时间，假如三天之内不能发现陆地，那就返航。

这三天，是改变世界的三天。

第一天，举目四望，依然是茫茫的水域。

第二天，举目四望，依然是茫茫的水域。

但是，哥伦布低头看去，发现了水面漂着芦苇的枝干，而芦苇只生活在陆地边上。

果然第三天，10月12日凌晨2点，他们在海上航行了两个月零九天，终于到达了传说中的"东方"，其实只不过是巴哈马群岛中的一个岛屿。哥伦布把这个岛命名为"圣萨尔瓦多"，意思是"救世主"。

土著人世代居住的岛屿被哥伦布宣布占领。他留下了三十几个人在此地，随后返航回到西班牙。

1493年3月15日，他终于返回出发的港口——巴斯洛。在这里，人们举行盛大的仪式欢迎哥伦布的归来。

那个时候，人们认为哥伦布发现了通往东方的航线，打开了通向东方的财富的大门。

随后，哥伦布又进行了三次航行，他陆续到达中美洲的其他一些地方。但是，哥伦布并没有像期望中的那样带回巨额的财富。他的事业引起了一时的轰动，但随后达迦马成功地进行了环球航行，到达了印度，哥伦布的事业受到冷落。

1506年5月20日，他在贫病中默默死去。

影响和评价

哥伦布开辟了人类历史上的大航海时代。人们的目光从陆地投射到海洋，欧洲大陆从中世纪的一片蒙昧中走出，水手和冒险家代替骑士成为历史的主角。人们怀着获得财富的渴望驶向大洋，人类文明从陆地转向海洋。西方借此机会攫取了巨额的财富，资本主义实现了原始积累，世界就此走向近代文明。

达·芬奇
——欧洲文艺复兴时期的伟大画家

性别：男　　**国籍**：意大利　　**生卒年月**：1452年~1519年
入选理由：文艺复兴三杰之一，画家、雕塑家、哲学家、发明家、生物学家、工程师。
经典语录：挫折可以把人置于死地，也可以使人置之死地而后生。

生　平

他是《蒙娜丽莎》的作者，他是《最后的晚餐》的作者；他曾经设计过潜艇，他曾经设计过望远镜；他曾经解剖过动物，他甚至画了一个机器人的草图。他就是达·芬奇。

他是一位天才。

假如你穿越时代回到了15世纪，你看到世界上还不曾有过火车，不曾有轮船，但是有个人会向你谈起潜水艇的原理，向你谈起设计制造一个代替人劳动的机器人。那么你不要惊讶，他不是精神病，也没有像你一样从未来穿越而来的。

他只不过是达·芬奇。

他只不过是个天才。

1452年4月15日，达·芬奇出生在意大利的芬奇镇。很多人想当然地以为这个镇子是以达·芬奇的名字命名的。其实，它就叫这个名字，达·芬奇则是以小镇的名字命名的。达·芬奇是一个私生子，据说他的母亲是个阿拉伯女奴。达·芬奇的父亲皮耶罗是佛罗伦萨的知名人士，他是一个富有的公证人。因为是私生子，达·芬奇不能随着父亲生活在佛罗伦萨，不过这没有影响他的幸福。在佛罗伦萨郊外一个叫做安奇亚诺的地方，达·芬奇跟随祖父度过了童年。

但是，皮耶罗并没有忘记儿子。14岁的时候，达·芬奇被父亲送到了当时著名的画家，后来著名的雕塑家韦罗基奥的工作室去学习绘画了。

在这里,达·芬奇接受了系统的绘画训练,小学课本里面那个达·芬奇画鸡蛋的故事就是发生在这个时候。他的勤奋加上天赋使他迅速脱颖而出。

达·芬奇的老师韦罗基奥是个画家,同是也是个雕塑家,不过在当时,他主要是个画家。

但是,后来发生的一件事情使得他彻底放弃了绘画,转而专心致志地做起了雕塑。

那是1470年的时候,韦罗基奥受教堂的委托画一幅基督受洗的画。这是基督教的传统题材,画面内容一般都是基督和几个小天使。他把主要的部分——基督完成之后,就把剩下的交给了达·芬奇。达·芬奇在基督的身旁画了一个小天使,然后就去睡觉了。他不知道这是他的老师作为画家的最后一天。

第二天,韦罗基奥一大早来到画室,看见达·芬奇画的天使之后,决定彻底放弃绘画。据达·芬奇传记记载,这个小天使颜色淡雅柔和,神态栩栩如生,全身上下散发着光芒,仿佛真正的天使。

原画已经散佚,真迹不存。不过确定的是,从此之后,韦罗基奥再也不画画了。

出师之后,达·芬奇受修道院委托创作一幅大型祭坛画——《博士来拜》。这依然是宗教题材的油画,取题自耶稣诞生的时候,有三个博士从遥远的东方来朝拜。但是,达·芬奇表现出了自己的特色,他一反往常表现这种题材时候的神秘和肃穆的风格。在他的画作里,围观人群的像漩涡一样,远处甚至有马队奔腾,画面充满冲突;他还用精确的透视法描绘了人们背后的建筑。这在当时是一种全新的创作手法和创作理念。教堂没法接受这种风格的画作,最后达·芬奇只留下底稿就去了米兰。这幅未完成的画作现在

达·芬奇

收藏在乌菲兹美术馆,它展示了达·芬奇超前的艺术风格,预示着文艺复兴的来临。

1482 年,达·芬奇丢下画了一半的《博士来拜》,应米兰大公的邀请,来到了米兰。他本来是打算给大公塑造一个巨大的青铜雕像,不过由于经费的问题,没能实现。

达·芬奇没有闲着,他应圣弗朗切斯教堂的邀请绘制祭坛画《岩间圣母》。这幅画现在是法国国宝,珍藏在卢浮宫内。

《最后的晚餐》这幅画画在格雷契修道院饭厅的墙上,画的是基督和信徒们最后一次聚餐的情景。这也是一个非常传统的题材,然而达·芬奇之后,再也没有人画过了。因为达·芬奇画了一幅完美的画,完美,就意味着无法超越。

首先是构思巧妙,这幅画正好处在餐厅的墙壁上,达·芬奇用了一整面墙壁,使用透视的方法,大纵深的描绘,使人感觉身临其境。另外,达·芬奇手法精湛,画面上一共十三个人,每个人的表情都不一样,有的激动,有的悲愤,有的痛苦,有的绝望,有的平静,有的紧张。达·芬奇描绘得栩栩如生。整幅画构思巧妙,布局卓越,手法高超,充分反映了达·芬奇的绘画成就。

但这并不是达·芬奇的全部。仅仅如此,他还不足以成为一个天才。

1499 年,为躲避战乱,达·芬奇离开了米兰,第二年他回到佛罗伦萨。就在这里,他开始创作另外一幅画,那就是独步天下的《蒙娜丽莎》。

《蒙娜丽莎》现在保存在巴黎的卢浮宫,是卢浮宫的镇馆之宝,它将永远也不会离开那里。每年都有几百万人慕名前去瞻仰这幅名画,有成千上万的学者研究过这幅画。关于它的传说数不胜数,畅销书《达·芬奇密码》就是围绕着这幅画展开的。

不过,蒙娜丽莎的伟大不是几分钟就可以说明白的。很多人知道这幅画伟大,却不明白它为什么伟大。我国著名的美学家朱光潜先生就曾说过,那些三五分钟就一哄而散的观众,从蒙娜丽莎里面看不出什么。

《蒙娜丽莎》反映了文艺复兴时期的理想,是美丽的象征。在此之前,绘画传达的是宗教的庄严神圣,或者是英雄的伟大,或者是前辈的辛苦。而《蒙娜丽莎》反映的则是纯粹的人的理想,是人的美好情感的体现。从此,艺术开始表现人的情感,而不必依附于其它的主题,这被看作是现代艺术的开端。

除此之外,达·芬奇在绘画中表现的高超艺术水准也是它百代留芳的一个重要原因。画中的蒙娜丽莎似笑非笑,含笑不笑,后世人们称之为"蒙娜丽莎的微笑"。据说,后来的法国王室重金购得此画,挂在宫内,公主们每天模仿,几百年后,法国的公主终于有了优雅神秘、气质非凡的微笑。又据荷兰一所大学的研究，蒙娜丽莎的微笑含有83%的高兴，9%的厌恶，6%的恐惧，2%愤怒。很难想象，达·芬奇当年是怎么捕捉到这么复杂微妙的感情，又把它表现在画中的。画面的背景烟雾迷离，与人物的表情相得益彰。这一幅画无论内容还是手法，无论构图还是布局，都可以称之为完美。

有人称赞这幅画是艺术的典范，是上帝赐予人们的礼物。

1515年，达·芬奇迁到了法国，在这里度过了他最后的时光。这段日子，他并没有大量从事创作，相反，潜心进行了科学研究。

他留下的手稿里面，内容无所不包，从天文到地理，从机械到生物，其中甚至有潜水艇设计的草图和机器人的构想。他的博学多识可见一斑。

1519年5月2日，这个伟大的天才回到了上帝的身边。在临终之前，他还无比痛心地说："我没有完成任何一项工作。"

已经不需要做什么了，他贡献给人类的智慧和艺术已经让人们受益无尽。

影响和评价

这是一个天才，正如传记作家瓦萨利热情称颂的那样："上天有时将美丽、优雅、才能赋予一人之身，令他无不超群绝伦，他的天才来自上苍而非人间之力。列昂纳多正是如此，他的优雅与优美无与伦比，他的才智之高可使一切难题迎刃而解。"这就是达·芬奇，一个被称为天才的人。

哥白尼

——打破神学枷锁、宣告自然科学独立的天文学家

性别：男　　**国籍**：波兰　　**生卒年月**：1473 年～1543 年
入选理由：日心说的提出者，一手开创了现代天文学。
经典语录：勇于探索真理是人的天职。

生　平

他以一个错误来终结另一个错误，却最终让我们更加接近真理。我们因为他曾经做出的错误而永远怀念和尊重他，假如没有他，我们将意识不到黑暗中的光明，也找不到真理的所在。

1473 年 2 月 19 日，哥白尼诞生在波兰。这个时候正是中世纪最暗无天日的时代，腐朽的教会瞪大着双眼扼杀一切科学文明的光芒，科学是神学的婢女，很多优秀的科学家被指责为异端而遭到迫害，甚至被施以刑罚。但是黑暗不能永远遮蔽光明，人类终将走出愚昧。教会的掘墓人，就在这个最黑暗的时刻诞生了。

哥白尼出身优越，他的父亲是个富商，还曾经做过市议会的议员。哥白尼是家中的小儿子，因而备受宠爱。但是好景不长，10 岁的时候，他的父亲去世了，哥白尼被他的舅舅收养，这是对哥白尼人生影响极大的一件事情。他的舅舅是波兰的费琅堡天主教大教堂的主教，但是他是一个开明的宗教人士，对科学持宽容的态度，常常和当时的进步知识分子一起聚会。小哥白尼也在舅舅的影响下，对科学发生了极大的兴趣。

在舅舅的指导下，哥白尼中学毕业之后并没有进入神学院，而是去了大学里面学习天文和数学。大学里面接受的科学训练对他以后的研究起到了十分重要的作用。但是，哥白尼在大学的学习不久就中断了。

1496 年的时候，他到意大利学习教会法，准备回来之后担当教会的职务。他在意大利整整求学 10 年。这 10 年间，他学习了医学和神学，同时也没有放弃钻研天文学。就是在这个期间，他对传统的天文学说产生了怀疑。

传统的天文学是由古希腊的天文学家托勒密构建起来的，他认为地球是宇

哥白尼

宙的中心,大地静止不动,星星、月亮和太阳都围绕着地球旋转。这个说法并没有太多的证据,但是它比较符合人们的主观感受,另外也契合了基督教的教义,因而被基督教所利用,成为神圣不容置疑的学说。

但是,哥白尼却发现自己的观测结果和根据托勒密理论推断出来的结果有着很大的差别。在日日夜夜望着星星的日子里,他开始想这个误差到底是什么原因。思索没有结果,他广泛地阅读古希腊著作,费罗窝斯和毕达哥拉斯提出的日心说渐渐引起了他的兴趣。这些学说在当时被看作是异端的说法,但是哥白尼认为,既然地心说没能很好地解释现象,何不让日心说试一试呢。

1506年,哥白尼回到祖国波兰。他返回教会,准备担任教会的职位,却和教会发生了第一次,但并非唯一一次的冲突。那个时候,教会宣布不久之后就会出现四次土星和木星与地球处于同一条直线上的天文现象,这是上天降罪于人类的前兆,只有向教会捐钱才可以免除灾祸。他们还公布了根据托勒密理论计算出来的土木会合时间,以证实自己的正确。

但是,哥白尼对这个时间产生了怀疑,按照自己长时间观测的结果和日心说的理论,他重新计算了这个时间,比教会计算的时间早了一个多月。

科学可以是神学的婢女,但是事实却绝不是神学的婢女。最后的结果证实了哥白尼的正确。

哥白尼只在自己的朋友中间公布了这个结果,他将自己的研究写成一篇文章《试论天体运行的假设》,在这篇文章中,他提出了"太阳中心说"的提纲。在这个提纲中,哥白尼那些革命性的思想已经体现了出来,他提出了七条关于行星运动的法则,构建了完整的"日心说"理论,哥白尼认为这种理论能够更好地解释人们观测到的天文现象。同时,他彻底批判了教会支持的托勒密学说。

但是哥白尼知道,他的那些法则只是自己的假设,并没有详实的资料和数据来支持。

1515 年，哥白尼准备撰写一本书，用新的观测数据来说明自己的正确，这本书就是现代科学的两大起源之一的《天体运行论》。

这本书的写作花了哥白尼十几年的时间。期间，由于十字骑士团的骚扰，哥白尼不得不几次听从教会的派遣，前去波兰北部担任教产总管，指挥对付外敌的战争。在烽火连天的时候，哥白尼依然没有放弃自己的追求，他一边指挥着捍卫教会的战争，一边进行着最终埋葬了教会的研究。

哥白尼花了十几年时间，积累了大量的观测数据，用详实的资料证明了自己的理论。大约在 1536 年的时候，哥白尼写就了这本巨著。但是，作为一个教职人员，哥白尼知道这本书出版之后将会引起滔天巨浪，所以迟迟不肯出版它。不过厄运还是来临，虽然他没有大肆宣扬自己的学说，但是这种异端的存在已经引起了教会的极大恐慌，据说教皇曾向哥白尼索取这部书的手稿，被哥白尼拒绝了。

无论怎样的阴霾，都有人追求光明。

1539 年，一个德国人千里迢迢来到弗隆堡，拜哥白尼为师。他就是哥白尼唯一的门生和坚定的支持者列提克。

1541 年，哥白尼最终决定将这本书付诸印刷。他把这本书交给列提克，列提克将这珍贵的手稿托付给朋友，印书发行。

1543 年 5 月 24 日，哥白尼终于看到了这本凝聚了自己毕生心血的书。一个小时之后他就溘然离世。

他提出的理论也存在着一些错误，太阳并不是宇宙的中心，行星运动的轨迹是椭圆而非规则的圆形。

但是，这一切无损于他的伟大，正如那个勇敢的斗士布鲁诺歌颂的那样：

你的思想没有被黑暗世纪的卑怯所玷染，

你的呼声没有被愚妄之徒的叫嚣所淹没，

伟大的哥白尼啊，你的丰碑似的著作，

在青春初显的年代震撼了我们的心灵。

他和他的著作，是人类迈出愚昧，走向文明的第一步。

影响和评价

哥白尼之后，进步科学家和教会势力进行了反复的斗争。1633 年，70 岁的伽利略遭到教会的迫害，但是他仍不愿放弃日心说的理论。一直到 1686 年，牛顿写成了《自然科学的数学原理》。至此，哥白尼和他的理论才取得了压倒性的胜利。一部哥白尼理论的接受史就是人类近代科学的发展史，他的开创性工作是现代科学的基石。他驱除了蒙昧和无知，从此我们看到了科学的曙光。

伊丽莎白一世
——托起"日不落帝国"的童贞女王

性别：女　　**国籍**：英国　　**生卒年月**：1533年～1603年
入选理由：嫁给英格兰，带领英国走向"日不落帝国"。
经典语录：我认为爱和感激是无价的。

人物简介

伊丽莎白是英格兰都铎王朝的最后一位国王。她在位的半个世纪，政治稳定，宗教矛盾缓和，经济繁荣，期间，英国从一个海岛国家一跃成为世界大国，国力也在此时达到巅峰时期。这段时间被英国人称为"黄金时代"。

伊丽莎白在1558年加冕成为英国都铎王朝的最后一位女王。在离开皇宫，前去威斯敏斯特大教堂去加冕之前，仅有25岁的纤弱女王对着夹道欢迎的人群，饱含热泪地说："是时间把我带到这里，并承认我为女王。"

那个时候，没有人会想到，这个困境中走出来的女子，将带领英国走向一个盛世，一个史无前例的盛世。

关于女王的故事首先要从女王的父亲亨利八世说起。亨利八世是都铎王朝的第二任国王，正是他为女王埋下了苦难的种子。

亨利八世的首任妻子是信奉天主教的西班牙的公主，他们的婚姻是由亨利八世的父亲请求，由教皇亲自祝福的。亨利与公主有了一个女儿，就是伊丽莎白女王的姐姐玛丽。但是，亨利八世却一直想得到一个儿子来继承皇位，于是他便向教皇申请解除婚姻关系。而当时的西班牙是欧洲霸主，教皇不肯得罪西班牙，迟迟不批准亨利的请求。亨利一怒之下，宣布英国是新教国家，脱离了罗马教廷。

这一举动给英国制造了两个麻烦。首先是宗教冲突。这时候欧洲新教和天主教的斗争日趋激烈，英国内部也有不同教派的势力彼此斗争，亨利将英国推到了宗教冲突的风口浪尖。其次是与西班牙结怨。作为偏远的海岛国家，公主下嫁是西班牙赐予英国的荣耀，亨利的做法挑战了西班牙的尊严，为西班牙日后的干涉埋下了伏笔。

1533年,伊丽莎白出生了,她的父亲对此非常失望,但还是册封她为王位的继承人,这使她遭到了姐姐玛丽的嫉恨。不过好景不长,伊丽莎白3岁时,她的母亲流产,生下的男婴没能成活,亨利八世大怒之下以叛逆罪把妻子处死,也宣布取消伊丽莎白的王位继承资格。此后,亨利连续娶了数位妻子,终于得到了一个儿子,就是后来的英王爱德华。

伊丽莎白虽然失去了继承王位的资格,但是作为英国的公主,她依然接受了很好的教育。她的老师是当时著名的学者、教育家罗杰·阿斯坎。伊丽莎白跟随他学习政治、历史和地理知识,还掌握了六种语言。另外,她也像她的母亲一样,皈依了新教。

1547年,亨利八世去世,他留下了一个复杂的遗嘱:王位由爱德华和爱德华的子女继承;如果爱德华无后,就由玛丽和玛丽的子女继承;如果玛丽无后,就由伊丽莎白和伊丽莎白的后人继承。亨利八世费尽心机,想保存都铎王朝的血脉,可是在伊丽莎白之后,都铎王朝还是无可奈何地绝后了。

伊丽莎白一世

新王爱德华身体虚弱,在位不久就去世了。他死之后,经过一系列的政治斗争,他的姐姐玛丽登上了王位。这是伊丽莎白最悲惨的时期,虽然她对玛丽表示支持,但玛丽还是对她处处提防。玛丽是天主教徒,对新教徒反攻倒算,试图在英国恢复天主教势力。

在玛丽的逼迫下,伊丽莎白也被迫改信天主教。

但是这还不是最糟糕的,因为事情总可以变得更糟糕。

当时,信仰新教的一部分贵族联合起来,密谋发动政变,准备废黜玛丽而拥护伊丽莎白。计划泄露后,玛丽怀疑伊丽莎白参与了筹划,就把她投进伦敦塔,准备以叛逆的罪名处死她。然而,苦于缺乏有力的证据,加上议会的反对,玛丽后来只好把伊丽莎白流放。

1558年玛丽去世，由于她没有后代，经历无数风雨的伊丽莎白终于登上王位，就有了本篇开头描述的那段话。

伊丽莎白接受的是个风雨飘摇的王朝。当时英国国内各种势力交织，形势混乱，她的位置很不稳当，而这时候西班牙国王腓力二世向伊丽莎白求婚，此举背后包含着巨大的政治野心。西班牙国王想通过联姻的方式，兵不血刃地占有英国。有人劝伊丽莎白同意这门婚姻，借助西班牙的势力来控制英国局势，但是伊丽莎白拒绝了。而这一拒绝，就是一辈子。

伊丽莎白采取了一系列措施来稳固自己的地位。

首先，恢复亨利八世的宗教改革，她宣布国王同时是教会的最高领袖，释放了大批在玛丽时代被关押的新教徒，清除了西班牙支持的天主教势力。这一系列做法迅速平息了国内的混乱，也使她获得了新式贵族和新兴资产阶级的支持。

为了进一步得到支持，伊丽莎白同时采用强有力的手段支持资本主义的发展。1563年，她颁布命令，规定失地的农民必须去工作，这个法令为资本主义的迅速发展提供了充足的廉价劳动力。1572年，伊丽莎白又颁布了更加严厉的《惩治流浪者法令》，法令规定，流浪汉如果长时间不去工作就会被投入监狱，如果出狱后还不工作，就会被处死。

伊丽莎白大力支持的还有一件事情，就是海盗，这些人被称为"女王的绅士和探险家们"。他们受到女王的支持前去掠夺西班牙商船，特别是从殖民地运回金银的船只。伊丽莎白为他们提供庇护，也参与分赃。此举大大激怒了西班牙人。

1588年7月，西班牙人借口英国对罗马教廷不敬，派出了一百多艘军舰征讨英国。当时的西班牙舰队，曾经击败过整个欧洲的敌人——奥斯曼土耳其帝国海军，号称"无敌舰队"。但是，英国人还是选择了迎战，因为他们觊觎西班牙人海外扩张的巨额利润已经很久了。而要想海外扩张，首先就必须击败西班牙。

伊丽莎白支持的海盗们纷纷加入皇家海军，她自己也亲自去动员海军将士。帝国和女王的命运系于此战。最后机动灵活的战法和射程更远、威力的更大的舰炮帮助英国人战胜了西班牙人。从此，西班牙的海上霸权衰落，英国人掌控了大西洋。

对英国人而言，这是一段美好时光的开始，但是对美洲和非洲人而言，另一段悲惨的日子开始了，那就是罪恶累累的黑奴贸易。伊丽莎白时代，黑奴贸易达到了最高峰。据史书记载，最高峰的时候每天都有几百艘奴隶船到达英国的港口。成千上万的黑人经过英国中转，被贩卖到美洲种植园。短短的时间内，英国人迅速积累了巨额的财富。这些财富，正如马克思所说，从头到脚每个毛孔内都滴着血和肮脏的东西。

但是，这一切都被英国的繁荣掩盖了。这个时期，英国的资本主义工商业获得了快速的发展，来自新大陆的财富极大增强了英国的国力。大规模的殖民扩张就要在此基础上展开了，一个日不落的帝国就要诞生了。

伊丽莎白统治期间，英国的文化也有了足够的发展。大名鼎鼎的莎士比亚、培根都活跃在这个时代。

伊丽莎白终生未婚。有很多国王和贵族向她求婚，可是她拒绝了所有人。伊丽莎白戴上婚戒，宣布自己嫁给了英格兰。

公元 1603 年 3 月 24 日凌晨，伊丽莎白，这个嫁给英格兰的女王，走完了人生的旅途，终年 70 岁。她终生未婚，没有子女，王位传给了她的侄儿詹姆士，这就是都铎王朝的结束和斯图亚特王朝的开始。

影响和评价

这是个伟大的女王，也是一个残忍的女王。她并非恶人，可也曾犯下了巨大的罪行。但是无论如何，正如她自己所说的那样，这个终身未婚的女王，把自己嫁给了英格兰。她所做的一切都是从英国出发，她为英国付出了自己的一生，也作出了巨大的贡献，她值得英国人去怀念。但也不要忘记，她造福了一些人的同时，也伤害了另一些人。繁华的英国，应该听见农民和黑奴的哭泣。

伽利略

——现代物理学与观测天文学之父

性别：男　　**国籍**：意大利　　**生卒年月**：1564 年～1642 年
入选理由：近代实验科学的先驱，维护真理的战士。
经典语录：生命有如铁砧，愈被敲打，愈能发出火花。

人物简介

伽利略·伽利雷，1564 年 2 月 15 日生于比萨，1642 年 1 月 8 日卒于比萨。他是伟大的天文学家、力学家、哲学家、物理学家和数学家，也是近代实验物理学的开拓者，被后人誉为"近代科学之父"。

生　平

"哥伦布发现了新大陆，伽利略发现了新宇宙"，人们争相传颂的这句话十分形象地概括了伽利略一生的功绩。作为科学革命的先驱，他在数学、物理学和天文学三门知识之间游走。他变革了人类对物质运动和宇宙的认识，推翻了亚里士多德的自然观，还开创了以实验为根据的近代科学。但是，谁又能体味这些成就背后的辛酸呢？下面就让我们一起来走进这位伟人的一生。

1564 年 2 月 15 日，伽利略·伽利雷出生在意大利西海岸比萨城一个破落的贵族家庭。父亲名叫凡山杜，是一个很有才华的作曲家，还曾出版过几本牧歌集和器乐作品选，而且数学天赋也极高。但是，美妙的音乐不能填饱一家人的肚子，杰出的数学才能也没有让他拥有一份好工作。在小伽利略出生后不久，迫于生活压力，凡山杜只好荒废自己的天赋去经商，在佛罗伦萨开了一间小铺子来维持一家人的生计。

就在凡山杜日渐消沉的时候，小伽利略给他带来了新希望。这个不安分的儿子极其聪慧，不但对外界的事物充满好奇心，而且还心灵手巧。内心深处得到慰藉的凡山杜迫不及待地把小伽利略送进修道院的学校，希望他能够得到良好的教育。

谁知世事难料，沉溺在哲学和宗教中的小伽利略竟一度想成为传教士。凡山杜知道后，果断地把他带回了家，并苦口婆心地劝说伽利略去学医，这是他为儿子的未来早已设计好的一条路。

1581年，按照父亲的意愿，17岁的伽利略走进著名的比萨大学，成为一名医科学生。俗话说得好，兴趣才是最好的老师，伽利略对医学并没有多大兴趣，因此他很少去课堂上课，大多数的时间里都在孜孜不倦地学习数学和物理学。

伽利略生活的时代，正值欧洲文艺复兴。人们对千百年来束缚思想的宗教神学和传统教条开始产生动摇。年轻的伽利略也开始以怀疑的眼光看待那些被人们奉为经典的学说。

伽利略

然而就在这个时候，凡山杜听说儿子没有按照自己的意愿学习医学，而是在"胡作非为"，他便立即让伽利略回家。于是，伽利略只得离开大学，回到家中成了一名店员。

1589年夏天，在父亲的店铺里度过了4年自学生活的伽利略，因为得到了宫廷数学家玛窦·利奇的鼓励和盖特保图侯爵的推荐，竟意外地获得了比萨大学数学和科学教授的职位。这时的伽利略才25岁。

到比萨大学没多久，伽利略就在比萨斜塔上做了"两个球同时落地"的实验，一举推翻亚里士多德"物体下落速度和重量成比例"的学说。在那些思想保守、头脑僵化的人的眼中，这个举动无异于挖了他们的祖坟，亚里士多德的信徒们开始与伽利略势不两立。结果，伽利略在充满火药味的比萨大学刚刚呆了一个学期，便失去了职位。

1592年，28岁的伽利略又被任命为帕多瓦大学的数学、科学和天文学教授。在相对自由的氛围里，他开始把精力放在力学研究方面。这段时间里，他发现了物体运动的惯性,并且开始总结物体下落的距离与所经过的时间之间的数量关系。

然而,望远镜的发明又让他开始研究广漠无垠的茫茫太空。这次转向虽然让伽利略达到了科学生涯的巅峰,但是也为他遭受长达二十多年的迫害埋下伏笔。

1609年6月,伽利略发明了望远镜,开始用它来窥探宇宙的奥秘。过去都说太阳围着地球运转,哥白尼却提出相反的看法,到底哪一个才是正确的呢?伽利略没有轻率地下结论,他决定用自己的望远镜来证实谁是谁非。通过自己的观测,伽利略逐渐认识到了哥白尼日心说的正确性。

1610年3月,伽利略支持哥白尼学说的著作《星际使者》在威尼斯出版,立即引起科学界的巨大轰动。就在此时,一张用阴谋和谎言编织的大网却撒向伽利略。1615年冬季,伽利略孤身一人来到罗马,在这座笼罩着阴沉的乌云的城市里,没有鲜花和笑脸,连熟悉的人也像躲避瘟疫似地离他远远的。不久之后,宗教裁判所就宣布,不许伽利略再宣传哥白尼的学说,无论是讲课或写作,都不得再提及日心说。

此后的伽利略在佛罗伦萨郊外的别墅里过起了与世隔绝的生活。但是,科学家的责任就是追随真理,他又怎么能够忘记这一点呢?经过长期的酝酿,用了近五年时间,伟大的著作《关于两种世界体系的对话》诞生了。这本书科学地论证了哥白尼的日心说,宣告了宗教神学的彻底破产。

由于这本书的出版,科学和神学的斗争爆发了。1632年8月,罗马宗教裁判所下令禁止这本书出售,并且由罗马教皇组织了一个委员会对这本书进行审查。当年10月,伽利略接到宗教裁判所要他去罗马接受审讯的公文。此时的他早已病魔缠身,许多关心他的人为他说情,但是教皇恼怒地说:"除非证明他不能行动,否则必要时就给他带上手铐把他押来罗马!"

1633年初,伽利略抱病来到罗马。他一到罗马便失去自由,被扔进了牢狱,并且不准任何人和他接触。

厄运再次降临。这位揭开了宇宙奥密的科学家,在1637年双目失明,陷入无边的黑暗之中。接着,他唯一的亲人——小女儿玛丽亚也先他离开人间。

即使遭受了这样沉重的打击,伽利略仍然没有失去探索真理的勇气。1638年,在朋友的帮助下,他的《关于两门新科学的讨论》得以出版。这本书是伽利略对物理学研究的系统总结,更是揭开了现代物理学序幕的伟大著作。

1642年1月8日,78岁的伽利略停止了呼吸。但是他毕生捍卫的真理却与世长存,人类也将永远记住伽利略这个光辉夺目的名字。

影响和评价

在黑暗的时代里，愚昧犹如幽灵盘踞在原本属于真理的王国里。众人选择缄默的时候，伽利略却用他那振聋发聩的呐喊声刺破无边的夜幕，为人类迎来光明。在神学统治的时代里，在权势和旧传统压制学术自由的时刻，伽利略作为一名维护真理的战士，用一生的坚持为人类赢得了辉煌的胜利，近代科学得以在他创造的崭新的天地中成长。虽然他在晚年被剥夺了人身自由，但他开创新科学的意志并未动摇，这种坚持更是影响了人类文明的进程。

因此，他是科学革命的先驱，是近代实验科学的鼻祖。当然，他也无愧于"近代科学之父"的荣耀。伽利略，这个"创立新说的巨人"，他追求科学真理的精神将永远为后代所景仰。

汤若望

——精通天文历法学的西方传教士

性别：男　　**国籍**：德国　　**生卒年月**：1592年～1666年
入选理由：东西方文化的使者
经典语录：中国不仅是一个王国，中国其实就是一个世界。

生　平

从1618年到1666年，汤若望以血肉之躯穿梭于时代变革的炮火里，以科技吸引人们的眼球，以忍耐穿透寂寞，把西方世界正在经历的文艺复兴运动带到了中国。他是文化的使者，更是人类文明的象征。

1669年的10月，康熙皇帝亲自率领一支祭奠队伍来到西郊。这里埋葬的不是显耀的先祖，而是一个传教士，他的名字叫汤若望。他为什么会得到康熙皇帝如此隆重的祭奠呢？他生前的种种经历又与这个帝国有多少相关呢？这一切都要从他那贴合帝国历史的人生故事说起。

1618年4月，复活节后的一个星期天，在里斯本的码头，一艘小船载着耶稣会派遣的传教士即将奔向中国传教，德国青年亚当·沙尔就是这批传教士中的一员。年仅26岁的沙尔经过层层选拔，最终获得了肯定。谁能拒绝一个精通数学、哲学、物理学和天文学的青年才俊加入这个神圣的队伍呢？

其实在亚当·沙尔之前，利玛窦神父就已经踏进了中国的大门，他凭靠渊博的知识获得了士大夫的友谊。此时的亚当·沙尔所希望的就是能够复制利玛窦走过的道路，但是谁又能想到他会比前人走得更远呢？也许这就是历史的错位与巧合创造的奇迹吧。

在经历了近两年的海上漂泊后，最终只有六个人到达了澳门。此时的沙尔已经拥有了一个属于自己的中国名字——汤若望。这个心情澎湃的德国青年没有料想到这个名字将会伴随他的一生，并且代替他原来的名字载入东西方文化交流的史册，成为一个全人类共同敬仰的符号。

到了澳门之后，汤若望面临的第一个考验就是1616年的"南京教案"。在明王朝的心脏地带，文官指责天主教窥视神州，图谋不轨，扰乱纲常，伤风败俗，于是禁止传教士进入内地自然就成了最好的解决方案。面对这样的禁令，汤若望的内心久久无法平静。在驻留澳门期间，他继续研修神学，并且全身心的研习中国语言文化，时刻等待着禁令被解除。

三年后，一场战争带来了转机。1622年，在萨尔浒雪原，明朝18万的精锐部队迎战不到6万的满州铁骑，结果明军大败。面对危机，朝中的士大夫们纷纷献计献策，利玛窦的学生徐光启的方案得到了崇祯皇帝的赞许，那就是请求葡萄牙人用先进的西洋火器来帮助明朝抗击满清骑兵的进攻。由于汤若望有丰富的数学知识和实战经验，制造火炮的任务自然落到了他的头上。

1623年，借着为崇祯皇帝护送大炮的机会，汤若望终于抵达北京。就这样，大明帝国的中心、欧洲人无比向往的北京戏剧性地向汤若望敞开了怀抱。

到达北京以后，汤若望很快就显示出了惊人的社交能力。他首先主动拜访了徐光启，通过徐光启将有关西方天文学著作的目录、科学仪器呈送给朝廷，引起了朝野上下的关注和兴趣。来自两个世界的文化精英就这样产生了交集，中华和欧洲两大文明的源流再一次得到贯通。

为了能够更好地与重视礼数的士大夫阶级打交道，他还向徐光启学习了朝见和交往的礼仪。从此以后，汤若望通往中国的窗口变得更加宽敞和明亮。

此时，大明王朝已从昔日的辉煌跌入谷底，从里到外散发出令人窒息的腐朽气息。无可奈何的崇祯皇帝只好寄希望于上天的眷顾，可是当时使用的大统历依据陈旧，到处都是误差，钦天监所预报的天象屡屡失误，为此崇祯皇帝十分恼火。

在徐光启的大力推荐下，汤若望得以进入宫廷，着手编著一部新历法。历时四年，

汤若望

历书终于修订完成，皇皇 137 卷，几乎涵盖了当时西方所有的先进的天文学科学技术。哥白尼的《天体运行说》、第谷的《新编天文学初阶》、《彗星解》，开普勒的《天文光学》、《新天文学》、《哥白尼天文学纲要》，伽利略的《星际使者》等著作在历书中都得到了详细的介绍。一部伟大的科学著作并不能挽救一个行将就木的旧王朝。1644 年，在李自成的农民起义军和满清铁骑两股力量的夹击之下，曾经显赫辉煌的明朝灭亡了。

按照历史的惯例，一个新建立的王朝一般都会颁布新的历法来确立自己的合法性。李自成刚刚入主紫禁城，就对汤若望修订的尚未颁布的《崇祯历书》产生了强烈的兴趣。正是因为如此，起义军对汤若望及北京的天主教会礼敬有加。一部历书没有挽救一个王朝的命运，却改写了汤若望和天主教会的人生轨迹，为他们撑起了一把保护伞，这就是文化的力量。

风云变幻的时事还没有让汤若望缓过神，朝代再一次更替，大清朝建立。王朝更迭，天运已新，大清帝国急需出台全新的历法。汤若望向主持摄政的多尔衮进呈了 103 卷的《西洋新法历书》和几件天文仪器。时隔不久，在与回回历和大统历的现场较量中，汤若望又分秒不差地预测了一个月后的日食。因为这次成功的预测，汤若望被任命为钦天监监正。此时的汤若望，距离他的梦想已经不远。

在天文观测上的巨大成就，也带来了政治上的巨大影响力，他甚至成了孝庄文皇后的义父和顺治皇帝的"玛法"——尊敬的长者或爷爷。因为这样的关系，汤若望多次与顺治促膝长谈国家大事，更是与孝庄文皇后一起商定了下一任皇帝——玄烨，定格了百年的康乾盛世。一个传教士，在播散科学的种子的同时，又深深地介入中国的政局，这是一种巨大的荣耀，当然也是一种冒险。须知，人高于众，言必非之！

1661 年，顺治病逝，八岁的康熙登基后不久，嫉恨汤若望的权臣鳌拜就以"西洋新法阴行邪教，以邪教谋夺人国"的罪名，派人逮捕了已经中风瘫痪的汤若望。经历一番煎熬之后，75 岁高龄的汤若望被判以凌迟处死。就在行刑的前一夜，天上出现被认为不祥之兆的彗星，京城又突然发生了大地震，朝野上下震惊，孝庄太皇太后也亲自出面干涉，汤若望终于幸免于难。

四年后，这位因偏瘫丧失了行动能力的老人离开了人世，为他那传奇的一生画上了句点。但是，他为东方古国注入的新鲜血液却奔流不止，永远流淌在这片神奇的土地上。

影响和评价

在王朝更替的战火里，是他用先进的科学技术把东方和西方联系起来的。

汤若望，这个背负宗教使命来到东方的西方传教士，不但为华夏的天文科学进步做出了不可磨灭的贡献，更是深深影响着明清之际的政治风云。他所传播的科技星火是漫漫黑夜中的明灯，是暴虐的暴风雨中的灯塔，为古老民族从沉睡中觉醒创造了机会，指明了方向。

作为一名传教士，他坚持自己的信仰，更不忘为东西方文化的交流做出努力。他尝试着播撒科学的种子，尝试着为古老的中华文明注入新鲜的血液，虽然历史没有成全他的理想，但他依然是人类文明交流史中当之无愧的英雄。

笛卡尔

——近代科学的始祖与现代哲学之父

性别：男　　**国籍**：法国　　**生卒年月**：1596年～1650年
入选理由：勇于探索的科学家，现代哲学之父
经典语录：越学习，越发现自己的无知。

人物简介

勒奈·笛卡尔，物理学家、数学家，欧洲近代哲学的创始人之一。他凭借着勇于探索的精神，创造性地将唯物主义与唯心主义结合了起来，在西方哲学史上产生巨大影响；他所建立的解析几何在数学史上更是具有划时代的意义。

生　平

1596年3月31日，笛卡尔出生在法国小镇拉埃的一个贵族家庭，他的父亲是地方法院的评议员。幼年的笛卡尔身体孱弱，母亲又在他一岁的时候因病逝世。他的父亲为了弥补笛卡尔失去的母爱，特地聘请了一位奶妈来照顾他，由于奶妈的精心照料，笛卡尔健康地成长起来了。

八岁的时候，笛卡尔进入一所耶稣会学校接受古典文化的教育，而且校方特许他不必受校规的约束，早晨不用到学校上课，可以在床上自由地读书和学习。笛卡尔在这所欧洲最有名的贵族学校里度过了八年的时光。这段时间里，他广泛接触了古典文学、历史、神学、哲学、医学等学科。但是，对这些学科接触的越多，笛卡尔内心的疑惑也就越多。这些学科里充斥着从充满矛盾的论证里得出的结论，他开始怀疑书本上知识的可靠性。他的父亲十分高兴笛卡尔能有这样的探索精神，因此亲切地叫他"小哲学家"。

1612年，16岁的笛卡尔到普瓦捷大学攻读法学。1616年，他获得博士学位。结束学业后，笛卡尔没有继承家族的衣钵到法院任职。他决心投笔从戎，以此来开拓视野，阅读"世界"这本大书。

1618年的一天，笛卡尔正在荷兰的希雷达城里散步，他突然看到城墙上贴着一道正在征求答案的数学难题。笛卡尔一下子来了兴趣，由于他不懂荷兰语，他只好请旁边的一位老人将这道题翻译成法文，老人有些不耐烦，但是出于礼貌，还是答应了笛卡尔的请求。一个青年军官怎么可能会精通数学呢？老人心底暗自说道。谁知就在两天之后，笛卡儿把答案送到了老人的面前，老人十分惊奇，仔细一看，答案竟然丝毫不错！两人立即熟络起来，成了忘年之交。这位老人就是著名的数学家贝克曼，在他的鼓励下，笛卡尔开始苦心钻研数学。

笛卡尔

1619年，笛卡尔随部队驻扎在多瑙河的一座小城的军营里。发现自己具有数学天赋的笛卡儿开始思考用代数方法来解决几何问题，可是几何中的点该如何才能用代数中的数字来表示呢？他苦苦思索了好几天也没有找到答案。

一天，笛卡尔躺在床上休息，突然，一只正在天花板上织网的蜘蛛吸引了他的注意。这只蜘蛛，一会儿沿着墙面爬上爬下，一会儿顺着吐出丝的方向慢慢移动。灵感的火花一下子迸溅出来——能不能用两面墙的交线及墙和天花板的交线，来确定它的空间位置呢？他立刻起身，在地上画了三条互相垂直的直线，用来表示两墙面的交线和墙与天花板的交线，画了一个点表示蜘蛛，再测出这点到三个平面的距离，蜘蛛在空中的位置就可以确定了。他为自己的想法兴奋不已。就这样，笛卡尔建立了解析几何。

1621年，结束戎马生涯的笛卡尔回到法国。但是由于封建集团的内讧，法国国内战乱不断。早已厌倦战争的笛卡尔决定远走他乡，动身去瑞士、意大利等地旅行。

1625年，结束旅行的笛卡尔回到巴黎。虽然国内和平了，但是都市里频繁的社交又让他感到厌烦。1628年，他移居荷兰，开始了长达20年的潜心研究和写作生涯。

在荷兰的这段时间里，他始终和欧洲著名的科学家、学者保持着书信联系，共同探讨数学和哲学问题。除了研究数学和哲学问题，笛卡尔还亲自进行大量的实验，这些试验囊括了光学、物理学、医学、天文、气象等方面。

凭借惊人的才华，即使把精力分散到这么多的学科，他依然取得了巨大的成就。在光学研究方面，他用几何学说明了光的折射定律；物理学方面，他提出了运动能量守恒定律，为19世纪的能量守恒和转化规律的确立奠定了基础；生理学方面，他则最先提出神经传导和反射机能的理论……

与此同时，诞生的一部部著作也同样启迪着和他同时代的人。1628年，《指导哲理之原则》问世；1637年，《方法论》出版；1641年，他写出了《形而上学的沉思》；1644年，《哲学原理》面世。

在这些探讨数学和哲学问题的著作里，他大力提倡人的理性，呼吁人们反对迷信权威，希望人们用理性来对抗教会对思想的禁锢。他把这些思想旗帜总结成一个著名的哲学命题"我思故我在"。在他看来，传统也罢，人们接受的知识也好，即使是感官所接触到的世界，这些东西统统不可靠，都是值得怀疑的。但是，在另一方面，我们又不能无休止地怀疑下去，至少不能否定自己。这是因为，既然我在怀疑，我在思想，那么必然有一个在怀疑的"我"。他的这一观点，为理性精神的成长开辟了道路，甚至影响到了西方人根本的思想方式。

由于这些观点严重威胁到教会的统治地位，教会便开始严厉禁止他的著作出售，但这并不能阻断伟大思想的传播，越来越多的人开始知道笛卡尔的名字，越来越多的人开始接受他的思想。瑞典女王克里斯蒂就是其中之一，她十分欣赏笛卡尔的哲学思想，便不断地让人邀请笛卡尔去皇宫为自己讲课。

1649年，笛卡尔接受邀请，来到斯德哥尔摩，成为了女王的私人教师。由于笛卡尔习惯了温暖的气候，习惯于晚睡晚起，当得知要每天清早5点钟去给女王上课时，他开始担心自己受不了斯德哥尔摩那刺骨的寒风。

果然，他很快就患上肺炎。1650年2月，他便被病魔夺去了生命。

一位天才就这样离开了人间，但是光辉的思想却流传万古。"笛卡尔，欧洲文艺复兴以来，第一个为人类争取并保证理性权利的人。"这句话刻在了他的墓碑上，也深深地铭刻在了后人的心里。

影响和评价

如果说理性之光为人类打开了近代思想的大门,那么笛卡尔就是盗火的普罗米修斯神,他高举着理性的火把照亮人类探索的道路。

在呼唤思想变革的时代里,笛卡尔承担起这份责任。他用怀疑精神作为利刃,以探索精神作为盾牌,勇敢地挑战思想的牢笼,最终开辟出人类历史上最伟大的一片疆域。他熔唯物主义与唯心主义于一炉,在哲学史上产生了深远的影响;他创立的以数学为基础的演绎法,成为后来理论物理学的重要方法;他运用代数的方法来解决几何问题,确立了解析几何学的基础……这一切,无不让人类思想获得前所未有的解放。

这就是笛卡尔,一个用怀疑精神改变世界的伟人。

牛 顿

——经典力学的奠基人与微积分的发明者之一

性别： 男　　**国籍：** 英国　　**生卒年月：** 1643 年～1727 年

入选理由： 人类历史上最伟大的科学家之一，牛顿三大定律已经成为衡量宏观世界的基本法则，他的名字作为力的单位而永垂不朽。

经典语录： 如果说我看得远，那是因为我站在巨人的肩上。

人物简介

艾萨克·牛顿（Isaac Newton），出生于英格兰林肯郡，被誉为迄今为止世界上最伟大的科学家。他为近代经典力学奠定了坚实基础，微积分的发明更是数学领域开天辟地的大事件，他发现万有引力的故事更成为科学界广为传颂的佳话。

生 平

艾萨克·牛顿是个遗腹子，他还没出生父亲就去世了。等到他会走路的时候，母亲把他交给外祖母而追求自己的幸福去了。牛顿从小过着没爹没妈的生活，同村的小朋友欺负他，也没有给他撑腰的人。小小年纪的牛顿于是转变爱好，经常一个人鼓捣些玩意儿。

老祖母能给孩子的教育是有限的，充其量能让孩子吃饱穿暖，到年龄就送去上学，如此而已。晃晃悠悠几年过去了，在他 11 岁的时候，牛顿的妈妈居然出现了。这对牛顿来说并不意味着从此能尝到母爱的甜蜜与幸福，相反母亲的到来无形加重了全家人的经济负担，因为母亲还带来了三个同母异父的弟弟妹妹。

牛顿学习虽然努力但始终成绩平平，再加上家里条件有限，这时候一般做父母的都会为孩子提前谋一个稳定的出路，保证他一辈子能衣食无忧地生活，还能补贴家用。牛顿的妈妈也是这么想的，在她眼里最稳定的出路就是去做个农民。

可是牛顿不愿意，他也许没想过要和命运抗争，但对知识的渴望让他情不自禁的想去钻研、想去探索。为了研究自己感兴趣的问题，他经常开小差不干活，母亲再怎么责备也没有用。最终，他的舅舅被孩子的热情感动，说服了牛顿的母亲，牛顿再次踏进学校大门。

经历了一番波折的牛顿看到学校里熟悉的一切，愈发感到来之不易，他开始拼命地学习。这种精神贯穿了牛顿的一生。1661年，牛顿考入剑桥大学三一学院，作为一名减费生开始了勤工俭学的大学生涯。

大学知识的海洋对饥渴的牛顿敞开了怀抱，虽然要经常做劳务来换取学费，但是一切都挡不住牛顿求知的欲望。"你若想获得知识，你要勤奋；你若想获得食物，你要勤奋；你若想得到快乐，你也要勤奋，因为勤奋是获得一切的定律。"牛顿身体力行着自己的这句话，甚至到了把怀表当做鸡蛋煮进锅里都浑然不觉的程度。

随着知识面的拓展，理解力的加深，刻苦学习的牛顿获得了剑桥教授、著名科学家巴罗的赏识。在巴罗这座高大的灯塔指引下，牛顿在科学的海洋中越行越远。他如饥似渴的学习开普勒的《光学》、笛卡尔的《几何学》和《哲学原理》、伽利略的《两大世界体系的对话》、欧几里德的《几何原本》、沃利斯的《无穷算术》、巴罗的《数学讲义》及韦达等许多数学家的著作。

在学校期间，牛顿就对笛卡尔的几何学深入研究，这为他以后发明微积分奠定了基础。他还第一次用三棱镜解析日光光谱，发现日光是不同颜色的混合物。虽然没有引起重视，但是牛顿实质上已经踏出了证明光的粒子性的第一步。

19岁的时候，牛顿取得了剑桥大学学士学位。这时的牛顿已经满腹经纶，前辈们的光辉成就为这位年轻学者铺好了通向科学顶峰的道路。一位伟大的科学家即将诞生！

牛　顿

1665年～1666年间，伦敦蔓延着严重的鼠疫，剑桥大学被迫停课，学生被遣散，牛顿回到了家乡。这对于牛顿来说，是一件再好不过的事情，因为学校能给他的，他已经全部学到了，他要的就是一个完全安静的环境来让自己思考。这段时间成为牛顿一生乃至整个科学史上最辉煌的一段。

在微积分方面，牛顿先后发表了《流数的介绍》和《用运动解决问题下述命题是充分的》，系统介绍了流数（牛顿对微分的定义，他将积分定义为反流数，微分和积分是后来莱布尼茨的定义法）的概念、理论思想和方法。光学方面，他进一步证明了光的波动性。力学上，据牛顿自己的说法，正是在家乡期间，那个伟大的苹果落到了牛顿头上，引发了他对万有引力的思考。

1667年，瘟疫过后剑桥大学开始恢复生机，牛顿带着他两年的成就和满脑子的理论雏形也回到了阔别两年的学校。1668年，牛顿获得硕士学位。第二年，他的恩师巴罗教授看到自己年轻有为的弟子在微积分方面作出的成就时，称赞牛顿"对于这个问题有优秀的才能"，相信他会比自己走得更远。于是巴罗主动辞职，将剑桥教授的职位让给这个他认为前途无量的青年。这年，牛顿26岁。

这时期，光的波动说在学术界占主导作用，牛顿则坚持自己的理论，并发明了反射望远镜分析太阳光谱来证明自己的理论。直到这时，由于对反射望远镜的兴趣，人们才把目光转向牛顿所坚持的"粒子说"。

1671年，因为反射望远镜的发明，牛顿成为英国皇家学会的成员。虽然如此，但是学术界仍然没有接受"粒子说"。著名科学家胡克严厉的批判了"粒子说"，并且连牛顿的"反射望远镜"一起批判。"波动说"仍然占据主流地位，牛顿自己后来也不得不向"波动说"做出妥协。但是，牛顿开启了关于波的"波粒二象"之间百余年的争论。

17世纪80年代，有人已经对向心力和物体之间距离的平方之间存在某种联系作出了判断，但是没人能证明。著名天文学家哈雷问牛顿，能不能遵守这个比例来证明天体的运行轨道是什么，牛顿马上回答说是椭圆，因为这个问题他已经运用自己提出的数学原理证明了。后来，他把证明方法的手稿交给哈雷，并在手稿里第一次用到"向心力"的概念。

1685年到1686年，牛顿先后发现了牛顿三大运动定律，奠定了经典力学的基础。同一时期，自1665年那颗苹果掉在他脑袋上以来，一直困扰牛顿的问题终于得到解决，牛顿提出了"万有引力定律"。

牛顿当年在家乡想到的所有问题，基本上都在自己的努力下解决了。牛顿着手写作的旷世巨著《自然哲学的数学原理》（简称《原理》），这本堪称科学界"圣经"的书，在出版后先后被三次修订再版，直到1726年第三版发表才最终定稿。《原理》先后被译成荷兰文、法文、德文、日文、俄文和中文等十多个国家的文字，成为走上科学道路的人的必读之书。

1699年，牛顿忽然舵风一转，出任造币局局长，并研究各国各时期的货币成分，制作成表。

从17世纪末，大学里以牛顿和他的理论作为研究对象日益成风，到18世纪初，这种风气已经十分普遍。

1703年，牛顿当选为英国皇家学会主席。他崇高的威望和广博的学识以及严格的管理风格让他在这一职位上连任二十五年之久，成为皇家学会历史上任期最长的主席。但是，这时牛顿的身体状况已经因为废寝忘食的科研而日趋恶化。

从这年开始，牛顿一边休养，一边主持学会和造币局的日常工作，一边修订出版自己的理论成果，处于半退休的状态。

1727年3月20日，艾萨克·牛顿逝世。同很多杰出的英国人一样，他被埋葬在了威斯敏斯特教堂。

影响和评价

对于较少接触物理、力学方面知识的人来说，的确很难弄清牛顿的伟大之处。世界历史上有很多的科学家，为什么偏偏牛顿是最伟大的呢？

简单的说，牛顿三大定律奠定了经典力学的基础，经典力学又是揭示宏观运动现象的基本法则。如果没有牛顿三大定律，今天的楼房不可能这么高、汽车不可能这么快。

如果没有微积分学说的创立，很多学科将停滞不前。今天我们将没有电脑、没有手机、更没有太空飞船。

如果没有万有引力定律，人类对太空就像夜幕里的婴儿对整个世界一样无知。

毫不夸张，牛顿改变了世界。有一句歌颂牛顿的诗歌被后世科学家广泛应用："自然和自然规律隐匿在黑暗之中。上帝说：让牛顿降生吧，则一切就有了光明。"

更伟大的是，牛顿不是天才，他的一切成就都来自于他的勤奋，来自他孜孜不倦地学习和思考。他并不认为自己是个聪明人，"聪明人之所以不会成功，是由于他们缺乏坚韧的毅力"。牛顿告诉我们，平凡人照样可以变得伟大。

伏尔泰

——欧洲启蒙运动的旗手

性别：男　　**国籍**：法兰西　　**生卒年月**：1694年～1778年
入选理由：法兰西思想之父，欧洲的良心。
经典语录：我并不同意你的观点，但我誓死捍卫你说话的权利。

人物简介

伏尔泰，原名弗朗索瓦·马利·阿鲁埃，伏尔泰是他的笔名。法国启蒙时代的思想家、哲学家、文学家，启蒙运动公认的领袖和导师，被称为"法兰西思想之父"、"法兰西最优秀的诗人"、"欧洲的良心"。他提倡天赋人权，认为人生来就是自由和平等的，一切人都具有追求生存、追求幸福的权利。他不仅在哲学上有卓越成就，也以捍卫公民自由特别是信仰自由和司法公正而闻名。尽管在他所处的时代，审查制度十分严厉，但伏尔泰仍然公开支持社会改革。他的论说以讽刺见长，常常抨击基督教会的教条和当时的法国教育制度。雨果曾评价说："伏尔泰的名字所代表的不是一个人，而是整整一个时代。"

生　平

伏尔泰自小受过良好的教育。他的父亲对文学很感兴趣，伏尔泰受父亲嗜好的潜移默化，自孩提时就深深地爱上了文学。伏尔泰的记忆力极强，3岁时就能背诵拉·封登的《寓言》。10岁时，伏尔泰进入了耶稣会主办的一所贵族子弟学校大路易中学。大路易中学的教师对伏尔泰的学业有较高评价，这期间伏尔泰也显露出了自己的文学才赋。中学毕业之后，伏尔泰迫于父亲的压力，又深造了两年法律。然而，伏尔泰真心热爱创作，并锲而不舍地追求自己选定的终生职业。

伏尔泰的确有诗人的天赋，经常出口成章、即兴写诗。1728年，他写了一首嘲笑贵族的讽刺诗《幼主》，涉及到摄政王奥尔良公爵并预言"法国将要死亡"，结果被关进巴士底狱。伏尔泰在狱中待了11个月，这期间他写了第一部史诗《亨利亚特》和一部《巴士底狱》来描述自己的处境。出狱后,这个吃够了苦头的哲学家知道摄政王冒犯不得,便去感谢他的宽宏大量,化解前嫌。摄政王深知伏尔泰的影响力,也急于同他化干戈为玉帛。于是,两人都讲了许多恰到好处的抱歉之辞,最后伏尔泰再一次表示感激说:"陛下,您真是助人为乐,为我解决了这么长时间的食宿问题,我衷心地再次向您表示感谢。可今后,您就不必再替我操心啦。"

出狱不久,伏尔泰出版了第一部重要的悲剧《俄狄浦斯》,该剧上演后,获得惊人的成功,摄政王因此赐给伏尔泰 1200 法郎的补助金和

伏尔泰

一枚金质奖章。之后,伏尔泰仍然写讽刺诗嘲笑法国贵族,结果遭到贵族子弟的毒打,第二次被关进巴士底狱。出狱后被驱逐出境,他不得不流亡到英国。在伦敦,伏尔泰以新奇的眼光观察了英国的政治制度和经济生活,研究了唯物主义哲学和牛顿的物理学。他还接触到了英国的新兴文学,对莎士比亚的戏剧产生了浓厚的兴趣,并把莎翁的剧作翻译并介绍到法国。

1929 年,伏尔泰回到法国,开始了他的致富之路。伏尔泰曾与朋友联手细致地计算了政府发行的有奖抽签的中选概率,并发现国家发行的奖券隐含着一大漏洞:"如果买入奖券全额,你就可以中彩金 100 万里弗尔(货币计量单位)。"于是,伏尔泰与朋友一起借款,用借到的钱买进了所有的奖券。得知事情详情的财政大臣,立即命令停止支付奖金并状告伏尔泰及其朋友犯诈欺罪,虽然当时还是专制时代,但国家还是输掉了这场官司。最后,伏尔泰及其朋友共获得了 50 万里弗尔。

1734 年,伏尔泰发表了《哲学通信》。在这部书里,他赞扬英国革命后取

得的成就，批评法国封建制度，宣传唯物主义哲学思想。他认为，人一生下来就应当是自由的，在法律面前应当人人平等。他主张在法国建立一个在"哲学家"引导下、依靠资产阶级力量的开明君主制，国内有言论出版自由等等。他反对天主教会，激烈谴责教士的贪婪和愚民的说教，他称天主教教主为"恶棍"，称教皇为"两足禽兽"，号召人民粉碎教会这股邪恶势力。此书一出版，即被法国政府判为禁书，并当众烧毁。伏尔泰不得不再次开始逃亡生涯。

不过，伏尔泰的才气赢得了很多人包括女性的青睐和爱慕。在伏尔泰遭追捕的时刻，对他倾心已久的夏德莱侯爵夫人伸出了援助之手，并成为伏尔泰的情妇。夏德莱侯爵倒也豁达大度、通情达理，对妻子的移情别恋毫不介意，反而为成就好事落落大方地提供方便，把一处名为西雷的乡间别墅，慷慨地提供给他们使用。就这样，伏尔泰和侯爵夫人幸福生活了14年，直到1749年侯爵夫人去世。侯爵夫人的去世对伏尔泰打击很大，他把自己幽闭了若干天，终于悟到："使人疲惫的不是远方的高山，而是鞋子里的一粒沙子。在人生的道路上，我们很有必要学会随时倒出鞋子里的那粒沙子。"

1760年，伏尔泰在法国与瑞士边境的费尔奈庄园定居下来，在此度过了他一生中的最后二十余年。在这期间，他写下了大量的文学、哲学和政治著论，包括哲理小说《老实人或乐观主义》、《天真汉》，哲理诗《自然规律》等。伏尔泰虽远离巴黎，却仍然关心法国的社会现实，写了许多文章和小册子反对君主制度，提倡自然神论，抨击教会和专制统治，它们以化名和匿名的方式在欧洲各地流传。伏尔泰主张言论自由，他很有名的一句话："我并不同意你的观点，但是我誓死捍卫你说话的权利。"

伏尔泰欣赏孔子，因为孔子是用道德的说服力来影响别人，而不是用宗教的狂热和个人崇拜；他景仰中国儒家思想，并将中国的政治体制视为最完美的政治体制，因为中国的文官制度能让下层阶级人民得以晋升为统治阶层。他对中国认知的浅薄，令他对中国始终抱有完美的幻想。他视孔子为真正的哲学家，他曾说"那个圣人是孔夫子，他自视清高，是人类的立法者，决不会欺骗人类，没有任何立法者比孔夫子对世界宣布了更有用的真理"。伏尔泰根据元杂剧《赵氏孤儿》的法译本，写了一部悲剧《中国的孤儿》，赞扬了中华民族的智慧和德行，在法国引起了很大反响。

进入老年后，伏尔泰的健康状况一直保持良好。他的咖啡瘾很大，一生中喝了数量惊人的咖啡，有个好心人曾告诫他说："别再喝这种饮料了，这是一种慢性毒药，你是在慢性自杀！""你说得很对，我想它一定是慢性的。"这位年迈的哲学家说，"要不然，为什么我已经喝了65年还没有死呢"。

1778年5月30日，一代思想宗师溘然长逝！去世前，一位牧师自作多情,走到他的床边,为他祈祷忏悔。但是,这位老顽固非但不领情,反而追根究底,盘问起人家的身份来:"牧师先生,是谁叫你来的?""伏尔泰先生,我受上帝的差遣来为你祈祷忏悔的。""那么你拿证件给我看看,验明正身,以防假冒。"

影响和评价

18世纪的法国启蒙运动是人类思想史上一个光辉灿烂的时代。在当时众多的思想家中,伏尔泰是公认的领袖和导师。伏尔泰博学多识,才华横溢,著述宏富,在戏剧、诗歌、小说、政论、历史和哲学诸多领域均有卓越贡献。他一生反对专制主义和封建特权,追求自由平等和资产阶级君主立宪制,以其思想启迪民众的心智,影响了整整一代人,成为屹立于人类思想历史上的一座丰碑。

亚当·斯密

——现代西方经济学之父

性别：男　　**国籍**：英国　　**生卒年月**：1723年～1790年
入选理由：伟大的经济学家，政治经济学的创始人，《国富论》的作者，现代西方经济学之父。
经典语录：如果一个社会的经济发展成果不能真正分流到大众手中，那么它在道义上将是不得人心的。

人物简介

亚当·斯密（Adam Smith），英国杰出的经济学家，1723年出生于英国。亚当·斯密最初学习的是伦理学，但随着自身的阅历积累，他在经济学方面提出了自己独到的见解。"自由市场"、"社会分工"等问题的提出将经济学提到了一个新的高度，他被称为"现代西方经济学之父"。包括马克思在内的很多人都受到他的影响。

生　平

亚当·斯密出生在苏格兰法夫郡（County Fife）卡科迪（Krikcaldy）。可怜的亚当是个遗腹子，父亲在他出生前几个月憾然离世。亚当的名字继承了他父亲的名字，这点会让很多中国人不解，因为在中国的传统观念里，长辈的名字是要忌讳的，代表了对长辈的尊重。而在西方，后辈继承先辈的名字恰恰是表达对先辈的尊敬和怀念的一种方式。这个小小的新生儿被叫做"亚当"，包含了家人对孩子英年早逝的父亲无尽的怀念。

当时，英国的土地上有着这么一群人，他们有自己的信仰、自己的生活方式，像游牧民族一样四处飘荡，女巫师和水晶球是这群人在所有文学作品中的标志，这群人被称作吉普赛人。吉普赛人没有固定的住所，他们四处流浪，以卖艺和商品交换为生，有一部分不太守规矩的吉普赛人也干点副业，比如入室偷窃、拐卖儿童等。

小亚当四岁的时候就遇上了这样一群不守规矩的吉普赛人,等亚当的家人发觉时,亚当已经被拐跑了。他的叔叔发动了所有力量奋起直追,吉普赛人眼看逃不掉了,才把亚当扔在了路边。这次经历让亚当更觉得亲情的可贵,大概是单亲家庭的缘故,小亚当把所有对亲情的渴望都投向慈爱的母亲。亚当一生都陪在母亲身边,没有娶妻生子。

七岁时,亚当·斯密进入卡科迪市立学校读书,七年后进入苏格兰格拉斯哥大学(University of Glasgow),完成了伦理学的课程。当时的伦理学是个很大的范畴,简单地说几乎包括了现在的社会学、经济学、哲学、政治学等各个方面。这些课程对于亚当·斯密来说非常重要,因为所有的这些学科都在讲社会的运行原理,为亚当·斯密叩开经济学之门打下了坚实的基础。

在格拉斯哥大学,亚当·斯密还遇到了一位影响他一生的良师哈奇森。哈奇森崇尚自由、相信理性,提倡言论自由,这位有点离经叛道的老师散发着无限的个人魅力,引导亚当·斯密向着自己的方向靠拢。亚当·斯密曾经很崇拜地称之为"永恒的"哈奇森。

1740年,亚当·斯密17岁的时候,离开格拉斯哥大学去牛津大学继续深造。对于现在的年轻人来说,能进入牛津大学不啻于皇帝加冕。但是当时的牛津大学学风之坏超出人的想象,教授们将讲课视为累赘,学生各行其是。有一个场景描述当时牛津大学的一场辩论赛,裁判们一边剔着牙一边讨论中午的酱肘子是不是过火了,辩论双方的学生东倒西歪翘起二郎腿看着诸如《天龙八部》之类的畅销小说。

在这样的环境里,真的是应验了那句"想学习,靠自觉"的古话。值得一提的是,牛津大学有很多别的地方看不到的书。在这里,亚当·斯密第一次接触到了大卫·休谟的《人

亚当·斯密

性论》。

1746年，亚当·斯密离开了牛津大学。离开家乡已经六年的他并没有急着找工作，而是第一时间赶回家与家人团聚。从1746年到1747年，亚当·斯密完全沉浸在与家人在一起的欢乐中。1748年，亚当·斯密在别人的建议下开始在爱丁堡讲课，随着讲课影响的扩大，亚当·斯密接触和认识了很多人，其中就有他自己神交已久的大卫·休谟。

1751年，亚当·斯密受聘为格拉斯哥大学教授，讲授逻辑学。格拉斯哥大学在当时是英国学术的中心，既有古板严肃的老派教授，也有崇尚自由的新派教授。受启蒙老师哈奇森的影响，亚当·斯密的教学方式也很新派，他申请取消学生上课前的祈祷，在所有人看来简直是大逆不道。但是，格拉斯哥大学当时的学风还是比较开放的，亚当·斯密的这种创新没有给他带来不利。相反，他的演讲口才和特立独行吸引了无数的崇拜者。有一位著名的作家专程来听他讲课，回去之后就开始模仿亚当·斯密的说话和姿势，甚至还在书房摆放亚当·斯密的半身像。

1759年，亚当·斯密出版了他第一本重要的著作《道德情操论》。在这本书里，亚当·斯密从公众和利他主义的角度出发，阐述了道德的概念。这应该算作他前半生学习和工作的最高总结。

因缘巧合，亚当·斯密成为英国财政大臣的家庭教师，这份新工作的主要任务是陪同大臣的儿子游学。1964年，亚当·斯密陪同自己的学生开始了世界之旅，亚当·斯密在这段游学时间里见识到其他国家的社会状态，接触到一些新的学说。例如当时流行的"重农学说"，这个学说认为除了土地，没有任何东西可以创造财富。闲暇时间，亚当·斯密会思考一些政治经济学问题，这些问题是亚当·斯密在爱丁堡演讲和在格拉斯哥大学教学时和志同道合的人们讨论的主题，游学让他有时间、也有条件深思这些问题。《国富论》的腹稿在这段时间已经有了框架。

1766年，亚当·斯密结束了世界之旅回到家乡卡科迪。从此时到1776年，亚当·斯密一直呆在家里，准备着《国富论》这本惊世之作。

1776年，《国富论》出版。这本书提出的理论算不上很新颖，有人评论说这本书是"整个时代的产物"。在这本书里，亚当·斯密提出了"看不见的手"对于市场规律的操控，建议政府尽可能少的插手市场运作。亚当·斯密还提出了劳动价值论，驳斥了"重农主义"的土地价值论，他认为"在社会的固定资本中，可提供收入和利润的项目，除了物质资本外还包括社会上一切人的有用才能"。亚当·斯密这本书的另一个重要贡献是分工学说，这一学说为现代专业分工提供了理论基础。

《国富论》的出版为他带来了巨大的声誉。1778年，亚当·斯密被任命为苏格兰海关专员。1784年，亚当·斯密被任命为格拉斯哥大学校长，因为母亲的去世他没有参加授职仪式，三年后才正式上任，他担任这一职位一直到逝世前。

1790年，亚当·斯密在爱丁堡逝世。

影响和评价

亚当·斯密对经济学的阐述在当时就已经影响到世界，他的学说被自由资本主义者广泛接受，成为自由市场的理论武器。

经济理论对于一个国家的重要性不言而喻，"经济基础决定上层建筑"、"落后就要挨打"的经世名言告诉人们，经济在整个社会生活里扮演着怎样的角色。亚当·斯密的《国富论》深刻地揭示了经济运行的客观规律，开创了现代经济学先河，对人类把握经济规律改造世界起到了不可估量的作用。尽管时光过去二百余年，但是经济规律仍然按照它自己的轨道行进。作为经济学的开山鼻祖，亚当·斯密的学说至今也不能说无用武之地。《国富论》的编者这样强调亚当·斯密和他的《国富论》："这是一本将经济、哲学、历史和政治理论奇怪地混合在一起的书，一本有着高深学问和明敏见识的人所写的书……它（《国富论》）对经济建设和国家政策产生了深刻的影响，它形成了我们今天的整个生活环境。"

康 德

——德国古典哲学创始人

性别：男　　**国籍**：德国　　**生卒年月**：1724 年～1804 年
入选理由：德国古典哲学创始人，哲学界的哥白尼。
经典语录：有两件事物越思考就越觉得震撼与敬畏，那便是我头上的星空和我心中的道德律。

人物简介

康德，全名伊曼努尔·康德，生于东普鲁士的哥尼斯堡（今俄罗斯加里宁格勒）。德国古典哲学创始人，启蒙运动时期最重要的思想家之一。同时，他也是天文学家、星云说的创立者之一。在哲学上，他出版了涉及领域广阔、有独创性的伟大著作，给当时的哲学思想带来了一场革命；在政治上，他同情法国革命，主张自由平等；在教育上，他认为应重视儿童天性，养成儿童自觉遵守纪律的习惯。康德深居简出，终身未娶，一辈子过着单调刻板的学者生活，直到去世，从未踏出过出生地半步。主要著作有：《纯粹理性批判》、《实践理性批判》、《判断力批判》、《未来形而上学导论》、《道德形而上学基础》等。

生　平

康德自小时候身体素质就较差，他在给友人的信中说："我胸腔狭窄，心脏和肺的活动余地很小，天生就有疑病症倾向，小时候甚至十分厌世。"成年后，康德依旧身材矮小瘦弱，裁缝和理发师运用他们的手艺帮助他掩盖了外表的欠缺，穿着打扮既讲究又入时，使他成为一个十分引人注目的人。康德对于时髦并不欣赏，称它为一种爱好虚荣的表现，但是他说："做一个时髦的蠢人比做一个不时髦的蠢人要好。"

不过，康德却因有规律的生活方式而长寿。康德生活中的每一项活动，如起床、喝咖啡、写作、讲学、进餐、散步，时间几乎从未有过变化，就像机器那么准确。每天下午三点半，康德便会踱出家门，开始他那著名的散步，邻居们纷纷以此来校对时间，而教堂的钟声也同时响起。唯一的一次例外是 1762 年夏末，当他读到法国浪漫主义作家卢梭的名著《爱弥尔》时，深为所动，为了一口气看完它，放弃了每天例行的散步，这使得他的邻居们竟一时搞不清是否该以教堂的钟声来校对自己的钟表。康德把卢梭比做"第二个牛顿"，从此，在康德的工作室里出现了唯一的装饰品——卢梭的画像。

1740 年，康德入科尼斯堡大学学习，开始了他一生的学习和教学生涯。以 1770 年他提出教授就职论文为界，康德思想分为"前批判时期"和"批判时期"。在"前批判时期"，他主要埋头于自然科学研究。

康德

　　康德在取得哥尼斯堡大学硕士学位时，发表《自然通史和天体论》一书，首先提出太阳系起源星云说。康德在书中指出：太阳系是由一团星云演变来的。这团星云由大小不等的固体微粒组成，"天体在吸引力最强的地方开始形成"，引力使微粒相互接近，大微粒吸引小微粒形成较大的团块，团块越来越大，引力最强的中心部分吸引的微粒最多，首先形成太阳；外面微粒的运动在太阳吸引下向中心体下落时与其他微粒碰撞而改变方向，成为绕太阳做圆周运动，这些绕太阳运转的微粒逐渐形成几个引力中心，最后凝聚成绕太阳运转的行星；卫星的形成过程与行星相似。康德的星云说发表后并没有引起人们的注意。直到拉普拉斯的星云说发表以后，人们才想起了康德的星云说。

　　在"批判时期"，康德对以莱布尼茨为代表的唯理论及以休漠为代表的怀疑主义进行了批判。1781 年，康德出版了《纯粹理性批判》这部哲学名著。恰如康德枯燥乏味的生活一样，这本洋洋数十万言的大作非常晦涩难懂，一个读者对康德抱怨说："读你的书十个指头都不够用，因为你写的句子太长了，我用一个手指按住一个从句，十个指头用完了，一句话还没有读完！"但是，艰深的语句掩不住思想的光辉，康德哲学真的像他自己所说的那样成了哲学领域内"哥白尼式的革命"。其实，康德的学说，用他自己的说法只回答了四个问题：1、我能认识什么？2、我应该想什么？3、我希望什么？4、人是什么？此后，他又陆续发表了《实践理性批判》和《判断力批判》解答上面的问题。三部著作的相继问世，成为康德批判哲学体系诞生的真正标志。

康德是有安静癖的人，要求居住环境极度安静，因为住房的环境，他曾几度搬家。在一次调换住宅时，邻居有一只啼叫不止的公鸡，康德表示，只要主人把公鸡杀掉，多少钱都肯付，可是邻居却难以割爱，不愿纵容教授的怪癖。康德不得不又搬离了那所房子。

不过康德是一个非常好交际的人，十分健谈，他乐于到别人家做客，而且从不拒绝人家的邀请。康德谈吐聪明机智、生动活泼，是社交场合的灵魂，他在任何团体中都是平等待人、轻松愉快、从容不迫、随机应变。有一次，在一个晚餐会上，年轻的军官当着老军官的面把红酒打翻在桌上，那军官羞愧难当，恨不得钻到地缝里去。康德正在同那位老军官谈论一次战役，对此毫不介意，而且乘机把洒了的酒比做正在向前冲杀的军队。康德也经常邀请客人与他共进晚餐，他从不单独吃饭。康德认为，一个人吃饭，不仅不能恢复精力，反而会消耗精力，因为孤孤单单地一个人用膳，头脑就得不到休息，总是继续思来想去。所以，他总是和朋友一起边吃边进行无拘束的谈话。

康德一辈子没有结婚。他认定，未婚的或早已成为鳏夫的男人"能够更长时间地保持年轻的外貌"，而成了家的人"则带有重累在身的痕迹"。其实，康德并不是单身主义的提倡者，他曾说："当我需要女人的时候，我却无力供养她；而当我能够供养她时，她已经不能使我感到对她的需要了。"由此可见，康德没有结婚实为环境所迫。

和许多伟大的德国学者一样，康德家境也很贫寒，以致在金钱观念方面给后人留下笑料。据说这位大学者经常声称，他最大的优点是不欠任何人的一文钱，他曾说："当任何人敲我的门时，我可以永远怀着平静愉快的心情说：'请进。'因为我肯定，门外站着的不是我的债主。"

因为生活困难，康德曾在学校教授更多的课程。在他开始任教的时候，就讲授了逻辑学、形而上学、自然科学和数学，后来又加上了自然地理、伦理学和力学。他每周的课时最少有16小时，而最多达28小时。据统计，从康德开始任教的1755年直至去世，康德共讲课268次。其中逻辑学54次，自然地理46次，伦理学28次，人类学24次，理论物理20次，数学16次，法学12次，哲学科学大全11次，教育学4次，力学2次，矿物学1次，神学1次。这不仅表示了康德的勤奋，也显示了他的博学。

晚年，康德可谓风光无限。他曾任哥尼斯堡大学校长，并在任教期间先后当选为柏林科学院、彼得堡科学院、科恩科学院和意大利托斯卡那科学院院士。1804年，康德病逝，墓碑上刻有《实践理性批判》最后一章的一句话："有两件事物越思考就越觉得震撼与敬畏，那便是我头上的星空和我心中的道德律。"

影响和评价

作为欧洲古典哲学和美学的创始人，康德是研究哲学和美学不可忽视的巨人，也是人类思想史上的继往开来的里程碑式的人物。他推翻了当时流行于欧洲的形而上学体系，开拓了从主客体关系去探讨哲学根本问题的新方向，提出了以"二律背反"为核心的消极辩证法，他的哲学具有划时代的意义。当代德国的著名哲学家、现代存在主义哲学奠基人卡尔·雅斯贝斯将康德与柏拉图和奥古斯汀并列称为三大"永不休止的哲学奠基人"。

莫扎特
——维也纳的音乐天才与古典乐派大师

性别：男　　**国籍**：奥地利　　**生卒年月**：1756 年～1791 年
入选理由：音乐天才，欧洲维也纳古典乐派大师。
经典语录：世界上只有穷人才是最好、最真实的朋友，有钱人完全不懂什么叫友谊。

人物简介

莫扎特，奥地利音乐家，欧洲 18 世纪维也纳古典乐派的重要代表人物。在歌剧、交响乐、室内乐和钢琴协奏曲方面有巨大的历史功绩。莫扎特虽然只活了 36 岁，但是，在其短短的一生中，他写出了大量的音乐作品，体裁形式涉及到各个领域，留下了许多不朽的杰作。他创作了 20 余部歌剧、50 部交响乐和许许多多的器乐曲，谱出的协奏曲、交响曲、奏鸣曲、小夜曲、嬉游曲等成为后来古典音乐的主要形式，他被人们称为"18 世纪的奇迹"。他的歌剧《费加罗的婚礼》、《唐·璜》等，抨击和讽刺了贵族的腐朽和虚伪，具有积极的社会意义和民主精神，受到全世界的赞赏。莫扎特与海顿、贝多芬并称为维也纳古典乐派三大作曲家。

生　平

莫扎特出生在奥地利萨尔斯堡一个颇负盛名的音乐世家。莫扎特从儿时就显出了非凡的音乐天才。有一次，莫扎特的父亲和朋友一起练习六支三重奏，莫扎特挟着他儿童用的小提琴要求加入，这招来了父亲的训斥："学都没学过，怎么来胡闹！"后来朋友求情，才勉强让他坐在了旁边。他的父亲不依不饶地说："要是听见你的琴声，就把你赶出去。"可是，他用完美的演奏打动了父亲和朋友，把六支三重奏从头至尾都很完整地拉完了。

还有一次，父亲看到四岁的儿子正聚精会神地趴在五线谱纸上写东西，便问他在干什么。莫扎特一本正经地回答："我在作曲。"父亲笑了起来，认为这是孩子的儿戏之言。可是,当他仔细地看了儿子的作品后,激动地赞叹道:"这上面写的是多么正确而有意义啊!"还没有学习识字的莫扎特,就开始作曲了。莫扎特确实是有天赋的。到五岁时,他已经能准确无误地辨明任何乐器上奏出的单音、双音、和弦的音名,甚至可以轻易地说出杯子、铃铛等器皿碰撞时所发出的音高,而如此过硬的绝对音准观念是绝大多数职业乐师一辈子都达不到的。

六岁时,父亲带他到首都维也纳去举行音乐会。在音乐会上,小莫扎特的精彩演奏,使维也纳轰动起来,音乐会连续举行了两个星期,竟然场场满座。一个六岁的孩子,对音乐竟有如此深的造诣,人们不得不叹为观止,一致称他为"神童"。自此以后,莫扎特和他的姐姐安娜开始了漫游整个欧洲大陆的旅行演出。他们到过慕尼黑、法兰克福、波恩、维也纳、巴黎、伦敦、米兰、波隆那、佛罗伦萨、那不勒斯、罗马、阿姆斯特丹等等许多地方,所到之处无不引起巨大的轰动!

在巡回演出期间,莫扎特在伦敦出版了六首哈普西科德和小提琴的奏鸣曲,写作了三首交响曲和歌剧《虚伪的善意》、《巴斯蒂安与巴斯蒂娜》、《本都国王米特里达特》等作品。然而,也有许多人不相信莫扎特的天才,他们散布谣言说,这些曲调是他的父亲代他写的。德国波伦音乐科学院因此给他举行了一次特殊的考试,他们把小莫扎特带到一个房间里,给他一个题目,要他谱成钢琴曲,限六小时交卷,可是莫扎特只用了不到半小时就把乐谱写成了。在半小时内完成了通常需要六小时到八小时才能完成的乐谱,这震惊了科学院的院士们,他们决定破格选拔莫扎特为院士,那时候他才14岁。

1772年,16岁的莫扎特终于结束了长达十年之久的漫游生活,回到自己的家乡萨尔斯堡,在大主

莫扎特

教的宫廷乐队里担任首席乐师。然而，寄人篱下，为人奴仆，看主人脸色行事的生活，大大打击了莫扎特的自尊心，也与莫扎特期望的独立不羁、自由自在的生活大相径庭。由于越来越不满主教的严厉管束和侮辱，1781年6月，莫扎特与大主教公开决裂，成为欧洲历史上第一位公开摆脱宫廷束缚的音乐家。在当时的社会条件下，这种举动无疑极其大胆而英勇，因为这意味着艰辛、饥饿甚至死亡。

之后，莫扎特前往维也纳定居，走上了艰难的自由音乐家道路。来维也纳的第二年，莫扎特在没有征得父亲同意的情况下，同一位曼海姆音乐家的女儿康施坦丝·韦伯结了婚。为了婚姻，他和最敬爱的父亲几乎决裂，至死也没有完全恢复感情。由于他没有固定的收入，妻子康施坦丝又不善持家理财，他们婚后的生活非常穷困。为了维持日常的基本需要，莫扎特拼命工作——教课、演出、创作，应接不暇，永无休止。尽管如此，日子还是过得相当窘迫。有一年冬天的傍晚，朋友们到他家做客，从窗外看到夫妻俩在屋里愉快的地翩翩起舞，纷纷赞叹不已，待到进屋后才弄明白，他们因无钱买煤，不得不利用跳舞来取暖，以此熬过寒冷的冬季。无穷无尽的烦恼总是伴随着莫扎特：婚后的十年之中他搬了12次家；生了六个孩子，夭殇了四个；当铺是莫扎特常去的地方；放高利贷的债主成为他惟一的救星。贫困也培养了莫扎特和穷人的感情，他认为穷人最讲信义，"世界上只有穷人才是最好、最真实的朋友，有钱人完全不懂什么叫友谊"。

莫扎特是热爱生活、充满诗意、富于感情的人。生活的重担并没有压垮莫扎特，更没有压垮他献身音乐事业的决心，他的重要作品都是在这段时期产生的。他写出了许多优秀的不朽之作如歌剧《费加罗的婚礼》、《女人心》、《蒂托的仁慈》、《唐·璜》、《魔笛》等，以及许多的奏鸣曲、协奏曲、交响曲。丰富而繁多的创作并没有影响莫扎特作品的质量，一位宫廷音乐家在看他《费加罗的婚礼》创作的三部交响曲初稿时说："这竟然是初稿！没有修改，没有涂画，他只是把脑子里的音乐写出来而已，上帝啊，他是你派下来为你歌唱的人吧！"

莫扎特写作之轻松与神速使他的同时代人和后辈都把他看作是无师自通、不学而成的天才。纵观他的一生，除了孩提时期受到父亲的严格教诲外，的确从未得到过正式的教师指导。然而，在鲜花、掌声和欢呼的背后，是艰苦的劳动、付出和勤奋。1787年10月的一天，莫扎特与歌剧《唐·璜》的乐队指挥库查尔兹一起散步时说："以为我的艺术得来全不费功夫的人是错误的。我确切地告诉你，亲爱的朋友，没有人会像我一样花这么多时间和思考来从事作曲，没有一位名家的作品我未辛勤地研究了许多次。"

莫扎特晚年的生活每况愈下,身体也越来越糟。他最后一部杰出的歌剧《魔笛》首场公演时,他已痼疾缠身。这一年,当莫扎特倾注全部精力完成了四分之三的《安魂曲》后,便因慢性神经热而与世长辞了。

影响和评价

莫扎特是维也纳古典乐派成员之一。他的创作是18世纪欧洲音乐文化各方面成就的光辉总结。他为德国民族歌剧奠立了基础,创造出一种现实主义音乐剧的新体裁。他扩充并革新了器乐作品的内容,使交响曲和室内乐曲的形式格外严谨。莫扎特在创作上以其不倦的努力和探寻,把18世纪的音乐艺术提到一个新的高度,对欧洲器乐演奏的发展作出了杰出的贡献,并为后来的音乐的进一步发展准备了条件。莫扎特为人类作出了重大贡献,在世界文化史上立下了永久的丰碑。

拿破仑
——西方人永恒的战争之神

性别： 男　　**国籍：** 法国　　**生卒年月：** 1769 年～1821 年
入选理由： 法兰西第一帝国及百日王朝皇帝，资产阶级思想的传播者，欧洲大陆的征服者。
经典语录： 不想当将军的士兵不是好士兵。

人物简介

拿破仑·波拿巴（Napoléon Bonaparte），1769 年生于法国科西嘉岛，后成为一名法国士兵，在战争中成长为优秀的统帅。1799 年，拿破仑通过政变夺得法国统治权，历任法兰西第一共和国第一执政、法兰西第一帝国皇帝、百日王朝皇帝。他以一国之众对抗欧洲数国组成的反法联盟并取得胜利，在欧洲传播了资产阶级思想。被迫退位后，1821 年逝世于圣赫勒拿岛。

生　平

拿破仑生于科西嘉岛，在他出生前，这里还不属于法国。从地理位置上看，这座处在地中海上的小岛似乎离意大利更近一点。虽然法国人接管科西嘉之后，象征性地封了几个新贵族，给了他们一点权力，但是，科西嘉人显然没有适应自己的新身份。从拿破仑出生开始，这里的反法运动就没有停止过。

拿破仑的父亲就是新封的贵族之一，但是拿破仑从小就崇拜科西嘉的反法英雄保利，受保利的影响，拿破仑一直不承认自己是法国人。

可是，顺从法国统治的父亲，在拿破仑十岁的时候就把他送进了法国布里埃纳军校。16 岁时，拿破仑的父亲逝世。这位新兴贵族在没有享受足够的特权时，就早早离开人间，他临终仍希望拿破仑能够成为一名优秀的法国士兵。拿破仑更加发奋努力，但是目的却不是为了成为法国士兵。这时的拿破仑还依然不承认自己是法国人，一心想学到军事知识回科西嘉参加科西嘉独立运动，做一个知己知彼的民族英雄。

在军校里，拿破仑对炮兵产生了浓厚的兴趣。1784年，他以优异的成绩被保送到巴黎军官学校专修炮兵学。拿破仑一年就完成了三年的学业并取得军官资格，成为皇家炮兵上尉。在如此优秀的学校取得如此优秀的成绩，只能说明拿破仑确实是个军事天才。

拿破仑虽然成为法国军官，但是他心里始终装着科西嘉独立的梦想。1789年，法国爆发大革命，法王被送上断头台，几个革命派和保王派打得昏天黑地。拿破仑觉得这是个千载难逢的机会，他乘乱回到了科西嘉，希望完成梦想。可是，反法运动的首领保利，这位拿破仑儿时的英雄排除异己，对拿破仑心存戒备不予重用。随着偶像幻影的破灭，拿破仑决定回到巴黎，以一个法国人的身份重新开始生活。

拿破仑

回到部队的拿破仑，在大革命的动乱中充分展示了自己的军事才能。他的职位也迅速提升，1795年，26岁的拿破仑就升为陆军中将任巴黎戍卫司令。这个职位相当于中国清代的九门提督，职责是保护京城的安全。整个巴黎——法国的军事政治中心——全在这位年轻将领的护卫之下。一时间，拿破仑成为法国高层中炙手可热的人物，一颗年轻的政治、军事新星冉冉升起。

1796年，拿破仑被任命为意大利方面军总司令，负责抵抗来自意大利方向的反法势力。拿破仑在和恋人约瑟芬匆匆结婚后奔赴前线。拿破仑的确是个军事天才。之前，炮兵从来都是辅助兵种，每到打仗的时候，炮兵象征性地朝对方放几炮，剩下的事情全部交给步兵和骑兵。拿破仑在学校的时候就发觉了炮兵的威力并专修炮兵学，在战场上，拿破仑更是把炮兵的作用发挥到淋漓尽致。在他的队伍里，炮兵永远是最多的，两军对阵，炮兵集中火力向对方开炮，将对方轰得天旋地转，再配合机动灵活的骑兵一举击溃敌军。

这样的新战术使得拿破仑在意大利战场上连战连胜,消息传回巴黎,拿破仑成为了法国人心中的英雄。

意大利战争结束后,拿破仑被派往埃及。法军在埃及被英军击溃,拿破仑在撤退途中得知法国内部发生突变,当机立断,一个人偷偷潜回巴黎。巴黎人民还沉浸在拿破仑在意大利取得的胜利中,拿破仑受到了英雄般的待遇,而督政府正面临保王派和第二次反法联盟束手无策。1799年11月9日,掌握军权和人望的拿破仑发动著名的雾月政变,成立执政府,成为法兰西第一共和国第一执政。

作为执政者的拿破仑做了一系列的改革,以缓解法国内部的矛盾,恢复国力以准备抵抗虎视眈眈的英、奥等国。他成立法兰西银行,建立法兰西大学,实行中央集权,最重要也是影响最深的就是1804年他颁布的《拿破仑法典》,这部法典所倡导的自由、平等思想影响了欧洲很多国家。

成为法国实际掌控者后,拿破仑继续向权利的顶峰攀登。1804年,拿破仑宣布法国成为法兰西帝国,自己为法兰西帝国皇帝。同年12月,拿破仑从教皇手中抢过皇冠为自己加冕,以这种方式表示自己不受教权控制。

次年,拿破仑又加冕成为意大利皇帝。一个从科西嘉小岛来的穷小子居然成为两个大国的皇帝,这让欧洲各国的国王和贵族们很不忿。长久以来,欧洲各国皇室之间互相通婚,早已经成为休戚相关的利益团体,拿破仑这个"外来户"也想来分一杯羹,是其他国家所不能容忍的。

1805年,奥地利、俄国、英国形成第三次反法联盟,进攻法国。拿破仑亲自举兵对抗,凭借自己非凡的军事才能彻底击败联盟军。1806年,第四次反法同盟成立,拿破仑仍然亲自带兵,首先击溃了普鲁士,完全吞并德国;其次打败俄国,与俄皇签订互不侵犯条约;然后施行大陆封锁政策,将坚决反法的英国锁在欧洲大陆以外。拿破仑身兼法国皇帝、意大利国王、莱茵邦联保护者、瑞士联邦仲裁者,并分封自己的兄弟子女和亲信为各国国王。整个欧洲几乎都掌控在拿破仑手中,拿破仑俨然成为中世纪的查理大帝。

接连的胜利触动了拿破仑的野心,他从被动防御开始转向主动攻击。1807年,拿破仑乘西班牙内乱入侵西班牙,这次入侵使法军陷在西班牙长久不能撤离,给了拿破仑第一次惨重的打击。1809年,在法军正陷在西班牙无法脱身的情况下,第五次反法联盟形成。拿破仑腹背受敌艰难迎战,在东边大破奥地利军队,却在西边输给了英国。

1811年,俄法关系破裂,拿破仑毫不犹豫地组建50万大军向莫斯科挺进。这次,拿破仑遇到了一个伟大的敌人。俄国皇帝亚历山大一世面对50万大军临危不惧,下令全部军民退出莫斯科,将莫斯科放火焚毁。长途跋涉的拿破仑军队面对熊熊燃烧的莫斯科无可奈何。在撤退途中，拿破仑和他的军队尝到了俄罗斯冬天的滋味，大批士兵被冻伤、冻死，加上俄国人不断地骚扰，50万军队最后只剩1万人回到巴黎。

1813年，第六次反法同盟成立。法军一开始取得多次胜利，但经历了西班牙失败和俄罗斯惨败的拿破仑今非昔比，很多附庸国纷纷宣布独立并加入反法同盟，最终同盟军打到巴黎城下。1814年，同盟军要求法国无条件投降，并要求拿破仑退位。同年4月13日，拿破仑宣布退位，波旁王朝复辟。

退位后的拿破仑几乎绝望，自杀未遂却遭遇暗杀，被逼无奈，拿破仑决定反抗。1815年，拿破仑率领1000人回到法国，闻讯的法国国王路易十八心惊胆颤。一面是英姿飒爽叱咤疆场的英雄，一面是软弱无能的封建君主。法国人民自觉地站到了拿破仑这边，等拿破仑到达巴黎时，他身边已经有20万的军队。

路易十八仓皇逃命，拿破仑兵不血刃复辟。可是，拿破仑的宿敌是不会轻易让他得逞的。同年，第七次反法联盟成立，拿破仑丝毫没有喘息之机就投入战斗。6月18号，滑铁卢战役中拿破仑全线溃败。7月15号，刚刚复辟仅百天的拿破仑又宣布退位。

1821年，退位后的拿破仑死于被囚禁的圣赫勒拿岛，死因引起后人揣测。

影响和评价

拿破仑一生打了六十余场仗，鲜有败绩，曾一人一国对抗各国联盟并将其一一击退。他的军事才能为世人所公认，被称为"战争之神"。作为欧洲大陆的征服者，他死后也受到了对手的尊敬，这是一个军人至高的荣誉。

但拿破仑也是一个权力欲望极强的人，他希望自己能成为查理大帝那样的君主。这使得他的战争从一开始的反侵略变成了主动侵略，并为此放弃了自己执政之初所秉持的自由、平等的理念，妄想通过通婚等方式融入欧洲皇室贵族中。

拿破仑对后世影响最大的贡献莫过于《拿破仑法典》，这部倡导自由、平等的法典受到欧洲人普遍的欢迎。这部法典历经两个世纪仍然有它的生命力，法国和欧洲其他几个国家的现行法律，基本脱胎于这部法典。连拿破仑自己都说："我的伟大不在于我曾经的胜利，滑铁卢一战已使它随风而去；我的伟大在于我的法典，它将永远庇护法兰西的人民享受自由。"

黑格尔
——欧洲古典哲学与美学的集大成者

性别：男　　**国籍：**德国　　**生卒年月：**1770年～1831年
入选理由：德国著名的哲学家，客观唯心主义的集大成者。
经典语录：纪律是自由的第一条件。

人物简介

格奥尔格·威廉·弗里德里希·黑格尔（Georg Wilhelm Friedrich Hegel），1770年出生于德国的斯图加特。历任耶拿大学教授，柏林大学校长等职。他一生著作很多，《精神现象学》是其代表著作。黑格尔所倡导的唯心主义学派和辩证法受到政府和学术界的广泛认可。他的学说影响到了费尔巴哈、马克思、列宁、海德格尔等一大批后来的哲学家。

生　平

1770年8月27日，黑格尔诞生于德国符腾堡省的斯图加特城。他是家中长子，父母都是受过良好教育的新教教徒，父亲是税务局的书记官，母亲是专职的家庭妇女，这是一个典型的中产阶级知识分子的家庭。衣食无忧加上严格的家庭教育，黑格尔从小就显得彬彬有礼，举止得体。

7岁的时候，黑格尔被送进学校学习。如果一个小孩既乖巧懂礼貌又学习成绩优异，没有一个老师会不喜欢，古今中外概莫能外，上学期间的黑格尔恰巧就是这样一个孩子。他有良好的家教，再加上父母从小就教他知识，黑格尔轻松的拿到了学校的奖学金并且得到学校老师的极高赞扬。

除了学校的学习，黑格尔的父母还安排家庭教师教他学习拉丁文、希腊文。早在18世纪，黑格尔的父母就有了家教意识，决不让孩子输在起跑线上，这不得不令人惊叹。但是，黑格尔对父母的安排没有显示出厌烦情绪，相反他很乐意接受这些新知识，原因是拉丁文和希腊文有助于他阅读古典哲学的原文。

中学时代的黑格尔很喜欢读书，哲学、历史类的书籍是他的最爱。他还会记日记，从他中学的日记里，就能看出一位唯心主义哲学家的影子："我今天才发现如何同是一样东西可以给各个不同的人以不同的印象……我吃樱桃，觉得其味甚美，并且尽量享受，……但同时一个比我年纪大些的人，便不感觉……"

黑格尔一直保持着优秀的成绩，直到中学毕业被保送至图宾根神学院读书。在神学院里，黑格尔遇到了影响他一生的挚友谢林。图宾根神学院以培养教职人员为主要目的，有点像今天大学里的定向培养。但并不是毕业后绝对要做牧师，不愿意的人要提出申请。

逐渐对哲学产生强烈兴趣的黑格尔毕业后向学院提出申请，以承诺随时奉召担任教职为代价获得了寻找其他工作的机会。

但是，毕业后的8年里，黑格尔并没有找到自己理想的工作。为了生计，他给封建贵族当了8年的家教。除了教育这些贵族的少爷小姐们之外，黑格尔唯一的乐趣就是给当年在学校的挚友写信，以排泄心中的郁闷。这几年的时间里，黑格尔与毕业时为自己的规划背道而驰，越走越远。

1801年，黑格尔不能忍受理想与现实的差距越来越大，决心另选一种生活。他写信给自己的好朋友谢林，说自己已经不能再忍受做一个哄小孩子别哭的启蒙老师，自己需要"攀登科学的高峰"。已经在耶拿大学小有成就的谢林向大学推荐了黑格尔，经过答辩，黑格尔成为一名耶拿大学无俸讲师。

这时的谢林已经脱离了康德哲学，形成自己独立的哲学流派，年仅25岁的谢林在耶拿大学是一位前途无限的后起之秀。而比他大5岁的黑格尔则默默无闻，大多数人都不知道他，知道的人

黑格尔

也只知道他是谢林学派的一员,至于姓甚名谁没人在乎。可能由于家教的原因,黑格尔口才很差劲,选他课的学生也寥寥无几。

没有工资、没有名气,作为一个社会人,而立之年的黑格尔没有一项能立得住脚的社会生存本领。但幸好有谢林的支持,而且在耶拿大学黑格尔还认识了当时名声显赫的歌德并成为好友。有这些朋友的支持,黑格尔在耶拿才不至于饿肚子,还可以专心研究哲学。谢林在这期间不仅是黑格尔的物质支持者,还是黑格尔的精神支柱,黑格尔是谢林学派坚强的支持者。

黑格尔除了研究学术,在生活等其他方面很需要别人的帮助和支持。比如,他无年俸的状态直到1806年歌德出面才得以解决,而且他讲课只专注于自己的理解,从来没想过怎么让台下的学生听懂,他还会因为想事情陷进烂泥潭而不自知。总的来说,黑格尔天生属于哲学。

谢林1803年离开耶拿大学,黑格尔继续留校任教,没有谢林的黑格尔在哲学的道路上走的更远。他开始超出谢林同一论的观点,发展出自己新的学派。1806年,黑格尔的代表著作《精神现象学》付梓。

黑格尔在1807年离开了耶拿大学,这位哲学上的智者同时也是生活上的婴儿面对生计问题毫无办法,他只好寻求自己的另一位好朋友尼塔默的帮助。尼塔默是黑格尔一生中最忠实的支持者和拥护者,他像教徒崇拜耶稣一样崇拜黑格尔,同时也像父亲照顾孩子一样地照顾他。他几次解决了黑格尔的工作问题,还帮助黑格尔的著作顺利出版,甚至为黑格尔在他41岁时找到了人生的另一半。

在尼塔默的帮助下,黑格尔当过报纸编辑,也作过中学校长。解决衣食问题后,黑格尔的哲学研究一直没有停步。1811年,《逻辑学》出版,标志着黑格尔辩证法的形成。

随着《精神现象学》和《逻辑学》的相继出版,黑格尔在哲学界已经成为不可忽视的人物。有读者称黑格尔的著作"一旦为人所理解,那必是人解放的启蒙读物,打开新福音的钥匙"。

1816年,黑格尔应邀成为海德堡大学教授。这时,黑格尔已经享誉学界,多年的讲台生涯也让当年不善言辞的黑格尔练就了讲台魅力,选修他的课程的学生越来越多。1817年,黑格尔将自己的讲义编撰出版,命名为《哲学全书》。这本书被先后修订三次,再版四次,是黑格尔最用心写作的一本书,也是他毕生哲学的全部精华。

黑格尔的名气与日俱增,受到了当时学术中心柏林大学的关注。1817年12月,黑格尔应聘成为柏林大学教授。在柏林大学,黑格尔完成了他整个哲学体系,有了一大批的拥护者,成立了自己的哲学流派。许多才气纵横的青年学子慕名来到柏林大学追随他的左右,其中就有后来批判黑格尔的费尔巴哈。

在柏林大学的 13 年期间,黑格尔讲授过的自然法与国家学、逻辑学与形而上学、哲学史、人种学和心理学、美学或艺术哲学、宗教史、宗教哲学、历史哲学、自然哲学或实用物理学等课程,科目种类之繁多令人咂舌,他被称为"百科全书式"的人物。

1829 年,黑格尔被任命为柏林大学校长,他的哲学被定为普鲁士王国的钦定学说。到这时为止,黑格尔已经无可非议的统治了哲学领域,他的学说在欧洲各国都有忠实的拥护者。

1831 年,伟大的哲学家黑格尔没能逃过肆虐的流行传染病霍乱,在他生命最辉煌的时刻陨落。

影响和评价

恩格斯评价黑格尔"不仅是一个富于创造性的天才,而且是一个学识渊博的人物,所以他在每一个领域中都起了划时代的作用"。诗人海涅也曾经拿法国行动者和德国思想家作比较,他认为罗伯斯庇尔可以和康德相匹敌,拿破仑可以和费希特并肩,但没有人可以"和黑格尔同日而语",因为他"全面的继承了人类的精神事业,充分表述了十八、十九世纪之交的根本变化"。

黑格尔大器晚成,先拥护谢林继而超出谢林,有人把谢林和黑格尔比作柏拉图和亚里士多德。黑格尔是德国唯心主义哲学的集大成者,他的思想象征着 19 世纪德国唯心主义哲学顶峰,对后世哲学流派如存在主义和马克思的历史唯物主义都产生了深远的影响。

贝多芬

——扼住命运咽喉的乐圣

性别：男　　**国籍：**德国　　**生卒年月：**1770 年～1827 年
入选理由：以个体的尊严，挥洒人的天赋，与命运抗衡。
经典语录：音乐是比一切智慧、一切哲学更高的启示。

人物简介

贝多芬是一个伟大的音乐家，被尊称为"乐圣"。他是古典主义音乐的集大成者，浪漫主义音乐的开创者。做为一个音乐家，在遭受耳聋的打击之后，他依然以不屈的斗志与命运斗争，谱写了伟大的篇章，以执着的精神激励着我们。

生　平

贝多芬于 1770 年 12 月 16 日生于波恩佛拉芒族的一个音乐世家。爷爷是波恩宫廷乐团的乐长，有很高的音乐素养。他十分喜爱这个孙子，赋予了他自己的名字——"路德维希"，他的这个做法也使得这个名字从此不朽。

可是贝多芬 3 岁的时候，他的爷爷就去世了，接下来的生活便充满着漫长的痛苦。贝多芬的父亲是乐团的男高音，酗酒粗鲁，又毫无才华，他却一直想把贝多芬培养成音乐天才，以便能够四处夸耀来赚钱。于是，从 4 岁的时候起，贝多芬就常常被关在屋子里，整天地练习乐器，这种枯燥乏味和不人道的做法使得贝多芬对音乐厌倦无比。但是一旦他停下来，父亲便大声吼叫，甚至加以木棍。童年的贝多芬没有接受任何系统的音乐教育，在这种近似于摧残的折磨下，他的天赋仍然没有被扼杀。常言道：三岁看大，七岁看老。8 岁时，贝多芬就可以举办音乐会。他的才华就像是夏天荒郊的野草，在严酷的环境中疯狂地蔓延，放肆地挥洒。成长是对命运的反抗。

后来，贝多芬开始跟随波恩的乐团长聂费学习音乐，聂费有着贝多芬父亲远远不及的才华，事实上，他是那个时代最优秀的音乐家之一。在他的培养下，贝多芬13岁就成为宫廷的风琴手，开始拥有一份正式的工作和微薄的薪水。可是，接踵而至的却是一串悲剧，贝多芬接连失去了最小的弟弟、妹妹，然后是他最心爱的妈妈。母亲是贝多芬内心最柔软的部分。因为父亲的原因，家里一直贫寒，贝多芬希望能够用自己的努力来减轻母亲的负担，正如他领到第一份工资后，对母亲说的："从今以后您可以过得舒服一些了，再也不用那样受累了。"1787年，贝多芬17岁，前往音乐圣地——维也纳，请教当时已经名动天下的莫扎特。据资料记载，莫扎特并不十分喜欢贝多芬，

贝多芬

然而，听完他的演奏之后却预言道："他将震动全世界。"要知道，一个天才必定识得另一个天才。

但是天妒英才，贝多芬此后的人生厄运连连。

1792年，贝多芬父亲去世，这个潦倒一世的男人，看不到他儿子的悲惨命运，也看不到他儿子的名动天下。之后，贝多芬又一次来到维也纳。可是一年前，莫扎特已经在贫病交加中去世，仿佛谶语一般，暗示着来到维也纳的贝多芬的命运。在维也纳，贝多芬向当时第一流的音乐家学习，不断提升自己，同时也接触到法国大革命的思想，成长为一个激进的共和主义者。依靠着自己的才华，很快，他被人称为"维也纳最卓越的演奏家"。

1795年，他的弟弟们来到了维也纳，贝多芬从4岁就开始了的养家糊口的担子更加沉重，他不得不加倍努力工作。可是渐渐地，他开始遭受人生中最大的诅咒：听力衰退。假如他没有音乐天赋，那么耳聋也不是那么可怕；假如他没有耳聋只有天赋，那一切该多么美好。可现实的残酷在于，上天决定剥夺他曾经赐予贝多芬的天才。

就在这个时候，贝多芬喜欢上一个17岁的少女圭恰迪尔。但是，贫困和

耳聋使他自卑不已，他创作了那曲充满美丽传说的《月光》，献给梦中的爱人。可是，作曲家只知道如何征服音乐，却不懂得如何面对爱情。少女嫁给了伯爵，而不是穷得只有钢琴的音乐家，这就是真实和故事的区别。贝多芬伤心欲绝，从此他失去了爱情。接下来，他的耳疾进一步恶化，贝多芬已经听不见大型乐队演奏自己的乐曲。

耳疾和失恋的双重痛苦下，贝多芬写下遗书，准备自杀。然而屈服就不是贝多芬。1802年，这是一段充满苦厄的岁月，但是伟大总是从苦难中产生。革命打破了封建，自由、平等、博爱的思想随着拿破仑在欧洲战无不胜而传递开来。一直崇仰共和的贝多芬自然崇仰着拿破仑。然而，作品写成之时，共和英雄拿破仑却废除共和，加冕称帝，贝多芬的偶像坍塌了。他愤怒地撕下扉页。这就是：第三英雄。

接下来，他写出了第六田园。但是，田园般的平静没有持续多久。1814年，他的弟弟去世。贝多芬没有孩子，一直把侄儿当做自己的孩子，为争夺侄儿的监护权，他被迫和弟媳打了四年的官司。可是，被他当做最亲近的人的侄儿却不断堕落，深深伤透贝多芬的心。

拿破仑侵入维也纳之后，公爵邀请贝多芬为占领军演奏，贝多芬严词拒绝。面对着暴跳如雷的公爵，贝多芬傲然地回答到："公爵，你之所以成为公爵，只不过由于偶然的出身，而我之所以成为贝多芬，却完全是靠我自己。公爵过去有，现在有，将来也有，而我贝多芬却永远只有一个。"

可是，尊严不是无代价的。此后，贝多芬的生活更加窘迫。而更加严重的是，到1818年的时候，他本来微弱的听力已经彻底失去了。为此，他使用特制的木棒，插入琴箱，以震动来感受音乐。

到此，这是一个完全失败的人——童年苦难，爱情失败，侄儿不肖，耳聋，贫病交加。上天似乎剥夺了他的所有，可是他依然不认输。

历时五年时间，他写出了《庄严弥撒曲》，把音乐从美推向高尚。

然后，他又完成了不朽的杰作：第九合唱。1824年5月7日，我们需要记着这个日子。如果说在这之前，贝多芬只是一个传奇的话，那么从此，贝多芬就是一个神一般的存在，因为合唱的末尾就是传说中的《欢乐颂》。5月7日，合唱第一次公演，贝多芬已经听不见了。可是他看得见，全场的观众为他五次鼓掌，这是比皇族还要高尚的礼仪，这就是贝多芬的礼仪！

这是对苦难的同情，更是对天才的景仰。

……

1827年，春天的维也纳狂风大作，电闪雷鸣。贝多芬去世了。正如萧伯纳说到的："一百年前，一位聋得虽还听得见雷声但已听不见大型交响乐队演奏自己的乐曲的57岁的倔强的单身老人,最后一次向着咆哮的天空举拳,然后逝去了。他的死去还是和他生前一直那样地唐突神灵,蔑视天地。"

影响和评价

贝多芬之前,音乐从来只是音乐,是乐符和谐创造的美丽。而贝多芬则开始把个人灌注到音乐中去,在音乐中表现自己的感情,这个人的出现使得音乐开始从古典走向现代。从这个意义上来说,贝多芬开创了一个新时代。

贝多芬之前,个人和命运的抗争一直强调个人的无力最后造就悲剧的结尾,像古希腊的悲剧一样,无论多么强大的英雄都无法抗拒命运。然而,贝多芬在生活和创作中都反复重复一个主题:个人和命运抗争,通过个人殊死地搏斗,最后取得成功。所以说,贝多芬"扼住命运的喉咙"。

苦难出天才,这就是乐圣贝多芬。

达尔文

——神创论的终结者和进化论的奠基人

性别：男　　**国籍**：英国　　**生卒年月**：1809 年～1882 年
入选理由：英国著名生物学家，进化论的提出者。
经典语录：完成工作的方法，是爱惜每一分钟。

人物简介

查尔斯·罗伯特·达尔文（Charles Robert Darwin），英国著名的生物学家。他提出的生物进化论沉重打击了神学提倡的神创论和物种不变论，为后世的生物学研究提供了正确的出路。他的理论对人类学、文学等各个领域均有影响。他出版的《物种起源》一书，成为划时代的著作。

生　平

达尔文出生在英国萧普夏郡的一个小城镇里，家庭背景非常好。他的祖父和父亲是两代医生，外祖父是一家公司的创始人，母亲则是金融家。优越的环境让达尔文也沾染了少爷习气，对学校的学习毫无兴趣，倒是很喜欢花花草草、飞禽走兽。

不能把达尔文后来成为著名的生物学家归因于他儿时的兴趣爱好。事实上，这些东西是每个小男孩都喜爱的，只是达尔文更有条件而已。总的来说，年轻的达尔文可以称得上为不学无术，就连他的父亲都气得斥责他是"自己和整个家族的耻辱"。

为了管教达尔文，也为了他的出路着想，父亲把他送进了爱丁堡大学学习医学，继承祖业。可惜，达尔文从小和花鸟鱼虫相处在一起，根本不忍心去上解剖课，看不得那些血淋淋的画面。相反，达尔文对博物学产生了兴趣，并且学会了标本制作。他加入了一个布里尼学会，这是一个研究博物学的团体，达尔文和一群兴趣爱好相同的人在一起共同研究。

在达尔文之前，已经有很多人在博物学领域进行研究。人们通过标本采集、地理分布研究、解剖以及化石研究，发现了很多有趣的现象。比如，人类和鸟类在不同的外表下居然有相似的骨骼结构，家养动物和他们的野生亲戚表现出不同的形体特征等等。但是，还没有一个整体的理论体系，很多学者也只是像达尔文一样凭着兴趣自己摸索而已。

在布里尼学会，达尔文真正把兴趣爱好作为一项事业来研究。他长时间观察生物，比较生物间的生理结构，发表论文。为了研究，他还去选修了地质学，同时也为爱丁堡大学博物馆搜集各种生物标本。很快，达尔文从一个博物爱好者变成了专业人士。

在达尔文的大学生活里，经常会出现这样的现象：上医学课时无精打采，一下课就生龙活虎，研究动植物积极万分。这在严谨的父亲眼里简直就是不务正业。很快，父亲就对他有了新的安排。

达尔文被送往剑桥大学的基督学院学习，虽然不能继承祖业，但最起码做一个受人尊敬的牧师也算是不辱门楣。达尔文理解了父亲的苦心，努力学习神学。但是，他在生物方面的兴趣始终无法控制，父亲见他开始好好学习也就不再阻止他。不能去博物学会，达尔文最大的兴趣就是和表兄弟威廉比赛收集甲虫。威廉也是个生物迷，他和达尔文的比赛总是赢，让达尔文很不服气。这时，威廉把自己身后的高人介绍给了达尔文。

约翰·史帝文斯·亨斯洛，著名的植物学家和甲虫专家，他经常指导威廉和达尔文。很显然，达尔文不论是天赋还是基础都比威廉要好。很快，达尔文成为亨斯洛的得意弟子。

达尔文从剑桥毕业，亨斯洛看出了这个学生的潜质，推荐他搭乘贝格尔号出海考察。毕业回家的达尔文把这个决定告诉了父亲。

达尔文最终顺利的出海了。这

达尔文

多亏了他的舅舅，也就是他未来的岳父帮助了他。

1831年到1836年，达尔文搭乘贝格尔号开始他的博物之旅。但是，他停留在陆地上的时间远远超出他在海上漂泊的时间。每到一地，达尔文都会仔细勘察当地的动植物，详尽记述当地的地理环境、风土人情和土著居民的生活情况。这些描述全部的视角都是以一个敏锐的博物学家的眼光来衡量的。在这期间，达尔文积累了大量的野外经验，学习到了丰富的动植物知识，见到了许多在英国没见到的动植物。

每隔一段时间，达尔文就把他详细记录下来的见闻邮寄给剑桥大学。因此，在他还游历海外的时候，他在英国国内已经是享有盛誉的博物学家了。达尔文到过智利，去过圣地亚哥，爬上安第斯山，走遍火地群岛。他在每个地方都发现了有趣的自然现象：那些长在山上的海贝化石证明那里曾经是海底，土著人的野蛮生活习惯证明了人类动物的本性……

5年后，达尔文再回到英国时，在基督学院学到的东西早就被他忘得精光，取而代之的是丰富的地理生物知识。《圣经》的部分内容在这时他看来变得无聊和虚假，他开始怀疑神创论，因为他的考察工作经历告诉他，生物是有演化趋势的。

1838年，达尔文读了马尔萨斯的《人口论》。马尔萨斯说，人口的增长肯定会快于生活资料的增长，人与人之间为争夺生活资料而竞争，必然导致贫穷。达尔文猛然醒悟，这一理论完全可以解释物种的演变。

动植物繁殖能力强，而且也不计划生育，按道理他们的种群应该成倍成倍的增长，可是长期以来地球上的物种始终保持在一个较平衡的数量上，只能是物种内部竞争导致的。达尔文认为，每个物种的每个后代都会有变异，但是只有那些适应环境的变异才会因物种的存活保留下来并传给后代，一代代发生变化最终导致整个物种的演变。这就是著名的"物竞天择，适者生存"。

此后的整整20年，达尔文完全沉浸在自己的理论中，不断取证完善，但达尔文始终小心谨慎不敢发表自己的理论。在神权社会里，这样的理论无疑是一个重磅炸弹。万物不是神创造的，而是同一个祖先演变而来的，那么神作为万物的主宰的神圣地位会遭到质疑。达尔文的理论是神的下岗通知书，这是教会坚决不允许的。

1858年，达尔文收到另一位博物学家华莱士的来信，华莱士的理论居然和他的惊人的相似。于是，达尔文决定和华莱士一起发表这项自然选择理论。华莱士收到达尔文的回信很感动，因为达尔文的理论完整度要比华莱士高，但是达尔文依旧愿意和他一起发表。华莱士感动之余，决定将这一理论让给达尔文，并为之取名为达尔文主义。

1859年，达尔文出版了那本著名的《物种起源》，在世界引起轩然大波。出版当日，第一版就被一抢而空。

其后，1872年，达尔文发表了《人类的由来与性选择》，"人是猴儿变的"这句玩笑般的话开始侵入人类的思想。

"性选择"是"自然选择"的一个补充理论，在提出之时达尔文并没有完全完成这一理论，但有个著名的例子人所共知，那就是"孔雀开屏"。

1882年，达尔文逝世。达尔文一生平和，生前曾预备将进化理论成果让给他人，死后遗愿也是归葬故里。但是，社会各界人士自发动员，联名上书国会，要求将这位"自牛顿以来最伟大的英国人"葬在威斯敏斯特大教堂享受后人凭吊。没有人觉得把这位撼动了基督教根基的学者葬在基督教堂有什么不妥，"与这位震撼世界的思想家的成果所产生的巨大影响相比，日常政治的喧嚣，大部分不过是尘土一般的贫乏"。

影响和评价

达尔文的进化理论在当时最大的影响并不是科学意义而是社会意义。《圣经》的开篇《创世纪》就记载了上帝创造世界的过程，当达尔文告诉世人世间万物并非神创也并非亘古不变，对神创论者来说无疑是一次大地震。进化理论对于启发民智、破除迷信起到了重要作用，《物种起源》因此被称为撼动世界的十本书之一。

达尔文进化理论在科学上同样不能忽视，它开启了一门新的学科，同时奠定了近代生物学的基础，所有生物学理论基本上都建立在进化论的基础上。进化论也被恩格斯列为19世纪自然科学的三大发现之一。有人这样评价达尔文和他的《物种起源》："1859年成为划分科学史前后两个世界的界限。《物种起源》的出版使生物学发生了一场革命！"

诺贝尔

——炸药大王和诺奖创始人

性别：男　　**国籍**：瑞典　　**生卒年月**：1833年～1896年
入选理由：安全炸药的发明者，现代军工与矿业的改革者，诺贝尔奖的创始人。
经典语录：生命，那是自然付给人类去雕琢的宝石。

人物简介

阿尔弗雷德·伯纳德·诺贝尔（Alfred Bernhard Nobel），瑞典著名的化学家、发明家。他发明的硝化甘油炸药，成为军工产业和采矿业的最佳选择，自己也因此成为这个行业的垄断者。诺贝尔一生积累了许多财富，临终时他决定把自己的财富拿出来奖励那些为科学和世界和平做出贡献的人，诺贝尔奖由此诞生。

生　平

诺贝尔出生在一个知识分子家庭，父母都受过良好的教育。诺贝尔刚出生时体弱多病，差点夭折，直到他开始上学的时候，他的身体状况依然不好，经常因为生病缺课。

诺贝尔的父亲也是一位发明家，在诺贝尔小的时候父亲发明了一种水雷，这种水雷被俄国人相中，俄国邀请诺贝尔的父亲去俄国为他们工作。父亲去俄国后，将一家人全都接到彼得堡，身体羸弱加上不懂俄语，诺贝尔干脆就不再去学校上课，在家跟着由父母聘请来的家庭教师学习。学习之余，诺贝尔还跟着母亲学学种植、文学，跟父亲学点工程学的知识。

诺贝尔似乎对工程学更感兴趣，他经常去父亲的工厂里面，看父亲指导工人。平常的小男孩只能用泥巴、纸团之类的东西做个炸弹的样子玩玩而已，而诺贝尔每天都会接触到真的水雷、炸药。想想看，一个男孩子，不论他身体多瘦弱，面对这些稀奇古怪的东西，心情会有多么地兴奋。

看着儿子成天往工厂里钻,父亲不但不拒绝反而积极鼓励。父亲也希望诺贝尔能成为一个工程师,还有什么比子承父业更能体现一个父亲在孩子心中那份尊崇地位的呢?

跟着父亲实习多年后,诺贝尔17岁就以工程师的身份去欧美各国实习。当时的工程师不用考证,有了工厂经验的诺贝尔堂而皇之地顶着工程师的头衔在欧美各个国家考察实习。4年中,诺贝尔对各国的工业发展情况有了大致了解。当时,欧洲工业方兴未艾,需要大量的铜铁等金属,采矿业因此蓬勃兴起。采矿业面临的一大问题就是炸药,当时矿山炸药以黑火药为主,但黑火药威力有限,经常是矿山上炮声

诺贝尔

隆隆,却不见矿石有丝毫松动。从小就在炸药堆里混的诺贝尔看到这一现象,决心对此加以改进。

1859年,诺贝尔举家迁回瑞典。与此同时,诺贝尔开始研究炸药。炸药在当时不是没人研究,但毕竟炸药很危险,稍不小心还会出人命的。就连一向支持诺贝尔的父亲这次也放心不下,劝说诺贝尔放弃这一想法。胆大的诺贝尔没有听从父亲的劝告,他相信自己一定能研制出好的炸药。

好的炸药必须满足两个条件。第一,爆炸力强。这是硬性指标,好比一个人的先天因素。第二,安全可靠。其实这里包含了两个问题:安全运输——不该爆炸的时候千万不能爆炸;高效引爆——该爆炸的时候一定不能哑火。

根据这些指标,诺贝尔找到了一种炸药材料:硝化甘油。硝化甘油完全吻合第一条件,爆炸力极强。但是,一点微小的晃动都有可能引发硝化甘油的一场大爆炸。

找到了好材料，接下来要解决的是第二个问题。针对硝化甘油的特点，理所应当先解决它的安全性问题。但是在 1862 年，诺贝尔先解决了爆炸效率问题。他把硝化甘油放进小试管里，然后插进装满黑火药的略大点的金属小筒中，引爆黑火药后，产生巨大的威力，证明黑火药先引爆可以完全引爆隔离在里面的硝化甘油。威力较小的爆炸引发更加剧烈的爆炸，这个原理后来也被运用到氢弹的研究中。

1863 年，诺贝尔和弟弟在斯德哥尔摩的爱伦坡建立了实验室，专门研究硝化甘油炸药。在那里，他改进了引爆硝化甘油的技术，发明了雷管。利用雷管可以更有效的引爆，一心想研制新型炸药的诺贝尔觉得自己成功了，他立马申请了专利，并批量生产自己的这种新炸药。但是，销出去的炸药不断有中途爆炸的消息传来，令诺贝尔焦头烂额。在 1865 年，最悲惨的事情年发生了：爱伦坡实验室发生爆炸，5 人死亡，其中包括诺贝尔的弟弟。到这时，诺贝尔发现自己疏忽了一件致命的事。

诺贝尔为了研究炸药建立实验室，在当地可谓家喻户晓——即使见不到听也听得到。长年累月从那个屋子里发出山摇地动的响声，时不时从屋里跑出一个一头散发、满脸黑灰、浑身硫磺味的人，像疯子一样大笑大跳。在当地人心里，这座实验室比女巫的城堡还要来得可怕些，诺贝尔也被称为"科学疯子"。1865 年的事故让居民彻底受不了了，纷纷起来抗议诺贝尔，诺贝尔只好把实验室搬去一艘旧船上，成天在湖心做实验。

1867 年，经过一年多的研究，在不知炸死多少鱼虾蟹之后，幸存者诺贝尔终于研究出一种新型硝化甘油炸药。这种炸药以一比三的比例混合硅藻土和硝化甘油，以硅藻土为载体承载硝化甘油，硝化甘油立马变得"温顺"起来，无论运输和使用都很安全。

同年，诺贝尔当着所有使用商的面做了很有名的实验。早被硝化甘油炸怕了的使用商，隔着老远藏在石头后面伸长脖子看着场地中心的诺贝尔。诺贝尔先是给炸药插上雷管，放进矿洞里引爆，所有炸药都爆炸了，半座矿山被掀了下来。当人们被刚刚地动山摇的爆炸震得天旋地转还没缓过劲儿来时，诺贝尔做出了更惊人的举动。他像对自己研制的炸药有深仇大恨似的，对着炸药又踢又踹，又放在火上烤，最后干脆举起来扔到悬崖底下……

一连串疯狂的举动让所有参观者心惊胆颤，很多人脑海里已经浮现出诺贝尔变成肉沫漫天飞洒的场景，每个人都做好了拔腿就跑的准备。奇迹发生了，对着自己研究出来的烈性炸药实施过暴力后，诺贝尔居然完整地站在人们面前，连头发都没少一根。很久之后，所有人恍然大悟般醒过来，都信服诺贝尔的炸药真的是安全的。

诺贝尔的安全炸药一夜成名，订单像雪花般飞来。诺贝尔依旧不满足，认为安全炸药中硝化甘油的爆炸力被大大削弱了，他想研制一种威力更大但是安全依旧的炸药。1887年，诺贝尔发明了无烟炸药。诺贝尔在世界各地建立工厂生产安全炸药，他和他的公司很快成为炸药的垄断巨头。财富像洪水一样冲进诺贝尔的银行账户。到诺贝尔晚年，他已经成为世界上为数不多的靠科研致富的人，据说他一天赚到的钱足够一个小康之家舒舒服服过一辈子。

诺贝尔晚年过得不怎么好，他患上很普遍的老年病：心绞痛和心脏病。很讽刺的是医生开给他的药竟然是硝化甘油，诺贝尔比任何人都知道的威力，自然死活不肯"遵医嘱"。

1896年，诺贝尔因心脏病逝世。逝世前，他做了一个伟大的决定，死后将全部资产约920万美元作为基金，以每年的年息约20万美元作为奖金，奖励那些在物理、化学、医学、文学和世界和平方面做出突出贡献的人，这些人不分国籍、不分肤色。诺贝尔奖由此诞生。

影响和评价

如今，诺贝尔最为人所熟知的贡献当属诺贝尔奖。他一生为之努力奋斗的炸药事业，相比之下显得不那么耀眼。但是，诺贝尔为改进炸药做出的贡献不可小觑。当时，欧洲工业正在发展期，诺贝尔炸药大大加快了采矿效率，为工业提供了大量的钢铁储备，从而推进欧美工业发展。他后期发明的无烟炸药仍是现代军工首选。他在世界各地建立的炸药工厂，是现在跨国公司的雏形。

诺贝尔奖在他逝世后几经磨难，最终被承认合法。一百年下来，诺贝尔奖已经成为科学界和人类社会最重要的大奖。值得深思的是，诺贝尔并没有把奖励限定在某个地方、某些人群，他这种追求科学、不论出身的理念深深影响着后世。

尼 采

——对抗传统的狂热诗人与思想家

性别：男　　**国籍**：德国　　**生卒年月**：1844年~1900年
入选理由：德国伟大的哲学家，现代哲学的开创者。
经典语录：我属于今天和过去，但是我的一些东西将属于明天后天和今后的。

人物简介

弗里德里希·威廉·尼采（Friedrich Wilhelm Nietzsche），德国哲学家、诗人，他无情地从宗教、社会、文学等各个方面批判西方社会，他的哲学理论开创了现代哲学。尼采是彻底的无神论者，他的思想后来影响到存在主义、后现代主义等各个哲学学派。

生 平

尼采生于德国萨克森州洛肯镇，他是这个家庭的长子。尼采在德皇弗里德里希·威廉四世的生日这天降生，对德皇无比忠诚的父亲异常激动，认为这是上天的安排，于是用皇帝的名字为自己的儿子命名。

尼采的父亲是名牧师，用尼采的话说，父亲是名"大特权者"。因为尼采的父亲不是个普通的牧师，他曾经是四位公主的老师，深得德皇信任。在尼采出生前，德皇弗里德里希·威廉四世派遣尼采的父亲来到洛肯镇担任牧师。

生在这样的家庭里，尼采没有理由不骄傲。可不幸的是，父亲在尼采5岁的时候生病逝世，弟弟也随即夭折。死亡的阴郁气氛笼罩在一家人身上，尼采有生以来第一次感觉到了死亡带来的阴霾。睹物思情的母亲无法再在洛肯镇生活下去，决心搬去瑙姆堡尼采的祖母家。

在瑙姆堡，尼采度过了童年和少年，念完了小学和中学。尼采和母亲、妹妹、祖母及两个未出嫁的姑姑住在一起。在这个环境下，尼采也被熏陶的文文静静，丝毫看不出以后那个高声大喊"神死了"的尼采的身影。小尼采的梦想是做一个像父亲那样的人,因此他经常一个人在学校的角落里捧着《圣经》阅读,被小朋友们称作"小牧师"。

在上小学的时候,一次放学回家下大雨,同学们都飞快地跑回家,只有尼采还像往常一样慢慢地走回来。当落汤鸡似的尼采回到家里的时候,母亲问他为什么不赶紧回家要在外面淋雨,伟大的哲学家会怎么回答母亲的问题呢?"老师说放学回家不准喧闹,要安静地、举止得体地走回家。"多乖巧的孩子啊!

在瑙姆堡的学业完成后,尼采进入普夫达文科学校学习,他强烈地喜欢上了文学和希腊哲学,苏格拉底、亚里士多德、柏拉图、阿那克里翁这些人成为尼采的挚爱。他日以继夜地学习希腊哲学,还时常写诗。1864 年,尼采从普夫达学校毕业,进入波恩大学就读神学。很快,他对神学就失去了兴趣,儿时的梦想在激情澎湃的诗人的心中荡然无存。他开始研究文学。尼采也疯狂地喜欢上了音乐,他喜欢很多人的作品,贝多芬、舒伯特、巴赫、亨德尔……最让尼采欣赏的是瓦格纳。

1865 年,尼采无意中发现了一本叫做《作为意志和表象的世界》的书,作者是叔本华。尼采好像发现知音一样夜以继日地阅读叔本华的这本著作。这本书让他不由得回想起失去父亲、弟弟的痛苦,这本书像一面镜子一样折射出尼采心里的孤独。"这本书好像是为我写的",尼采这样认为。叔本华成为尼采心目中的神,以致于在 1867 年服兵役期间,尼采在炮声隆隆的战场上念叨的竟然是"叔本华保佑"!

因为身体的原因,尼采很快就退役了。这使得尼采可以从繁重的军务中解脱出来,完全地沉浸于自己的世界里,全力倾注于哲学问题的思考。

1868 年,尼采结识了他钦

尼 采

慕已久的音乐家瓦格纳及其夫人。他成为瓦格纳家的常客，甚至把瓦格纳家当做自己家。尼采因为在文字方面的成就，年纪轻轻就已经蜚声界内，被所有人看好，大家都认为这个年轻人前途不可限量。

1869 年，尼采被推荐成为瑞士巴塞尔大学教授，年仅 25 岁。第二年就成为了正教授。在这一年，普法战争开战，继承了父亲爱国情志的尼采再次要求参军。但是，这时的他因为在瑞士教学的缘故已经加入瑞士国籍，只能作为外籍兵参战。由于身体原因，他成为一名护理兵，同样的原因尼采很快又退伍了。这次参军对尼采来说是痛苦的回忆，作为护理兵他看见了德法两国士兵如何惨死沙场。"死亡"这一并不陌生的词汇又一次震撼了他。当德国人胜利的时候，尼采没有像其他人那样欢呼，他冷眼看着这一切。

1872 年，尼采发表了平生第一部专著《悲剧的诞生》。这本书在业内受到了广泛的批评，他的授业恩师也表示对他很失望。唯一赞赏和喜爱他这本著作的是瓦格纳夫妇。在这一年，尼采和瓦格纳的友情达到顶峰。

1876 年，尼采的四篇论文合集《不合时宜的考察》出版，这本书里的四篇文章是尼采在 1873 到 1876 年间分别写就的。在这几篇文章里，尼采抗议"铁血首相"俾斯麦的霸权政策。在全国人民都在为普法战争获胜，德国获得巨大经济利益而欢呼时，尼采"不合时宜"地站在文化角度批判铁血政策对文化的摧残。

1878 年，尼采和忘年之交瓦格纳因为对艺术的分歧而决裂。次年，因为眼疾和身体原因尼采辞去教职。在自传里，尼采写到："在我 36 岁的时候，我的生命力达到了最低点，我看不到三步以外的地方……"

从这时开始，尼采一直过着漫无目的的游荡生活。他在一个空气新鲜、人烟稀少的山区中隐居下来，用大自然的魅力进行精神治疗。在近一年的休养后，尼采自觉身体恢复，他开始写作，并在 1879 年完成了《人性的，太任性的》。

之后，尼采的身体时好时坏，他只能做些简单的运动，大多数时间用在写作上。在这期间，尼采先后发表了《曙光》、《欢悦的智慧》等著作，开始提及了反基督思想和上帝已死的概念。这些思想很难让人接受，凭借尼采的声誉，这些著作引起了一些反响，但是很少有人能理解他的思想。

不被世人认可的尼采越来越孤独，思想也越来越激进。1888 年，是尼采著作最丰硕的一年，思想也最激进的一年。《偶像的黄昏》里，尼采批判了苏格拉底等古希腊哲学家，称他们后期的思想都是堕落的；《反基督：对基督教的诅咒》则开宗明义地对基督教进行批判；自传《瞧，这个人》更是将自我摆在了无比的高尚位置，他用"我为什么这么聪明"、"我为什么充满智慧"、"我为什么能写出这么好的书"之类的语句作为文章标题。此外，这一年完成的还有《瓦格纳事件》、《尼采对瓦格纳》等著作。

1888年的著作集中完成似乎是尼采冥冥中自有预感，第二年尼采精神失常。此后直到1900年逝世，尼采都在母亲和妹妹的照顾之下。

关于是什么导致这位天才学者精神失常，学术界众说纷纭。但无论哪种说法，都包括这条理由：尼采在当时不为人所理解的痛苦。

影响和评价

尼采既是哲学家也是诗人，他的诗文辞优美，哲学著作思想深邃。尼采的哲学对后世产生了无与伦比的影响。"他的思想给西方哲学带来战栗"，颠覆了基督教义下的西方哲学观。"没有了上帝，人类会怎样？"尼采提出发人深省的思索。后世有无数的哲学家和文学家都受到尼采的影响，例如雅斯贝尔斯、海德格尔、茨威格、肖伯纳、黑塞以及鲁迅等等。

后世将尼采和苏格拉底、柏拉图、亚里士多德、黑格尔、马克思、叔本华等人并列，称为历史上影响最大的哲学家。《尼采传》的作者伊沃·弗伦策尔说："他是十九世纪少数几个大思想家之一，他们（尼采和叔本华、马克思等人）远远超越了自己的时代，没有他们，20世纪就不会是现在这个样子。"

爱迪生
——人类史上最伟大的发明家

性别：男　　**国籍**：美国　　**生卒年月**：1847年~1931年
入选理由：人类史上最伟大的发明家，电灯、留声机的发明者，电话、电报机的改良者，一生共有发明两千余项。
经典语录：天才就是百分之九十九的汗水加百分之一的灵感。

人物简介

托马斯·阿尔瓦·爱迪生（Thomas Alva Edison），伟大的美国发明家。他一生发明专利超过两千例，其中最具代表性的电灯、留声机以及经过他改良的电话等成为人类生活必不可少的日常用品。他改变了人类的生活质量和生活习惯。可以说，爱迪生是整个世界的加速器。

生　平

爱迪生出生在美国俄亥俄州。父亲是荷兰裔，母亲的老家则在英格兰。也许是两种不同血统融合的关系，小爱迪生异常的聪明，他经常会提出一些匪夷所思的问题。

很小的时候，爱迪生就善于发现问题并着手自己解决。看到鹅孵化小鹅，于是他也学着鹅的样儿蹲在鹅蛋上像模像样地孵起小鹅来。小爱迪生还在自家的木棚里研究火为什么热，为什么能把铁变红、变软。结果，一场小火灾差点让父亲要了他的小命。更有一次，他想知道蜂窝里是什么样，结果被蜜蜂蜇得自己都不认识自己了。

对大人来说，这小孩可能仅仅是过分顽皮。毕竟小男孩都会淘气，等长大进了学校自然就会好起来。可是爱迪生没有，爱迪生8岁进了小学，三个月后他被校方开除了。原因是他的老师认为他是个"低能儿"，更直接的原因是他经常在学校干一些让老师匪夷所思的事，问一些千奇百怪的问题。

三个月就被开除，应该算是一项纪录了。但是，爱迪生用他一生的发明给当初判定他为"低能儿"的老师也送了一项纪录：眼光最差的老师。

不需要再上学的爱迪生，也有了更多时间凭着自己的兴趣爱好做各种"实验"。为了自己的实验，爱迪生需要买很多材料。12岁时，他决定自己挣钱买实验材料。他的第一份是工作室报童，这是爱迪生又一过人天赋的展现：他具有超人的商业意识。他先在火车上卖报纸，然后用得来的钱办了个报亭，还办了蔬菜水果摊，聘用了一些打工仔。个头还不到普通人肩膀的小毛孩子居然稳稳当当做起了老板。

1861年，南北战争爆发，他乘机办了自己的报纸《先驱报》，在火车上售卖。办报纸之后，工作就多起来。爱迪生没办法兼顾家里的实验室和列车上的报纸，于是他争取到列车员的同意把实验室搬到了火车上。

一次实验起火，急火攻心的列车员狠狠地扇了他一个耳光，致使爱迪

爱迪生

生双耳失聪，不到20岁的爱迪生就和声音世界告别了。这对于未来的发明家爱迪生来说未尝不是件好事，当他眼睛盯着手里的实验时，外界再也没有任何因素能够干扰到他。

1962年，15岁的爱迪生接触到电报技术。这项技术为爱迪生打开了一扇宽敞明亮的窗户。

从1862年开始到1868年，爱迪生是铁路电报员。但是，他遇事要问为什么的秉性丝毫没有改变，他业余时间便一头钻进电的世界。1868年，爱迪生凭借发明投票计数器获得第一个发明专利。抱着自己的智慧结晶，爱迪生却碰壁了，因为没有人乐意为这种不实用的发明投资。

这个经验成为爱迪生宝贵的财富，"实用"从此成为他一生发明的准绳。

1969年，他和波普合作成立"波普—爱迪生公司"，并于次年用发明专利"爱迪生普用印刷机"赚到了四万美元。

完成资本初步积累的爱迪生建立工厂，招聘助手。工厂制造电器产品创造收益；他和他的助手们日以继夜地创造发明。他的助手们为爱迪生今后的发明做出了不可磨灭的贡献。这种集体协作的科研方式又是爱迪生一项创举，成为现代工业科技研究团队的祖师。

1877年，爱迪生来到新泽西州"门罗公园"，在这里他发明了留声机——可以把人的声音通过机器捕捉到并永久保存的奇迹般的机器。这是个划时代的发明，也是爱迪生毕生最心爱的发明。同年，爱迪生改进了贝尔发明的电话，并使之能投入实际使用。

在爱迪生发明电灯之前，最常用的灯是烧瓦斯的。瓦斯极度危险，很容易造成事故。爱迪生给自己定下一个目标：一定要发明一种用电的照明灯。这是一个艰巨的任务，几乎没有一样材料在制作成灯丝的时候可以在电流作用下坚持很长时间，大多数的材料都会瞬间氧化。爱迪生和他的助手试验过各种材料，甚至动物的毛发，所有他们能想到的材料统统都试验过一遍。据统计，光他试验过的植物碳纤维就多达六千多种。

经过长期的实验，爱迪生发现真空状态下，材料的熔化会减缓。这是一个重大发现。在这个思路指导下，他和助手们找到了一种可以持续四小时以上的灯丝材料。可是这还不能运用于实践。

爱迪生更加努力地研究，实验笔记就写了四万多页，每天工作达十七八个小时，困了就在实验桌上拿书本当枕头趴着睡一会儿。有朋友看到他睡觉的样子，开玩笑说爱迪生"睡觉都在吸收书本中的营养"。

1879年10月22日，可以说这是个创造地球新纪元的日子。爱迪生和他的助手们经过三年的努力，经过无数次失败和无数次尝试，终于找到合适的材料，发明了实用的白炽灯。

为了配合这一发明，让白炽灯走进千家万户，爱迪生还创造了配电系统。不管你离电站多么远，同样能享受电灯带来的光明。

1880年，商业天才爱迪生成立了"爱迪生电力照明公司"。

第二年是爱迪生一生发明成果最丰硕的一年，141项发明专利成果在这一年诞生。专利申请程序都没有专利被发明的速度快，专利局的公务员为爱迪生的专利证书盖章都盖到手软。人们将爱迪生称作"门罗公园的魔术师"。

1888年之后，直流、交流之争中倾向直流电的爱迪生失利。他将兴趣转向机械、爆破、采矿等方向，发明了潜望镜、矿石捣碎机、鱼雷机械装置等。1890年后，爱迪生还发明了"活动电影放映机"，成立了世界上第一座摄影棚。1903年，爱迪生的公司拍摄的《列车抢劫》公映，列车驶进荧幕时观众纷纷逃命的场景至今为人津津乐道。

晚年的爱迪生受到人们普遍的尊重，他一千多项的发明专利像神话一样被争相传诵，一个穷小子终于靠着自己过人的天赋和后天不断的努力成为世纪伟人。

1931年，重病缠身的爱迪生在西奥兰治逝世。

影响和评价

爱迪生一生有发明专利一千多项，这个纪录一直保持到今天无人打破，因而他被称之为"发明大王"。爱迪生一生在很多领域都有建树，好像只要他能接触到的东西就能让它变出花样来，像是魔术师一般。

他的三项最卓著的发明：电灯及配电系统、留声机、电影摄像机，完全改变了世界。从此，夜晚变得色彩斑斓，声光色彩、虚拟世界充实着单调的现实生活，电灯的发明甚至改变了所有人的生活习惯。

爱迪生的伟大之处还在于他勤奋不懈地努力。"天才就是1%的灵感加上99%的汗水"是他的至理名言，"人生苦短"是他的口头禅。在80年的岁月里，他把几乎全部的时间都用来做实验发明。

"人生太短，要干的事太多，我要争分夺秒。"——爱迪生

弗洛伊德

——精神分析学派的创始人

性别：男　　**国籍**：奥地利　　**生卒年月**：1856 年～1939 年
入选理由："精神分析之父"，精神分析学派创始人，毁誉参半的著名心理学家，对心理学、文学、哲学均有深远影响。
经典语录：梦是人类对未完成愿望的一种达成。

人物简介

西格蒙德·弗洛伊德（Sigmund Freud），奥地利著名的精神分析学家。他创立的精神分析学派被后世不断发展。他对人的精神层次的分析以及对人类性心理的解剖，在学术界广受推崇的同时也饱受非议。其成就对后世的哲学、美学、心理学、社会学和文学均有广泛的影响。

生　平

1855 年，有过两次婚史的 40 岁中年犹太商人雅各布·弗洛伊德和年轻的犹太姑娘艾美丽·娜丹森步入婚姻殿堂。第二年的五月份，他们的孩子，一个小犹太宝宝来到世界上，父母给他取名叫西格蒙德。

弗洛伊德 3 岁以前住在弗莱堡，这座小城大概有五千人，只有百分之二是犹太人，犹太人是绝对的少数民族。弗莱堡没有少数民族的优惠政策，相反，犹太人在当时欧洲的社会地位不高。虽然还没发展到后来希特勒那样极端，但是因为他们的信仰和生活习惯，犹太人受到广泛的歧视和不尊重是普遍的社会现象。民族歧视让弗洛伊德早年深受其害，这影响到了他的价值观。弗洛伊德崇拜拿破仑，就因为拿破仑打击了歧视犹太人的罗马教廷。

人少也有人少的好处。比起五千人，一百人的团体相对要简单的多，他们彼此熟识、互相帮助。弗洛伊德的父亲就是这样一个单纯善良的人。父亲的性格直接影响到了弗洛伊德。在他的一生中，他试图把任何事情都变得简单化。

因为经济和战争的原因，弗洛伊德一家人在 1859 年迁往德国莱比锡，后来又迁往维也纳。维也纳深厚的文化底蕴也为弗洛伊德成长带来了便利，因此后人说维也纳是弗洛伊德"科学创见和伟大学说的天然摇篮"。虽然如此，弗洛伊德一家人身上犹太人的标签依然会让他们受尽不公平的对待。

弗洛伊德没有选择顺从，也没有消沉。他希望自己能像英雄汉尼拔那样有朝一日复仇，他要做到比其他人更优秀。弗洛伊德发奋学习，9岁就以优异的成绩考入中学。当时，奥地利的中学学制是八年，经过前两年的短暂适应后，从第三年开始直到毕业，弗洛伊德一直占据着班里的第一名。

17岁的天才少年弗洛伊德被保送去大学，这一年是1873年。

1873年秋，弗洛伊德进入维也纳大学医学院读书。弗洛伊德正式地进入医学领域。进入大学好像小河归海，弗洛伊德拼命地学习，往往把老师布置的任务完成之后，还要自己额外地学习。学习范围更是广泛，任何感兴趣的学科他都会涉猎。

1881年，弗洛伊德毕业。出于经济因素的考虑，他放弃在学校的助教位置而去医院做一名全职大夫。这一转变是因为一方面年轻的弗洛伊德需要钱买车、买房、娶妻生子，另一方面父亲年事已高，家里还有几个弟弟妹妹需要抚养。正所谓上有老下有小，弗洛伊德转行的唯一动机就是钱。但对于弗洛伊德的一生来说，这却是个举足轻重的转折。

1882年，弗洛伊德正式做了一名大夫，尝试了很多专业后他选择了神经科。弗洛伊德在维也纳全科医院精神病治疗所看到了大量的病例。对于一个初出茅庐、满腹理论的学院派小子来说，没有什么比临床经验更重要的。弗洛伊德继续发扬自己一不怕苦、二不怕死的学习精神刻苦钻研，每天研

弗洛伊德

究病例甚至彻夜不眠。

在维也纳全科医院,弗洛伊德的能力得到充分发挥,他也为自己找到了方向:"把成为一个神经病治疗专家作为我一生的主要奋斗目标。"弗洛伊德得到了上级和以前学校老师的赞赏。1885 年,弗洛伊德被派往法国深造。实习医生的生涯结束了,弗洛伊德带着满满的临床经验走向一个更加专业的领域:神经病学。

他的导师是当时神经病学的泰斗沙考特,在这位泰斗那里,弗洛伊德接触到了一个新的领域:歇斯底里症。他开始相信神经疾病可以用心理治疗,还充分意识到催眠术在心理治疗中的作用,"你的眼睛疲倦了,累了,闭上你的眼睛……"就是弗洛伊德在催眠术中创造的名言。

学成归来,弗洛伊德向自己的组织汇报了这几年的学术成果。他讲到他在研究歇斯底里症上取得的进展时,让在座所有的人大跌眼镜。因为在沙考特之前医学界通常并不将歇斯底里当做一种病,很多人说那是"装出来的"。即使有一部分人承认,他们也无一例外的认为那是一种女性生理疾病,是由于子宫(歇斯底里症 Hysteria 一词的词根"Hysteron"就是子宫的意思)病变引起的。

弗洛伊德讲到自己在巴黎师从沙考特研究歇斯底里症男性患者的临床表现时,底下所有人爆笑不止。有位老医师大声嘲笑弗洛伊德:"老天!亲爱的弗洛伊德先生,你怎么会讲这些无聊的话呢?"

得不到认可,弗洛伊德就自己开设诊所,几年的诊所经历又为弗洛伊德积累了很多临床经验。

1895 年,弗洛伊德出版《歇斯底里研究》,这本书的出版,为弗洛伊德的精神分析学的创立奠定了理论基础。从此以后,弗洛伊德开始艰苦的自我剖析,从自身出发得出病态心理的产生以及怎么对症下药。18 岁的女孩杜拉是弗洛伊德的病人,弗洛伊德从她 16 岁就和她有接触。在与杜拉以及她的家人的接触中,他们的每个行为以及背后的意识根源成为弗洛伊德最佳的研究素材。例如,歇斯底里症的发作、表现以及原因、报复性性行为、儿童性意识、恋父情结和仇母情节等。在 1898 年到 1900 年这三年内,弗洛伊德都从杜拉身上得到启发,对人的意识、性心理和梦有了飞跃性的总结。弗洛伊德兴奋地说:"这些日子过得很愉快……这个病例为我开启了无数智慧之门……"

19 世纪末的这几年,弗洛伊德的理论突飞猛进地发展。从自我分析到梦的解释,弗洛伊德将精神分析理论逐渐完善起来。有人说,弗洛伊德在 19 世纪最后 5 年所取得的成就远远超出了前 40 年。

1899 年《梦的解析》出版,这本书艰涩难懂,很少人会对它感兴趣。一经出版恶评如潮，有人说它是弗洛伊德想赚钱才写的一本垃圾，很多人也都习惯性地在已经倒地的人身上再踹一脚。不管是不是精神病专业的，不管学没学过医学，也不管看没看过这本书，咒骂弗洛伊德和这本书成了时尚。《梦的解析》第一版只印了600本，直到第八年才卖完。

这种情况直到10年后才得以改变。一名精神病专家忿忿地说，"那本有名的释梦名著竟然印在厨房破纸上"。《梦的解析》出版了八次，并被译成各国文字被广泛研究。弗洛伊德名噪一时。

弗洛伊德的成就是突破性的，也是具有爆炸性的。剩余的几十年中，弗洛伊德减少临床实践，转向完备自己的理论体系。

20世纪20年代，弗洛伊德的理论被广泛地研究，各地均成立了"精神分析学会"，致力于这个新心理学说的研究。弗洛伊德的理论还渗透进文学、艺术领域。在这10年里，弗洛伊德奠定了自己心理学大师的地位。

1924年5月，英国外交大臣在希伯来大学建校典礼上说："对人类现代思想起着重大影响的有三个人：柏格森、爱因斯坦和弗洛伊德，而这三个人都是犹太人。"

在声誉日隆的外表下，弗洛伊德自己却受着病痛的折磨，下颌最初的病变没有引起这位医生出身的心理学家的及时注意，只是做了简单的治疗。之后，下颌逐渐萎缩，疼痛日烈。最终导致下颌癌。

1939年9月21日，弗洛伊德在与癌症抗争无效之后，冷静地要求医生对自己实行安乐死。第二天，弗洛伊德平静地死去。

影响和评价

弗洛伊德的理论是现代心理学的基础，他的学派被称为第一精神分析学派，后来发展出第二、第三精神分析学派。后来，很多人从他那里吸收营养，却批判他的理论。对于他的理论，至今没有人明确地证明对与错。喜爱他的人自然非常喜欢，反感弗洛伊德理论的人也不是少数。

有人评论他"毫无疑问是历史上最伟大的心理学家之一"，也有人称他的理论是"本世纪最惊人的知识欺诈"。

孰是孰非无从评价，但可以肯定的是他的理论对后世产生了巨大影响，这些影响覆盖到许多领域。弗洛伊德也因他的理论成就成为近百年来世界上影响力最大的三位犹太人之一。

居里夫人
——女性诺贝尔奖得主第一人

性别：女　　**国籍**：法国　　**生卒年月**：1867 年～1934 年
入选理由：两项诺贝尔奖得主，第一个获得诺贝尔奖的女性。
经典语录：我们应该有恒心，尤其要有自信心。

人物简介

玛丽亚·斯克沃多夫斯卡-居里（Maria Sklodowska—Curie），世界著名的科学家。1867 年生于波兰，后转入法国国籍。她一生致力于放射性元素的研究，提取证实了放射性元素的存在。因她在这一领域的成就而两次获得诺贝尔奖。因为她对元素"镭"的研究而被称为"镭的母亲"。

生　平

玛丽亚·斯克沃多夫斯卡（后来的居里夫人）生于波兰华沙一个教师家庭，父亲是一所中学的副督学（相当于现在学校里的副教导主任，在很多学生心里是个可怕的角色），母亲曾是女校校长，后因肺病辞职。

玛丽亚（昵称玛丽 Marie）出生的时候，波兰被沙皇俄国入侵，爱国的父亲被俄国当局降职，薪水也骤降，一家人生活变得拮据。1876 年，大姐因患伤寒去世，1878 年，母亲因长期患肺病不治去世。国难的打击，家庭的悲剧让玛丽亚从小就变得坚强，努力地学习，想通过自己的努力改变家庭、改变命运。

1883 年，尽管 16 岁的玛丽成绩优异，但按照当时俄国统治下华沙的大学政策，女性是没有权利进入大学的，玛丽只好中断学业。但是，出生于书香门第的玛丽和二姐不甘就此失去学习的机会。两个小姐妹约定，一个人先去巴黎读大学，另外一个赚钱养家，等上大学的那个有条件了再接在家里的去巴黎读书。小玛丽毅然决定选择肩负起赚钱养家的责任，这个通常是家中大姐大哥才会挑起的担子被小玛丽担了起来。

从 16 岁到 24 岁，为了供姐姐上学，也为自己攒学费，玛丽做了 8 年的家庭教师。如果看过《呼啸山庄》之类的小说，就会知道那时的家庭教师身份不像现在这样，充其量算是高级一点的佣人而已，要经受贵族小姐的冷嘲热讽，主人家的白眼还有自己的学生对自己呼三喝四的那种尴尬。让玛丽经受住这一切并坚持八年的原因就是要去巴黎读大学的这个信念。"我从来不曾有过幸运，将来也永远不指望幸运，我的最高原则是：不论对任何困难都决不屈服！"玛丽在心里对自己说。

1891 年，玛丽朝思暮想的这一天终于到来了。姐姐在巴黎扎了根，可以让玛丽来巴黎圆那个大学梦想了。

居里夫人

9 月，玛丽进入索尔本大学（后来的巴黎大学）理学院物理系。等待了 8 年的机会，玛丽倍加珍惜。她疯狂般地学习，加上经济条件约束而营养不良，以致于身体经常会出现不适。所有的同学和教授都对这个痴迷于学习的女孩子感到惊讶。进入大学两年后，玛丽以第一名的成绩拿到了物理学学士学位。第二年又拿到数学学士学位。

1894 年，玛丽接受了关于各种钢铁磁性的科研项目。这个项目是有偿的，有利于玛丽继续留在巴黎深造。实验所需，玛丽要用到皮埃尔·居里的实验室，而居里因为两项发明成果已经是有名的科学家了。这是一次偶然造就的邂逅，却成就了科学史上最浪漫的佳话。

伟大的人之所以伟大，是因为他们的确很伟大。玛丽和居里会走到一起，并不是因为他们性格相匹配，也不是因为星座或者别的什么，而是他们有共同的伟大的理想："用科学造福人类"。1895 年，玛丽和皮埃尔结婚，玛丽亚·

斯克沃多夫斯卡成为了居里夫人。

1896年,科学界有人发现了放射性元素铀。这个领域引起了居里夫人的兴趣,她便决定了自己的研究方向:放射性元素。这一年,居里夫人通过了大学入职考试,成为索尔本大学历史上的第一位女讲师。

居里夫妇不但是生活伴侣还是工作伙伴。1898年,居里夫妇在研究铀矿石时发现,这种矿石的放射性要比里面含铀量所具有的放射性大得多。据此,他们推断,这种矿石里一定含有某种或者某几种不为人所知的放射性元素。

这年7月,居里夫妇提交论文《论沥青铀矿中一种放射性新物质》,说明发现一种放射性比铀强四百倍的新元素,居里夫人建议以她的祖国的名字波兰构造新元素的名称为钋。同年12月,居里夫妇又提交论文《论沥青铀矿中含有一种放射性很强的新物质》,阐述又发现新元素,放射性比铀强百万倍,并命名为镭(镭的词根就含有放射的意思)。

为了进一步证明镭的存在,居里夫妇开始了提取纯镭的研究。1902年,居里夫妇经过漫长的历程,终于从数吨沥青残渣中提取到氯化镭0.1克,这个过程他们经历了三年零九个月,三万多个小时的艰辛!

1903年,瑞典科学院诺贝尔奖金委员会将诺贝尔物理学奖授予居里夫妇,奖励他们在放射性元素方面做出的突出贡献。

1906年,39岁的居里夫人面临人生的一次重大打击,已经是法兰西科学院院士的皮埃尔·居里因车祸不幸逝世。

这段经历后来被电影演绎,一生清苦的居里忽然获得诺贝尔奖,决定去买一枚戒指给妻子,感谢妻子多年来对自己的支持和帮助。买到戒指的皮埃尔兴奋之余忘记看路,被飞驰的车撞倒身亡。这样的演绎表现出了居里夫妇相敬如宾,也表现出了他们献身科学的清贫生活。的确,居里夫妇的生活并不富裕,刚结婚的时候,家里只有两张椅子,来个客人都没有地方坐。居里夫人这样安慰丈夫:"没关系,客人没地方坐就会来的时间短一点,我们岂不是会有更多的时间用来实验?"

从小坚强的玛丽,如今的居里夫人从失去丈夫的痛苦中挣脱,继续自己和丈夫的工作。他们只是提取到了氯化镭,下一步的工作是得到纯镭。1907年,居里夫人提纯氯化镭,走出了得到纯镭的第一步。1910年,时年42岁的居里夫人终于通过化学提炼得到纯镭。

1911年12月,瑞典科学院诺贝尔奖金委员会宣布本年度化学奖授予玛丽·居里,以奖励她发现镭、钋元素的化学性质,推进了化学研究。

1914年,第一次世界大战爆发。居里夫人开始致力于将放射性元素运用于医疗,培训大批战地医生学习使用X射线照相技术。居里夫人还致力于下一代的培养，她组织了一批诺贝尔获奖者举办儿童学习班，从这个学习班走出了十几位诺贝尔奖得主。她自己的女儿伊雷娜·居里就是其中杰出的一位。

1935年，伊雷娜·居里和丈夫获得了诺贝尔奖，可惜，这时候他们伟大的母亲已经看不到了。因长期接触放射性物质而导致身体严重受损，1934年，玛丽·居里因恶性贫血逝世。

影响和评价

居里夫人不但是伟大的科学家，其高尚品格也为世人称道。在发现镭时，按照当时的惯例，发现者可以以自己的名字命名新元素，但是居里夫妇放弃了这个名垂千古的机会，他们认为这个发现属于全人类。居里夫人一生得奖无数，但她却是"没有被荣誉压倒的少数几个人之一"。

只有站在同样的高度，人的评价才会最中肯。没有什么比她生前好友爱因斯坦对她的评价更令人信服。

"在像居里夫人这样一位崇高人物结束她的一生的时候，我们不要仅仅满足于回忆她的工作成果对人类做出的贡献。第一流的人物对于时代和历史进程的意义，在其道德品质方面，也许比单纯的才智成就方面还要大，即使是后者，它们取决于品格的程度，也许超过通常所认为的那样。

……

她一生中最伟大的科学功绩—证明放射性元素的存在并把它们分离出来。之所以能取得，不仅是靠着大胆的直觉，而且也靠着难以想象的在极端困难情况下工作的热忱和顽强，那样的困难，在实验科学的历史中是罕见的。

居里夫人的品德力量和热忱，哪怕只有一小部分存在于欧洲的知识分子中间，欧洲就会面临一个比较光明的未来。"

爱因斯坦

——经典物理学的颠覆者与现代物理学的创建者

性别：男　　**国籍**：美国　　**生卒年月**：1879 年～1955 年
入选理由：人类史上最伟大科学家之一，人类智慧的代言人。
经典语录：学习知识要善于思考，思考，再思考。

人物简介

阿尔伯特·爱因斯坦（Albert Einstein），德裔美国科学家。他为近代走入瓶颈的物理学开辟了新的天地，颠覆了以往人类对于物质和能量的观念，将人类带到了视觉无法企及的微观和宏观世界。他所创立的相对论是现代物理学的基础，也是人类揭示宏观宇宙现象与微观粒子现象的理论依据。

生　平

爱因斯坦出生于德国乌尔姆一个犹太人家庭。当时的德国还没有像后来那样对待犹太人，一家人过得还算幸福。爱因斯坦从小就聪明过人，而且对数学有着惊人的天赋。12 岁时，他就开始接触欧几里得几何学和微积分学。到了 16 岁，爱因斯坦已经自学完微积分学。

爱因斯坦 15 岁时，父母迁往意大利，他独自一人在德国上中学。按照当时的德国法律，到 17 岁仍然持有德国国籍的男子都有服兵役的义务。眼看年龄接近，厌恶战争的爱因斯坦开始开动聪明的大脑，想方设法要在 17 岁之前离开德国。最终，他成功被校方勒令退学。当他只身一人来到意大利找到父母的时候，父母被他的举动震惊了。

16 岁时，爱因斯坦报考瑞士联邦工业大学，被批阅考卷的物理学家韦伯一眼相中。韦伯对这个年轻人的才气和聪明赞赏有加，勉励他不要太腼腆，要善于表现自己。爱因斯坦确实很不会表现自己，但是他也不愿意改变。他最大的愿望就是找个角落做自己的研究，世界上不要有人打扰他，他也不去打扰别人。爱因斯坦不善表现的天性在韦伯看来是个"很大的缺点"，但对于崇尚谦虚礼让的中国来说，这也许恰恰是爱伊斯坦在中国拥有庞大拥趸的原因之一。

大学毕业后，爱因斯坦成为专利局的一名普通员工，这和他后来的科学成就好像风马牛不相及。但是，细心的爱因斯坦在专利局注视着物理界的进展，他将世界物理前沿的成就和自己的想法加以对照，继而提出自己的观点。

1905年，爱因斯坦提出光子的假设，解释了光电效应，并因此获得了1921年的诺贝尔物理学奖。

从大学开始，爱因斯坦一直学习物理。而物理的几个大的分支：力学、电学和磁学，各有各的理论体系，基本可以算作不同的学科。而这几门学科，对同一个问题有不同的解释。

光是什么？以牛顿为代表的力学科学家坚持认为光是一种以直线传播的粒子束；而以麦克斯韦为代表的电磁学家们坚持认为光是一种电磁波。两种解释似乎都能说得过去，而且在各自的理论下都证实了一部分实验和现实物理现象，让人无法判断哪种理论才是对的。两种观点针锋相对，谁也无法真正打败谁。

在爱因斯坦的时代，牛顿力学所持的"粒子说"占了上风，而且有一统物理学天下的趋势。但是，爱因斯坦看到了牛顿力学的致命弱点，那就是牛顿力学建立的前提条件：一个绝对空间。牛顿力学正是在一个所谓的绝对空间里来研究物体之间相互运动关系的学科。由于牛顿力学一直以来被证实是正确的，因此没有人怀疑过它的理论基础。但是，爱因斯坦怀疑了：这个绝对空间真的存在么？

经过长时间的努力，爱因斯坦在1905年发表了著名的论文《论动体的电动力学》，给出了狭义相

爱因斯坦

论的基本概念。他秉承了力学中相对性原理并舍弃了所谓的绝对性时空的概念，结合电磁学中光速不变理论，提出了一套新的、让当时学界无法理解的理论。

这篇著名的论文一开始没有人看得懂，爱因斯坦甚至拿不到一个编外讲师的位子。但是，他的创新理论还是在科学家们中间引起了不小反响。1908年，爱因斯坦成为伯尔尼大学的编外讲师，次年成为教授。1913年，对爱因斯坦理论推崇有加的德国物理学家普朗克邀请爱因斯坦担任新成立的威廉皇帝物理研究所所长和柏林洪堡大学教授。

在此期间，爱因斯坦不断地改进和完整自己的理论。1915年，以爱因斯坦的四篇论文发表为标志，相对论体系正式建立。在相对论体系里，爱因斯坦提出牛顿力学和麦克斯韦电学都服从狭义相对论。牛顿力学只是物体在远远低于光速运动时的一种近似。

相对论中提出的另一个重要观点，质能互变原理（$E=mc^2$），为原子能的开发利用提供了可靠的依据。

此后，爱因斯坦一直致力于将相对论从引力场引进电磁场，建立统一场论，并为此付出了一生的努力。后期，他认为目前的数学不足以为建立统一场论提供有效的计算工具，转而研究数学，希望可以通过自己的努力找到一条数学途径，解决统一场论的问题。直到逝世，爱因斯坦都在为这个问题努力着。

爱因斯坦不仅是位伟大的科学家，还是一位彻底的和平主义者。他出生在一战前的德国，却没有被军国主义所影响。为了逃避打仗，他16岁就跑到意大利。1914年，身为柏林洪堡大学教授而居住在德国的爱因斯坦，高声抗议德国发动第一次世界大战，并在反战的《告欧洲人民书》上签字，令世界震动。他也因此成为德国政府仇恨的对象。

1917年，俄国苏维埃社会主义革命胜利，爱因斯坦兴奋地称之为"人民的胜利"。

希特勒上台之后，眼看战争不能避免，因为种族迫害而背井离乡、远赴美国的爱因斯坦，呼吁全世界人民站起来对抗法西斯。他还建议美国政府抓紧时间研制原子弹，他认为，一旦法西斯掌握了这种武器，后果不堪设想。

但是后来，美国在广岛、长崎投放原子弹杀伤了很多平民，爱因斯坦很是自责，并且公开向人们致歉，他说："我们这些将此种巨大力量解放的科学家们，对于一切事物都要优先负起责任，必须限制原子能，绝对不能用来杀害全人类，而是用来增进人类的幸福。"

爱因斯坦是位彻底的世界公民，他不为哪一方势力摇旗呐喊，也不因为自己是哪国人或者什么种族而有所偏向。他呼吁和平，只要是为和平、为自由而努力的人他都支持，哪怕对方和自己毫无关系；他憎恨战争，只要是挑起战争的人他都批判，哪怕对方是自己的祖国。爱因斯坦曾经因为反战甚至遭到枪击。他对自身的认识也很清楚，当犹太人建立以色列时，曾邀请他出任第二任总统，爱因斯坦委婉拒绝，他说："关于自然，我了解一点；关于人，我几乎一点也不了解。"

在当地时间1955年4月18日1时25分，爱因斯坦在普林斯顿大学医院去世。根据他身前遗嘱，骨灰被撒在不为人知的地方，不发讣告，不建墓，不立碑。但是，爱因斯坦的大脑并没有被火化，这颗代表人类智慧的大脑被永远留存在世，供后人瞻仰。

影响和评价

作为科学家的爱因斯坦，他的历史地位是不容置疑的。他开创了物理学的新天地，解释了大到宇宙、小到原子的一切物理现象的规律，并把它们统一起来。当时就有人称赞他的理论是"人类历史上最伟大的思想成就之一"，"自从牛顿时代以来所取得的关于万有引力理论的最重大的成果"。

作为一个和平战士，爱因斯坦同样在世界上起到了不可忽视的作用。他曾因为反战成为几个国家的"公敌"，也曾因为爱好和平而成为更多国家和人民的朋友。1999年，他被美国《时代周刊》评为"世纪伟人"，2009年，他被瑞典皇家学院评为三位"诺贝尔奖设立以来最有影响力的获奖者"之一。除了爱因斯坦，其他两位均是和平奖得主。

"我们全都获益匪浅，
全世界都感谢他的教诲；
那专属他个人的东西，
早已传遍广大人群。
他像行将陨灭的彗星，光华四射，
把无限的光芒同他的光芒永相结合。"

毕加索
——现代艺术抽象派的创始人

性别：男　　**国籍**：西班牙　　**生卒年月**：1881年~1973年
入选理由：现代艺术抽象派的创始人。
经典语录：美术是揭示真理的谎言。

人物简介

毕加索，西班牙画家、雕塑家，法国共产党党员，是现代艺术抽象派的创始人，西方现代派绘画的主要代表，和乔治·布拉克同为立体主义的创始者。他是西班牙人，自幼有非凡的艺术才能，又曾在美术学院接受过比较严格的绘画训练，具有坚实的造型能力。毕加索是少数能在生前"名利双收"的画家之一。毕加索作为法国现代画派的主要代表，是一位最富有创造性的艺术家。20世纪的艺术家，特别是西方艺术家，几乎没有未受过他的影响的。

生　平

毕加索很小时就表现出了艺术的天分。在3岁时，有一次他哭着要大人给他一样东西，在大人们还听不懂他的意思时，他抓了父亲的铅笔，在纸上画了个螺旋形的东西，成为毕加索的第一幅"作品"，那就是热甜饼。一个孩童，竟懂得如何用图纸表达自己想吃糖饼的愿望，简直是个奇迹。

虽然毕加索小时候对于画画显示出了天才，但是在学习上却是个白痴。在学校，上课对于他来讲就是一种煎熬，他听课时总是不能集中注意力，思想总是在稀奇古怪的幻想天地里遨游。上了两年学，还没学会简单的算术，更谈不上读书了。毕加索后来回顾道："一加一等于二，二加一等于几？我脑子里根本就没去想。切莫认为我未作努力，我当时也拼命想集中自己的注意力，可就是办不到。"毕加索总也打不起精神读书，作业也马虎应付，假也是百请不烦，考试即使让他作弊，也还是不及格。

1897年，毕加索进入马德里的皇家圣费南多美术学院就读，正式开始了艺术生涯。可是,毕加索对学校教育感到失望,他受不了那里的空洞、教条和死气沉沉,除了去学校的画室,他几乎放弃了所有课程。他经常去的地方是马德里最著名的普拉多美术馆,观赏和品位许多美术作品,从中汲取养分、获得灵感。在这期间,毕加索创作了油画作品《科学与慈善》,获马德里全国美展荣誉奖。

后来,毕加索来到法国巴黎学习艺术。在这个色彩缤纷的世界里,毕加索举目无亲,言语不通,但他始终抱着"我不寻找,我只找到"的态度来面对各种困难。他发誓:"除了适应环境之外别无选择,做你所能做的,因为上帝已经安排好了一切。"

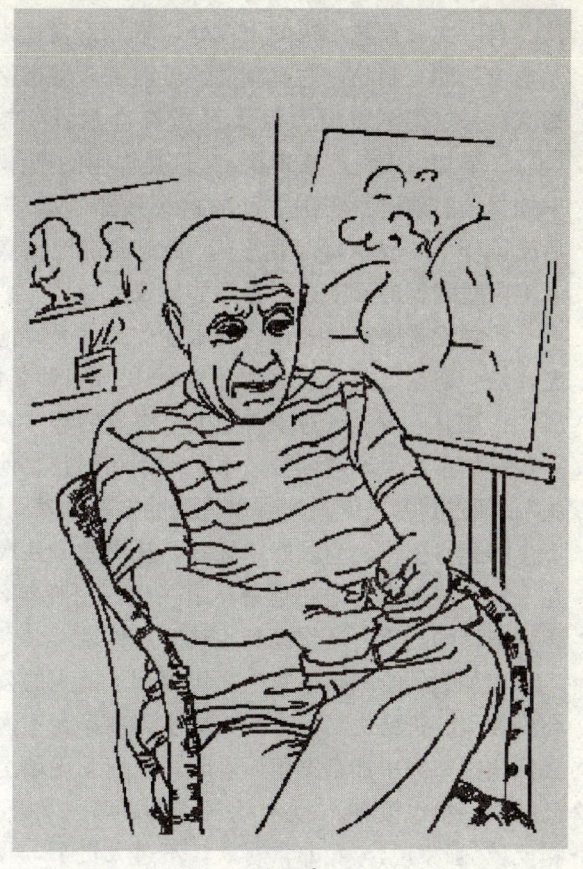

毕加索

毕加索的生活很贫困,他与诗人雅各布同住,两人只有一张床、一顶礼帽,只好轮流使用。白天,雅各布上班,他则睡觉;晚上,他作画,雅各布睡觉。不过,功夫不负有心人,经过数年的奔波和求索,毕加索终于功成名就,开创了立体主义画派。毕加索的画作没有固定的程式,而且花样繁多,或激昂或狂躁,或可亲或可憎,或诚挚或装假,变化无常不可捉摸,但他永远忠于的是自由。毕加索以惊人的坦诚之心和天真无邪的创造力,以完全彻底的自由任意重造世界,随心所欲地行使他的威力。

不过,毕加索的画作并不为所有人所接受。有一次,他和一位美国士兵谈起了绘画。士兵坦率地告诉毕加索,他不喜欢现代画,因为它们不真实,毕加索听后没说什么。几分钟后,这位士兵拿出他女朋友的照片来给毕加索看,毕加索拿在手里故作惊讶地说:"天啊,难道她就这么一点点大吗?"

毕加索毕生反对侵略战争,维护世界和平。第二次世界大战期间,德国的将领和士兵经常出入巴黎的毕加索艺术馆,这些不速之客都受到了冷淡的接待。有一次，在艺术馆的出口处，毕加索发给每个德国军人一幅他的名画《格尔尼卡》的复制品，这幅画描绘了西班牙城市格尔尼卡遭到德军飞机轰炸后的惨状。一位德军盖世太保头目指着这幅画问毕加索："这是您的杰作吗？""不，"毕加索面色严峻地说，"这是你们的杰作！"1950年，朝鲜战争爆发时，毕加索愤怒地谴责美国发动的这场残酷的战争。他创作了《在朝鲜的残杀》，后又创作了《战争》、《和平》，非常尖锐地揭露了西方帝国主义的侵略本性，对美国对朝鲜的干涉进行强烈的抗议。

毕加索曾屡次被冠以"魔术师"的称号，他敏锐的感受力和变幻无穷的想象，给一切在普通人看来很平常的东西一种新的生命力，使人们想起新的世界。正如有人所说，对于普通人是终点的地方，对毕加索则成了起点。

毕加索一生勤奋刻苦，不断探索和创新，他给自己定下的原则是"画，再画"。他走到哪里就画到哪里，到朋友家作客，有时竟画得满墙都是。他习惯于夜间通宵工作，为画好一幅画，几次、十几次易稿，同一主题的画有时连画几十幅。毕加索为他的画奋斗了一生，在晚年，毕加索仍然孜孜不倦的工作，直到逝世的当天，还作画到凌晨3点钟。

毕加索的绘画在他有生之年得到了世人的公认，所作的画已被收藏家们以高价收买。价格之高，令常人怯步，连作者本人也买不起了。一天，一些好友来到法国南部毕加索家里做客时，他们发现墙上挂着的全是别人的作品，他自己的倒一幅也没有。"为什么？"有人问，"你不喜欢自己的画？""不是，恰好相反，"画家说，"我非常喜欢，不过太贵了，我买不起。"

如同毕加索那充满激情和冲动的艺术作品一般，他的婚恋生活也是十分丰富而又放荡的。他的艺术作品与女人题材相关甚多，有《三舞女》、《在红色椅子熟睡的女人》、《玩球的浴女》、《公鸡》等。早熟的毕加索还未满13岁就为自己找了个"小爱人"，15岁就进入色情表演场所，产生了对女人既恐惧又渴望征服的复杂心态。在他一生中，同两位女人结过婚，与五位女子同居，还有一些露水情人。他临死前的最后遗言是："结婚有好处。"可以说，毕加索一生的创作无不是在异性给予的灵感中进行的，似乎一旦得到了女人的溺爱，毕加索就能把自己的潜能奇妙地通过绘画发挥出来。毕加索一生"阅"女人无数，每个女人都能给他带来一次画风的改变。情深意浓时，他能让身边的女人在画中魅力四射；关系恶化时，他又会让她们丑陋无比，甚至把她们变成形象可怕的怪物。

"到头来，一切都返璞归真。腹中的太阳万道光芒，其余都是子虚乌有。"毕加索曾这样说。1973年，毕加索走完了93岁的漫长生涯。

影响和评价

　　毕加索是20世纪现代艺术的主要代表人物之一，他是位多产画家。据统计，他的作品总计近37000件，包括：油画1885幅，素描7089幅，版画20000幅，平版画6121幅。毕加索毕生致力于绘画革新，利用西方现代哲学、心理学、自然科学的成果，并吸收民族民间艺术的营养，创造出了很有表现感的艺术语言；他的极端变形和夸张的艺术手法，在表现畸形的社会和扭曲的人与人之间的关系方面有独特的力量。毕加索的艺术和生活都充满了传奇色彩，他以富有创造性的艺术，数量惊人的作品，多样化的风格和强烈的情感，给各国艺术家以深远的影响。

戴尔·卡耐基
——成人教育与成功学之父

性别：男　　**国籍**：美国　　**生卒年月**：1888年～1955年

入选理由：美国著名的人际关系学大师，西方现代人际关系教育的奠基人，被誉为是20世纪最伟大的心灵导师。

经典语录：要是一个人，能充满信心的朝他理想的方向去做，下定决心过他想过的生活，他就一定会得到意外的成功。

人物简介

戴尔·卡耐基（Dale Carnegie，又译作戴尔·卡内基），美国现代成人教育之父、人性教父、人际关系学鼻祖，美国著名的心理学家和人际关系学家，20世纪最伟大的成功学大师。他创立的人际关系教育机构，以他个人的理念为基础，影响了数千万社会各个阶层的人士。无数人的命运因他而改变。

生　平

1888年，卡耐基出生于美国密苏里州，阶级成分是贫农。父母亲都是老实巴交的农民，收拾自己的农场和抚养孩子成为他们一生的目的。卡耐基小时候就要一边上学一边帮家里干活。

儿时的卡耐基很淘气，经常和学校里的小伙伴打架。小卡耐基也有很多稀奇古怪的想法，但是和一般的小男孩不一样的是，他不会想到去池塘里抓青蛙，也不会想把山羊赶下悬崖。他经常会莫名其妙的忧郁，有一些莫名其妙的担心，比如害怕自己被天打雷劈，害怕今年收成不好，会不会被饿死等等。

这些想法表现出了卡耐基年轻时内心的脆弱，后来到了年长些的时候，这种情况也丝毫没有改变。他依旧什么都担心，看到别人的笑脸都会怀疑别人是不是在嘲笑自己衣着不太得体。

虽然很害怕，有时候甚至会被自己的想法吓哭，但是卡耐基很会总结。在一年又一年自己居然没有饿死也没被雷劈死之后，卡耐基总结出原来自己担心的事情99％的情况下是不会发生的。

卡耐基的母亲是一位善良的基督教徒,她对卡耐基的期望是能成为一位牧师或者教员。这是一份崇高而又很有前途的职业,为着这样的目标,母亲每时每刻都在教育自己的孩子。当卡耐基在学校受欺负的时候,母亲总是激励他:"为什么你不让自己变得更加优秀,使得别人对你敬佩起来,而不是嘲笑?"

胆小敏感的小卡耐基在母亲的教育之下,渐渐变得胆大。他开始接受母亲的价值观,"为什么不让自己变得更加优秀?"这句话一生都萦绕在卡耐基的耳边。

1904年,卡耐基进入密苏里州华伦斯堡州立师范学院。他每天从家里骑马去上学。倒退几百年回到中世纪,骑马上学也许是件很拉风的事情,会引来众多美女尖叫,市民侧目。但对于卡内基来说,他并不是想出什么风头,而是面临着一件很严峻的问题:他付不起学校所在地高昂的生活费。贫农出身的卡耐基尽量地节省开销。卡耐基努力学习拿全额奖学金,到处打工赚钱补贴生活,尽管如此他依旧是处在学校最底层、受到其他学生鄙夷的那个穷学生。

在母亲的教育下,卡耐基已经不再害怕问题,他想的是如何解决问题。"让自己变得更加优秀,把别人的嘲笑变成崇拜",卡耐基每天在学校里都会想起这句话。在那个年代的美国学校,有两种人最受追捧,其一是学校的棒球明星,其二是演讲比赛获奖者。卡耐基看看自己营养不良的小身板,综合考虑再三,他选择了演讲比赛。

古人说:"江山易改,禀性难移。"毕竟人的性格始于天生,要想改变的确很难。别人随便瞥他一眼就会思前想后的卡耐基,要想站在演讲台上面对黑压压的观众和评委崭露头角,难度之大可想而知。果不其然,卡耐基

戴尔·卡耐基

遭遇十二连败，有时他上台之后紧张到忘记自己为什么会站在这里。

残酷的打击让卡耐基想死的心都有了，幸亏他身边没有什么大规模杀伤性武器。他后来回忆说："虽然我没有找出旧猎枪和与之相类似的致命东西来，但当时我的确想到过自杀……"

苦心人，天不负。1906年，经过千锤百炼的卡耐基找到了适合自己的演讲题目《童年的记忆》，借此题目一举获得了勒伯第青年演说家奖。这次获奖极大地鼓舞了青年卡耐基的信心，从此一发不可收拾。他还把演讲从校内扩展到校外，扩大自己的影响力。卡耐基成为了学校的风云人物，虽然还没有脱贫致富，但受到了全校师生的喜爱和尊敬。卡耐基第一次尝到了成功带来的丰厚回报。

毕业后，卡耐基没有成为母亲期望的人，为了生活，他做了很多职业：教师、演员、推销等等。他频繁的换工作想寻找适合自己的那片天地，但是始终无法得遂心愿，卡耐基又陷入了困惑中。卡耐基不甘就此沉沦，他一直在找寻。他始终无法忘怀上学时曾得到的荣誉光环和受人尊敬的感受，卡耐基喜欢那种感觉，他不甘心放弃这一切去做一个小小的销售员。

一天，卡耐基像往常一样郁郁不乐地做着推销工作。他遇到了一位不寻常的客户，一个满头白发的老人。老人告诉卡耐基，他年轻的时候曾梦想做个汽车设计师，但没能实现，现在来买汽车只是变相的完成一下自己一生的梦想。

卡耐基像饥饿找到了面包似的，被老人的话吸引。他将自己的困惑告诉老人，老人告诉他："你为什么要为一个你不关心又不能付你高薪的公司卖命呢？""你的职业应该是能使你感兴趣，并发挥才能的。"

卡耐基茅塞顿开，立马想到了自己在学校时演讲得来的成就。他辞掉工作，去夜大做老师，希望通过这样的方式来实现自己的演讲才能。他讲课都是从自身的成长经历出发，生动而又丰富，受到广泛的欢迎。

从此，卡耐基探索出了一条适合自己的成功之路。而他推心置腹的交流般演讲风格更使得他拥有众多听众；与学生之间的交流又让他积累更丰富的演讲和生活经验。天生敏感的卡耐基终于把自己的性格与所从事的行业联系了起来。他从来源众多的信息中汲取营养，归纳总结，得出一整套待人接物、顺逆心态、与人交流等各方面的知识，形成一个新的知识体系：成功学。

1936年，卡耐基的作品《人性的弱点和美好的人生》（后分成《人性的弱点》与《美好的人生》两本书分开发行）出版，这本书使得卡耐基名声大噪。卡耐基开办的培训学校也在世界各地生根发芽。

卡耐基在课堂上从来不用"讲课"而是用"交流"，将自己和学员放在平等的地位。他不仅这样说，也是这样做的。很多有质疑的人专程来找他，结果常常都被卡耐基留下耐心地"交流"。

当卡耐基的学校有了规模之后，他就不再满足。他利用广告在更大范围发挥自己的作用。"有效的谈话技巧将丰富你的收入"、"戴尔·卡耐基先生无疑创造了出版业的一项纪录"，这些富有诱惑力的广告无疑增加了卡耐基的公众形象效应。

后来卡耐基又陆续出版了《人性的优点》、《快乐的人生》、《伟大的人物》、《友谊的秘密》和《人性的光辉》、《卡耐基人际关系学》等书籍。这些书和卡耐基的培训学校把个人在事业道路上的作用启发到新的高度。全世界的人都开始学习卡耐基的理论，每个人都重新省视自己。无数人看过他的著作或听过他的课后发现自己原来很强，更多的人因为他的一句话改变了自己的命运，其中不乏佼佼者，如发明大王爱迪生、"米老鼠之父"华特·迪士尼、"石油大亨"洛克菲勒、台塑创始人王永庆等等。

《影响力的本质》出版，卡耐基达到事业的顶峰，这本书让他在那个经济萧条的年代变得家喻户晓。"尽管经济萧条是一个很可怕的年代，然而我正是因为这本书而增强了生活的信心生存下来的。"一个读者这样说到。一本书能达到这样的效用，让上帝都惊叹。

到19世纪40年代，卡耐基在全球拥有1700家教育机构，身价以千万美元计。乡下穷小子的成功之路，让很多人羡慕，也让更多人相信他真的可以让自己成功。

1955年，戴尔·卡耐基逝世。这个生下来一无所有的乡下小子，死后却留下了千万财富、多本畅销书以及全世界1700家培训机构。

影响和评价

卡耐基留给后人的不仅仅是那一千多所培训机构，更是无尽的精神财富。据统计，他的著作中，单是《人性的弱点》一本，就被译成60个国家的文字，销量有九千余万册。每一分钟都有人在读卡耐基，每一分钟都有人因他而改变。《人性的弱点》被誉为人际交流的"圣经"。

卡耐基告诉每个人成功的途径，他给每个人自信。卡耐基的著作指导了万千读者，给他们勇气，给他们力量，让每个人重新审视、评价自己，让他们看到成功并不遥远，从而改变自己，开创自己的新生。他是美国梦的忠实实践者，也是最伟大的传播者。正如《纽约时报》对他的评价那样："除了自由女神，卡耐基或许就是美国的象征。"

卓别林

——世界影史上的喜剧之王

性别：男　　**国籍**：英国　　**生卒年月**：1889 年～1977 年
入选理由：默片时代的王者，世界电影史上最伟大的电影演员之一，当之无愧的喜剧之王。
经典语录：无论天资有多高，他仍然需要学会技巧去发挥那些天资。

人物简介

查尔斯·斯宾塞·卓别林（Charles Spencer Chaplin），英国喜剧演员、导演、制片人、剧作家。卓别林自幼丧父，青少年时期在剧团打杂和做临时演员，后在美国好莱坞发展，成为一代喜剧明星。他擅长塑造小人物，以社会底层人物的悲欢离合来反映世间冷暖、世态炎凉。他赋予了喜剧新的内涵，奠定了现代喜剧片的基础。

生　平

1889 年 4 月是个奇怪的月份，在这个月里，有两个婴儿来到世界上，一个是后来德国纳粹党魁希特勒，另一个是喜剧之王卓别林。一个人的出生给世界带来了无尽的战争伤痛，另一个人却给这个世界带来无尽的欢笑；一个创造了世间悲剧，另一个却缔造了荧幕喜剧。

卓别林出生在一个演员家庭，父母都是剧场演员。在中国古代，戏子属于下九流职业。对于远在英国的卓别林一家人来说，情况也好不到哪里。剧场演员收入微薄，生活不稳定，人员鱼龙混杂，乌烟瘴气。卓别林的父母在他生下来之后就两地分居，想照一张全家福对卓别林来说都是件很困难的事。根据卓别林儿时生活状况来说，卓别林的母亲似乎也算不上是一位合格的母亲，她甚至数不清自己有几个孩子。卓别林的父亲就更离谱了，他生活中全部的事情除了演出就是喝酒，卓别林一生也没见过父亲几次。

在这样的情况下，卓别林不可能受到良好的教育。他 5 岁就登台演出，为家里创造收益。剧场这个人生小舞台成为卓别林了解社会,认识生活的渠道。

1896年,母亲没了工作,后来又患上精神病。卓别林和同母异父的哥哥被送到孤儿院。像卓别林兄弟这样的出身,肯定不会被送去条件优越的地方,能维持哥俩活着就可以感谢上帝了。

于是,卓别林离开了孤儿院,宁愿做一个流浪儿。在以后的十年里,卓别林干过任何他可以从事的职业,报童、佣人、工人,还当过零杂工。当然,他也没忘记自己从小就驾轻就熟的演艺领域,时不时客串个小角色挣点零花钱。没有受过学校教育,又身无长技的卓别林,一辈子就这样过去的可能是非常大的。他在生活中积累的点点滴滴经验也将付诸流水,毫无用武之地。

幸运的是,命运总会有转折点。17岁的时候,卓别林进入了当时比较有名气的卡尔诺剧团。这是一个哑剧剧团,团长卡诺尔极具表演天赋,是整个剧团的灵魂。卓别林一边在剧团表演,一边

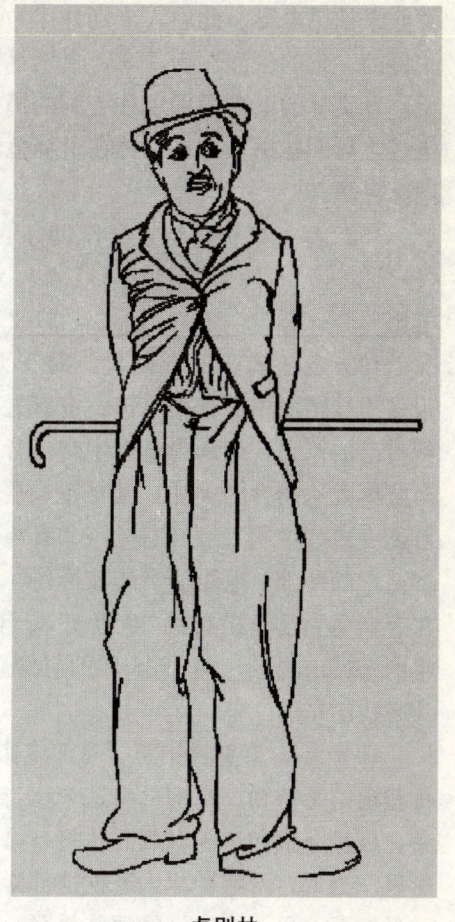

卓别林

细心学习卡诺尔的表演技巧。通过自己的努力和卡诺尔的指导,很快卓别林就成了剧团里举足轻重的角色。

与生俱来的表演天赋、十几年社会底层的生活经历、卡诺尔剧团的历练,卓别林已经为自己的星路做好了准备,只等命运之神的垂青。

1912年,卓别林随团到美国巡回演出。导演迈克·塞纳特一眼相中了这个颇具才华的年轻人,并把他收归自己门下。但是,卓别林和塞纳特对表演的意见相左,初入行业的卓别林只能听从老板的安排,但是心里很是不情愿。从1914年到1917年,卓别林先后辗转几家电影公司,这段时间内,他拍摄的夏尔洛短片不下五十部。卓别林凭借这一系列短片奠定了自己喜剧明星的地位。那个经典的流浪汉形象已经深入人心:高高的礼貌,一撮小胡子,紧凑的礼服,细长的文明棍,宽大的裤子和标志性的大头靴。

1918年,卓别林自己的电影制片厂建成。从此,卓别林可以按照自己的

意愿来拍摄电影。此后,卓别林作为喜剧大师的才华才真正展现出来。以当年拍摄的《狗的生涯》为代表,卓别林电影进入黄金时代。也正是从这部影片开始,卓别林的电影挥别以往空洞的搞笑手法,以发人深省的故事情节,让人在笑过之后回味深长。卓别林在世界范围内一举成名,成为真正意义上的第一个国际巨星。

1923年,卓别林与人合作创办联美电影公司。在联美公司卓别林拍摄了《巴黎女人》、《淘金记》、《马戏团》、《城市之光》、《摩登时代》等一批优秀的电影。

1927年,有声电影面世,对于无声电影工作者来说这是个致命的挑战。很多演员转而拍摄有声电影,也有人因不能适应而退出这个舞台。卓别林则坚持自己的原则,他认为电影中有声音固然是好事,但是声音的存在影响了人们对肢体表达能力的关注,演员也会降低自己对肢体表演的要求,"演戏"最终可能变成"说戏"。卓别林说:"有声电影彻底埋葬了传统的哑剧,而这却是电影艺术的基础。电影演员应该懂得,是镜头在讲述故事,而不是对白。"所以,在有声电影已经横行的20世纪30年代,卓别林还依旧坚持拍摄默片。1931年的《城市之光》和1936年的《摩登时代》是卓别林的经典代表作,也是默片时代的华丽谢幕。

1940年,卓别林拍摄了有声电影《大独裁者》,至今还有很多人记得卓别林塑造的希特勒。卓别林将这个比自己只小四天的"大独裁者"演绎的神形兼备,极具夸张和辛辣讽刺。他将自己全部的反战思想和情绪全部倾泻在这部电影里。据说,希特勒本人还把这部影片看了两遍,不知这位杀人如麻的刽子手看见银幕上另一个自己的那些愚蠢、夸张、霸道的行为作何感想。

由于当时的时代背景和卓别林自己的出身,卓别林电影均取材于当时的社会现象。一部比一部更尖刻地批判资本主义社会唯利是图、毫无人情味的铜臭气,以致于美国政府中有人怀疑他有同情社会主义的倾向。

1946年拍摄的《凡杜尔先生》,卓别林更是借着凡杜尔这个小小的悲剧人物直斥"窃珠者贼窃国者王"的社会现象。

由于卓别林巨大的社会影响力,他的举动遭到美国政府的反对。1952年,拍摄完《舞台生涯》后,卓别林离开美国,本打算回到英国做短暂访问。但是,美国乘机取消了他入境资格,英国也不收留他,一代大师竟然要过流亡生活。最终他在瑞士定居。

随着时间流逝,美国当局不再严格控制卓别林的出入境。1972年,奥斯卡终生成就奖授予卓别林,卓别林携夫人又一次踏上美国国土。在领奖台上,台下无数国际影星和电影工作者以及观众全体起立,对这位伟大的喜剧天才报以长时间的掌声,雷鸣般的掌声回荡在颁奖典礼现场整整五分钟!

1977年圣诞节,卓别林逝世,一代巨星陨落。

影响和评价

查尔斯·斯宾塞·卓别林,人们习惯昵称为查理·卓别林,是默片时代最伟大的演员之一。他塑造的流浪汉形象——怪异的小胡子、鸭子一样的走路姿势、高高的礼帽、紧凑的礼服和肥大的裤子——已经成为喜剧的象征符号。卓别林强调表演在电影中的重要地位,甚至在有声电影来临之后,以一己之固执将默片的寿命延长了十多年。

他的喜剧不是只有肤浅的笑料,很多时候在笑的背后隐藏着发人深省的深刻内涵,这也是卓别林能成为喜剧之王的原因。卓别林曾说:"我是一千倍地更喜欢用一种俏皮的姿态而不愿用粗鄙和庸俗的行为去赢得笑声。"

"他在本世纪为电影艺术做出不可估量的贡献。"——1972年奥斯卡终生成就奖颁奖词。

希特勒
——纳粹党魁和二战祸首

性别：男　　**国籍**：德国　　**生卒年月**：1889年~1945年
入选理由：二战时期德国最高领袖，挑起二次世界大战、危害全世界的人。他将民族主义和国家主义发展到极致，对全人类犯下不可饶恕的罪行。
经典语录：战争是杀戮的艺术。

人物简介

阿道夫·希特勒（Adolf Hitler），是举世公认的二战罪魁祸首。他所领导的纳粹德国在二战时先后占领了十余个国家，整个战争对全世界经济、社会甚至人类发展带来无法弥补的损失。他信奉的极端国家主义和民族主义给以犹太人为代表的世界人民带来了极大灾难。

生平

1889年4月20号，在奥地利的一个叫瓦尔德维特尔的小县城，一对夫妻将迎来他们第四个孩子。前三个孩子相继夭亡的巨大阴影笼罩在这对父母身上，他们对这个新生命的未来感到忐忑不安。幸运的是，这个孩子极为健康地存活下来，并且聪明伶俐。他就是阿道夫·希特勒。

希特勒出生时父亲已经五十多岁，年幼的阿道夫经常成为父亲叙旧后的出气筒。所幸希特勒仍然成绩优秀，他迷恋绘画，并梦想做一个艺术家。应该说这时候的希特勒虽然时常被打的鼻青脸肿，心理还是很积极阳光的。小学毕业后，希特勒没能守住自己的理想，在父亲的高压下，他被送往林茨市的一所六年制中学，并被期望将来能和父亲一样成为公务员。

梦想破灭的艺术青年希特勒在新学校成绩一落千丈，开始有课程不及格。14岁时，父亲去世。失去过三个孩子的母亲对希特勒万分宠爱，从此希特勒失去了约束力，生活随心所欲。他勉强拿到了四年制中学学位就不再读书，父亲的去世让他破灭的艺术家梦想再次燃烧。他不断地画画、听歌剧、参观博物馆，放任自流的生活和年轻的血液让希特勒变得自大狂妄起来，与同样自大的民族主义、国家主义一拍即合，后者被希特勒迅速接受。

接下来的两年多时间里，希特勒一直生活在自己艺术家的梦想中。他畅游艺术之都维也纳，并两次报考维也纳的艺术学院。可惜希特勒自视甚高的艺术天分在这里没有得到承认，希特勒两次均名落孙山。1907年，身患癌症的母亲离世，接着父亲的遗产也被坐吃山空。希特勒开始画明信片和油画度日，竟然也衣食无忧。随着社交圈的扩大，希特勒经常与志同道合者高谈阔论，他与生俱来的演讲天赋让他成为这个圈子的中心。他批判一切造成自己坎坷命运的政策，强烈支持民族主义，艺术青年希特勒蜕变为愤青。

怀揣着大德意志民族的骄傲梦想，1914年一战爆发时，愤青希特勒毅然从军。1919年，德国签字投降，根据《凡尔赛条约》被允许只能有十万人的常备军。鉴于之前曾有过短暂的苏维埃政权，德国政府为防止社会主义思想浸透进这支队伍，筹备了特别委员会，负责将军队中一切可能存在的政治颠覆活动扼杀在摇篮里。希特勒因为在清算苏维埃政权时功勋卓著，成为委员会第一批成员，并为此特地被派往慕尼黑大学学习。在这里，希特勒的演讲天分又一次得到发挥，他在众学员中脱颖而出。

很快，希特勒得到了重要任命：以特务身份调查一个名叫"德国工人党"的小政治团体。这个一开始没有明确政治纲领和政治方向的54人小党派，却积极地讨论着德国国情。这样的场合，希特勒非凡的口才再次得以发挥，很快他被吸收为第五十五位党员。希特勒却有自己的盘算：他要以自己的意

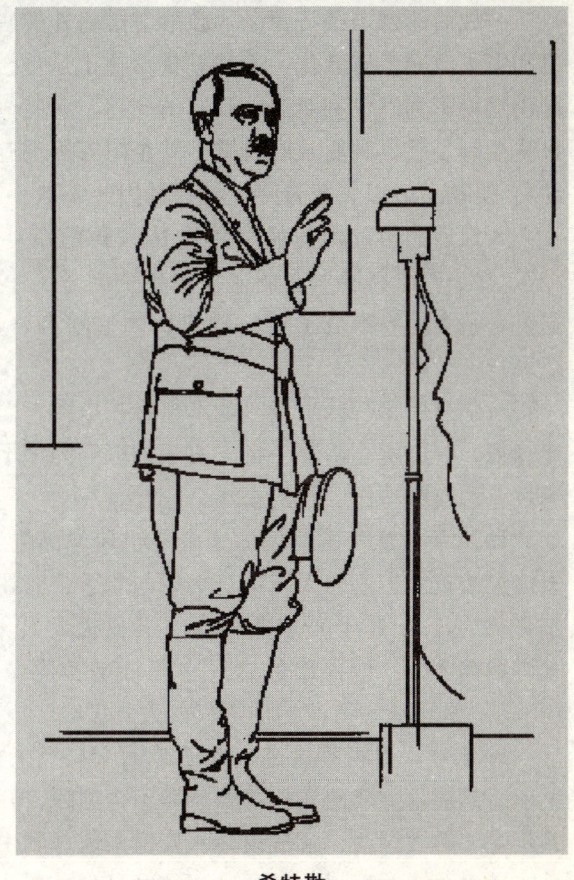

希特勒

志改造这个党，成为自己的政治资本。

希特勒组织各种群众集会，组织游行演讲，利用自己富有煽动性的演说千方百计扩大这个小党派在社会上的影响。不久，希特勒成为党内的宣传部长。相反，当初潜入这个党的真正使命，现在对于希特勒而言已经不重要了。成为党内高层的希特勒立马采取了行动：为迎合当时德国国内盛行的国家主义和社会主义，希特勒和党主席更改党名为"国家社会主义德国工人党"（德文：Nationalsozialismus），中文音译就是"纳粹党"（Nazi）；确定党徽党旗，制定以反犹太主义、国家主义为核心的二十五条党纲，购买《人民观察家报》作为党的机关刊物对外宣传。一时间，纳粹党在德国国内影响迅速扩大。这时，希特勒已经是纳粹党内不可或缺的人物。1921年，希特勒以退出纳粹党为要挟，迫使党同意他成为党的元首。之后，希特勒排除了党内一切异己声音，并且废除党内选举制，确立领袖制度，在党内说一不二。至此，希特勒将原来只会喝酒空谈的"德国工人党"改造成为了政治旗帜鲜明的党派。

一战后的德国经济萧条，政府对国内外的窘迫现象束手无策。加之地方政府和中央政府矛盾激化，希特勒觉得这正是自己夺取政权的好时机。几次鼓动却仍然得不到巴伐利亚当地政府的支持，希特勒铤而走险，于1923年11月8日晚控制了巴伐利亚政府首脑，并企图解散现有政府，史称"慕尼黑啤酒馆暴动"。暴动最后以失败告终，希特勒因此入狱。

入狱后的希特勒开始写作自传《我的奋斗》。这本后来纳粹德国的"圣经"，在当时希特勒所在的监狱里也引起了不小反响。加上希特勒引人入胜的演讲，很多狱警都成了希特勒忠实的追随者，希特勒的监狱生活比监狱长还威风。

八个月后希特勒出狱，他不再锋芒毕露，而是夹在德国上层权力斗争中韬光养晦。一边用心培养一批忠实于纳粹党的才干青年，扩大纳粹党在全国的影响，一边继续写作《我的奋斗》。

1929年，从美国刮起的金融危机风暴席卷全球，刚刚走出战争创伤的德国损失惨重。失业的人民把这一切归罪于政府在一战后签订了赔款辱国的《凡尔赛条约》，归罪于布尔什维克主义和犹太人。希特勒因时而动，再度出山，宣讲纳粹主张。他提出的惠民主张让纳粹党员在三年之内从10万人发展到100万，真正成为有政治话语权的大党派。

1933年，希特勒通过一系列政治交易登上德国总理的宝座，第三帝国诞生了。掌握德国政治实权的希特勒不再韬晦，开始打击反对党、阴谋陷害德国共产党、解散国会、解散议会、安插亲信。到1934年德国总统兴登堡逝世时，希特勒集总统总理于一身，成为德国最高元首，国家政治军事的最高领导。

1934年，希特勒完成对德国的权利攫取后，开始推行其极端民族主义和国家主义，消灭除德国以外的其他国家的狂妄想法已经在他脑海里蠢蠢欲动。作为第一块试金石，希特勒公然违抗《凡尔赛条约》，扩充常备军至30万人。英法等国家只是提出了口头抗议，这让希特勒看到了希望。他越加大胆，他明目张胆的修筑工事，扩充军备，英法等国依然睁一只眼闭一只眼。

1936年至1937年，希特勒和意大利、日本缔结反共产国际条约，轴心国联盟正式形成。有了外交支援的希特勒不再孤独，1938年悍然侵入奥地利，接着吞并捷克斯洛伐克。与此同时，希特勒与英法意三国首脑签订《慕尼黑条约》，麻痹远在战场西边的英法两国。不知希特勒是否精通中国史，但可以确定的是希特勒这招"远交近攻"效果明显。攻占奥捷，希特勒几乎兵不血刃，而英法等欧洲强国也听之任之。

看见英法苏联各自只扫门前雪，希特勒更加肆无忌惮。1939年9月1日，希特勒闪电袭击波兰，一个月之后波兰沦陷；1940年4月，希特勒攻占丹麦挪威；5月攻占荷兰、比利时、卢森堡；6月法国投降。纳粹军旗插遍欧洲大陆。

这时，英法苏等国才如梦方醒，苏联在东线的战争拖住了希特勒继续前进的步伐，在1942年到1943年的斯大林格勒战役中德军惨败。同时，1944年6月6日从著名的诺曼底登陆开始，英法为首的欧洲各国开始反击，德军处在东西包夹的形式之下。闪电战导致的后方空虚的后遗症像癌细胞似的扩散开来，德军迅速崩溃，盟军胜利指日可待！

1945年4月29日，刚过完生日不久的希特勒在总理府地下室的避弹房内饮弹自杀，引发世界大战的恶魔就此结束生命。

影响和评价

希特勒能够成为德国一国独裁者，并不只是靠着他煽动性的演说。一战后的德国民众，强烈的需要得到民族认可，也迫切的希望看到能带领自己的国家走出困境的政治精神领袖。民族主义和国家主义并不是希特勒的创造，他却把它们的作用发挥到极端。

希特勒给世界带来的损失不亚于历史上任何一次瘟疫和战争。公平地说，虽然不能将二战归罪于希特勒一人，但希特勒对大多数在二战中毁灭的国家和罹难者有着不可推卸的责任！仅仅从各国伤亡人数来看，那些长长的数字字符就足以令每个有良知的人心惊胆寒：

苏联 伤亡军人：1300万人 伤亡平民：700万人

英联邦 伤亡军人：45.2万人 伤亡平民：6万人

法国 伤亡军人：25万人 伤亡平民：36万人
德国 伤亡军人：350万人 伤亡平民：380万人
意大利 伤亡军人：33万人 伤亡平民：8万人
波兰 伤亡军人：12万人 伤亡平民：530万人
南斯拉夫 伤亡军人：30万人 伤亡平民：130万人
罗马尼亚 伤亡军人：20万人 伤亡平民：46.5万人
……

"没有谁像他那样毁灭了如此多的生灵，并招来如此大的仇恨。在曾经的追随者看来，他是一个英雄，一个失败的救世主；而在世人眼中，他就是一个疯子，一个政治和军事上彻头彻尾的蠢才，一个不可救药的杀人犯。但是，希特勒远比我们想像的要复杂和矛盾得多。"——传记《希特勒》 作者：约翰·托兰

历史不会忘记。

艾森豪威尔
——二战时盟军最高统帅

性别：男　　**国籍**：美国　　**生卒年月**：1890 年～1969 年
入选理由：出身贫寒的五星上将，战功卓著的美国总统。
经典语录：一个人要有雄心壮志，又不能自高自大目中无人，身强自立是生活的准则。

人物简介

他是美国历史上最著名的将领之一，曾任第二次世界大战时盟军最高司令、北大西洋公约组织最高司令。出身贫寒的他，既是美军历史上晋升最快的五星上将，也是二战中最大战役行动的指挥者。世界历史的舞台上，他还导演了无数传奇，直到今天依然被人们记忆。

生　平

熟悉二战历史的人都知道，发生在 1945 年的诺曼底登陆是人类战争史中永不凋谢的劲枝奇葩，也正是这场人类历史上迄今规模最大的登陆战敲响了纳粹德国的丧钟。艾森豪威尔就是这场战役的总导演。

艾森豪威尔出生在美国德克萨斯州的一个贫苦家庭，收入微薄的父母甚至承担不起他的教育费。对那些不向命运轻易低头的灵魂而言，贫穷困苦就是最好的老师。艾森豪威尔从"生活"这所大学毕业后，就以优异的成绩考到了西点军校。

在西点军校的四年里，艾森豪威尔一直是球场上叱咤风云的人物。在没有硝烟的战场上，他奋力拼杀，勇猛无敌，就像一个来自希腊神话里的英雄，一次次打败劲敌。可是好景不长，1912 年底的一场球赛中，艾森豪威尔严重受伤。因为这次受伤，美国少了一位橄榄球健将，人类历史却因此多了一位传奇人物！

随着欧洲战云日益密布，艾森豪威尔很快忘记了忧伤。第一次世界大战爆发在即,他渴望着在战场上延续自己在球场的辉煌,渴望着接受战火的洗礼。然而,人生不如意事常八九,其他人都被派往前方参战,唯独他被要求留在国内从事训练工作。是金子总会发光,是天才总会找到成长的土壤。在训练工作中的出色表现让他很快晋升为军官,并且被推荐到陆军指挥参谋学院和陆军军事学院学习。

俗语说"千里马常有,伯乐不常有",幸运的艾森豪威尔毕业伊始就得到了陆军名将麦克阿瑟的赏识。正如天才总会发现天才一样,天才也同样珍惜天才。麦克阿瑟非常器重他,在菲律宾时还任命艾森豪威尔为军事顾问助理。

1941年底,日本偷袭珍珠港,美国对日本宣战,太平洋战争爆发。远在千里之外的艾

艾森豪威尔

森豪威尔回国任职,几星期后便升为少将。晋升为高级军官的他免不了要和记者打交道。有一次执行战略计划,艾森豪威尔早已知道部署,此时,和他要好的一个记者朋友前来拜访,并向他询问机密,艾森豪威尔问:"我如果告诉你,你能作到守口如瓶吗?"朋友斩钉截铁地说:"我能。""我也能!"艾森豪威尔笑着说。

在马歇尔的举荐下,艾森豪威尔被任命为欧洲美军最高司令,可是在此之前,艾森豪威尔从未实地指挥过作战。然而,伟人之所以伟大就在于他们总是比常人看得更远。马歇尔大胆起用艾森豪威尔是这样,艾森豪威尔在战场上也同样如此。在北非的突尼斯战役中,艾森豪威尔大胆地把美军交给英国人指挥,美国军官反对他的决定,艾森豪威尔说:"在战场上,只要能战胜敌人,其他的事情都不重要……如果有错,我甘愿承担一切后果。"

他的这一举动,不但赢得了突尼斯战役,也大大赢得了英国人的好感,为

在欧洲开辟第二战场创造了可能。这就是战略家的目光——当军人仅仅看到一场战斗的时候,战略家却开始运筹整场战争,他们的胸怀早已超越时间和空间。

由于战绩辉煌,1943年他被任命为盟军远征军最高司令,携手丘吉尔准备实施诺曼底登陆行动。这是他一生中最辉煌的时刻,也是正义与邪恶决战的时刻,这一刻不但关系艾森豪威尔个人的荣誉,也关乎全体人类的命运。巨大压力之下,艾森豪威尔彻夜不眠。

1944年6月6日,诺曼底登陆揭开序幕,历史上最漫长的一天开始了。尽管气象专家预告说当天天气恶劣,直觉告诉艾森豪威尔如果错过这一天,一切努力都将付之东流,于是他决定发起进攻。5时30分,四千多艘战舰载运的五个师12万人在诺曼底登陆。经过惨烈的厮杀,登陆部队终于在深夜取得了初战胜利。这次登陆的成功,吹响了决战的号角,为纳粹德军掘好了坟墓。解放法国全境,突破齐格菲防线,进入德国境内,盟军势如破竹。

经此一役,艾森豪威尔功成名就,在同一年,他被授予了美国最高军衔——五星上将,与他的恩师麦克阿瑟一同领取了这项殊荣。二战结束后,从欧洲战场凯旋的他受到了万人空巷的欢迎。

1952年,淡出政治舞台的他在周围友人的鼓励下,参加了总统竞选。此时的美国正深陷战争的泥潭,国内呼唤和平的声浪越来越高。在竞选时,艾森豪威尔对选民的承诺就是要结束朝鲜战争,最终他以压倒性的多数当选。1953年就职后不久,他立刻签订了《朝鲜停战协定》,实现了自己对和平的承诺。

作为一名军人,二战时的艾森豪威尔超越国家的界限,为全人类缔造了弥足珍贵的和平;作为一位总统,连任总统期间的艾森豪威尔却无法超越国家利益,一度提出了"艾森豪威尔主义",企图控制中东。由于中东各国人民纷纷反对,"艾森豪威尔主义"最终在国际舞台上遭遇严寒。

任职期间,迫于形势的艾森豪威尔不得不继续奉行"冷战"的政策,但是和平才是对军人最高的嘉奖。作为军人的他也因此始终不忘追求和平。1958年,他在美国举行了美苏高级会谈,开启了美苏首脑会晤的先例。这一把世界脱离战争边缘的举动大大赢得了世界人民的好感。

1969年3月28日,艾森豪威尔在华盛顿逝世。4月2日,在家乡,人们宣读了他的遗言:"我始终爱我的夫人!我始终爱我的儿子!我始终爱我的孙子!我始终爱我的祖国!""爱"的力量支撑起了艾森豪威尔伟岸的身影,挽救了即将沉沦到黑暗里的世界,也为今天的人们留下了一段传奇。

影响和评价

艾森豪威尔是一个充满戏剧性的人物,他的一生就是一段传奇。

作为一个普通人,出身贫寒的他没有被现实的困窘打倒,通过不懈的奋斗,最终取得了成功,让人们感受到梦想的力量;作为第二次世界大战的风云人物,在战场上,他长袖善舞,改写了战局,为人类的幸福创造了伟大的历史;作为美国总统,在世界政治舞台上,虽然他的名字与"战争边缘政治"和"冷战政策"纠缠不清,但是他迎接惊世骇俗的挑战,竭力维护世界和平的勇气却受到世界人民的尊敬。

直到今天,艾森豪威尔依然被世界人民所怀念。

戴高乐
——自由法国的缔造者与法兰西民族英雄

性别：男　　**国籍**：法国　　**生卒年月**：1890 年～1970 年
入选理由：世界反法西斯英雄，自由法国领袖，法兰西第五共和国缔造者。
经典语录：无论发生任何事，法兰西的抵抗火焰不能熄灭，也决不会熄灭。

人物简介

为了祖国的荣誉，他坚贞不屈，坚韧顽强；为了追求祖国的独立与解放，他临危受命，锲而不舍。他是最富激情和睿智的政治家，也是法兰西民族的英雄。他就是戴高乐。

生　平

1940 年 6 月 17 日被视作是欧洲最黑暗的一天。这一天，欧洲陆军第一强国法国向纳粹德国投降。就在法国的命运晦暗不明的时候，一位将军吹响了继续战斗的号角，法国人民电台中传出了这样的声音："无论发生什么，法兰西抵抗的火焰决不应该熄灭，也绝不会熄灭。"这段演讲如同黑暗中的火把，重燃了法兰西民族战斗的热情。这位演讲人就是夏尔·戴高乐将军。

1890 年，戴高乐出生在一个有着高贵血统但是几乎已经衰落的中产阶级家庭。戴高乐的父亲是参加过 1870 年普法战争的退役军人，满腔爱国热情的他不断地给小戴高乐讲述普法战争中法国的屈辱，"在英勇烈士们手中折断的法国宝剑，将被后辈重新锻造"，他不断重复的这句话深深地埋在了小戴高乐的心底，就像一颗种子，悄悄地生根、发芽，等待着参天的那一刻。

怀着为法国战败雪耻的决心，19 岁的戴高乐考上了向往已久的圣西尔军校。虽然他的入学成绩很一般，却极富个性，他坚毅刚强而孤高自傲的性格，配上高个子、大鼻子的独特外表，让"两米"、"长竿"、"公鸡"的绰号不胫而走,甚至远远超过了他的本名。

三年后,这只不服输的"公鸡"以全校第十三名的优异成绩毕业,被分配到了第三十三步兵团,团长就是与他恩怨纠缠长达三十多年的贝当。第一次世界大战爆发,在凡尔登战役中,戴高乐不幸被俘,直到1918年11月德国战败投降,他才重获自由。

正如古语所说的那样,"天将降大任于斯人也,必先苦其心志",从被释放到踏入政坛,戴高乐度过了二十多年的职业军人生涯,这段时间也正是他人生中最黑暗的时光。尽管他胸怀远大的抱负,但是在现实面前却屡遭挫折。当时的法国高层把和平的希望寄托在马其诺防线上,戴高乐强烈反对,并根据自己的战争经验指出高度机动的作战方式才是胜利的关键,他甚至还因此与器重自己的贝当元帅大声争执。然而,谁会在意一个毛头小子的建议呢?失望的戴高乐离开了巴黎。

就在此时,纳粹德国崛起,希特勒蠢蠢欲动,战争的阴云笼罩着欧洲,敏锐的戴高乐早已察觉到战争的临近。果然,不久后德国就发动了闪电战,瞬息间侵占了波兰。可是,波兰的惨剧并没有惊醒沉睡中的法国高层,他们依旧幻想着固若金汤的马其诺防线可以阻止敌人的进攻。很快,法国人就为自己的麻木和保守付出了代价。1940年5月,德军绕过防线,对法国发动了战争,此时的统帅贝当丧失了昔日的勇气,决定向德国投降。6月14日,巴黎沦陷;16日,贝当元帅组阁;17日,这位曾经的民族英雄下达停止抵抗的命令。

正如要用连续的眼光审视历史一样,一个人的一生也不能被割裂地看待。戴高乐之所以能够成为风口浪尖

戴高乐

的弄潮儿，同他年轻时的理想不可分割。但是，斑斓壮阔的二战却为他提供了一个更广阔的舞台，让这个失意的上校一步步走向不朽。戴高乐不甘心法国亡于德国的铁蹄之下，在祖国生死存亡之际，他毅然离开巴黎，前往伦敦。6月18日，他通过英国BBC广播电台发表了那篇令法国为之一震、世界为之一惊的演讲。

这一刻成了戴高乐一生中的里程碑。虽然没有在战争中实现自己在军事上的伟大抱负，但是他的这篇演说却揭开了法国历史崭新的一页，也让他走进了历史为他安排的角色之中，那就是成为复兴法国的民族英雄。

经过艰苦卓绝的努力，戴高乐的理想、抱负和韬略终于插上了翅膀。二战中，这位相貌出众、个子高大的将军承载重塑法国大国地位的重任，积极地和丘吉尔、罗斯福等人斡旋，为确保法国的大国地位而东奔西走。在战争结束的前夕，他奇迹般地为法国争取到了联合国安全常任理事国的地位，法国的大国地位再一次得到世界的承认。

苍天不负有心人，1944年，法国上空终于升起一轮新日。同年8月25日，身为"战斗法国"最高统帅的戴高乐重返巴黎。当他走过凯旋门的时候，香榭丽大街两旁的民众向这位民族的救星欢呼致敬。

但是，时光很快就冲淡了法国人民对民族英雄的回忆。在疯狂的希特勒、傲慢的罗斯福面前都不曾屈服过的戴高乐却败给了国内政党角逐的漩涡。1946年1月，面对强势的政敌，他不得不辞去了总理的职务。刚以胜利者身份回到巴黎的戴高乐不得不又一次以失败者的身份离开了巴黎。

然而，在戴高乐离开政坛的十年时间里，病入膏肓的第四共和国早已无力招架内忧外患。历史再一次呼唤巨人，伟大的使命又一次降临到戴高乐的身上。1956年6月1日，戴高乐重返政坛，担任了第四共和国的总理，也成了第四共和国的掘墓人。上任伊始，他首先提出了加强总统权力和行政权力的新宪法，并且在9月28日举行公民投票，最终，新宪法以78.5%的票数被通过。自此，法兰西第五共和国取代了第四共和国，戴高乐也成了第五共和国的第一位总统。

站在历史潮头的戴高乐顺应民族解放的历史潮流，开始逐步削弱殖民主义势力。1962年，在极端复杂的情况下，他一手促成了阿尔及利亚战争的结束，完成了伴随着阵痛的法兰西非殖民化过程。1964年1月27日，他主动与中国建立外交关系，直到今天，他的这份外交遗产还让中法人民受益匪浅；1966年，他不顾国际压力，毅然决定法国退出北约的军事一体化组织，打击了美国的霸权主义野心。可是，比起国际舞台上的显赫成绩，他在国内的政绩就逊色很多了。由于没有很好解决国内的经济问题，伴随着席卷全国的"五月风暴"，戴高乐的政治声誉跌至谷底,他的政治生涯也因此画上句点。

1970年11月9日晚,戴高乐逝世。他的逝世在法国人心中激起巨大的悲伤,从他的家乡到首都巴黎,教堂上空回想着哀悼的钟声。戴高乐将军离开了,但是一个伟大的身影却永远留在人们心间。

影响和评价

时事激荡,风云际会,第二次世界大战爆发。当法兰西陷入黑暗中的时候,戴高乐临危受命,他就像一颗黑夜中划破长空的辰星,闪烁在历史的舞台上。凭借着卓越的智慧,他和敌人展开了一幕幕惊涛骇浪的搏斗。最终,他胜利了,以夺目的生命光芒照亮了自由法兰西最伟大的瞬间,也照亮了人类通往和平的道路。

这就是法兰西民族的英雄,戴高乐。

宫崎骏

——"动画界的黑泽明"

性别：男　　**国籍**：日本　　**生卒年月**：1941年～
入选理由：执着于梦想，无穷的创造力，日本动画界的传奇。
经典语录：我们描绘憎恨，是为了描写更重要的东西。我们描绘讥咒，是为了描写解放后的喜悦。

人物简介

宫崎骏是一位将动画上升到人文高度的思想者，他的每部作品，虽然题材不同，但却都围绕着对梦想、环保、人生、生存等的思考。他的作品，慰藉了一代又一代的影迷的心灵，帮助他们找回了曾经失落的纯真和梦想。

生　平

一只金鱼公主，虽然生活在海洋深处，但是内心深处却对人类世界充满了向往。一个偶然的机会，她利用魔法师的药水，让自己拥有了人类的肢体。为了能与住在海边悬崖上的小男孩相见，她不畏大海上暴虐的海浪，勇敢地御风而行……2008年9月，在水城威尼斯，动画电影大师宫崎骏的《悬崖上的金鱼姬》恍若将观众带回到纯真无邪的童年。虽然这部电影无缘大奖，但是观众评分第一的荣誉再次证明了宫崎骏传奇般的魅力。

宫崎骏于1941年出生于东京。他出生没多久，全家就因为躲避战火而迁往东北部的一个乡下。宫崎骏的家族经营着一个飞机工厂，因此即使是在物质匮乏的战争后期，他们一家也能保持颇为体面的生活。

1945年7月的一天，为躲避轰炸，家人带着四岁半的宫崎骏再一次举家搬迁。一个抱着孩子的女人在车后大喊："请带上我们！"然而，渐渐远去的卡车将她的声音抛得越来越远。这在年幼的宫崎骏的心里留下了深深的阴影，但是这种阴影并没有在小宫崎的内心植下恶之花，反而使他开始学着用思想来解剖世界。人类如何才能获得幸福，也就成为了他一生思考的命题。

宫崎骏

1958年,日本电影史上的第一部彩色动画长片《白蛇传》上映。当时的宫崎骏刚刚读高三,这个喜欢漫画的日本少年一下子被电影打动,立下誓言,决定投身动画制作事业。

1963年,当被誉为"日本现代漫画之父"的手冢治虫创造出铁臂阿童木这个经典形象的时候,宫崎骏刚刚从学习院毕业。毕业伊始,他就加入到了东映映画公司,从此他的动画事业开始起步。

最初的日子里,宫崎骏仅仅只是承担一些电视动画和剧场动画的基础工作。1978年,他才首次担任总导演,创作了自己的处女作——电视动画剧《未来少年柯南》。一年后,他自己导演的第一部动画电影《鲁邦三世:卡里奥斯特罗之城》问世。在这些作品里,宫崎骏开始不断尝试孕育自己的动画风格。

功夫不负有心人,1984年,电影动画《风之谷》上映。虽然因为长度的原因,动画的内容和情节相对较为简单,但是影片中体现出来的丰富的想象力以及深沉的人文思考,还是极大地震撼了观众和电影界。

一年之后,宫崎骏所在的吉卜力工作室开始制作《天空之城》。这部鸿篇巨制的背景是工业革命的19世纪欧洲,小女孩席塔在善良勇敢的小男孩帕索的陪伴下,寻找早已经不存在的故乡。两个人在旅途的尽头才恍然大悟:原来无论科技的进步和人类的发展如何,人类都不能离开土地。人类生存和发展的主题在这里进一步得到思考。最后,漂浮在空中的伟大都市毁灭了,这一场景仿佛是在告诫我们:在为自己的成就沾沾自喜的时候,人类面对的仍然是未定的将来。

与《天空之城》的沉重不同,1988年诞生的《龙猫》带给人们更多的是静谧和温馨。影片讲述了姐妹五月和小米遇到精灵龙猫的故事。就在一个湿漉漉的雨夜里，她们到路边站牌等爸爸归来。她们遇到肥硕的龙猫，出于善意，便递给了它一把雨伞。后来，龙猫施展魔法让一颗树种瞬间长成参天大树，她们也被龙猫托到树枝上眺望远方。这样美好的场景是宫崎骏幼时的美梦，也是无数人童年时心中的梦想。

1989年上映的《魔女宅急便》获得了空前的成功，以21亿7000万日元的收入登上了当年日本本土票房第一的宝座。

在整个日本动画界低迷的状态下，一部作品的成功并不意味着便可以一劳永逸。为了工作室的生存，宫崎骏不得不接连制作高品质的动画电影。在这样的压力下，《红猪》这个逃避现实的成人童话便诞生了，故事背景是在一战和二战之间，反战意味也就不言自明了。

就像固步自封往往扼杀天才一样，创新求变的态度往往是创造的源泉。在沉寂5年之后，宫崎骏推出了史诗动画电影《幽灵公主》，将他对人与自然关系的深沉的思考融入其中。

《幽灵公主》之后，宫崎骏一度宣布息影，但是由于吉卜力工作室的骨干近藤喜文去世，宫崎骏、高畑勋两位导演不得不以六旬上下的高龄继续工作。

2001年，为他带来国际性声誉的新作《千与千寻》问世。影片一举摘得了柏林电影节金熊奖和奥斯卡最佳动画长片等多项国际大奖。

2004年的《哈尔的移动城堡》也是他创作生涯中的一座里程碑。这部电影的主角是在帽子店工作的苏菲，有一天她邂逅了魔法师哈尔，哈尔的仇敌女巫便将苏菲变成了90岁的老太婆。阴差阳错，苏菲来到哈尔的移动城堡，成为一名清洁工。随着时间的推移，她了解并爱上了哈尔，她的坚强也使哈尔逐渐克服了自己内心深处的怯懦和虚荣。在最后，苏菲只身救出了卷入战争中的哈尔。影片里，宫崎骏大胆地使用了明亮的蓝、绿、白等色彩，这使得影片轻盈灵动，也更加衬托出一种空灵的魔幻氛围。

2008年的新作《悬崖上的金鱼姬》再次令广大影迷激动不已。它虽然改编自安徒生童话《海的女儿》，但是却去掉了浓重的宗教色彩，金鱼公主和小男孩纯真的依恋让观众仿佛回到了童年。

如果说艺术能够拯救灵魂，能够唤醒内心深处的美与善，那么在动画王国里，宫崎骏就是用执着于梦想的心灵和无穷的创造力，为渴望飞翔的灵魂安上了翅膀。

影响和评价

美好的情感、希望和人文关怀的思想让宫崎骏那些看似天马行空的作品饱含深远的寓意。这份寓意，始自对现实的不满，终于对人类美好未来的憧憬。宫崎骏说："我希望能够再次藉着更具深度的作品，拯救人类坠落的灵魂。"所以，宫崎骏的作品，题材虽然不同，却始终将梦想、人生、生存这些令人反思的内容融入其中。

  他的作品中，清新的画面和隽永的音乐诉说着动人的故事，更彰显着一代动画艺术大师的独特思索。在四十多年的创作过程中，他坚持的就是这种从未改变的创作意念——在怀疑中不断自省，在创作中完成自己的心路历程。

  毫无疑问，宫崎骏是一个不折不扣的艺术大师。

霍 金
——轮椅上的宇宙之王

性别：男　　**国籍**：英国　　**生卒年月**：1942 年～
入选理由：20 世纪伟大的科学思想家，挑战命运的勇士。
经典语录：活着就有希望。

人物简介

霍金，剑桥大学应用数学及理论物理学系教授，也是当代最重要的广义相对论和宇宙论家，被人们誉为"宇宙之王"。70 年代，他与彭罗斯一起证明了著名的奇性定理。此外，他还证明了黑洞的面积定理，并因此被誉为继爱因斯坦之后世界上最著名的科学思想家和最杰出的理论物理学家。

生 平

提起霍金，人们可能会说他是一个天才，当代最杰出的理论物理学家、数学家，爱因斯坦之后最杰出的科学思想家……当你亲眼见到霍金的时候，或许你剩下的只有感慨：这个轮椅里的探索者怎么会创造出这么天才的理论呢?!

1942 年，正值第二次世界大战，伦敦还笼罩在希特勒的狂轰滥炸里。就在这个时候，史蒂芬·霍金诞生了。他的生日是 1 月 8 日，而这一天恰好也是伽利略逝世 300 年的祭日。

战争的阴影没有扰乱小霍金的生活，他在伦敦附近的几个小镇里度过了自己快乐的童年时光。童年时的霍金有着强烈的好奇心，他总喜欢拆开每一件新奇的东西，不过笨手笨脚的他往往很难再把拆开的东西装回原样。

17 岁的时候，霍金进入牛津大学学习物理。在这段日子里，他大多数时间都在和同学一同晃荡、喝酒、参加赛船俱乐部，唯独不会去考虑学习的事情。当然，这一切都不是偶然，当时正是战后的迷惘期，目睹了战争的霍金厌倦现实生活，觉得没有任何东西值得自己去努力追求。然而，随着病魔的出现，一切都改变了。

虽然从童年时期起，运动就不是霍金的长项，但是到牛津大学的第三年，霍金突然发现自己变得更加笨拙了。有一次，在宿舍里，他甚至无缘无故地从楼梯上跌了下来，当场就昏死过去，差一点撒手人寰。开始的时候，他也没有把这些事情放在心上，直到母亲也注意到了他的异常，霍金才走进医院接受检查。在医院里住了两个星期，经过漫长的检查，最终大夫们宣布，他被确诊患上"卢伽雷氏症"，也就是我们所说的"运动神经细胞萎缩症"。

大夫告诉他，得了这种病之后，身体会越来越不听使唤，只有心脏、肺和大脑还能运转，到最后，心和肺也会失效。霍金被"宣判"只剩两年的生命。那是在 1963 年，他才刚刚过完 21 岁的生日。

沉重的打击让霍金丧失了生活的信念，他放弃了自己的学习和研究，他甚至认为自己不可能活到完成硕士论文的那一天。就在生存的信念就要轰然倒塌的时候，转机出现了，一个叫简的女孩子走进了霍金的生活。

1962 年的夏天，简认识了霍金，爱情的种子开始在两人心中生根、发芽。

霍　金

由于霍金对自己的未来感到无望，因此并不打算建立婚姻关系。但是爱情的力量是无法抗拒的，1963 年 7 月 14 日，两人最终喜结连理。

与简的婚姻让霍金的生活发生了彻底的变化。他自己回忆说，当时为了家庭，他需要一份工作，为了得到工作，就需要一个博士学位。于是，他开始了一生中的第一次用功学习和研究。令他十分惊讶的是，自己竟然非常喜欢学习和研究。这时他才意识到，生命是宝贵的，自己还有许多事情要做。

霍金虽然以宇宙为研究对象，但他几乎不使用任何观测仪器，更多时候他是依靠自己的直觉和自己的想象力来帮助自己思考宇宙的奥秘。1970年11月的一个夜晚，躺在床上的霍金脑海里闪现出一个有关黑洞的问题。他尝试着问自己：如果黑洞有温度会怎么样呢？突然一个大胆的想法产生了——那样的话它就会释放辐射，黑洞可能并没有人们认为的那么黑。经过3年的推敲，这个念头形成了一套完整的理论，这就是震惊整个物理学界的"霍金辐射"。

1973年11月，霍金正式对外宣布：黑洞会不断地释放出X光、伽马射线等辐射。而在这个理论面世前，人们一直认为黑洞会吞掉所有物质。这套理论的公布，为霍金带来了巨大的声誉，让他的生活充满希望和喜悦。就在一切显得格外美好的时候，霍金却彻底丧失了行走能力，他开始使用轮椅。

坐进轮椅的霍金，依然以顽强的意志工作和生活着。有一次，霍金坐轮椅回公寓，过马路时不小心被一辆疾驰的小汽车撞倒，头被划破，而且手臂也骨折了，伤口一共缝了13针。医生让他休养一段时间，但是才过了48个小时，他就回到办公室重新投入工作。"生活原本对我就是不公平的，但是不管我的境遇如何，我只能全力以赴。"这是他写给自己的座右铭。

身体残疾的霍金依然"活泼好动"。在莫斯科的饭店中，他建议大家跳舞，自己则在大厅里转动轮椅来自娱自乐；有一次与查尔斯王子会晤时，他甚至还旋转自己的轮椅，以此来表示喜悦，结果弄巧成拙，竟轧到了王子的脚趾头。

1985年，一次气管手术之后，霍金完全失去了说话的能力。此时，他也早已不能写字，看书也要借助一种特制的机器，读文献时则必须让人将每一页都摊平在一张大办公桌上，然后他如蚕吃桑叶般地逐页阅读。就在这样的情况下，他写出了著名的《时间简史》，尝试着去探索宇宙的起源。在这本书里，霍金力图用普通人能理解的方式来讲解黑洞、宇宙的起源和命运等。自1988年出版以来，这本书便一直雄踞畅销书榜，甚至还创下了一个世界纪录。

1988年，科学界鉴于霍金对量子宇宙论的发展做出的杰出贡献，授予他沃尔夫物理奖。霍金取得了巨大成功，但生活的现实取代了爱情的浪漫，他和简的婚姻走到了尽头。

2001年10月，他的又一部力作《果壳中的宇宙》出版发行。虽然经历了无数坎坷，不变的仍然是他对宇宙不懈地探索和追求。

直到今天，霍金的身体依然被囚禁在轮椅里，但是他的思想却在宇宙的最深处飞扬，穿越时间与空间，追寻着宇宙的尽头。

影响和评价

如果说命运女神赐给他的是黑暗，那么因为他坚强的意志，黑暗变得光芒四射；如果说命运女神赐给他的是苦难，那么因为他坚强的意志，苦难也变得光彩夺目。霍金是一个伟人,他的伟大不仅仅在于他那非凡的科学成就,更值得我们铭记的是他坚忍不拔的意志。

在霍金的身上,闪烁着耀眼光芒的不仅是无比的智慧,更让我们为之惊叹的是那种斗士所特有的韧性。

这就是霍金,精神睿智的结晶,人格力量的精华;这就是霍金,人生的斗士,命运的挑战者!